Ammien Marcellin

Unparteiische Geschichte des Römischen Reichs

Ammien Marcellin

Unparteiische Geschichte des Römischen Reichs

ISBN/EAN: 9783743651777

Hergestellt in Europa, USA, Kanada, Australien, Japan

Cover: Foto ©ninafisch / pixelio.de

Weitere Bücher finden Sie auf **www.hansebooks.com**

Ammian Marcellin

aus dem Lateinischen übersetzt

und

mit erläuternden Anmerkungen begleitet

von

Johann Augustin Wagner
Conrector am Gymnasium zu Merseburg.

Erster Band

Frankfurt am Main
bei Johann Christian Hermann
1792.

Von dem Vorredner zu einer Uebersetzung erwartet man ganz natürlich eine treue Schilderung seines Originales, und wohl mir, daß ich auch hier blos den Uebersetzer zu machen brauche. Ammian Marcellin, den ich zuerst in das deutsche Publikum einführe, hat mir selbst hierin so glücklich vorgearbeitet, daß ich in der That jene Erwartung nicht besser zu erfüllen wüßte, als wenn ich den Schluß seiner Geschichte meiner Vorrede Anfang werden lasse.

„Diese Geschichte, sagt er, habe ich, wei-
„ land Soldat und Grieche, von Nerva's Re-
„ gierung an bis auf Valens Tod nach dem
„ Maaße meiner Kräfte herabgeführt: — eine
„ Arbeit, bei der ich der anfangs versprochenen
„ Wahrheit nirgends, wie ich hoffe, durch
„ wissentliche Uebergehung oder Verstellung der
„ Begebenheiten untreu geworden bin. Die
„ Fortsetzung mögen bessere Köpfe liefern, die
„ noch in der Blüte ihrer Jahre, noch in blü-
„ hendem Ruhme der Gelehrsamkeit stehen."

Selbstrecensenten gab es nun wohl immer, aber man wird auch oft die Bemerkung gemacht haben, daß man nur wenigen den Mangel an Selbstgefühl ihres Werthes Schuld geben, vielmehr bei mehreren nur das glückliche Talent bewundern konnte, ihre Fehlerchen in den Hintergrund zu stellen, oder eine Bescheidenheit zu heucheln, bei der doch immer ein kleiner Autorstolz durchschien. Nicht so Ammian. — Er beruft sich auf seine historische Treue in der Sprache des guten Gewissens, aber er spricht auch von seinen Fehlern mit einer treuherzigen Ehrlichkeit, die keinen Zweifel an seiner Aufrichtigkeit übrig läßt.

Sobald man also strenge Unparteilichkeit zum Maaßstab nimmt, nach dem sich der Werth des Geschichtschreibers vorzüglich bestimmen läßt, so verdient Ammian ohne Zweifel die ehrenvolle Stelle, die man ihm von je her gern einräumte. Erfüllt er doch selbst die Forderung, die man immer an den Historiker machte, keine Religion zu haben, so genau, daß wenigstens ehemals einigen Gelehrten die Frage noch problematisch schien, ob man ihn zu den Heiden oder zu den Christen rechnen sollte. Nun hat man zwar Beispiele, daß sechzigjährige Kriegshelden (und ein solcher war Ammian) über ihre Religion noch immer mit sich selbst nicht einig zu werden vermochten, aber dies war gewiß nicht der Fall bei unserem Schriftsteller: er war zuverläßig ein Heide, und die Stellen, in denen er zum Lobe der Christen und ihrer Religion spricht, beweisen nur für seine lobenswürdige Mäßigung. Eben so unbefangen ist er in Julians Schilderung, die den größten Theil seiner Geschichte einnimmt. Hätte man sich nur immer an ihn, den näheren Beobachter, gehalten, so würde man im Julian eben so wenig den guten Fürsten, den tapfern Hel-

Helden, den wißbegierigen Philosophen, den geistvollen Schriftsteller, und den mäßigen Mann verkannt haben, als man in neuern Zeiten aus ganz begreiflichen Ursachen ihm gern den Nimbus um das Haupt gelegt hätte, — eine Ehre, die ihm, wenn man auch seine Eitelkeit und Liebe zum Sonderbaren nicht in Anschlag bringt, das Tribunal einer neueren Philosophie bei allem guten Willen doch seines A b e r g l a u b e n s und seiner J n t o l e r a n z wegen ohne eine kleine Inconsequenz nicht füglich zusprechen konnte.

So schätzbar aber Ammian seiner Unparteilichkeit wegen seyn muß, so mag dennoch wohl mehr als Einen Geschichtsforscher beim Lesen desselben eine kleine Ungeduld angekommen seyn. Angenehmer ist es allerdings, einen Geschichtschreiber zu studieren, der gefällige Darstellung mit historischer Treue zu verbinden weiß: aber wer nun einmal den Beruf hat, das ganze weite Feld der Geschichte zu umfassen, der muß darauf Verzicht thun, nur immer einen Xenophon und Polybius, einen Livius oder Thuan auf seinem Wege zu treffen — er muß sich durch mehr als Eine Art von Dornen Bahn machen, muß, um sich in die Annalisten des Mittelalters einzustudieren, sein altes Latein und sein neues Deutsch vergessen. Und bei dem allen ließe sich doch vielleicht noch fragen, ob es nicht noch immer ein leichteres Geschäft sey, die Wahrheit der Geschichte aus dem Dunkel des Ausdrucks, als unter dem Prunke schöner Phrasen herauszufinden.

den. Ein kleiner Anflug von Staube läßt sich doch gewiß eher von der Wange tilgen, als — Schminke, die doch immer mehr oder weniger dieselbe beizt.

Niemand kann das Unangenehme eines dunkeln Schriftstellers besser empfinden, als der Uebersetzer: aber, je mehr ich mich in die Manier des meinigen einstudierte, desto geneigter fühlte ich mich, zu glauben, daß Ammian einem Freunde ähnlich sey, dessen äußere Bildung anfangs etwas Abschreckendes für uns hatte, den man aber nur näher kennen durfte, um ihn lieb zu gewinnen. Wer wollte auch strenge seyn gegen Fehler, die dieser Freund selbst gesteht? Ammian kannte die seinigen sehr wohl, wie man aus obigem Texte sieht, und wenn wir denselben mit einem kleinen Kommentar begleiten, so geschieht es gewiß nicht, um seine Fehler in helleres Licht, vielmehr den Leser in die gehörige Lage zu setzen, diese Fehler desto verzeihlicher zu finden.

Ammian war — Grieche, das heißt, wenigstens in einem Lande gebohren und erzogen, in dem die Griechische Sprache die herrschende war. Daher kommt es, daß man oft auf Wörter und Redensarten stößt, die völlig Griechisch sind. Seine Eltern, die gewiß nicht zu einer der niedrigern Volksklassen gehört haben können, hatten ihm eine edle Erziehung gegeben, (B. 19. K. 8.) und für seine künftige

Bestim-

Bestimmung auch die Erlernung der lateinischen Sprache nöthig gefunden. Ganz gewiß ist auch Ammian ein fleißiger Jüngling gewesen; seine freilich hin und wieder zur Unzeit angebrachte Gelehrsamkeit, seine häufigen Anspielungen oder auch wörtlich angeführte Stellen Griechischer und Römischer Schriftsteller sind Zeugen seiner frühern Arbeitsamkeit, und wenn seine Belesenheit im Cicero besonders sich nicht verkennen läßt, so kann man sich doch auch den Wunsch nicht verhehlen, daß er nicht blos Sentenzen aus demselben genommen, sondern ihm auch den angenehmen Vortrag und den lichtvollen Periodenbau abgesehen haben möchte.

Und war — Soldat — lange Soldat gewesen — eine Lebensart, die für den Liebhaber der Wissenschaften von je her weniger vortheilhaft gewesen zu seyn scheint, weil die Blankenburge und die Archenholze zu allen Zeiten seltne Erscheinungen geblieben sind.

Und — schrieb in höherem Alter, wo man manche Kenntnisse, so gern man auch will, sich nicht mehr geben kann, — wo man, zumal in Sachen des Geschmacks, sich unmöglich umzustimmen, oder mit der glühenden Einbildungskraft des jungen raschen Mannes Schritt zu halten vermag, — wo man, als Geschichtschreiber, nach Ammians Beispiele, am sichersten geht, auf blühende Darstellung Verzicht zu thun, und das zweideutige Talent, Leser zu befriedigen, die mehr amüsirt als belehrt seyn wollen, andern zu überlassen — wo man dennoch, wenn man nur die erste Pflicht des Geschichtschreibers, die historische Treue, zu erfüllen weiß, selbst bei einer kleinen Geschwätzigkeit und Liebe zu Mikrologie, bei dem Kenner über mehr als ein Quinquennium hin sich den Ruhm des Zuverläßigen verschaffen kann.

Dafür hat denn auch Ammian im Ganzen immer gegolten, und man würde sich bei der Flut von Uebersetzungen, mit denen wir das Deutsche Publikum seit einiger Zeit heimgesucht haben, allerdings wundern müssen, daß noch keiner auf Ihn gefallen sey, wenn man nicht wüßte, daß beharrlicher Kampf mit dem Originale in dem Plane nur weniger Uebersetzer liegt. Ganz sorglos war ich in dieser Voraussetzung bereits bis über die Hälfte der ersten Bearbeitung vorgerückt, als ein von dem verdienstvollen Herrn Prof. Ostertag zu Regensburg *) angekündigter deutscher Ammian mich sogleich so bescheiden machte, die Feder aus der Hand zu legen. Und gewiß hätte ich sie nie wieder aufgenommen, wenn nicht der würdige Gelehrte, den die Vollendung der unten genannten Historia Augusta, und des deutschen Livius mehr als Ein Jahr beschäftigen, mich an seine Stelle treten zu lassen die Güte gehabt hätte — eine Güte,

---

*) S. Vorrede zu s. Uebers. der kleinern Schriftsteller der Historia Augusta.

Güte, der ich nicht würdiger zu entsprechen wußte, als wenn ich mir desto mehr Mühe gab, Ihn und das Publikum dieselbe nicht bereuen zu laſſen.

Um nun von meiner Verfahrungsart nähere Rechenschaft zu geben, so habe ich anfangs, um von fremden Einsichten und Noten ganz unabhängig zu bleiben, blos den correcten Abdruck des Textes nach der Ausgabe des würdigen Herrn Prof. A. W. Erneſti vor mir gehabt. Einige von Ihm in das Gloſſar aufgenommene Erklärungen machten freilich mehr als einmal den Wunsch bei mir lebhaft, daß derselben mehrere seyn möchten: aber auch das Gloſſar allein iſt mir, besonders durch Nachweisung des Parallelismus ein sehr wohlthätiges Hülfsmittel bei meiner Arbeit gewesen. Nachher habe ich beim Ueberarbeiten die Gronovische größere Ausgabe, vorzüglich der historischen Erläuterungen wegen, benutzt, und wo mir noch ein Zweifel übrig blieb, die zu Berlin 1775. in drei Bändchen erschienene französische Ueberſetzung zu Rathe gezogen, die dennoch gerade die schwierigſten Stellen aus einem andern Gesichtspunkte als ich betrachtet zu haben schien.

Meine Absicht war, meinen Autor treu und lesbar zu übersetzen, und ich fürchte nicht, den letzten Endzweck auf Kosten des erſtern erreicht zu haben. Treue muß immer die erſte Empfehlung des Ueberſetzers bleiben: nur, dünkt

dünkt mich, darf sie nicht die einzige seyn, oder ihre Forderung zu weit ausgedehnt werden. Allerdings giebt es Schriftsteller, bei denen sich, wenn man beider Sprachen mächtig genug ist, ein höherer Grad der Treue erreichen läßt, bei denen man nicht nur den Sinn treffen, sondern auch, so viel möglich, den ganzen Geist fassen, die individuelle Manier, die feinern Schattierungen, selbst die Wortstellung oft beibehalten kann. Aber überall läßt sich dies doch nicht zwingen, und mißverstandene Treue wäre es, wenn der Uebersetzer sich die Hände zu sehr binden, und sich nicht erlauben wollte, durch Verwechslung der Redetheile, oder sonst eine schickliche Wendung auch seinem Zeitalter verständlich zu werden, und ohne den ehrwürdigen Rost des Alterthums überall zu tilgen, dennoch seiner Arbeit die Glätte zu geben, durch die er sich dem Kenner der alten und der neuen Literatur gleich sehr zu empfehlen wünscht.

In wie fern ich nun in Befolgung richtiger Grundsätze der Uebersetzungskunst glücklich gewesen, überlasse ich dem Urtheile des Publikums. Ammian hat seinen Werth vorzüglich als Geschichtschreiber, also mußte mein Hauptendzweck seyn, ihm die Begebenheiten so nachzuerzählen, wie er sie nach seiner Latinität verstanden wissen wollte. Aber gerade diese Latinität läßt mich den Fall nicht ganz unmöglich denken, daß vielleicht ein anderer

Kene

Kenner des Originals den Sinn hin und wieder anders fassen zu müssen glauben dürfte, und ich sichere jedem, der mich auf eine historisch-mißverstandene Stelle aufmerksam machen will, meinen Dank im Voraus zu. Selbst den zuweilen schwülstigen Ausdruck, und die kühnen Metaphern habe ich beibehalten, und nur bei den letztern, wenn sie sich durch eine ähnliche nicht ersetzen ließen, den eigentlichen Ausdruck, z. B. anstatt des oft vorkommenden supercilia fluviorum lieber gerade Ufer gesetzt. Da, wo ich, zumal bei Schilderungen damaliger Sitten, die Farben etwas stark aufgetragen fand, habe auch ich dem deutschen Kolorit eine kleine Lebhaftigkeit zu geben gesucht — hoffe, bei aller meiner Liebe zum Frieden, bei aller Unkunde der Taktik glücklich mit Schlachten geliefert, und Städte belagert zu haben — hoffe selbst im Deklamiren, und Räsoniren und — Deräsoniren nicht hinter meinem Originale zurückgeblieben zu seyn; nur Periodenbau und Wortstellung überall beizubehalten schien mir eine eben so unnütze als undankbare Arbeit zu seyn, die mir jeder Kenner hoffentlich gern erlassen wird.

Weil Ammian auch als Geograph nicht ohne Werth ist, und einigemal die Beschreibung ganzer Länder in seine Geschichte eingeschaltet hat, so glaubte ich manchem deutschen Leser einen Gefallen zu thun, wenn ich,

ich, ohne mich in weitläufige Noten einzulassen, die heutigen Benennungen der Länder, Städte, Flüsse u. s. w. in Klammern geschlossen, sogleich an die ältern Namen anrückte, und nur etwa da, wo Ammian oder seine Abschreiber von andern bewährten Erdbeschreibern abzuweichen schienen, eine kleine Bemerkung unter den Text setzte.

Gleicher Kürze habe ich mich bei den so oft vorkommenden Hof-, Civil- und Militairbeamten beflissen, die bekanntlich seit Constantins des Großen Zeiten neu eingeführt, oder neu benannt wurden, oder unter dem alten Namen doch mehr oder weniger Geschäfte zugetheilt bekamen. Weil ich fand, daß mehreren meiner wahrscheinlichen Leser die lateinischen Benennungen, zumal, wenn sie aus mehr als Einem Worte bestehen, nicht so recht behagen dürften, so habe ich es versucht, diese Namen, einige wenige z. B. prätorischer Präfect, Comes und dergleichen ausgenommen, deutsch zu geben, und sie, so gut es gehen wollte, den jetzt an Höfen gewöhnlichen Aemternamen nahe zu bringen. Daß mit unsern jetzigen Aemtern zuweilen eine kleine Verrichtung mehr oder weniger verbunden sey, weiß ich sehr wohl: aber im Ganzen hoffe ich doch immer auf diese Art den besten Ausweg um so mehr getroffen zu haben, da ich die lateinische Benennung immer auch nebenher gehen lasse,

nöthi-

nöthigen Falles eine erklärende Note unter
den Text setze, und am Ende ein alpha-
betisches Verzeichniß von allen diesen Amts-
namen zu besserer Uebersicht zu geben ge-
denke.

Zu fernerer Erläuterung meines Autors
habe ich hin und wieder Noten anderer Art
beigefügt, die doch im Ganzen mehr für
den Geschichtsdilettanten, als für den Ge-
schichtskundigen geschrieben sind. Die Gränzlinie läßt sich freilich so genau nicht ziehen,
daß nicht auch von Lesern der ersten Gattung
der eine zu viel, der andere zu wenig finden sollte: indessen gestehe ich doch, sowohl
überhaupt, als bei Nachweisungen zu weiterem Nachlesen mehr das Gesetz der Spar-
samkeit befolgt zu haben. Kritische Noten
lagen nur dann in meinem Plane, wenn ich
etwa mit dem Texte auf keine andere Weise,
als durch eine kleine Abänderung auszukommen wußte. Sie sind Conjecturen, deren
sich mehrere hätten machen lassen, wenn ich
das Original selbst in der Ursprache heraus-
zugeben den Beruf gefühlt hätte. Wie der
Text jetzt ist, stößt man bald auf ein Plus,
bald auf ein Minus, und es wäre zu wünschen, daß, wenn auch der Verlust der ersten dreizehn Bücher unersetzlich wäre, dennoch bei der jetzt so lebhaften Bemühung,
mehr als Ein Jahrhundert unbenutzt gebliebene Bücherschätze von neuem zu brauchen

oder

oder brauchen zu lassen, sich irgendwo eine correctere Handschrift Ammians auffände. Ich gebe ihn, so wie wir ihn jetzt haben, und gebe ihn mit dem besten Bewußtseyn des möglichsten Fleißes.

Merseburg am 16. Januar 1792.

J. A. Wagner.

Ammianus Marcellinus.
Vierzehentes Buch.

Inhalt.

Kap. 1. Grausamkeiten des Cäsar Gallus. 2. Die Isaurier streifen in die Römischen Provinzen herüber. 3. Des Persischen Magnaten, Nohodares, vergeblicher Versuch auf die Handelsstadt Batne. 4. Streifereien der Saracenen. Lebensart dieses Volkes. 5. Kaiser Constantius läßt viele, oft nur angebliche Anhänger des Magnentius hinrichten. 6. Sittenverdorbenheit der Römer. 7. Cäsar Gallus fährt in seinen Grausamkeiten fort. 8. Beschreibung der Provinzen des Orients. 9. Noch immer wütet Gallus, bis ihm Constantius selbst Einhalt thut. 10. Krieg des Constantius mit den Alamannen, denen er doch auf ihre Bitte den Frieden zugesteht, und dann 11. den Cäsar Gallus an sein Hoflager entbieten, und hinrichten läßt.

Kap. 1.

J. C.) 353.) **N**ach überstandenen Ereignissen des hartnäckigsten Feldzuges *) fühlten die streitenden Theile, von so vielfachen Gefahren und

We-

---

*) Gegen Magnentius, Schlacht bei Mursa, (im der nach der mörderischen Herbste 351.) noch immer Muth

Beschwerlichkeiten entkräftet, selbst ihren Muth abgespannt; noch tönete die Trompete fort, noch hatte
der Soldat die Winterquartiere nicht bezogen, als
ein wütender Unglücksturm ein neues Ungewitter
über den Staat in den zahllosen Grausamkeiten des
Cäsar Gallus herbeiführte, der aus der armselig-
sten Lage beim Antritt der männlichen Jahre *) zur
Fürstenwürde und unverhofftem Glanze erhoben,
über die Gränzen der ihm übertragenen Gewalt rasch
verschritt, und jeden seiner Tritte mit Blut und Mord
bezeichnete. Die Verwandtschaft mit dem kaiserlichen Hause, und die Ehre, den Namen Constantius
führen zu dürfen, riß ihn mächtig zu Uebermuth hin,
und wahrscheinlich fehlte es ihm wenigstens an gutem Willen nicht, selbst den Schöpfer seines Glücks
feindselig zu behandeln. Nicht wenig verhetzte ihn
zur Grausamkeit seine Gemahlin (Constantina),
die als leibliche Schwester des regierenden Kaisers,
und als Tochter Constantins, der sie vorher schon
mit dem König **) Hannibalian, seines Bruders

Muth und Kraft genug be-
hielt, sich in Italien zu behaupten, und bei Pavia das
sorglose Heer des Constantius
zu überfallen, doch in der
Folge nach Gallien hinüber
gedrängt ward, und nach
der Schlacht bei Mons Se-
leuci (am 10. Aug. 353.) sich
endlich in Lyon entleibte.

*) Bekanntlich wurden Gal-
lus und sein Bruder Julian
vom Constantius während ihrer jüngern Jahre in einer
sklavischen Gefangenschaft gehalten. Bei Erhebung zur
Mitregentschaft (Cäsarwürde) am 5. März 351. war
Gallus, wie Gibbon vom
Verfall und Untergang des
Röm. Reiches IV. 262. meint,
25 Jahre alt; Ammian selbst
(Kap. 11.) läßt ihn im 29.
Jahre seines Alters nach einer vierjährigen Regierung
sterben.

**) Constantin gab ihm bei
der Theilung der Provinzen
unter seine Söhne und Vet-
tern ausser Pontus, das er
be-

ders Sohn vermählt hatte, sich gar sehr brüstete.
Dieß war eine Megäre in Menschengestalt, die ihren Gemahl stets zu neuer Wuth entflammte, nicht weniger als er auf Menschenblut gierig. Beide studierten sich in die Kunst zu schaden mit jedem Tage besser ein, ließen sich durch geheime und tückische Postenträger, die jede nur flüchtig gehörte Nachricht boshaft zu übertreiben pflegten, ganz ungegründete Dinge, wenn sie nur ihrer Neigung entsprachen, mit Wohlgefallen erzählen, und brachten auf ganz unbefangene Personen die Beschuldigung, nach dem Throne gestrebt, oder verbotene Künste getrieben zu haben. Bald beschränkte die Uebermacht sich nicht mehr auf geringere Ungerechtigkeiten, und ausser andern an Personen von niedrigem Stande begangenen Grausamkeiten zeichnete sich besonders die plötzliche Ermordung des Clematius, eines edlen Alexandriners aus. Die Schwiegermutter dieses Mannes hatte, von Liebesglut entflammt, ihm einen unbescheidenen Antrag gethan; und weil er in ihren Plan nicht eingehen wollte, ließ sie sich, wie man erzählt, durch eine Hinterthüre in den Palast führen, überreichte der Thronfolgerin einen prächtigen Halsschmuck, und erhielt dadurch so viel, daß Clematius, der rechtschaffenste Mann, ohne den Mund zu seiner Vertheidigung öffnen zu dürfen, vermöge eines an den damaligen Unterstatthalter der Morgenländer

A 2 (Co-

---

bereits besaß, noch klein Armenien und Cappadocien, nebst der Stadt Cäsarea. Guthrie Th. 5. S. 8. er ward aber gleich nach Constantins Tode auf Constantius Befehl umgebracht ebendas. S. 13.

(Comes Orientis.) Honoratus ergangenen Befehles hingerichtet ward.

Nach dieser so ungerechten That, dergleichen man, weil Despotismus sich jeden Frevel erlaubt, bald mehrere an andern Personen befürchtete, wurden einige, bei denen höchstens nur ein Verdacht, wie im Nebel, durchschien, für schuldig erklärt und verurtheilt: theils zum Tode, theils zu Einziehung ihrer Güter, so daß sie von Haus und Land vertrieben, nichts sich übrig gelassen sahen, als Seufzer und Thränen, und ein Leben, das nur milde Beiträge mitleidiger Freunde erhalten konnten. Häuser, wo vorhin Reichthum und Glanz herrschten, standen jezt öde, seitdem eine gelinde und gerechte Regierung sich in blutige Tyrannei verwandelt hatte. So überhäufte Leiden zu vollenden, bedurfte es keines förmlichen, nicht einmal eines angestifteten Klägers, um wenigstens dem Scheine nach die vorgeblichen Verbrecher nach der Vorschrift der Gesetze zu behandeln, was selbst grausame Regenten mehr als einmal zu thun pflegten: vielmehr ward auf Vollziehung alles dessen, was der unerbittlich harte Cäsar sich in den Kopf setzte, so schleunig gedrungen, als wäre es auf der Waagschaale der Gerechtigkeit selbst aufs genaueste abgewogen. Noch ersann man die neue Tücke, einige unbekannte Leute vom niedrigsten Pöbel, vor denen man eben deshalb sich desto weniger hüten konnte, anzustellen, um in allen Winkeln Antiochiens die Reden der Einwohner zu sammeln, und nach Hofe zu berichten. Diese mengten sich, wie im Vorbeigehen, mit der unbefangensten Miene in die Zirkel

der

der Vornehmen, oder giengen in armseliger Kleidung in den Häusern der Reichen umher, und was sie erfahren, oder selbst mit anhören konnten, das trugen sie, durch Hinterpforten eingelassen, in den Palast hin: alle, wie Verschworene, einverstanden, vieles selbst zu erdichten, oder, was sie hörten, doppelt gefährlich vorzustellen, hingegen das gehörte Lob des Cäsars, das die Furcht vor naher Gefahr vielen selbst wider ihren Willen abbringen mochte, zu verschweigen. Bisweilen geschah es, daß wenn im innersten Zimmer, selbst in Abwesenheit der vertrautesten Bedienten, ein Mann seiner Frau etwas ins Ohr sagte, der Kaiser, als hätten es ihm Amphiaraus oder Marcius, jene berühmten Wahrsager*) der alten Welt entdeckt, es den Tag nachher wußte. Kein Wunder, wenn man selbst vor Mauern, die allein um ein Geheimniß wußten, sich zu fürchten anfieng. Die Beharrlichkeit, dergleichen geheime

Nach-

---

*) Amphiaraus, ein Argiver, Gemahl der in der alten Welt einer Halsbandgeschichte wegen berüchtigten Eriphyle, Theilnehmer am Argonautenzuge, und dem ersten Thebenkriege schlief, wie Pausanias, (Korinth. K. 16. nach Goldhagens Uebers. I, 242.) erzählt, in einem Wahrsagerhause (Manteion) bei den Phliasiern, und erwachte mit dem Talente eines Propheten. Nach seinem Tode ward er unter die Heroen gezählt, die Oropier waren die ersten, die ihn als solchen verehrten, und Pausanias (Attika K. 34. Goldh. I, 147.) beschreibt den ihm gewidmeten Tempel und Altar. Auch kommt er bei Pindar als Wahrsager vor Pyth. 8. — Zum Nachlesen empfehle ich Hermanns Handb. der Mythologie Th. 2. S. 128. vorzüglich deswegen, weil er über die Wahrsagerei der Alten überhaupt ein angenehmes Licht verbreitet. — Und was den Marcius betrifft, so soll er (Liv. 25, 12.) die unglückliche Schlacht bei Cannä vorausgesagt haben, auch kommt er in Amphiaraus Gesellschaft bei Cicero von der Divination I, 40. vor.

Nachrichten auskundschaften zu lassen, bekam noch mehr Stärke durch Constantinens Verhetzung, die ihren Gemahl unaufhaltsam an den Rand des Verderbens hinbrachte, — anstatt durch die dem weiblichen Geschlecht eigene Sanftheit als nützliche Rathgeberin ihn auf den Weg der Gerechtigkeit und Milde zurückzubringen, wie wir dieß in der Geschichte der Gordianen an der Gemahlin *) des Wüterichs Maximin gerühmt haben.

Eine andere, nicht weniger gefährliche Unbesonnenheit des Gallus war, daß er sich zu dem niederträchtigen Betragen, wodurch ehemals Gallienus in Rom sich so tief entehrte, herabließ, und von wenigen Personen begleitet, die sich heimlich mit Schwertern bewaffnen mußten, bei Abendzeit in Kaufmannsgewölbern und Straßen umherschweifte, und in Griechischer Sprache, die er sehr wohl verstand, die Gesinnungen über den Cäsar zu erforschen suchte. Dies war in der That viel gewagt in einer Stadt, wo hellbrennende Laternen die Nacht zum Tage machten. **) Weil er sich aber endlich gar oft erkannt sah, und seine nächtlichen Wanderungen unbemerkt fort-

---

*) Trebellus Pollio in Maximins Leben und Zonaras haben uns den Namen dieser würdigen Frau eben so wenig als Ammian erhalten, unstreitig aber ist sie die Diva Paulina, deren Gedächtniß durch eine Silbermünze, auf der Rückseite mit einem Pfau und der Umschrift: Consecratio verewigt ist, wie Vaillant S. 307. aus der Aehnlichkeit ihrer und ihres Sohnes Gesichtszüge, und aus dergleichen Prägart mit ihres Gemahls Münzen mehr als wahrscheinlich gemacht hat.

**) Ueber die Erleuchtung der Gassen bei den Alten bitte ich Beckmanns Gesch. der Erfindungen B. I. S. 61. ff. nachzulesen.

fortzuſetzen ſich nicht getraute, ließ er ſich in der Fal‐
ge nur bei Tage öffentlich ſehen, wenn er es, um
ernſthafte Regierungsgeſchäfte zu beſorgen, nöthig
fand.

Alles dies preßte nicht wenigen Seufzer aus dem
Innerſten ihrer Seelen. Zwar konnte dem am Hof‐
lager befindlichen *) Prätoriſchen Präfekt, Tha‐
laſſius, einem Manne, der ſelbſt nicht wenig ho‐
hen Geiſt beſaß, die Bemerkung nicht entgehen, daß
die Heftigkeit des Cäſars der Unglücklichen täglich meh‐
rere mache, und man hätte erwarten können, durch
reifere Ueberlegung und guten Rath dieſelbe von ihm
gemildert zu ſehen, wie man in der That Beiſpiele
hat, daß vornehme Staatsbediente den Zorn der
Fürſten mehr als einmal beſänftiget haben; aber
durch den ihm eigenen Geiſt des Widerſpruchs und
Zankſucht einem Gallus nichts weniger als behäg‐
lich, gab er der Hitze deſſelben nur einen weitern
Schwung, berichtete ſogar oft, nicht ohne Uebertrei‐
bung, das Betragen deſſelben an den regierenden
Kaiſer, und zwar ſo, daß er, der Himmel weiß,
in welcher Abſicht, eine Ehre darin ſuchte, es (den
Cäſar ſelbſt) merken zu laſſen. Und ſo ward dieſer
nur wilder, pflanzte gleichſam das Panier ſeines
Trotzes noch höher, und ſtürzte, ohne zu bedenken,
daß er ſich nicht minder als andere unglücklich ma‐
che,

---

*) So überſetze ich das im Texte befindliche Präſehs, das auch unter B. 23, 5. vorkommt; denn einer von den prätoriſchen Präfekten war immer am Hoflager der regierenden Kaiſer (Auguſte) oder der Cäſaren: in den Morgenländern der Präfekt des Orients, im Decident der Präf. Italiens. S. Notitia Dignitatum utriusque Imperii in Graevii Theſauro Vol. 7. p. 1790.

che, wie ein reissender Strom unaufhaltsam einher, um alles, was ihm vor den Weg kam, niederzutrümmern.

Kap. 2.

Doch dies war nicht das einzige Unglück, das die Morgenländer niederdrückte. Auch die Isaurier,*) die es überhaupt in Gewohnheit haben, bald sich ruhig zu verhalten, bald durch unvermuthete Einfälle alles in Unruhe zu setzen, hatten sich zwar bisher schon hin und wieder heimliche Streifereien erlaubt: weil man ihnen aber keinen Einhalt that, ward ihre Frechheit immer gefährlicher, und brach endlich in förmlichen Krieg aus. Lange schon hatten sie ihre feindselige Gesinnung in unruhigen Köpfen genährt, doch jetzt gaben sie vor, von uns selbst durch eine unverdiente Beleidigung gereizt zu seyn, weil wir einige Gefangene von ihnen in Ikonium,**) einer Stadt Pisidiens, wider alle Sitte auf dem Amphitheater mit wilden Thieren hätten kämpfen lassen. Nach Tullius (Cicero) Bemerkung ***) pflegen auch wilde Thiere von Hunger getrieben, gemeiniglich den Ort, wo sie ehemals ihre Nahrung fanden,

---

*) Isaurien, dessen Beschreibung unten Kap. 8. vorkommt, gehört jetzt zu Caramanien. Frühere Einfälle dieses räuberischen Volkes, die nach Zosimus 4, 20. auch Pisidier, Solymer, oder Bergcilicier hiessen, s. bei Gibbon Th. 2. S. 199. 304. spätere bei Ammian selbst 19, 13. 27, 9.

**) Ikonium, (jetzt Cugni) das Plinius, Strabo, und Ptolemäus zu Lykaonien rechnen, hat ohne Zweifel an der Grenze zwischen beiden Ländern gelegen. Valois.

***) In der Rede für Cluentius K. 25.

den, wieder zu suchen: und so stürzten jetzt die Isaurier, wie ein Orkan, vom rauhen und steilen Gebirge nach der Seeküste herab, verbargen sich in Felsen-
klüften und Thälern, und bei Anbruch der Nacht
(der Mond stand damals im ersten Viertel, und
schien also mit mattem Lichte) spürten sie die Orte auf, wo sich etwa Schiffahrende vor Anker gelegt
hatten. Wann sie nun diese in tiefem Schlafe zu
liegen glaubten, arbeiteten sie sich auf Händen und
Füßen an den Ankerplätzen hin, schlichen dann leise
den Fahrzeugen näher, sprangen hinein, standen
plötzlich vor den Augen der betäubten Schiffleute,
gaben, von Raubsucht zu Grausamkeit gereizt, keinem das erbetenen Pardon, hieben vielmehr alles
nieder, und führten die reiche Schiffsladung, ohne
ihren Werth zu kennen, mit sich fort.

Doch sie trieben diesen Unfug nicht lange: denn
sobald man die ausgeplünderten und ermordeten
Leichname bemerkte, legten keine Schiffe mehr in
dieser Gegend an, hielten sich vielmehr, als hätten
sie Scirous *) gefährliche Klippe zu vermeiden,
ganz nahe an den Küsten von Cyprus, die den Klippen Isauriens entgegen liegen. Weil ihnen also in
der Folge nichts mehr ins Garn gieng, verließen sie
die Küste, und zogen sich nach Lykaonien, das an
Isaurien gränzt, wo sie an den Heerstraßen hin dichte Kordons zogen, und sich von dem nährten, was
sie den Landeseinwohnern oder Reisenden raubten.
Nun entbrannte der Eifer, der in den vielen an Lykaonien

*) Ein Seeräuber in Me-   werk legte. Plutarch Theseus
garis, dem Theseus das Hand-   19. Ovid Verwandl. 7, H4.

nien gränzenden Municipalstädten und Schanzen vertheilten Soldaten: jeder bestrebte sich, die Feinde, wenn sie bald in stärkern Trupps, oder auch einzeln weiter vordringen wollten, nach seinen Kräften zurück zu treiben, aber man sah sich doch immer von ihrer Menge überwältiget. Auf hohen in weite Krümmungen sich hinziehenden Bergen gebohren und erzogen, sprangen sie auf ihnen, wie auf ebenem und weichem Boden umher, und wer ihnen aufstieß, auf den schossen sie von weitem ihre Pfeile ab, und schreckten ihn mit fürchterlich wildem Geheul. Einigemal befand sich unser Fußvolk, um ihnen beizukommen, in der Nothwendigkeit, hohe Felsen zu ersteigen; aber wenn man auch mit wankendem Fuß, an Gebüschen und Dornsträuchen sich haltend, den Gipfel erklimmte, erlaubte doch der enge und ungebahnte Boden nicht, sich in Glieder zu ordnen, oder festen Fuß zu fassen: und weil der überall auf den Anhöhen umherlaufende Feind abgerissene Felsenstükke herabwälzte, so mußte man entweder mit Lebensgefahr über steile Klippen herab zu kommen suchen, oder wo man sich für sein Leben muthig zu fechten gedrungen sah, befürchten, durch ungeheure Felsenstücke zermalmt zu werden. Man ward deshalb auf die Zukunft behutsamer, und wenn jene streifende Rotten sich nach den Gebirgen zu ziehen anfiengen, dann zogen sich unsere Soldaten von einem Boden zurück, auf dem ihnen jeder Schritt erschwert werden mußte. Konnte man sie aber, welches der Fall oft war, auf einer Ebene überfallen, und ließ ihnen nicht Zeit, von ihren Armen freien Gebrauch zu machen,

chen, oder ihre Wurfspieße, deren jeder zwei bis drei führte, zu schwingen, dann hieb man sie nieder wie feiges Vieh.

Weil sich diese Räuber in Lykaonien, das größtentheils eben ist, nicht zu halten getrauten, und aus mehrern Erfahrungen in einem förmlichen Treffen uns nicht gewachsen zu seyn glaubten, giengen sie auf entlegenen Wegen nach Pamphilien, das zeither lange von ihren Plünderungen verschont geblieben war, wo man aber doch immer aus Furcht vor ihren Räubereien und Mordlust in alle Gränzorte Soldaten gelegt, und das ganze Land durch starke Besatzungen gesichert hatte. Zwar eilten sie in Zuversicht auf ihre lebhafte Gewandtheit, so schnell als sie konnten, um der Nachricht von ihrem Ueberfalle durch Geschwindigkeit zuvorzukommen; weil sich aber die Wege auf den Bergen zu sehr in die Krümme zogen, erstiegen sie die Anhöhen nicht so geschwind, als sie wünschten. Nach überwundenen Schwierigkeiten auf dem Gebirge kamen sie am Ufer des Melas an, der durch seinen tiefen und wirbelnden Strom eine Schutzwehr seiner Anwohner ist. Die späte Nacht vermehrte hier ihre Furcht, und sie ruhten ein wenig aus, um den Morgen zu erwarten. Sie standen nemlich in dem Wahne, ohne Widerstand übersetzen zu können, und in einem unvermutheten Ueberfalle alles, was ihnen vor die Hand käme, zu verwüsten, aber sie hatten ihren äusserst beschwerlichen Marsch umsonst gethan: denn nach Aufgang der Sonne fanden sie, daß sie unmöglich über einen Strom setzen könnten, der zwar nicht eben

breit,

breit, aber desto tiefer war; und während daß sie sich nach Fischerkähnen umsahen, oder auf Flossen, in der Eile zusammengefügt, überzuschwimmen versuchten, stürmten die Legionen, die damals in S i d e in den Winterquartieren lagen, in einem schnellen Ueberfall auf sie an, nahmen ihre Stellung am Ufer, um in der Nähe mit ihnen fechten zu können, und schützten sich hinter ihren künstlich verschränkten Schilden. Auf diese Art ward es ihnen leicht, die Feinde, wenn sie sich entweder aus Zutrauen auf ihre Geschicklichkeit im Schwimmen, oder auf ausgehöhlten Baumstämmen über den Fluß zu gehen erkühnten, zu erlegen. Mit Lebensgefahr boten jene alle Kunstgriffe auf: weil sie aber ihre Absicht nirgends erreichten, und durch eigenes Schrecken sowohl als durch unsere Uebermacht sich zurückgetrieben sahen, wußten sie selbst nicht, wohin sie sich wenden sollten, und kamen endlich in die Gegend der kleinen Stadt Laranda. *) Hier sammleten sie durch Speise und Schlaf neue Kräfte, und kaum hatten sie sich von ihrem ersten Schrecken erholt, als sie in die reichen Dörfer umher einfielen, bald aber durch einige Eskadrons unserer Reiter, die von ungefähr in diese Gegend kamen, und mit denen sie es auf breiter Ebene aufzunehmen nicht Muth genug hatten, dieselben zu verlassen genöthigt wurden, und dann sich völlig zurückzogen, um in ihrem eigenen Lande alle zum Dienst taugliche junge Mannschaft aufzubieten.

Weil

---

*) Nach Strabo in Jsaurien, nach Ptolemäus und Stephanus in Lykaonien gelegen, — jetzt Larende in Karamanien.

Weil sie großen Mangel an Lebensmitteln litten, giengen sie auf einen Ort, mit Namen Palea*), zu, der nach dem Meere hinlag, mit einer starken Mauer umgeben war, und noch jetzt das Hauptmagazin ist, aus dem den zu Isauriens Bedeckung angestellten Truppen Proviant gereicht wird. Um diesen festen Ort standen sie drei Tage und drei Nächte: weil sie aber die steilen Mauern ohne Lebensgefahr nicht ersteigen, keine Minen anbringen konnten, und jede bei Belagerungen übliche List vereitelt sahen, zogen sie traurig ab, um aus äusserster Noth gedrungen, eine andere ihre Kräfte übersteigende Unternehmung auszuführen. Von wilder Wuth beseelt, die durch Verzweiflung und Hunger noch erhöht ward, verdoppelten sie ihre Kräfte, und raseten mit unaufhaltbarer Hitze einher, um die Hauptstadt **) Seleucia zu zerstören, die der kommandirende General Isauriens (Comes) Castricius mit dreien im Kriege abgehärteten Legionen deckte. Von ihrer Ankunft durch zuverläßige Vorposten unterrichtet, gaben die Heerführer die gewöhnliche Losung zum Marsch, rückten dann schnell mit der ganzen Besatzung aus, giengen in der Geschwindigkeit über die Brücke des Kalikadnus, der in einem breiten Strome die

Thür-

*) Nach Ammians Beschreibung kann dieser Ort so unbeträchtlich nicht gewesen seyn, gleichwohl findet er sich bei Cellar und Danville nicht, wohl aber in den Actis S. Barnabæ (Acta Sanctorum Junius T. II. p. 432.) als eine Stadt Isauriens. Auch die Lage an der See wird daselbst bestätigt, doch heißt sie Palää, welches Wesseling, dem ich vorstehende Nachweisung verdanke, in seinen Noten zu Hierokles Synekdemus S. 709. für richtiger hält.

**) In Berg-Cilicien. (Cilicia aspera.)

Thürme der Mauer bespült, und stellten dann die Armee so, als ob sie Lust hätten, sich in ein Gefecht einzulassen. Doch erlaubte man keinem Soldaten, aus Reihe und Glied zu treten, oder zu einer Schlacht Gelegenheit zu geben. Man fürchtete ein Heer, von toller Wuth erhitzt, das an Zahl überlegen, und gegen Leben oder Tod gleichgültig, sich in der Feinde Schwert stürzen zu wollen schien. Sobald die Isaurier in der Entfernung eine Armee stehen sahen, und Trompetenklang in ihr Ohr tönte, wurden ihre Schritte kürzer, sie machten einige Minuten Halt, zogen die drohenden Schwerter, und rückten dann, nur merklich langsamer, weiter vor. Ihnen in förmlicher Linie entgegen zu treten, waren unsere Legionen hartnäckig genug entschlossen, schlugen mit den Lanzen an ihre Schilde — ein Manöver, das bei unsern Kriegern Ingrimm und Unmuth aufregt — und schreckten die ganz nahe gerückten Feinde durch ihrer Arme Schwung. Aber indem sie muthig in den Kampf hinzuziehen im Begrif standen, bekamen sie Befehl zum Rückzug, weil die Heerführer es für unzeitige Tapferkeit hielten, sich in ein gefährliches Gefecht einzulassen, da man ja Mauern in der Nähe hätte, deren Schutz Allen weit zuverläßigere Sicherheit gewähren könnte. In dieser Ueberzeugung zog man demnach die Krieger in die Stadt zurück, man verwahrte alle Thore durch feste Riegel, man besetzte Thürme und Brustwehren, und legte Steine und Pfeile, die man nur auftreiben konnte, um sich her, um jeden, der einzubringen sich gelüsten ließe, durch Geschoß und Steine zu

Bo-

Boden zu werfen. Nur war für die Belagerten ein übler Umstand der, daß die Isaurier durch Wegnahme der Schiffe, die auf dem Flusse Getraide zuführen, sich im Ueberfluß der Lebensmittel befanden, sie hingegen die gewöhnlichen Nahrungsmittel schon fast verzehrt hatten, und an die traurigen Folgen herannahender Hungersnoth nicht ohne Schaudern dachten. Weil aber dieses Bedrängniß der Stadt bald ausserhalb der Mauern bekannt ward, und wiederholte Berichte endlich den Cäsar Gallus aufmerksam machten, so erhielt der Statthalter (Comes) der Morgenländer Nebridius, weil der Feldherr der Reiterei damals anderwärts in weiter Entfernung zu thun hatte, Befehl, aus allen Städten umher Truppen an sich zu ziehen, mit denen er dann in thätigstem Eifer herbeieilte, um eine so ansehnliche und bedeutende Stadt zu retten. Auf diese Nachricht zogen die Räuber ab, ohne weiter etwas Bemerkenswerthes gethan zu haben, und giengen in einzelnen Haufen, wie ihre Sitte ist, auf entlegene Felsenhöhen.

Kap. 3.

So war Isaurien in Ruhe gesetzt: aber während daß der Perser König mit seinen Gränznachbarn in Krieg verwickelt war, und einige der muthigsten Nationen von seinem Lande abhalten mußte, die wankelmüthig genug waren, bald ihn selbst feindselig anzugreifen, bald in Feldzügen gegen uns zu unterstützen, war Nohodares, einer der Persischen

Magna-

Magnaten, der jede Gelegenheit, in Mesopotamien einzufallen, zu benutzen Auftrag hatte, immer in geschäftiger Aufmerksamkeit, unsere Lage auszukundschaften, um, wo er nur irgend die Gegend bequem fände, in unsere Gränzen herüber zu fallen. Weil er aber alle an Mesopotamien sich hinziehende Gränzen wegen der häufig vorfallenden Beunruhigungen durch Korbons und fliegende Korps gedeckt fand, war er mit seiner Armee linksab gezogen, hatte sich in den äußersten Gränzen Osdroenens gesetzt, und einen sonderbaren, kaum je versuchten listigen Anschlag ausgedacht, der, wenn er gelang, ihn in den Stand setzte, blitzschnell alles vor sich her zu verwüsten. Sein Plan war nemlich auf folgende Art angelegt: Batne, *) eine Municipalstadt im District von Anthemusien, ehemals von Macedonien erbaut, liegt in einer geringen Entfernung vom Euphrat ab; sie hat reiche Kaufleute in Menge, und bei einer jährlichen Feierlichkeit, die ohngefähr in den September fällt, kommt eine große Menge Menschen von sehr gemischten Ständen zu einem Jahrmarkt daselbst zusammen, um Indianische und Serische

---

*) Ist mit einer andern gleiches Namens in Syrien nicht zu verwechseln — ein Irrthum, den Cellar zu Zosimus 3, 12. ehemals begieng, nachher aber in seiner größern Geographie Th. 2. S. 725. zurücknahm. Man sehe auch Wesseling über die alten Itinerarien. S. 190. Die unsrige kommt noch einmal bei Ammian 23, 2. vor, wo sie aber Batnä heißt, und wenn sie unser Geschichtschreiber dort zu Osdroene, in unserer Stelle zu Anthemusia rechnet, so ist das nur anscheinender Widerspruch: Denn diese war ein District von jener. Als Handelsstadt beschreibt sie Huet. Hist. du Commerce & de la Navigation des Anciens, p. 320.

Serische, oder auch andere zu Land und See im Ue:
berfluß herbeigeführte Waaren einzukaufen. Diese
Gegend wollte der vorher genannte Heerführer während dieser festlichen Tage überfallen, und nahm deshalb seinen Weg durch die Sandwüste und an den
mit hohem Grase bewachsenen Ufern des Flusses Ab o-
r a s *) hin: aber von einigen seiner eigenen Leute
verrathen, welche aus Furcht, für ein begangenes
Verbrechen bestraft zu werden, zu den Römischen
Gränzposten übergegangen waren, sah er seine Unternehmung vereitelt, und schwand, wie angewur-
zelt, in Unthätigkeit hin.

Kap. 4.

Indessen schwärmten doch die Saracenen, **)
ein Volk, dessen Freundschaft so wenig als Feindschaft für uns wünschenswerth seyn kann, ***) überall
um uns her, und plünderten alles, was sie auf ihrem Wege antrafen, in kurzer Zeit rein aus, gierigen

*) Auch Chaboras, oder Araxes — jetzt Hermas oder Alhavali.
**) Sind Araber, und zwar die sogenannten Sceniten, wie sie Ammian B. 22, 15. 23, 6. selbst bestimmt. Ob mit Recht? darüber s. Sau-maise über Solin S. 344. Auch kommen B. 24, 2. Saraceni Assanitä vor. Ein klei-ner Mißverstand war es wohl, wenn Jac. Gothofred in den Noten zu der von ihm heraus-gegebenen alten Weltbeschrei-bung, S. 9. behauptete, daß der Name Saracenen zuerst unter Kaiser Mark Aurel auf-gekommen sey, und sich des-halb auf Ammian berief. Dies sagt Ammian nicht, und schon Dioskorides und Pli-nius erwähnen derselben.
***) Noch jetzt hat man in jenen Gegenden das Sprüch-wort: Hüte dich der Freund-schaft und Feindschaft der Be-douinen. Volney Reisen B. 2, 305.

gen Geiern gleich, die eine aus hoher Luft ersehene
Beute in schnellem Flug entführen, oder, wenn ihnen der Fang mißlingt, sogleich wieder auffliegen.
Zwar erinnere ich mich, von ihrer Lebensart in der
Geschichte des Kaisers Marcus, auch nachher einigemal gesprochen zu haben; indeß will ich doch auch
hier von denselben etwas Weniges anführen. Bei
dieser Nation also, deren äussersten Wohnplätze sich
bei den Assyriern anfangen, und bis zu den Katarakten des Nils und den **Blemmyern** *) fortgehen, sind alle ohne Unterschied Krieger, halbnacket,
mit gefärbten Röcken bis an die Hüften bekleidet,
und wissen sich durch flüchtige Pferde, und geschmeidige Kameele, durch die einen im Frieden (in Kara-
vanen), durch die andern im Kriege überall Bahn zu
machen. Keiner von ihnen legt die Hand an einen
Pflug, pflanzt Bäume, oder sucht sich durch Bearbeitung des Feldes Lebensunterhalt zu verschaffen:
immer ziehen sie vielmehr in der Länge und Breite
entlegener Gegenden umher, ohne Häuser, ohne bestimmte Wohnsitze, oder Gesetze: selbst einerlei Himmelsstrich behagt ihnen nicht, und sie bleiben nie
gern lange auf einerlei Boden. Ihr Leben ist im-
merwährende Flucht; ihre Weiber dingen sie auf gewisse Zeit um Geld, und errichten darüber Verträ-
ge: um wenigstens den Schein einer Ehe zu geben,
bringt die künftige Frau dem Manne eine Lanze und
ein Zelt mit; kann aber, wenn sie will, nach dem
gesetzten Tage wieder von ihm gehen, denn unglaublich ist es, mit welcher Hitze beiderlei Geschlechter

sich

*) Einer Völkerschaft Aethiopiens.

sich (dem Wechsel) der Liebe überlassen. So schweifen sie dann ihr ganzes Leben hindurch so weit umher, daß ein Weib an dem einen Orte Braut, an dem andern Mutter wird, und weit davon ihre Kinder erzieht, ohne je zur Ruhe zu kommen. Nahrungsmittel aller sind Wildpret, Milch, die sie im Ueberfluß haben, vielerlei Arten von Kräutern, und Vögel, die sie etwa in Schlingen fangen können; die meisten sind auch, wie ich als Augenzeuge berichten kann, mit dem Gebrauche des Getraides und des Weines *) völlig unbekannt. Doch genug von dieser gefährlichen Nation, von der ich nun wieder auf meinen Text einlenke.

Kap. 5.

Während dieser Begebenheiten im Orient brachte Constantius den Winter in Arelat zu, gab dem Volke Schauspiele im Theater und im Cirkus mit prunkendem Aufwande, fieng dann am zehnten Oktober, mit welchem Tage sich sein dreißigstes Regierungsjahr schloß, seinem Uebermuth einen mächtigen Schwung zu geben an, nahm jede halb wahre oder ganz falsche Anklage für gewiß und ausgemacht, und ließ unter andern den Gerontius, ehemals Heerführer unter Magnenz, foltern, und dann in die traurige Lage eines Exulanten versetzen. So wie ein kränklicher Körper durch das geringste Lüftchen erschüttert wird, so wähnte auch der Kaiser bei sich be-

---

*) Wesseling S. 140. seiner Observationen ist geneigt, Mohameds Weinverbot aus dieser Sitte seines Vaterlandes herzuleiten

beschränktem und verzärteltem Geiste, in jedem Laute, der sich hören ließ, den Verdacht zu finden, man habe wider sein Leben etwas unternommen oder unternehmen wollen, und seine Siegesfeier selbst ward durch Ermordung unschuldiger Männer zu Trauertagen. Wenn ein Kriegsmann, oder wer sonst durch Ehrenstellen und Ansehn sich vor andern auszeichnete, auf ein bloßes Gerücht, des Magnentius Partei begünstigt zu haben bezüchtigt ward, so schleppte man ihn, mit schweren Ketten belastet, wie ein wildes Thier umher: ohne einen Feind zu haben, der auf seine Bestrafung drang, durfte er nur genannt, angegeben, oder höchstens förmlich angeklagt seyn, um ihn des Todes, der Einziehung seiner Güter, oder der Verbannung auf eine wüste Insel würdig zu finden.

Diese Strenge des Kaisers, die sogleich rege ward, sobald man ihm nur irgend die verringerte oder verletzte Ehre des Reiches vorzuspiegeln wußte, und die an sich schon zahllosen Arten seines finstern Argwohnes wurden noch mehr durch die blutdürstigen Schmeicheleien seiner Höflinge genährt, die jeden Vorfall zu übertreiben pflegten, und den innigsten Schmerz heuchelten, des Kaisers Leben in Gefahr zu sehen, das doch, wie sie nicht laut genug sagen zu können vorgaben, der Faden wäre, an dem das Wohl und das Weh des ganzen Erdkreises hange. Man sagt daher durchgängig, daß er nie in diesem oder einem ähnlichen Falle das über einen Beklagten gefällte, und ihm, wie gewöhnlich vorgelegte Todesurtheil zurückgenommen habe, was doch die

grau-

grausamsten Regenten mehrmals gethan haben. Eine so verderbliche Leidenschaft, die doch bei andern bisweilen sich abkühlt, entbrannte bei ihm mit jedem Jahre um so heftiger, da ganze Schaaren von Schmeichlern den Starrkopf nur noch mehr erhitzten.

Unter den letztern zeichnete sich vorzüglich **Paul**, der Staatssekretär (Notar) aus, von Geburt ein Spanier, ein Mann, der den Schalk unter glatter Miene barg, und eine überaus feine Nase hatte, die geheimsten Mittel, andern zu schaden, auszuwittern. Dieser ward nach Britannien gesandt, einige Officiere abzuholen, weil sie die Kühnheit gehabt hätten, Magnenzens Partei zu nehmen, so wenig auch dies ihr freier Betrieb gewesen seyn mochte. Aber der Mann überschritt seine Order freventlich, drang mit der Schnelligkeit eines wilden Stromes in die Besitzungen mehrerer ein, wandelte über Schaaren von Leichen und Ruinen einher, belegte Freigebohrne mit drückenden Banden, ließ einige durch Armschellen wund fesseln — alles durch Aufbürdung von Beschuldigungen, an denen keine Sylbe Wahrheit war. Dies veranlaßte einen Selbstmord, der Constantius Zeitalter auf immer brandmarken muß. **Martinus**, Vicestatthalter*) in Britannien, seufzete tief über die Leiden der Unschuldigen, ließ es auch an bringenden Vorstellungen und Bitten nicht fehlen, daß man doch ganz Schuldlose verschonen möchte, drohte auch, nach vergeblichen Bemühungen, die Provinz zu verlassen, in der Hofnung, der boshafte

---

*) Agens pro Praefectis, nachher kürzer: Vicarius. (in der mehreren Zahl) gleich

hafte Spürer würde die Folgen dieses Entschlusses fürchten, und endlich aufhören, Menschen, mit dem Genuß friedlicher Ruhe so ganz vertraut, in offenbare Gefahr zu stürzen. Paul glaubte sich dadurch in seinem Diensteifer eingeschränkt, und gefährlicher Meister in der Kunst, Geschäfte in verwickelte Knoten zu schürzen — einer Kunst, die ihm den Beinamen Catena (Kette) verschaffte, zog er den Vikar selbst, der die ihm anvertrauten Unterthanen noch immer zu schützen fortfuhr, in die allgemeine Gefahr mit hin. Er bestand darauf, ihn nebst den Tribunen und anderen mehr an den Hof des Kaisers gefesselt hinzuführen: worüber Martin aufgebracht, und vom nahen Verderben gedrungen, den Degen in der Hand, auf Paulus losging. Weil aber die matte Faust ihm einen tödtlichen Stoß beizubringen nicht vermochte, stieß er das einmal gezogene Schwert sich selbst in die Brust; und so starb eines so widernatürlichen Todes der gerechteste Mann; weil er Muth genug besaß, den Drangsalen einer Menge Menschen entgegen zu arbeiten. Diese ihm zur Schande gereichende Scene verließ Paulus vom Blute triefend, und kehrte dann zum Hoflager des Fürsten zurück, wohin er eine Menge Gefangene, die man vor Ketten fast nicht sah, mitnahm, alle des tiefsten Kummers voll. Bei ihrer Ankunft setzte man die Folterbänke in Bewegung, und Henker legten Zangen und jedes Werkzeug der Marter in Bereitschaft. Mehrere verloren ihr Vermögen; andere wurden aus dem Lande verwiesen; einige fielen unter dem strafenden Schwerte; denn nicht leicht wird man unter

Con-

Conſtantius Regierung, wo dergleichen Auftritte Folgen blos des leiſeſten Gerüchtes waren, ſich eines Beiſpiels entſinnen können, daß ein Beklagter ohne Beſtrafung abgekommen ſey. *)

Kap. 6.

Indeß gieng Orfitus, Gouverneur der ewigen Stadt, **) über die Gränzen der ihm vertrauten Würde übermüthig hinaus — ein Mann, der Verſtand genug, und die genaueſte Kenntniß bürgerlicher Geſchäfte beſaß, deſſen Geiſt dennoch durch ſchöne Wiſſenſchaften und Künſte weniger aufgeklärt war, als es dem Manne von edler Abkunft ziemte. Unter ſeiner Amtsführung entſtand ein gefährlicher Auflauf des Volkes über Mangel an Weine, ***) auf deſſen gierigen Genuß das Volk erhitzt ſich häufig zu wildem Aufruhr hinreißen ließ.

Weil

---

*) Mit dieſem Kap. bitte ich überhaupt noch B. 21, 16. zu vergleichen, wo Conſtantius ganzer Charakter geſchildert iſt.

**) Orfit kommt als Präfectus Urbi zum zweitenmal im J. 356. B. 16, 10. und weiterhin einigemal im Ammian vor, auch iſt ſein Andenken durch mehr als eine Inſchrift bei Gruter und Muratorius erhalten. — Die ewige Stadt heißt Rom nicht nur bei Schriftſtellern, ſondern auch auf Münzen und in kaiſerlichen Verordnungen.

***) Conſtantin hatte eine Weinaustheilung unter das Volk eingeführt, ſo wie vor ihm ſchon Auguſt Getraide, doch nur monatlich, Aurelian gebackene Brode, und zwar täglich, eben derſelbe Schweineſleiſch, und Septim. Sever Oel auszutheilen verordnet hatten. Ueber alle dieſe Spenden hatte der Stadtpräfect die Oberaufſicht, und unter ihm ſtanden der Präfectus Annonä (Aufſeher der Lebensmittel), der Rechnungsführer der Hofkellerei (Rationalis Vinorum fiscalium) und der Aufſeher des Schweinemarktes (Tribunus Fori suarii) wie Valois aus der Notitia Imperii beweiſet.

Weil ich nicht ohne Grund vermuthe, daß vielleicht Nicht-Römer, die etwa, wenn ich mir nicht zu viel schmeichele, meine Geschichte lesen, sich wundern dürften, anstatt wichtiger Begebenheiten in Rom, nur Nachrichten von Tumult, und Weinhäusern und andern dergleichen geringfügigen Kleinigkeiten zu finden, so wird sich die Ursache aus folgender kurzen Schilderung ergeben, bei der ich wider besseres Wissen mich nirgends von der strengsten Wahrheit entfernen werde.

In jenen alten Zeiten, wo Rom, mit dem Menschengeschlechte zu gleich langer Dauer bestimmt, sich als Licht des Erdkreises zu erheben anfing, schlossen Verdienst und Glück, die freilich nicht immer neben einander sich finden, den ewigen Bund, diese Stadt zu immer höherem Glanze zu erheben; und in der That mußten beide gemeinschaftlich wirken, wenn Rom zu vollkommener Größe gelangen sollte. Das Römervolk hielt von der Wiege bis zu den äußersten Gränzen der Knabenjahre — ein Zeitraum von ohngefähr dreihundert Jahren — die Kriege um seine Mauern aus: weiter herangewachsen, gieng es nach vielfachen mühvollen Kriegen über Alpen und See: zum Jüngling und Mann gestärkt, brachte es aus jedem Himmelsstriche, den nur der weite Erdkreis umfaßt, den Lorbeer des Triumphs zurück: und jetzt, wo es den hohen Jahren entgegen geht, und nur noch zuweilen bloß durch den Ruhm seines Namens siegt, hat es sich zum Genuß eines ruhigern Lebens zurückgezogen. Und so hat die ehrwürdige Stadt, nachdem sie den stolzen Nacken wilder

Nationen unter ihr Joch gebeugt, und Gesetze gegeben hatte, welche ihrer Freiheit Grund und ewige Anker waren, wie eine gute, kluge und reiche Mutter den Cäsaren als ihren Söhnen die Rechte, ihr Vermögen zu verwalten, übertragen. Längst sind zwar die Tribus unthätig, friedlich vertragen sich die Centurien, aufgehört haben die Streitigkeiten in Volksversammlungen, zurückgekehrt ist die ruhige Zeit eines (Numa) Pompilius: und dennoch ehrt man die Stadt in allen Welttheilen als Gebieterin und Königin; überall sieht man auf das würdevolle graue Haar ihrer Senatoren, überall auf den Ruhm des Römervolkes mit Achtung hin.

Aber der herrliche Glanz dieser Versammlungen (des Senates und des Volks) wird durch ungebundenen Leichtsinn einiger wenigen verdunkelt, welche die Ehre, in Rom gebohren zu seyn, nicht bedenken, vielmehr in dem Wahne, sich jeden Frevel erlauben zu können, auf Abwege und Ausschweifungen verfallen sind. Wie Simonides,*) der lyrische Dichter, sagt, gehört zu einem vollkommen glücklichen Leben vor allen andern der Ruhm des Vaterlandes. Um ein solches Glück zu erreichen, haben einige in der Meinung, durch Standbilder sich der Nachwelt auf ewig empfehlen zu können, hitzig nach solchen Denkmahlen gestrebt, als könnten sie durch eherne, vernunftlose Bildnisse sich mehr be=

lohnt

---

*) Kann seyn, obgleich Plutarch diese Sentenz mehr dem Euripides beizulegen scheint. Sie steht wenigstens in einem Gedicht auf Alcibiades Siege, der weit später als Simonides gelebt hat, Valois,

lohnt finden, als durch das Bewußtseyn rühmlicher und edler Thaten: sie haben diese Bildsäulen sogar mit Goldplatten belegen lassen — eine Ehre, die man dem Acilius Glabrio, *) dem eben so einsichtsvollen als tapfern Ueberwinder des Königes Antiochus zuerst erwies. Wie schön es dagegen nach dem Ausspruche des Askräischen Dichters **) sey, mit Verachtung so geringfügiger oder vielmehr nichtswürdiger Dinge, den Pfad des wahren Ruhmes, so lang und so steil er auch seyn mag, zu betreten, das bewies Cato, mit dem Beinamen Censorius. Auf die Frage, warum unter so vielen Edlen nicht auch Er ein Standbild hätte, war seine Antwort diese: "Lieber muß mir es ja doch gewiß
„ seyn, wenn Patrioten sich's nicht erklären können,
„ daß man mich einer solchen Ehre nicht würdig
„ fand, als wenn sie, was weit schlimmer wäre,
„ sich, daß ich sie erhielt, wundernd ins Ohr sag-
„ ten. „

Andere, die ihr höchstes Verdienst in ungewöhnlich hohen Staatswagen, ***) oder in eitlem Kleiderprunk setzen, schwitzen unter der Last mehrerer Ueberröcke, die sie mit Agraffen auf der Achsel und weiter hinab am Gürtel befestigen, dem Winde das feine Gewebe derselben preiß geben, und unter beständigen Drehungen des Körpers, besonders der linken Hand dieselben lüpfen, um die breite Verbrämung

*) Ist aus Livius B. 40. K. 34. genommen. Vergl. Valer. Maximus B. 2. Kap. 5.
**) Hesiodus in seinem Gedichte vom Landbau Vers 289. ff.
***) Man sehe Beckmanns Gesch. der Erfindungen Band I. S. 391.

mung des Westchens glänzen zu lassen, auf welches
bunte Thiergestalten aller Art eingestickt sind. *)

Andere erzählen mit angenommener ernster Miene, was doch kein Mensch zu wissen begehrte, wie unermeßlich groß ihr Vermögen sey, rechnen uns mit sichtbarer Uebertreibung den jährlichen Ertrag der fruchtbaren Fluren vor, die sie von Osten bis nach Westen zu besitzen und prahlend versichern: ohne nur den mindesten Gedanken daran zu haben, daß ihre Väter, durch die Roms Größe eine so weite Ausdehnung erhielt, nicht durch Reichthümer, sondern in den gefährlichsten Kriegen glänzen wollten, und ohne sich durch Geld, oder Kost, oder Gewand vor dem gemeinen Soldaten auszuzeichnen, dennoch alles, was ihnen Widerstand that, mit tapferer Faust zu Boden schlugen. Daher kam es, daß man jenen Valerius Poplicola durch gesammlete Beiträge zur Erde bestatten mußte: daß die dürftige Gemahlin des Regulus mit ihren Kindern durch des Gemahls Freunde unterstützt ward: daß man Scipio's Tochter aus der gemeinen Schatzkammer ausstattete, weil der Adel über die blühende mannbare

---

*) Besser mußte ich diese, nach dem Geständniß aller Herausgeber, wenigstens in der ersten Hälfte verderbte Stelle nicht überzutragen. Schade ist's freilich, daß dies Schicksal gerade einen seinem Inhalte nach so wichtigen Text treffen mußte. Zum Glück wird es am Ende wieder Licht, und die Pariser Elegants hätten die Verläumdung, als ob sie nur Pamphlets läsen, nicht bündiger widerlegen können, als daß sie die glückliche Idee vor einigen Jahren, ihre Gillets mit Schmetterlingen, Jagdpartien u. s. w. zu schmücken, ganz gewiß aus Ammian nahmen.

bare Schöne. nicht minder als über die lange Abwesenheit des armen Vaters *) sich beschämt fühlte.

Aber versuch' es jetzt einmal, und komm zu einem reichen und eben deshalb sich brüstenden Manne, um ihm als rechtlicher Gastfreund die Aufwartung zu machen. Anfangs wirst du als längst gehofft willkommen seyn: man wird dich mit Fragen überhäufen, die du mehr als einmal nicht anders als mit einer Unwahrheit zu beantworten vermagst: wundern wirst du dich, daß bei der ersten Bekanntschaft ein so wichtiger Mann, in so weitem Abstande von dir, dennoch dich mit so verbindlicher Achtung aufnehme: gereuen wird es dich, daß du, um ein so vorzügliches Glück zu genießen, nicht bereits vor zehen Jahren den glücklichen Einfall hattest, nach Rom zu reisen. Durch die fertige Zunge des Mannes dreist gemacht, wirst du deinen Besuch den nächsten Tag darauf wiederholen, aber als unverhofft erschienener Unbekannter wirst du betreten da stehen, wenn der gestern so zuvorkommende Mann durch Aufzählung (seiner Bedenklichkeiten), **) ob du auch der Mann aus dem Lande wirklich seyst, dir seine Zweifel nicht bergen kann. Wenn du dann endlich erkannt, und in die Zahl der Hausfreunde aufgenommen, drei volle Jahre nach einander ununterbrochen Hof gemacht hast, und nach Versäumniß viel-

---

*) In Diensten des Staates.

**) Durch diese Einschaltung glaubte ich die kleine Lücke im Texte am besten zu füllen. Der französische Uebersetzer läßt dagegen den Financier seine T h a l e r zählen, und das kann immer auch wahr seyn. Der Leser wähle.

leicht nur eben so vieler Tage *) dich unter das vorige Joch zu schmiegen kommst, wird man dich nicht fragen, wo du indeß gewesen, man wird dich nicht einmal vermißt haben, und vergebens wirst du deine Lebenszeit verschwenden, den Dummkopf von seinem Stolz herabzustimmen. Macht man im Hause zu periodischen eben so langen als schädlichen Schmausereien, oder zu Austheilung festlicher Spenden **) Anstalt, so wird erst in sorgfältige Ueberlegung gezogen, ob Fremde, diejenigen ausgenommen, denen man einen Gegenschmaus schuldig ist, einzuladen überhaupt nöthig sey: und wird dies ja nach reiflichem Erwägen beliebt, so werden doch nur immer solche, die nicht von der Wettfahrer Ställen kommen, ***) oder Spieler, oder die geheime Künste zu verstehen vorgeben, zu dieser Ehre gezogen. Gelehrte und verständige Männer sieht man als bedauernswürdige und untaugliche Gesellschafter nicht gern, wozu noch dies kommt, daß die Nomenklatoren,

---

*) Nach Gronovs Vorschlage, der für per totidem defueris tempus — tot dierum d. t. zu lesen räth —

**) Weil die vornehmen Römer ihre Klienten nicht füglich alle an die Tafel ziehen konnten, so bekamen sie, besonders bei Familienfesten, bei Antritt eines neuen Amtes ꝛc. wenigstens Wein, Brod und andere Eßwaaren in Körbchen (Sportulis). Den Unfug, der nach und nach dabei einriß, beschreibt Juvenal sehr lebhaft. Sat. 1, 95. ff.

***) Die Wettfahrer (Aurigæ) waren, wie bekannt, in vier nach Farben benannte Banden eingetheilt, und Kaiser Caligula, der die grüne begünstigte, geruhte oft bei ihnen im Stalle Tafel und Nachtlager zu halten. Sveton. K. 55. Auch zu Ammians Zeiten hatte der ausschweifendste Geschmack am Wettfahren nicht abgenommen. S. das Ende dieses Kapitels und anderwärts.

toren, *) die sich überall einen Gewinn zu machen suchen, für eine erhaltene Belohnung, bei Spenden oder Gastgeboten oft genug Leute vom niedrigsten Pöbel unterschieben.

Den goldfressenden Aufwand bei unsern Tafeln und den Hang zu immerwährenden Vergnügungen übergehe ich, um auf die zu kommen, die auf den breiten Straßen der Stadt über das Kieselpflaster mit halsbrechender Kühnheit eben so schnell hineilen, als wären sie mit einem Freipaß versehen, sich der öffentlichen Post zu bedienen. **) Ganze Schaaren von Bedienten wie Räubertrupps bieten sie zu ihrem Gefolge auf, ohne den Sannio, wie der komische Dichter sagt, ***) zu Hause zu lassen: — eine Mo-

---

*) Waren Sklaven, die sich Roms Bürger persönlich bekannt machen mußten, um ihren Herren, wann sie mit ihnen ausgiengen, die Namen derselben sagen zu können. In so fern waren sie auch am besten zu brauchen, um Gäste zu Schmaus oder Spenden einzuladen, und kommen in dieser Bedeutung schon beim Sveton Calig. 41. auch K. 39. unter dem Namen Vocatoren vor.

**) Um die Communication zwischen Rom und den Provinzen zu erhalten, hatte man von Augusts Zeiten an in gewissen Entfernungen Stationen angelegt, auf denen immer einige Pferde bereit stehen mußten, um einzelne Eilboten nach und aus den Provinzen schnell zu fördern. In der Folge dehnte man dies weiter aus, und die Städte und Dörfer mußten auch für Fuhrwerk aller Art sorgen, um die Staatsbeamten mit ihrem Gefolge und Gepäck fortzubringen. Weil aber dabei viel Mißbrauch und Bedrückung vorgehen mochte, so durften von dieser öffentlichen Anstalt nur diejenigen Gebrauch machen, die einen vom Kaiser oder dem Statthalter ausgefertigten und besiegelten Freipaß (Diploma, Evectio) vorzeigen konnten.

***) Beim Terenz, Eunuch Akt 4. Scene 7. V. 10. bleibt doch wenigstens der Sannio zurück, um das Haus zu hüten: unsere Herren hingegen, sagt Ammian, bieten alles auf, auch der Hausmann muß sich in Galla werfen, um den Zug zu verherrlichen.

Mode, die auch viele Damen mitmachen, nur daß sie verschleiert und mit verhangenen Sänften durch alle Gegenden der Stadt umherziehen. So wie der Taktik kundige Feldherren die dichtesten und muthigsten Schaaren voraus, dann die leichten Truppen, hinter ihnen die Pfeilschützen, endlich das Reservekorps stellen, um im Fall der Noth nachrücken zu können: so ordnen auch die Haushofmeister, durch Stäbe in der Hand ausgezeichnet, die müßige Schaar der Sklaven in der Stadt, und dann zieht, wie auf militärisches Kommando, vorn am Wagen die ganze Spinn- und Weberstube auf, an diese schließt sich die Küche in schwarzem Gewande an, und dann kommt die übrige Sklavenschaar bunt durch einander, mit müßigem Pöbel aus der Nachbarschaft vermischt. Den Zug schließt endlich eine Menge Verschnittener, dem Alter nach vom Greise bis zum Knaben herab — alle entstellt durch Siechlingsfarbe und verzerrte Gesichtszüge. Gewiß, wenn man bei jedem Tritt auf ganze Schaaren verstümmelter Menschen stößt, dann muß man dem Andenken jener Königin der Vorwelt, Semiramis *) fluchen, die

zu-

*) Das gute Weib mag wohl an dem Guten und Schlechten, das man ihr von je her aufbürdete, oft ganz unschuldig gewesen seyn. Der ihr hier gemachte Vorwurf steht auch beim Claudian in Eutrop. I, v. 339. und Gesner bemerkt daselbst daß dieser Dichter, und unser Ammian die einzigen wären, bei denen er diese Nachricht gefunden hätte. Vor kurzem hat H. Prof. Heeren im 6. St. der Bibl. der alten Literatur und Kunst unter den Ineditis S. 18. ein kleines Schriftchen aus der Bibliothek im Escurial und aus Holstens Papieren herausgegeben, wo dies und mehr anderes, was man sonst der Semiramis zuschreibt, einer Königin Lyttia beigemessen wird. Der Verf. des Schriftchens hat seine Nachricht aus Hellanicus genommen.

zuerst Knaben in zarter Jugend entmannen ließ, der Bestimmung des Männergeschlechts Gewalt anthat, und den Lauf der Natur hemmte, welche schon in den spielenden Knaben den Urquell des Saamens legte, und durch diesen geheimen Wink die Bahn zu Fortpflanzung der Nachwelt vorzeichnete.

Bei solchen Sitten strömen dann freilich die wenigen Häuser, die sonst von Liebhabern ernsterer Wissenschaften fleißig besucht wurden, von Tändeleien träger Unthätigkeit über, und ertönen von Sängerchören, und rauschendem Saitenklang. Statt des Philosophen wird der Sänger berufen, an die Stelle des Redners tritt der Lehrer possenhafter Künste, Büchersäle stehen, wie Gräber, auf ewig verschlossen, dagegen verfertigt man Wasserorgeln, Leiern wie Wagen groß, Flöten und ganze Lasten von Theatergeräthe. So weit ist es sogar endlich mit Unverschämtheit gediehen, daß man vor kurzem bei Besorgniß einer Hungersnoth die Fremden schleunigst aus der Stadt trieb, daß man die Liebhaber edler Wissenschaften und Künste, so unbeträchtlich auch ihre Zahl war, ohne sie zu Athem kommen zu lassen, zum Thore hinaus wies, hingegen wirkliche, vielleicht auch nur vorgebliche Anbeter von Theaternymphen bleiben ließ, daß man, um dreitausend Tänzerinnen nicht in ihren Luftsprüngen zu unterbrechen, sie und Musikanten, und eben so viele Tanzmeister beibehielt.

Jedem unserer Blicke begegnet eine ganze Schaar hochbelockter Frauenzimmer, die, wenn sie ihrem Alter nach als Eheweiber wenigstens dreimal Mütter
seyn

seyn könnten, lieber ledig bleiben, um bis zum Ekel über den getäfelten Fußboden mit leichtem Fuß hinzuschlüpfen, und in tausenderlei Wendungen mit flüchtiger Gewandtheit jede theatralische Handlung auszudrücken.

Nicht weniger gewiß ist es, daß ehemals, so lange Rom jeder Tugend Wohnsitz war, die meisten Edlen jedem freigebohrnen Fremdling, (wie die Lotophagen*) beim Homer durch die Süßigkeit ihrer Früchte) seinen Aufenthalt angenehm zu machen suchten. Aber jetzt giebt es so viele windige Hohlköpfe, die mit Verachtung auf jeden herabsehen, der ausser der Ringmauer gebohren ist, doch mit Ausnahme der kinder- und ehelosen: denn unglaublich ist es, wie erfinderisch man in Rom ist, denen, die keine Erben haben, seine Aufmerksamkeit zu bezeugen. Weil aber in Rom, der Hauptstadt der Welt, auch Krankheiten und Seuchen weit mächtiger als anderwärts herrschen, deren Verbreitung zu hemmen, die aufgebotene ganze Zunft der Aerzte sich ohnmächtig fühlt, so hat man, um seine eigene Gesundheit zu sichern, einen Ausweg ersonnen, um einen angesteckten Freund nicht selbst sehen zu dürfen: man verbindet mit einigen andern Verwahrungsmitteln ein weit kräftigeres, daß nämlich Bediente, welche man hinsandte, um sich nach dem Befinden des Kranken zu erkundigen, nicht eher als nach

einem

---

*) Lotusesser. Ulysses Gefährten ließen sich die süße Lotuspflanze bei diesem gastfreien Volke so wohl behagen, daß sie lieber immer da geblieben wären. Homer Odyss. B. 9. V. 84. ff.

einem genommenen Bade wieder nach Hause kommen dürfen. So ängstlich fürchtet man die Seuche, die man doch blos mit fremdem Auge sah. Aber so ängstlich man auch diese Vorsicht beobachtet, so darf nur einer, der schon die Mattigkeit in eigenen Gliedern fühlt, zu einer Hochzeit gebeten werden, wobei man jedem Gaste ein Goldstück in die hohle Hand drückt, *) sogleich wird er sich auf den Weg machen, wäre es auch bis Spoleto.

Dies sind die Sitten der Vornehmen. Und von der Schaar des niedrigen und armseligen Pöbels bringen einige ganze Nächte im Weinhause zu: einige kriechen hinter die Schatten der Vorhänge im Amphitheater, die Catulus, als Aedil, zuerst nach Campaniens schwelgendem Muster über Roms Theatersitze zog; **) oder sie balgen sich beim Würfelspiel, und lärmen im widrigsten Tone, aus schnaubender Nase den einwärts gezogenen Athem pressend: oder, was ihre höchste Lieblingsneigung ist, sie halten vom Aufgang der Sonne bis zum Abend von Hitze oder Regen bis zum Hinsinken entkräftet aus, um der Wettfahrer oder der Pferde Vorzüge oder Fehler bis zur äussersten Kleinigkeit aufzuspüren. Ein sonderbarer Auftritt ist es freilich, eine unzählbare Volksmenge zu sehen, die bis zur Raserei begeistert, mit ungeduldigem Blick an dem Erfolg eines Wagenrennens

---

*) Gehörte zu den vorhin genannten Sporteln, und Plinius giebt in seinen Briefen B. 10, 117. weitere Auskunft.

**) Diese Stelle hat Ammian fast wörtlich aus Valerius Maximus B. 2. K. 4. genommen, und sein eigener Zusatz, daß Catulus damals Aedil gewesen, ist gerade ungegründet. Ueber die Aedilenjahre war der Mann damals längst hinweg.

nens hängt. Diese und andere Thorheiten lassen Rom nie zu Athem kommen, etwas Merkwürdiges oder nur Ernsthaftes zu beginnen °). Lieber will ich also zu meiner Geschichte zurück kehren.

Kap. 7.

Cäsar Gallus, durch immer weiter greifenden °°) Uebermuth jedem Rechtschaffenen lästig, setzte nun seinen Leidenschaften kein Ziel mehr, drückte jede Provinz im Orient despotisch, ohne Männer mit Staatswürden bekleidet, ohne Vorsteher der Städte oder Leute vom gemeinen Volk zu schonen. Ging er doch endlich so weit, daß er die ersten Männer des Senats in Antiochien durch einen einzigen Urtheilsspruch hinzurichten befahl; deshalb aufgebracht, weil sie auf seine zudringliche Anmuthung, eine unschickliche Herabsetzung der Lebensmittel bei wirklich drohendem Mangel zu veranstalten, derber, als sie vielleicht sollten, geantwortet hatten; und gewiß wären sie ein Opfer seiner Wuth geworden, wenn nicht der damalige Unter=Statthalter (Comes) im Orient,

Hono=

*) Der abgehärtete Krieger mochte freylich in dem sibaritischen Rom nicht an seiner rechten Stelle seyn, und einige Große mögen, wie sich aus zweimaliger Erwähnung der gleichgültigen Aufnahme der Fremden vermuthen läßt, seinen Werth nicht so, wie er erwarten zu dörfen glaubte, anerkannt haben. Ein ähnliches Gemählde, wo die Farben noch etwas greller aufgetragen sind, ist B. 28, 4. aufgestellt, und wann der Historiker, welches freylich sein Fehler ist, hin und wieder etwas deklamirt, so ist er doch auch nicht der einzige, dem Roms damalige Sitten nicht behagen, und facit indignatio versum.

**) Ich lese mit Valesius disseminata für dissimulata.

Honoratus, (Kap. 1.) sich ihm mit fester Standhaftigkeit entgegen gesetzt hätte. Ein anderer unverkennbarer und überzeugender Beweis seiner Grausamkeit war auch der, daß er an blutigen Lustgefechten Vergnügen fand, und im Circus beim Anblick von sechs oder sieben Faustkämpfer=Paaren, die, mehrmaliger Verbote *) ungeachtet, einander niederschlugen, oder wenigstens von Blute trieften, so eine herzliche Freude hatte, als wäre ihm das gröste Glück begegnet. Seine ohnehin erhitzte Neigung, andere unglücklich zu machen, reitzte eine gemeine Frau noch mehr auf, welche auf ihr Begehren im Palaste vorgelassen, ihm eine von Soldaten, die keine Seele kannte, heimlich angesponnene Verrätherei wider sein Leben entdeckte. Dieses Weib beschenkte Constantina, frohlockend, das Leben ihres Gemahls nun in Sicherheit zu wissen, und ließ sie dann auf einem Wagen durch das Portal der Burg auf die Straße fahren, um durch diese Lokkung mehreren zu ähnlichen oder vielleicht noch wichtigern Entdeckungen Lust zu machen. Einige Zeit nachher ward Gallus, da er eben im Begriff stand, nach Hierapolis abzugehen, um dem Feldzuge wenigstens zum Schein beizuwohnen, von Antiochiens Bürgern demüthig angegangen, er möchte sie doch ihrer Besorgnis einer Hungersnoth überheben, die man aus vielen und wichtigen Gründen ganz nahe zu seyn glaubte; und wenn andere Fürsten bei der Sorge, mit der sie das Beste ihres ganzen Reiches umfassen müssen, dennoch auch zu Lokalübeln sich

herab=

*) Der Kaiser Constantin und Constantius.

herablassen, so fand er es doch nicht nöthig, abhelfende Maaßregeln zu nehmen, oder Zufuhr aus angränzenden Provinzen zu veranstalten; alles, was er that, war, daß er das äusserst bekümmerte Volk an den mit gegenwärtigen consularischen Statthalter Syriens *) Theophilus wies, und mehr als einmal wiederholte, daß es nur an dem Willen ihres Statthalters liegen müßte, wenn es ihnen an Brode fehlte. Dies erhöhte die Kühnheit des niedrigen Pöbels nur noch mehr, und da der Mangel an Lebensmitteln wirklich zuzunehmen anfieng, rottete sich das Volk, von Hunger und Wuth getrieben, zusammen, und setzte nicht nur das vor andern prächtige Haus des Eubulns, eines ihrer angesehensten Männer in Brand, sondern drang auch auf den, wie man meinte, durch einen kaiserlichen Machtspruch ihnen aufgedrungenen Statthalter mit Fußstößen und Faustschlägen an, trat ihn zu Boden, und riß dem bedaurenswürdigen Sterbenden ein Glied nach dem andern vom Leibe. Nach dem kläglichen Ende dieses Mannes schwebte jedem andern das Bild eigener Gefahr vor Augen, und ein so nahes Beispiel ließ bald ähnliche befürchten. Sere-

nian

---

*) In ältern Zeiten, und noch unter Hadrians Regierung standen Syrien, Phönike und Palästina unter einem Oberstatthalter, (Legatus, Präses) der seinen Sitz zu Antiochien hatte. Nachher ward Phönike getrennt, und zu Amnians Zeiten hatten alle drei Provinzen ihre eigene, und zwar consularische Statthalter. Auch hatte zu Ammians Zeiten das sogenannte hohle (Koele) Syrien einen weitern Umfang, hieß damals, was ehemal Syrien genannt ward. Da-leßius.

nian hingegen, vorher Statthalter, *) durch deſſen Nachläßigkeit, wie ich vorher erzählt habe, **) Celſe ***) in Phönicien dem plündernden Feinde in die Hände fiel, — ein Mann, der beleidigten Majeſtät des Römerreiches nach allen Regeln und Rechten ſo offenbar ſchuldig, daß es unbegreiflich ſcheint, wie man auf ſeine Losſprechung ſtimmen können — gab dennoch, ſo überwieſener Verbrecher er auch war, einem ſeiner Vertrauten ſeinen mit Zauberkräften begabten Hut vom Kopfe hinweg, und ſandte ihn damit zu dem Orakel eines Tempels hin, um beſtimmte Antwort zu verlangen, ob er, wie er wünſchte, auf ſichere und ungetheilte Oberherrſchaft über das Römiſche Reich ſich Hoffnung machen dürfte. Zweifach traurig waren demnach die Begebenheiten einer und ebenderſelben Zeit: der unſchuldige Theophilus ſtarb des kläglichſten Todes, und Severian, des allgemeinen Fluches würdig, kam, ſo laut auch die Stimme des Publikums ſich gegen ihn erhob, ungeſtraft davon.

Von Zeit zu Zeit erfuhr doch Conſtantius dieſe Schändlichkeiten, über einiges hatte ihm auch vorher ſchon Thalaſſius (Kap. 1.) Licht gegeben, der aber ſeitdem, wie der Kaiſer erfahren hatte, eines
natür-

---

*) Ex Duce, und zwar in Phönike, wie ſich aus dem Folgenden ergiebt. Dieſer Mann war ein Pannonier von Geburt, der auch unter Cap. 1. und B. 26. §. 8. o. vorkommt. Am lezten Orte iſt ſein ganzer Charakter geſchildert.

**) In einem der verloren gegangenen Bücher.
*** Kommt ſonſt nirgends vor, und ſoll vielleicht Thelſea heißen, das in der Notitia Imperii und in Antonins Itinerar. (nach Weſelings Ausg. S. 196.) in dieſe Gegend geſetzt wird.

Conſtantius u. Gallus. J. 353.:

natürlichen Todes geſtorben war.: er ſchrieb alſo an den Cäſar zwar ganz ſanfte Briefe, entzog ihm aber doch nach und nach ſeine Unterſtützung, gab die zärtliche Beſorgnis vor, daß der müßige Soldat, nur gar zu leicht zu Unruhen geneigt, ſich wider ihn ſelbſt verſchwören könnte: ſchränkte ihn darauf ein, daß er blos die Kompagnien der Hofgarden *).

C 4   die

*) Schola Palatina. So nannte man die Hoftruppen, Haustruppen, Garden, die unter verſchiedenen Namen in verſchiedene Kompagnien eingetheilt waren, auch, wie ſich aus einer Stelle in Suidas erweiſen läßt, nach Art unſerer Cadets oder Nobelgardiſten beiſammen wohnten, und ihre eigene Hauptwachen hatten. Sie machten zuſammen ein Korps von 3500 Mann aus, und bekamen höhern Sold als die Feldregimenter (Legionen). Die vornehmſten unter ihnen hießen Protectoren, (Leibtrabanten) die zunächſt um den Fürſten waren, wirklichen Officiersrang nach unſerer Art hatten, wenigſtens für eine Pflanzſchule künftiger Officiere angeſehen werden konnten, auch den Generalen als Adjutanten in die Provinzen mitgegeben wurden. S. B. 16. K. 10. am Ende. Ein ſolcher war unſer Ammian ſelbſt. Auf die Protectoren folgten die Domeſtici, welche einige mit jenen für einerlei halten, wie ſie denn Ammian ſelbſt hier nicht einzeln anfgeführt, unter jenen mitbegreift, und an andern Orten ohne Verbindungswort mit ihnen zuſammen ſtellt. Z. B. 14, 10, Protector Domeſticus, oder umgekehrt Domeſtici Protectores 18, 8. Sie werden aber im Theodoſian. Codex L. 6. und 9. de Protectoribus et Domeſticis unterſchieden. So ſetzt auch Ammian 22, 2 die Gentiles Scutarios ohne Verbindungswort zuſammen. Jene hießen Gentilen, weil ſie Ausländer waren, die letztern Scutarier (Schildträger) von ihrer Bewaffnungsart. Noch bemerke ich, daß Ammian hier nur vom Orientaliſchen Hofe ſpricht: am Occidentaliſchen gab es einige kleine Abänderungen. Ueberhaupt iſt die Abſicht meiner Noten, nur immer den jedesmaligen Text für jüngere Leſer zu erläutern. In einem am Ende beizufügenden Verzeichniſſe der bei Ammian vorkommenden Civil- und Militairperſonen will ich dann alles zu beſſerer Ueberſicht zuſammenſtellen, und verweiſe für jetzt

die Protectoren, Scutarier und Gentilen unter seinen Befehlen haben sollte, und trug dem Domitian, vorher Schatzmeister der Staatskasse, *) jetzt ernannten (Prätorischen) Präfect in Syrien auf, sobald er an den Ort seiner Bestimmung käme, den Gallus, den er schon oft zu sich entboten hatte, mit sanfter Bescheidenheit dahin zu vermögen, daß er so bald als möglich nach Italien käme. Domitian reisete also, so schnell er konnte, nach Antiochien ab, fuhr vor dem Thore des Palastes gerade vorbei, und zog, ohne vom Cäsar Notiz zu nehmen, dem er doch des Wohlstandes wegen hätte aufwarten sollen, mit feierlichem Gefolge in sein Quartier hin: ließ sich mehrere Tage, wegen vorgegebener Unpäßlichkeit weder bei Hofe, noch sonst öffentlich sehen, arbeitete vielmehr insgeheim an des Cäsars Untergange, und hing seinen von Zeit zu Zeit an den regierenden Kaiser abgehenden Berichten oft Nachrichten an, die er doch vielleicht hätte zurückhalten sollen. Vom Hof aus endlich eingeladen, und zur Audienz im Staatsrath **) gelassen, trat er, ohne die geringste Vorrede mit leichtsinniger Unbedachtsamkeit hin; und sagte: „Reisen Sie Prinz! denn so lautet des Kai„sers Befehl; und wenn Sie noch länger zaudern,
„so

---

jetzt die eben genannte Classe von Lesern auf Nast Röm. Kriegsalterthümer S. 449. oder Gibbon 4, 119.

*) Ex Comite largitionum. Ist zu unterscheiden vom Comite rei privatae, der die Schatullengelder des Kaisers, und was wir Kammergüter nennen, unter sich hatte.

*) Consistorium. Daß dieses Wort zuerst im Ammian vorkomme, ist eine Bemerkung, die ich des Herrn Prof. Haubolds trefflichen Abhandlungen de Consistorio Principum Spec. I. p. 6. verdanke.

Constantius u. Gallus. J. 353.   41

„so wissen Sie, daß ich die für Sie und Ihr Hofla-
„ger ausgesetzten Lieferungen nächstens einziehen
werde." *) Kaum hatte er dies, und nur dies
im trotzigsten Tone gesprochen, als er zornig weg-
ging, und seitdem nicht wieder bei Hofe erschien,
so oft man ihn auch einladen ließ. Darüber ward
Gallus nun auch aufgebracht, klagte über unbillige
und unverdiente Behandlung, und gab dem Präfect
einige Leibgardisten (Protectoren), auf die er sich
verlassen zu können glaubte, als Wache ins Haus.
Montius, der damalige Hofkanzler (Quästor),
ein schlauer Mann, der aber doch mehr für gelinde
Mittel war, **) erfuhr dies bald, und glaubte, die

Sache

---

*) Die Hofhaltung der Cäsaren hing ganz von dem regierenden Kaiser ab, und Constantius hielt die seinigen so knapp, daß er sogar Julians Küchenzettel vorschrieb. B. 16. Kap. 5.

**) Ich behalte du Bois Lesart bei: Vafer quidem, sed ad lenitatem propensior. Mit Gronovs acer gewinnt man immer nichts, noch eher würde ich Gibbons levitatem für lenitatem (Th. 4. S. 270.) angenommen haben, wenn ich den ganzen Text in einerlei Gesichtspunkte mit ihm zu betrachten mich gedrungen gefühlt hätte. Gibbon bereichert seine Erzählung mit einigen Umständen. Montius that bei ihm dem Gallus selbst Vorhaltung in ziemlich starken Ausdrücken, er versammlet nicht bloß militairische, sondern auch Civilbeamte; überhaupt folgt Gibbon mehr dem Philostorgius B. 3. K. 28. dessen Partheilichkeit für Gallus er doch selbst eingesteht. Allerdings würde nach dieser Erzählung die levitas (Unbesonnenheit) vorzuziehen seyn: ich aber darf als Uebersetzer nicht ohne Noth von der hergebrachten Lesart abgehen, und nach dieser Regel durfte ich die lenitas (Wahl eines gelindern Auskunftsmittels) nicht aufgeben. Ich kommentirte mir meinen Text so: Montius mochte freylich kein Freund des Gallus, vielleicht auch mit dem Präfect einverstanden seyn, denselben zu stürzen. Jetzt hört er, der Präfect habe Arrest, und ihn zu befreyen, läßt er die Officiere kommen, stellt ihnen erst

mit

Sache am besten einzuleiten, wenn er sich mit den Vornehmsten der Hofgarden bespräche. Anfangs redete er sie sanft an, und führte ihnen zu Gemüthe, daß eine solche Behandlung eines Präfects wider allen Anstand sey, und überdem nichts fruchten könne; dann setzte er mit heftigerm Tone hinzu: wenn man dies wolle, so solle man erst die Bildsäule des Kaisers umstürzen, dann erst ließe sich schicklicher und mit mehrerer Sicherheit daran denken, dem Präfect das Leben zu nehmen. Sobald Gallus dies erfuhr, ward er wild, wie die Schlange, wenn man einen Stein oder Pfeil nach ihr wirft, und jetzt am Rande seiner letzten Hoffnung, entbot er, um kein Mittel seiner Rettung unversucht zu lassen, sämmtliche Soldaten zusammen. Bestürzt standen sie vor ihm, und Er — hob dann mit knirschenden Zähnen und kreischender Stimme so an: „Steht mir „bei, tapfere Männer, denn euch drohet Gefahr „nicht minder als mir. Montius hat uns in einer „Auf-

mit freundlichen Worten vor, der Kaiser werde ein solches Benehmen gegen seinen Stellvertreter sehr hoch empfinden, — er müsse gestehen, fährt er dann in wärmerem Tone fort, dies sey so gut als förmliche Rebellion — (denn sobald man einen Kaiser nicht mehr als solchen erkannte, riß man seine Bildsäulen vom Fußgestell herab) Nun haben die Officiere entweder des Montius Vortrag gefährlicher vorgestellt, oder Gallus selbst hat mehr darinn finden wollen, als Montius hineingelegt wissen wollte. Rebellen und Empörer hatte er ja doch dieser nicht genannt, wie Gallus in der folgenden Anrede an die Soldaten sagt, er sprach ja nur bedingungsweise, nur auf den Fall, wenn man dem Präfect das Leben nehmen würde. Und so heißt Montius der schlaue (vafer), weil er in der That dem Gallus eine Falle legen wollte, und heißt lenis, weil er nicht gerade stürmte.

„Aufbrausung ganz sonderbarer und neuer Art für „Rebellen, und Empörer gegen die Majestät des „Kaisers ganz laut erklärt: und sein Zorn ist durch „den wichtigen Grund veranlaßt, daß ich einen: „starrsinnigen Statthalter, der nicht wissen wollte, „was Sitte ist, wenigstens um ihn zu schrecken, Ar- „rest geben ließ." Und sogleich eilten die Soldaten, denen überhaupt jeder Tumult willkommen ist, zuerst zu der nahgelegenen Wohnung des Montius, eines vor Alter abgezehrten und kränklichen Mannes hin, zogen ihm rauhe Haarseile durch die Fußgelenke, und schleppten ihn dann mit aus einander gezogenen Füßen in Einem Athem bis zur Behausung des Präfecten fort. Eben so hitzig stürzten sie den Domitian die Treppen hinab, schnürten auch ihn mit Seilen fest, und schleiften dann beide, an einander gebunden, durch die breiten Straßen in vollem Laufen. Gelenke und Glieder waren aus Fugen und Lage gerissen, noch die tödten, bis zur äußersten Entstellung verstümmelt, trat man mit Füßen, und warf sie, endlich des Mordens satt, in den Strom. So freche, bis zur Raserei freche Menschen erhitzte noch mehr zu solchen Abscheulichkeiten der Stadtbirector *) Luscus, der plötzlich in ihrer Mitte erschien,

---

*) Curator urbis. Waren gemeiniglich Römische Senatoren, welche Mark Aurel, um entweder dem sehr herabgekommenen Senat zu Rom auch in den Provinzen eine Art von Ansehen, oder auch einzelnen Mitgliedern ein einträgliches Aemtchen zu geben, besonders in den größern Städten anstellte. Capitolin im Leben des Marcus Kap. 11. Außer der Besorgung der Stadtkämmerei, von der sie im Griechischen Logisten heißen, waren sie auch oft erste Instanz als

schien, und in widrigen Tone eines Arbeitsvogtes belasteter Packträger durch wiederholten Zuruf sie zu Vollendung der begonnenen That reizte, aber auch kurz nachher dafür lebendig verbrannt ward.

Weil auch Montius, indem er unter den Händen zerfleischender Mörder den Geist aufgab, einen Epigonius und einen Eusebius, ohne doch ihr Gewerbe oder Amt anzugeben, einigemal schimpfend erwähnte, so forschte man überall eifrigst nach, wer diese Leute wohl seyn möchten, und um die Hitze nicht verrauchen zu lassen, ließ man den Philosophen Epigonius aus Lycien, und den Eusebius, mit dem Beinamen Pittakas, einen heftigen Redner aus Emissa herbeiholen, obgleich Montius nicht sie, sondern Vorsteher der Gewehrfabriken *) meinte, welche bei der ersten Nachricht von einem Aufstande sogleich mit Waffen bei der Hand zu seyn versprochen hatten. Gerade um diese Zeit hatte Apollinaris, Domitians Eidam, kurz vorher noch Hausmarschall †) des Gallus, und dann vom Schwiegervater nach Mesopotamien gesandt, bei den Legionen vielleicht mit zu viel Zubringlichkeit herauszubringen gesucht, ob etwa der höher aufstrebende Cäsar geheime Briefe an sie habe ergehen lassen; sobald er aber den Vorfall in Antiochien hörte, machte er sich durch Klein-Armenien auf den Weg nach Constantinopel, ward aber von den Gardisten zurück gebracht, und in enger Verwahrung gehalten.

Wäh-

als Richter, besorgten Polieceyangelegenheiten, und dergl. Ueberhaupt scheinen ihre Geschäfte nicht überall von gleichem Umfange gewesen zu seyn.

*) Tribunus Fabricarum.
†) Curam agens Palatii.

Während der Zeit machte man auch die Entdeckung, daß in Tyrus ingeheim ein königliches (Purpur=Gewand) fertig liege, ohne zu wissen, wer es bestellt habe, oder für wen es bestimmt sey. Deshalb ward der Statthalter der Provinz, des Apollinaris Vater, und mit ihm gleichen Namens, als müsse er davon wissen, in Verhaft genommen, so wie man ganze Schaaren von Männern aus mehreren Städten zusammen trieb, denen man die greulichsten Verbrechen aufbürdete.

Laut schmetterte jetzt die Trompete zu Bürgermord, nicht im Geheimen, wie vorher, wütete der unruhige Geist des Cäsars; der jeden Gedanken an Billigkeit verschmähte: keine Seele dachte daran, vielleicht gegründete oder nur geschmiedete Beschuldigungen auf den gewöhnlichen Wege des Rechtes zu untersuchen, oder dem Schuldlosen von dem Verbrecher zu sondern: und so war Recht und Billigkeit aus den Gerichtshöfen wie verbannt, verstummt jeder Mund, der sonst gesetzmäßig die Vertheidigung der Unschuld führte, nur Henker und geraubte Gütersequester, nur Hinrichtungen und Cönfiscationen herrschten überall in den Provinzen des Orients.

Die Aufzählung dieser Provinzen soll, hoffe ich, hier an ihrem rechten Orte stehen, doch mit Ausnahme Mesopotamiens, das ich vorher schon bei Erzählung der Partischen Kriege mitgenommen habe, und mit Weglassung Aegyptens, das ich für einen andern Ort aufzusparen nöthig finde.

Kap. 8.

Kap. 8.

Hat man die höchsten Gipfel des Gebirges Taurus, welches nach Osten sich am höchsten erhebt, erstiegen, so liegt Cilicien in weitgedehnter Breite vor dem Auge da, ein Land, an allen Arten von Gütern reich: rechter Hand schließt sich Isaurien an, welches nicht weniger gesegnet, durch grünende Weinstöcke und Saatfelder das Auge ergötzt, und seine Mitte von dem schiffbaren Flusse Kalykadnus durchschnitten sieht. Außer mehreren kleinen Städten sind vorzügliche Zierden des Landes zwei größere, Seleucia, *) ein Werk des Königs Seleukus, und Klaudiopolis, eine vom Cäsar Klaudius angelegte Colonie: eine dritte, Isaura, einst nur zu mächtig, ist schon vor langer Zeit als eine gefährliche Rebellin zerstört, und kann kaum noch einige wenige Reste ihrer ehemaligen Größe aufweisen. Cilicien, das sich seines Flusses Cydnus, (Kara-Su) freut, macht Tarsus, eine ansehnliche Stadt große Ehre, welche Perseus, Jupiters und Danaeus Sohn, oder doch **) ein aus Aethiopien gekommener reicher und angesehener Mann,

---

*) Zum Unterschied von andern Städten dieses Namens Trachea oder Aspera, jetzt Saleph oder Sapheth, welche Namen auch jetzt der vorherstehende Fluß Calycadnus führet. Um die vielen Notenzeichen zu ersparen, habe ich die jetzigen Benennungen der Orte, wenn man ihre Stätte noch kennt, sogleich in einer Parenthese angerückt, und sie sind aus Büsching und Volney genommen.

**) Dieses Doch soll ohne Zweifel anzeigen, daß wenn auch der Ursprung von Tyrus nicht so hoch in die mythischen Zeiten hinaufzurücken seyn möchte, doch die Stadt immer ein hohes Alter habe.

Mann, mit Namen **Sandan***) erbauet haben soll: ferner die Stadt **Anazarbus**, (Flecken Ainzerbeh oder Ainzarba) nach ihrem Stifter **) benannt, und **Mopsvestia**, (Misis oder Messissa) ehemals Wohnort des Wahrsagers Mopsus, der sich von der Gesellschaft der Argonauten, nach Entführung des goldenen Vließes, auf dem Rückzuge verirrte, an Afrika's Küste verschlagen, bald nachher starb, und seitdem als Heros, dessen abgeschiedener Geist noch immer um die Punische Rasengruft schwebt, und vielerlei Krankheiten wohlthätig und größtentheils glücklich heilt .†). Beide Provinzen hatten sich ehemals im Piratenkriege auch zu den Seeräubern geschlagen, wurden aber vom Proconsul Servil gedemüthigt, und den Römern zinsbar ††). Diese Gegenden liegen überhaupt gleichsam auf einer vorspringenden Erdzunge, und werden vom (übrigen) Orient durch das Gebirge Amanus getrennt. Die Gränzen des Orientes selbst aber gehen in die Länge und geradeaus von den Ufern des Flusses Euphrat

*) Die gelehrten Noten Valesii und Gronovs über diesen Sandan sind auch eines gedrängten Auszuges nicht fähig, wenigstens müßte ich dann auch Wesseling, der beide widerlegt, ausziehen. Lieber will ich wißbegierige Leser auf des letztern Noten zu den alten Itinerarien S. 710. und über die verschiedenen Meinungen von Tarsus Erbauung auf Cellars Geographie Th. 2. S. 253. verweisen.

**) Azarbus, nach andern Zarbus.
†) Vales beweist, daß Ammian zwei Mopse verwechselt habe. Der eine war Apolls und der Manto Sohn, ein Argiver; des andern, eines Thessaliers, Vater war Ampykus. Der letztere war der Argonaut, aber die Stadt Mopsvestia hat ihren Namen von dem Argiver. S. auch Cicero von der Divination I, 49.
††) Florus Buch 3. Kap. 5.

phrat bis zu den Ufern des Niles fort, stoßen linker Hand an die Saracenischen Völkerschaften, rechter Hand wird sie den donnernden Wellen des Meeres ausgesetzt: — ein Landstrich, der überhaupt jenem Seleukus Nikator (dem Siegreichen) viel zu danken hat, der nach des Macedonischen Alexanders Tode mit allen Rechten eines Nachfolgers Persien erhielt, ein König von glücklicher Thätigkeit, wie schon sein Beiname bewähret. Er brauchte die Volksmenge, die er lange Zeit in Frieden beherrschte, dazu, ländliche Wohnungen in wohlhabende und feste Städte zu verwandeln, die, wenn sie auch jetzt größtentheils mit Griechischen Namen, wie sie ihnen ihr Erbauer zu geben gut fand, benannt werden, doch auch ihre ursprüngliche Benennung noch beibehalten, die ihnen ihre älteren Stifter in Assyrischer Sprache gegeben hatten.

Das erste Land von Osdroene her (welches ich, wie gesagt, von gegenwärtiger Beschreibung ausnehme,) ist Commagene, jetzt Euphratensis, erhebt sich in sanften Anhöhen, und darinn liegen die ansehnlichen Städte Hierapolis, (Bambuch) welche das alte Ninus *) ist, und Samosata. (Schemisat).

Dann

---

*) Ob dies gegründet ist, darüber verweise ich der Kürze wegen auf Cellars Orbis antiquus Band 2. S. 429. Hierapolis kommt auch B. 27,2. vor, und das eigentliche Ninus 23,6. und nach der biblischen Benennung, Nineve, B. 18. K. 7. Heut zu Tage hat sich ihr Name in dem Dorfe Nunia erhalten. Bruns im Handbuche des alten Erdbeschr. Th. 2. B. 1. S. 200.

Dann folgt Syrien, welches dem Auge den Anblick einer weiten Ebene giebt. Hauptstadt des Landes ist Antiochien (Antakieh), eine weltberühmte Stadt, mit der sich keine andere in Ansehung des Ueberflusses eingebrachter oder selbst erzeugter Waaren messen darf: ferner Laodicea (Ladikia), Apamea (Efamia oder Famiah) und Seleucien (Suveida), alle von ihrer ersten Gründung her im blühendsten Zustande.

An Syrien stößt Phönike, an das Gebirge Libanos gelehnt, ein Land, das reizender Annehmlichkeiten voll, mit großen und schönen Städten pranget, unter denen sich Tyrus (Dorf: Sour) durch ihre angenehme Lage und Volksmenge auszeichnet, dann Sidon (Seida, Sed) und Berytus (Bairut), ferner Emissa (Hims, Hems) und Damaskus (Damas), nicht minder schön als jene, alle vor mehreren Jahrhunderten erbaut. Diese Provinzen, welche der Fluß Orontes (El Asi) umströmt, und wenn er am Fuße des hohen Berges Casius *) sich hingewunden, ins Parthenische Meer **) fällt — entzog Pompejus, nach Tigranes Besiegung, dem Armenischen Reiche, und schlug sie dem Römischen zu.

Die äußerste Provinz Syriens ist Palästina, in weite Fläche hingestreckt, wo man überall die herrlichsten,

---

*) Gewöhnlicher Casius.
**) Ist unter dem Namen Sinus Issicus bekannter, wie Ammian B. 22. K. 15. selbst sagt. Die alten Geographen geben ihm bald eine engere, bald eine weitere Ausdehnung von Syrien bis über Cyprus hin nach Aegypten.

Ammian. Marcell. 1ster B.

lichsten, das Auge ergötzende Fluren, und einige vortreffliche Städte antrifft, deren keine der andern nachsteht, alle vielmehr nach Einem Maaßstabe abgemessen zu seyn scheinen, nahmentlich Cäsarea (Kaisaria, ganz verfallen), dem Kaiser Octavian zu Ehren vom Herodes erbaut und verschönert, *) Eleutheropolis **) Neapolos, (das alte Sichem, jetzt Nabolis) ingleichen Askalon (Dorf Askalan) und Gaza (Gazza, in ältern Zeiten errichtet. In diesen Gegenden findet sich nirgends ein schiffbarer Fluß, dagegen brechen an vielen Orten warme Quellen hervor, die als Hülfsmittel für vielerlei Leibesgebrechen mit gutem Erfolge gebraucht werden. Auch dieses Land hat Pompejus, nach Bezwingung der Juden, und nach Einnahme von Hierosolymä, in eine Römische Provinz verwandelt, und einem Landpfleger die Verwaltung desselben übertragen.

An Palästina schließt sich Arabien an, das an der einen Seite von den Nabatäern begränzt ist — ein Land, eben so reich durch Handel aller Art, als starker Schanzen und Bergfesten voll, die, um die Einfälle angränzender Völker abzuhalten, die wachsame Sorgsamkeit älterer Bewohner in Waldungen an wohlgewählten und sicheren Orten errichtet hat. Auch hier giebt es unter mehreren kleinen Städten einige große: Bostra (Bosro),

Gera-

---

*) Exaedificata. Der Ort hieß vorher Stratons Thurm und Herodes brachte den neuen Bau erst nach zwölf Jahren zu Stande.

**) Kommt nur bei spätern Schriftstellern vor, lag zwischen Jerusalem und Askalon, ihr jetziger Name ist mir aber nicht bekannt.

Gerasa (Dschiörs), und Philadelphia (Amman), welche alle durch feste Mauern gesichert sind. Den Namen einer Römischen Provinz, einen Statthalter und Römische Gesetze anzunehmen zwang dies Land Kaiser Trajan, *) nachdem er den unruhigen Geist der Einwohner bei Gelegenheit seines ruhmvollen Krieges gegen Meder und Parther mehr als einmal hatte bändigen müssen.

Noch erwähne ich Cyprus, eine Insel, die weit vom festen Lande abliegt, gute Hafen, und außer zahlreichen Mittelstädten auch zwei größere besitzt, nämlich Salamis, (Ruinen bei Famagusta) und Paphos (Baffo): jene durch Altäre, dem Jupiter gewidmet, diese durch einen Venustempel berühmt. Diese Insel ist überhaupt so ungemein reich an jeder Art von Fruchtbarkeit, daß sie keiner auswärtigen Hülfsmittel braucht, ihre Handelsschiffe vom untersten Kiel an bis zum Wimpel selbst erbaut, und mit allem Geräthe versehen in die See gehen läßt. Auch gestehe ich frey, daß Habsucht mehr als Billigkeit das Römische Volk antrieb, sich an dieser Insel zu vergreifen. Nachdem man den Ptolemäus, einen mit uns verbündeten König, ohne ein Verschulden von seiner Seite, blos um unsere leere Schatzkammer zu füllen, aus seinem Reiche **) vertrieben, und Er durch Gift sich selbst ums Leben gebracht hatte, machte man die Insel zinsbar, und ihre Schätze wurden wie aus einem

durch

*) Vergl. Dio Cassius B. 68. K. 32.
**) Aegypten nämlich, wozu damals Cyprus gehörte. Die ganze Begebenheit findet man umständlicher beim Dio Cassius B. 38. K. 30 und B. 39. K. 22

durch Waffengewalt bezwungenen Lande durch Cato auf Schiffen nach Rom gebracht. Doch ich nehme den Faden meiner eigentlichen Geschichte wieder auf.

Kap. 9.

Bei so vielfach traurigen Auftritten (Kap. 7.) ward (der Feldherr der Reiterey) Ursicin, dessen Befehlen auch mich der Kaiser untergeordnet hatte, auch Nisibis, wo er damals sein Standquartier hatte, entboten, und den Grund so pestartigen Zwistes zu untersuchen gezwungen, so sehr er auch seine Abneigung zu erkennen gab, und so laut er auch die aufs bellende Schaar schwänzelnder Höflinge zu überstimmen suchte *). Der Mann war von je her, als untergeordneter Soldat und als Heerführer Held gewesen, aber gerichtliche Streitigkeiten lagen ganz außer seiner Sphäre. Aengstlich über einen für ihn so gefährlichen Auftrag sah er bald ganze Rotten angestifteter Kläger und Richter, die alle aus Einer Höhle krochen, **) um sich her, und er konnte nichts weiter thun, als daß er alles, was unter der Hand oder öffentlich vorfiel, in geheimen Briefen an den regierenden Kaiser berichtete, und um Unterstützung ansuchte, die kräftig genug wäre, den unverkennbar hohen Geist des Cäsars zu einem heilsamen Verdünsten zu bringen. Aber bey seiner fast übertriebenen Vorsicht blieb er, wie wir in der Folge erzählen werden, dennoch in einer gefährlichen Schlinge hangen, weil seine

Nei=

*) Diese Metapher ist freylich etwas stark ausgemalt, aber der Uebersetzer darf ja seinen Geschmack dem Orginale nicht unterlegen.

**) Alle vom Hofe des Gallus aus gestimmt waren.

Neider tückische Beschuldigungen in Menge wider
ihn selbst beim Constantius anbrachten, einem Fürsten, der nicht gerade unter die schlechteren gehörte,
der aber, sobald der unbekannteste Mann ihm etwas
dergleichen ins Ohr setzte, eine unerbittliche Strenge
bewies, und den ihm eigenthümlichen Charakter verläugnete.

An dem zu traurigen Verhören angesetzten Tage
erschien demnach der Feldherr der Reiterey als
Schattenbild eines Richters in Gesellschaft anderer
im Voraus gestimmter Beisitzer auf dem Richterstuhle: überall umher standen Staatssekretäre (Notarien), die immer auf den Beinen waren, jede Frage
und jede Antwort dem Cäsar zu hinterbringen, dessen grausame Machtsprüche durch Verhetzung der
Gemahlin, die einmal über das andere als Horcherin an der Tapete*) sich sehen ließ, mehrere Personen, ohne die gegen sie angebrachten Beschuldigungen in Person, oder durch einen Anwald widerlegen zu dürfen, zum Tode verurtheilten. Zuerst
wurden Epigonius und Eusebius vorgeführt,
die blos einer Namensverwandschaft wegen Opfer
des Todes wurden. Montius hatte, wie wir vorher (Kap. 7.) erzählten, in den letzten Augenblicken seines Lebens unter diesen Nahmen auf die Vorsteher der Gewehrfabriken geschmäht, weil sie ihm
bei etwanigem Unternehmen Unterstützung verspro-

D 3 chen

*) Von dem Vorhange
und Gitterwerk im Zimmer,
wo Staatsrath gehalten
ward, (Consistorium Principis) handeln weitläufig
Casaubon und Saumaise in
den Noten zu Vopiscus Leben von Vopiscus, im
zweiten Bande der Historia
Augusta S. 796. ff.

chen hatten. Epigonius, ein Philosoph nur dem Mantel nach,*) trat anfangs, obwohl vergeblich, im bittenden Tone auf, aber nun fing die Folter an, ihm Furchen ins Fleisch zu ziehen, und die ihm vorschwebende Todesfurcht ließ ihn das entehrende Geständniß thun, an einem Plane, den es nicht gab, Theil genommen zu haben, so wenig er auch als ein Mann, dessen Fach bürgerliche Geschäfte gar nicht waren, etwas gesehen oder gehört hatte. Eusebius hingegen leugnete das ihm vorgeworfene Verbrechen desto beherzter, ließ auch unter der Folter seine Standhaftigkeit nicht erliegen, und schrie nur desto lauter, Mördern sey er, nicht Richtern unter die Hände gefallen. Weil er, als gesetzkundiger Mann, darauf drang, man solle ihm seine Ankläger stellen, und überhaupt methodisch verfahren, so legte Gallus, dem man dies meldete, diese Freimüthigkeit für Frevel aus, und ließ ihn als frechen Verläumder nur desto grausamer martern: aber schon so zerfleischt, daß kein Marterinstrument mehr an irgend einem Gliede haftete, flehte er den Himmel um Gerechtigkeit an, blieb mit stierem Blicke und fester Seele unerschüttert, ließ weder auf sich noch andere eine Beschuldigung kommen, und ward endlich, ohne etwas eingestanden zu haben, oder überwiesen zu seyn, mit jenem niedrig denkenden Gefährten seines Todes hingerichtet. Bei der Hinführung zum Tode gieng er unerschrocken einher, sprach so schändlichen Zeiten Hohn, und ahmte jenem Stoi-

---

*) Denn seine Standhaf- war wenigstens nicht die
tigkeit, meint Ammian, Keusche.

ser Zeno *) nach, der, um ihm eine Lüge abzupressen, lange gepeinigt, endlich sich die Zunge selbst abbiß, und nebst dem blutigen Speichel dem ihn verhörenden König in Cypern in die Augen spie. — Dann kam die Untersuchung über das königliche Gewand an die Reihe: die Purpurfärber wurden auf die Tortur gebracht, und weil sie die Fertigung eines blos bis auf die Brust reichenden Unterkleides ohne Aermel **) eingestanden, so mußte nun ein gewisser Maras, ein Diakon (eine Benennung christlicher Priester) vorstehen: man las einen von ihm in Griechischer Sprache an den Vorsteher der Weberfabrik in Tyrus geschriebenen Brief vor, worin um Beschleunigung des bestellten Stückes, ohne doch eine besondere Gattung zu bestimmen, gebeten ward: auch ihn konnte man durch Martern, die ihn dem Tode nahe brachten, nicht zum Geständnis bringen. Weil bei der gegen Menschen von allen Ständen

fort=

*) Das Gedächtniß ist unserem Ammian bei dieser Erzählung in mehr als einer Rücksicht untreu gewesen. Wenn man auch nach Valois Vorschlage das Wort Stoiker, als Glosse, wegstreicht, und sich einen andern Zeno, den Eleatischen denkt, so ist der eine Fehler zwar berichtiget: aber ein anderer liegt dann doch noch darinn, daß er die Scene nach Cyprus verlegt, da doch der letztere Zeno mit dem Eleatischen Tyrannen Nearch, oder nach andern Demylus, zu thun hatte. Auch wäre es möglich, daß Ammian anstatt Zeno den Anaxarch nennen wollen, mit dem eine gleiche Geschichte wirklich in Cyprus vorgefallen seyn soll. Zu diesen aus Valois und Lindenbrogs Noten zusammengezogenen Bemerkungen füge ich noch hinzu, daß nach Jamblichs Erzählung in Pythagoras Leben (S. 161. der Küsterischen Ausgabe) eine Pythagoräerin Timycha gleichen Muth gehabt haben soll.

**) War nichts mehr und nichts weniger, als ein Kleidungsstück, zum Priesterornat gehörig, ein Kolobion

fortgesetzten Untersuchung einiges dennoch in Zweifel blieb, bei andern die vorgeblichen Vergehungen nicht eben wichtig waren, so wurden nach vielen Hinrichtungen auch beide Apollinare (Kap. 7.), Vater und Sohn aus der Provinz verwiesen, aber bei ihrer Ankunft in Krateră, einem ihnen zugehörigen vier und zwanzig Meilen von Antiochien liegenden Landhause auf höhern Befehl, nach Zerschlagung ihrer Beine, ermordet.

Nach so vielen Mordthaten ließ dennoch die Wuth des Gallus um nichts nach, vielmehr spürte er, wie der Löwe, dessen Gaum einmal am Aase angebracht ist, neuen Gelegenheiten zu solchen Greueln nach, die ich jetzt nicht weiter aufzählen mag, um mich nicht der Ueberschreitung meines Planes schuldig zu machen.

Kap. 10.

J. n. C.
Geb. 354.) Lange hatte der Orient unter diesen Bedrückungen geseufzet, als bei eintretenden wärmeren Frühlingstagen Constantius, in seinem siebenten, und des Cäsars drittem Consulate, Arelate (Arles) verließ, und nach Valentia (Valence) ging, um gegen die Brüder Gundomad und Vadomar, Könige der Alamannen,*) in Krieg hinzuziehen, die bisher häufige Einfälle in die mit ihrem Lande gränzenden Provinzen Galliens gethan und alles verwüstet

---

*) Ammian nennt sie auch oft mit dem allgemeineren Namen Germanen, und sie waren Bewohner vom jetzigen Elsaß und Lothringen. Ueber die Gränzen Galliens zu den damaligen Zeiten s. B. 15, Kap. 11.

wüßtet hatten. Indem er hier in Erwartung des nöthigen Proviantes sich aufhalten mußte, weil die Zufuhr aus Aquitanien durch ungewöhnlich starke Frühlingsfluten und angeschwollene Waldströme erschwert war, kam Herkulan, ein Leibgardist, Sohn des ehemaligen Generals der Reiterey Hermogenes, welchen, wie ich vorher erzählt habe, das Volk bei einem Auflaufe in Constantinopel in Stücken zerrissen hatte, bei ihm an, erzählte nach der strengsten Wahrheit des Gallus Betragen, eben so mißmüthig über das Vergangene, als über die Zukunft ängstlich, und der Kaiser unterdrückte seinen Kummer darüber, so lange er konnte. Indessen war die ganze bei Cabillon (Chalons für Saone) versammlete Armee, des langen Rastens müde, wild geworden, und um so mehr aufgebracht, weil bei noch nicht eingetroffener Zufuhr es an den nöthigsten Bedürfnissen zu gebrechen begann. Bei dieser Gelegenheit ward der damalige Prätorische Präfect Rufin der äußersten Lebensgefahr preis gegeben. Man nöthigte ihn, selbst zu Soldaten hinzugehen, die jetzt aus Mangel zu Wildheit aufgebracht waren, und ohnedies gewöhnlich gegen Civilbeamte *) Tücke im Herzen haben, um sie zu besänftigen, und ihnen die Ursachen der bisher verhinderten Zufuhre begreiflich zu machen. Dies geschah aber absichtlich, und man wollte listig genug dem Oheim des

---

*) Dies waren seit Constantins Zeiten die prätorischen Präfecten, doch hatten sie für die Lebensmittel der Armee zu sorgen, und Rufins Auftrag war also um so gefährlicher, weil die Soldaten gerade ihm die Schuld des Mangels am meisten geben konnten.

Gallus dadurch eine verderbliche Falle legen, um ihn zu verhindern, daß er sein vielgeltendes Ansehen nicht brauchte, die gefährlichen Unternehmungen seines Schwe***sohnes mehr Kraft gewinnen zu lassen. Weil aber Rufin bei diesem Auftrage sich sehr klug nahm, so verschonte man ihn für jetzt mit ähnlichen Befehlen, und der Oberkammerherr (Präfectus Cubiculi) Eusebius, ward, mit Gelde versehen, nach Cabillon gesandt; das unter die unruhigsten Köpfe ingeheim vertheilte Geld wirkte auch so glücklich, daß der Geist des Aufruhres unter dem Heere seine Kraft verlor, und des Präfects Leben in Sicherheit gestellt ward. Man erhielt auch bald nachher Lebensmittel in Ueberfluß, und das Lager brach an dem vorher bestimmten Tage auf. Nach Ueberwindung vieler Schwierigkeiten, unter denen die tief verschneiten Wege nicht die geringsten waren, fand man bei der Ankunft nicht weit von Rauracum (Augst bei Basel) an den jenseitigen Ufern des Rheinstromes eine Menge Alamannen, die zu stark waren, als daß die Römer eine Schiffbrücke zu schlagen hätten wagen dürfen: Pfeile flogen vielmehr dicht wie Hagel umher, und weil man die Ausführung unmöglich fand, durchkreuzten des Kaisers Kopf mancherlei Pläne, die ihn über Fassung eines bestimmten Entschlusses nur verlegener machten. Aber ganz unerwartet meldete sich ein der Gegend kundiger Wegweiser, der für eine Belohnung einmal bei Nacht einen seichten Furt angab, wo man über den Fluß gehen könnte; und allerdings hätte, bei anderweit beschäftigter Aufmerksamkeit der Feinde,

unsere

unsere Armee, wäre sie nur erst hinüber gewesen, ganz unvermuthet alles niederschlagen können, wenn nicht einige Alamannen selbst, die unter unserer Armee dienten, und besser als andere Soldaten gehalten waren, ihren Landsleuten geheime Nachricht davon hätten zukommen lassen. So glaubten einige wenigstens: argwöhnischer Verdacht hingegen wollte den guten Nahmen des Latinus, Kommandeurs der Haustruppen (Comes Domesticorum) des Oberstallmeisters (Tribunus Stabuli) Agilo, und des Befehlshabers der beschildeten Trabanten Scutariorum Rector) Scudilo bei dieser Gelegenheit beflekken, welche Männer doch durchgängig für Patrioten galten, die das Wohl des Staates in zärtlich sorgsamen Händen trugen. Die Feinde gingen dennoch über ihre gegenwärtige Lage auch zu Rath, und sey's, daß sie auf Entscheidung ihrer Wahrsager, oder von ihren Obrern behindert, eine Schlacht zu liefern nicht gut fanden, so ließ der Muth, mit dem sie uns bisher widerstanden hatten, auf einmal so sehr nach, daß sie einige ihrer Vornehmen zu uns herüber sandten, Verzeihung ihrer Vergehen und Frieden von uns zu erbitten. Man hielt diese Gesandten beider Könige einige Zeit auf, und nachdem man lange ingeheim die Sache überlegt, und auf dem Wege der Stimmensammlung die Meinung aller dahin ausfiel, daß man einen auf billige Bedingungen erbetenen Frieden um so weniger von der Hand weisen dürfe, da er für unsere eigne gegenwärtige Lage so wünschenswerth wäre, so ließ der Kaiser die Armee, um sie über diese Angelegenheit kürzlich zu

–beleh-

belehren, verſammeln, beſtieg dann, von den hohen Hofbeamten umgeben, den Thron, und ſprach ſo:

„Nicht wird man es, hoffe ich, ſonderbar finden, „daß ich nach zurückgelegten beſchwerlichen Mär„ſchen, bei vollem Ueberfluß an Lebensmitteln, von „Zuverſicht auf eure Tapferkeit geleitet, beim Ein„tritt in die feindlichen Gränzen ſelbſt nun auf ein„mal meinen ganzen Plan abändere, und Gedan„ken des Friedens hege. Jeder von euch denke ſich „nur in ſeine Lage, und ziehe ſeine Ueberlegung zu „Rathe, und er wird es wahr finden, daß der Sol„dat bei den munterſten Kräften und feſter Geſund„heit, doch nur immer ſich allein und ſein eigenes „Leben in Acht zu nehmen und zu vertheidigen braucht: „der Feldherr hingegen, der ſeine Pflicht kennt, alle „ihm untergebene ohne Unterſchied in ſeiner wachſa„men Sorgfalt für das Wohl des Ganzen zuſam„menfaßt, und überzeugt, daß die Rückſicht auf „ſich ſelbſt gegen das Wohl ſeiner Truppen nicht in „Betrachtung komme, jedes Mittel, das auf die „jedesmalige Lage der Umſtände anwendbar iſt, „muthig ergreifen müſſe, ſo wie es ihm von dem gün„ſtigen Willen der Gottheit dargeboten wird *). Um mich

---

*) Daß ich dieſe auf mehr als eine Art verdorbene Stelle ganz richtig getroffen habe, möchte ich nicht eben verbürgen. Im Lateiniſchen lautet ſie ſo: Imperator vero officiorum, dum aequis omnibus alienae cuſtos ſalutis, nihil non ad ſui ſpectare tutelam rationes populorum cognoſcit cet. Der vorhergehende Satz: der gemeine Soldat hat blos für ſich ſelbſt zu ſorgen, läßt den nun folgenden Gegenſatz von den weit mehr umfaſſenden Sorgen des Feldherrn im Ganzen nicht verfehlen, aber der Sinn liegt nur in dämmerndem Hellbunkel da. Valeſius und Grotov haben daran gefün-

„mich also kurz zu fassen, und die Ursache anzuge-
„ben, die mich, treueste Mitstreiter, veranlaßte, euch
„zu einer allgemeinen Versammlung berufen zu las-
„sen, so vernehmet mit geneigtem Ohr, was ich in
„gedrängter Kürze sagen will. — Die Sprache der
„Wahrheit war von jeher die bestimmteste und die
ange-

gekünstelt, und der bloße Herausgeber kann freylich mit einigen Conjecturen abkommen, da hingegen der Uebersetzer sich für etwas Gewisses bestimmen muß. Von Gronovs Vorschlage, der mir zu gezwungen schien, wußte ich keinen Gebrauch zu machen; mehr Befriedigung gab mir Valesius, nur daß er an die Worte: Imperator officiorum sich gar nicht wagen mag, und in der Folge zu viel suppliert. Um von meiner Uebersetzung Rechenschaft zu geben, bemerke ich folgendes: Der Imperator muß nothwendig bleiben, er macht den Gegensatz zu dem vorstehenden, und alle Handschriften haben ihn, so wie das Wort officiorum, das aber freylich so isoliert keinen Sinn giebt, weshalb ich ihm durch das dazu gedachte Memor einen guten Gesellschafter zu geben haße. — Aequis omnibus (ohne cum oder dum, welche die besten Handschriften nicht haben,) nahm ich als absolute Ablativen: ita custos, ut omnes eodem loco habeat, eandem omnibus curam impendat. — Nihil non kann unmöglich stehen bleiben: das letztere hat ein Leser als Erklärung des Nihil an den Rand geschrieben, und ein folgender Abschreiber hat es dann in den Text mit eingerückt. Ammian braucht überhaupt Nihil oft in etwas ungewöhnlicher Verbindung für Non, wie oben Kap. 9. nihil fateri compulsus est, wo es der würdige Ernesti im Glossar sehr richtig so erklärt: non compulsus est, ut aliquid fateretur. — Auch populi für Kriegsvölker, Armee, das Vales mit hinweg emendirt hat, ist Ammianisch. S. B. 18 K. 10. B. 19. K. 9. — Der Französische Uebersetzer hat den Sinn der Stelle im Ganzen richtig gefaßt: Mais le devoir d'un Général appellé a veiller avec un soin égal au salut de tous, est de ne jamais séparer son intérêt de celui de ses peuples, ohne doch irgend ein Nötchen beizufügen. Nur bei den folgenden secunda numinis voluntate delata macht er eine Anmerkung. Dieß hieß löschen, wo es nicht brannte.

„ungeschmückteste. Die von euch erstiegene Stufe
„eines Ruhmes, den der Ruf bis zu den äußersten
„Gränzen der bewohnten Welt verbreitet hat, eines
„Ruhmes, der zu eurer Ehre mit jedem Tage wächst,
„hat die Könige und Völkerschaften der Alamannen
„so sehr in Furcht gesetzt, daß sie durch die mit ge-
„senktem Blick vor euch stehenden Gesandten um
„Verzeihung des Vergangenen, und um Frieden
„bitten lassen. Nichts weniger als rasch, vielmehr
„nach behutsamer Ueberlegung, und in der Ueber-
„zeugung, einen nützlichen Rath zu geben, glaube
„ich doch, eure Beistimmung vorausgesetzt, daß wir
„ihnen den Frieden in mehr als einer Hinsicht be-
„willigen müssen: und zwar fürs Erste, um den
„veränderlichen Auftritten des Krieges auszuwei-
„chen: — dann, um an unseren Feinden nicht mehr
„Gegner, sondern Bundesgenossen zu haben, wie
„sie selbst versprechen: — ferner, um ohne Bluts-
„vergiessen ihren wilden Muth zu dämpfen, der un-
„sern Provinzen so oft gefährlich ward: — und end-
„lich in der Ueberzeugung, daß nicht blos der
„Feind für besiegt gelten muß, der im Treffen der
„Uebermacht der Waffen und höherer Kraft unter-
„liegt, sondern noch weit sicherer der, welcher bei
„schweigender Trompete sich freywillig unter unser
„Joch schmieget, durch Erfahrung belehrt, daß es
„uns weder an Muth gegen Empörer, noch an Ge-
„lindigkeit gegen bittende Demuth fehlt. Kurz, ich
„erwarte eure Entscheidung und guten Rath, als
„friedeliebender Fürst, der sich des ihm zugefallenen
„Glücks nicht zu überheben wünscht. Nicht wird

„man,

„man, glaubt es mir, unserer Feigheit oder Be-
„quemlichkeitsliebe, vielmehr unserer Mäßigung und
„unserem Menschengefühl einen so wohlgewählten
„Entschluß zuschreiben."

Kaum hatte der Kaiser seine Rede geendiget, als
die ganze Armee, seinen Willen sich zu fügen geneigt,
den gethanen Vorschlag lobte, und in den Frieden
vorzüglich aus dem Grunde willigte, weil man in
mehreren Feldzügen die Erfahrung gemacht hatte,
daß der Kaiser in Beilegung bürgerlicher Unruhen
immer mehr Glück gehabt hatte, als bei Kriegen im
Auslande, die gemeiniglich ein trauriges Ende genommen hatten. Man machte demnach mit den
Feinden, nach ihres Landes Sitte Frieden, und nach
vollendeter Feierlichkeit gieng der Kaiser nach Mailand ab, um da seine Winterresidenz zu nehmen.

Kap. II.

Hier war es, wo er anderer drückender Sorgen
entlediget, nun seine ganze Bestrebung dahin richtete,
den Cäsar zu stürzen, — ein Knoten, der gewiß
nicht leichter als jener Gordische zu lösen war. Nachdem er mit seinen Vertrauten sich ingeheim, oft sogar bei Nacht besprochen hatte, wie man dies entweder mit Gewalt oder mit List ausführen könne,
ehe Gallus mit mehr hartnäckigem Trotze sich darauf
setzte, den Strom seiner Macht weiter zu ergießen;
so ward man endlich darüber einig, denselben durch
freundliche Zuschrift unter dem Schein einer dringenden Staatsverhandlung nach Mailand zu entbieten,

ten; wo man ihn dann, von aller Hülfe verlassen,
ohne Widerstand tödten könne. Dieser Meinung wi-
dersprach dennoch eine ganze Schaar wetterwendischer
Höflinge, unter ihnen vorzüglich Arbetio, ein
Mann eifrigst betriebsam in heimlichen Ränken, und
Eusebius, damals Oberkammerherr (Präpositus
Cubiculi), der bei seiner Neigung, andern zu schaden, wenigstens nicht so zurückhaltend war, und sie
führten dagegen an, daß wenn Gallus die Morgenländer verließe, es doch sehr bedenklich wäre, den
Ursicin daselbst zu lassen, der gewiß, sobald er
kein Hinderniß vor sich sähe, nach hohen Dingen
ausstreben würde. Ihnen traten die übrigen kaiserlichen Verschnittenen (Kammerherrn) bei, welche
ihre Geldgier damals über alle menschlichen Begriffe
hoch trieben, und bei ihrem Hofdienst im Innern des
Palastes durch geheime Insinuation jeder erdichteten
Beschuldigung neue Nahrung zu geben Gelegenheit
hatten. Diese Männer waren es, die durch die ge-
häßigsten Aufbürdungen den tapfersten Manu nie-
derdrückten, und gleichsam im Vertrauen dem Kaiser vorspiegelten, die heranwachsenden Söhne Ursicins wüchsen nur immer mehr zu künftigen Regenten
heran: denn schon durch schöne Bildung und Jugend
beliebt, würden sie noch absichtlich angehalten, sich
durch ausgebreitete militärische Kenntnisse und durch
Gewandheit der Glieder bei den täglichen Waffenü-
bungen der Armee auszuzeichnen: und Gallus, der
ohnedem von Natur nichts weniger als sanft sey,
wäre durch angestellte Verhetzer zu Grausamkeiten
in der Absicht verleitet worden, um ihn bei allen

Stän-

Ständen verhaßt und zum Abscheu zu machen, und dann auf des Generals der Reiterey Söhne Krone und Zepter überzutragen.

Indem man mit dieser und andern ähnlichen Nachrichten dem ängstlichen Ohre des Kaisers zusetzte, und er dergleichen Gerüchte oft hörte, und — gern hörte, so wählte er endlich unter den vielen Entwürfen, die ihm durch den Kopf giengen, als besten den, vor allen Dingen den Ursicin in den ehrenvollsten Ausdrücken, und unter dem Vorwande zu sich zu bescheiden, daß er bei jetzt dringender Lage der Umstände durch einen gemeinschaftlichen Entschluß Maaßregeln nehmen helfen sollte, durch die man sich mehr Nachdruck geben könnte, die Angriffe der Krieg drohenden Parther (Perser) zu vereiteln. Um ihm auch allen Verdacht über diese Reise zu benehmen, ward der Unterstatthalter (Comes) Prosper, doch blos als Vicar bis zu seiner Rückkunft angestellt. Nach Empfang dieses Befehles, und zugleich der Erlaubniß, uns überall der kaiserlichen Postwagen zu bedienen, eilten wir in starken Tagereisen nach Mailand hin.

Nichts fehlte nun weiter, als daß auch der entbotene Cäsar bald einträfe, dem Constantius jeden Argwohn dadurch zu benehmen suchte, daß er gegen seine Schwester, des Cäsars Gemahlin, in trügerisch schmeichelhaften Ausdrücken den Wunsch äußerte, sie nach so langer Zeit einmal wieder zu sehen. Anfangs war sie lange unentschlossen, weil sie die grausame Denkart des Kaisers aus mehreren Erfahrungen kannte: in Hoffnung dennoch, den leiblichen Bruder besänftigen zu

Ammian Marcell. 1ster B.   E   kön-

können, reisete sie ab, ward aber auf der ersten Station in Bithynien *) Coenos Gallicanos genannt, unvermuthet von einem Fieber überfallen, und starb. Mit ihrem Tode sah der Gemahl alle Hoffnung schwinden, auf die er sich noch stützen zu können geglaubt hatte, und befand sich in der ängstlichsten Verlegenheit. Aber bei allen Schwierigkeiten und trüben Gedanken war doch seine höchste Besorgniß die, daß der Kaiser blos seinem eigenen Kopfe folgen, keine Vertheidigung annehmen, noch weniger Fehler verzeihen, vielmehr seiner Neigung, Verwandte vor andern zu stürzen, Gehör geben, und ihm geheime Schlingen legen würde, indem er, wenn er nicht äußerst behutsam wäre, seinen gewissen Tod finden müßte. In diesem Nothdrange, wo nur die strengste Wachsamkeit ihn vom Tode retten konnte, würde er freilich nach der ersten Stelle im Staat begierig hingestrebt haben, wenn er nur irgend einen Weg dazu gesehen hätte; er hatte vielmehr einen doppelten Grund, von der Treulosigkeit seiner Anhänger alles zu fürchten: einmal, weil man ihn als einen grausamen und leichtsinnigen Mann haßte, und dann, weil man das überwiegende Glück des Constantius fürchtete, mit dem er bisher jede Unruhe im Innern des Staates beendigt hatte. Fast erlag er unter der Last seiner Sorgen, als ihm der Kaiser einen Brief auf den andern schrieb, und bald im drohenden, bald im bittenden Tone auf seine Ankunft drang, bald auch auf eine hämische Art

---

*) Aus Galatien herüber. In Antonins Reisebeschreibung S. 141. heißt dieser Ort Coenum (κοινον, nicht καινον) Gallicanum.

Art zu erkennen gab, der Staat könne und dürfe nun einmal nicht getheilt werden, jeder müsse vielmehr demselben bei so schwankender Lage, womit er auf Gallus Gefahr von Seiten der Alamannen deutete, helfen, so gut er könne. Dem allem fügte er Beispiele aus neuerlichen Zeiten bei, daß ja die Thronfolger des Diocletian und seines Mitregenten, als Adjutanten, nie unthätig, vielmehr immer geschäftig auf jeden Wink ihrer Kaiser aufmerksam gewesen, daß sogar Galer im Purpurgewand vor dem Wägen des mit ihm *) unzufriedenen Kaisers fast tausend Schritte zu Fuß in Syrien hergegangen wäre.

Unter mehreren Abgeordneten kam auch der Tribun der beschildeten Trabanten Scudilo an, (Kap. 10.) ein Mann, der unter der Hülle roher Sitten die Gabe meisterlich zu überreden verbarg, und in seinen Ernst dennoch so viel Schmeichelndes zu legen wußte, daß er allein es war, der den Gallus zur Abreise vermochte, weil er ihm mit verstellter Miene die Versicherung oft wiederholte, der Kaiser, sein Vetter, glühe vor Verlangen, ihn zu sehen — sey sanft und gütig, um kleine Fehler der Unvorsichtigkeit gern zu übersehen, und Gallus, der schon längst als erklärter Thronfolger im Mitbesitz der Majestät sich befände, würde künftig auch Theilnehmer an den Geschäften seyn, die vorzüglich die so lange gedrückten nördlichen Provinzen heischten. Und, so wie jeder Mensch, wenn ihn sein unglückliches Schicksal packt, seine ganze Besinnung abgestumpft

*) Weil er eine Schlacht gegen die Perser verloren hatte.

stumpft und betäubt fühlt, so huben auch diese Lockungen des Gallus Seele zur Hoffnung des Bessern: unter einer feindseligen Gottheit Leitung verließ er Antiochien, entgieng, wie ein altes Sprichwort sagt, dem Rauche, um in die helle Flamme zu gerathen, und war so unbesonnen, bei seinem Aufenthalt in Constantinopel, seine gefährliche Lage so ganz zu vergessen, daß er Wagenrennen anstellen ließ, und einem Wettfahrer Korar den Siegeskranz eigenhändig aufsetzte.

Ueber diese Nachricht ward Constantius äußerst aufgebracht; und um zu verhüten, daß Gallus, über sein künftiges Schicksal ungewiß, sich vielleicht einfallen lassen könnte, auf der Reise etwas zu seinem Vortheile zu unternehmen, so wurden absichtlich alle Truppen aus den Städten herausgezogen, die an seinem Wege lagen. Auch reisete Taurus, der damals als Quästor nach Armenien ging, so trotzig bei ihm vorbei, daß er ihn weder einer Ansprache noch einer Aufwartung würdigte. Doch fehlte es nicht an andern Personen, die auf des Kaisers Befehl, unter dem Vorgeben bald dieses, bald jenes Geschäftes, aber eigentlich als Beobachter jedes seiner Schritte, und jedes Versuches, etwas ingeheim zu unternehmen, ankamen: unter ihnen vorzüglich Leontius, nachher Stadtpräfect zu Rom, der wie er sagte bei ihm den Kanzler (Quästor) machen sollte, Lucillian, als vorgeblicher Kommandeur seiner Haustruppen, und Bainobaudes, als Oberster der beschildeten Trabanten. Nach mehreren Tagreisen durch ebenes Land kam er nach Hadrianopel, (in

Thra-

Thracien) eine am Hämusgebirge liegende Stadt, ehemals Uskudama genannt: Hier ruhte er, von einer zwölftägigen Reise ermüdet, aus, erfuhr aber auch, daß die in den nächsten kleinern Städten im Winterquartier liegenden Thebäischen Legionen einige aus ihren Mitteln abgesandt hätten, um ihn durch zuverläßige Versprechungen zu vermögen, seine Reise nicht fortzusetzen — Versprechungen, die sie auf ihre Menge in der Gegend umher gründeten: aber seine wachsamen Beobachter ließen ihn so wenig aus den Augen, daß er die Gelegenheit, einen dieser Abgeordneten zu sehen oder zu sprechen, nicht einmal zu stehlen vermochte. Briefe kamen dann, immer einer dringender als der andere an, und nachdem man ihm auf Befehl zehen kaiserliche Postwagen zu seinem Gebrauche gegeben, ließ er hier seine ganze Hofstatt zurück, nahm nur einige wenige aus Antiochien mitgebrachte Bediente zu Besorgung des Nachtlagers und der Tafel mit sich, ward dann, vor Staub und Schmuz kaum kenntlich, von mehr als einem Treiber zu Beschleunigung seiner Reise gezwungen, und kläglich fluchte er oft seiner Unbesonnenheit, die ihn jetzt so verachtet, und in so armseliger Gestalt der Willkühr niedriger Menschen preis gäbe. Wann auch ja seine Seele einmal eine kurze Frist der Ruhe genoß, so wurden doch seine Sinne durch die Schrecknisse um ihn her rauschender Todtengestalten erschüttert, und ganze Schaaren von ihm ermordeter Menschen, an ihrer Spitze Domitian und Montius, griffen ihn, wenigstens im Traume, um ihn den Geiselhieben der Furien entgegen zu führen. Unsere Seele setzt nämlich, von des Körpers Banden befreit, ihre nie ruhende Thätigkeit munter fort, und mit tiefen Gedanken, oder auch Sorgen, die des Menschen Geist treffen, beschäftigt, schafft sie sich selbst beim Dunkel der Nacht Bilder, die wir auch Phantasien zu nennen pflegen.

Gallus zog dann auf dem vom traurigsten Schicksale gebahnten Wege, dem Verluste seines Thrones und seines Lebens immer näher entgegen, hielt sich an den Orten, wo er durchkam, nur so lange auf, bis die Pferde gewechselt waren, und kam endlich in Petobio (Pettau), einer Stadt der Noriker an. Hier entriegelten sich die bisherigen geheimen Ränke vor seinen Augen aufs deutlichste: plötzlich erschien der Feldherr seiner Haustruppen (Comes Domesticorum) Barbatio in Gesellschaft des kaiserlichen Staatsagenten *) (Agens in rebus) Apodemius, und von Soldaten begleitet, deren Treue der Kaiser selbst durch Geschenke sich so zuverläßig versichert hatte, daß weder Bestechung noch Mitleiden sie umstimmen konnten.

Nun schritt man ohne alle weitere Täuschung zu Werke, und Barbatio besetzte den ganzen Palast außerhalb der Mauer mit seinen Soldaten. Schon fieng es an Abend zu werden, als er in den Palast hereintrat, dem Cäsar das Purpurgewand abnahm, ihm dagegen ein bloßes Unterkleid, und einen gemeinen Generalsrock gab, — zwar unter wiederholten Schwüren, vorgeblich im Namen des Kaisers, versicherte, er habe nun weiter nichts zu fürchten, bald aber

*) S. Note zu B. 15. Kap. 3.

aber denselben zu Fortsetzung der Reise aufentbot, den betretenen Mann auf einen gemietheten Wagen setzte, und nach Istrien in die Stadt Pola (Fiannonna) brachte, wo ehemals, wie man sagt, Constantins Sohn Crispus *) auch getödtet ward. Hier ward Gallus in engere Verwahrung genommen, und die Schrecken des herannahenden Todes begruben ihn gleichsam bei lebendigem Leibe, als der Oberkammerherr Eusebius, der Staatssekretär (Notarius) Pentadius, und Mellobaudes, Befehlshaber der so genannten Armaturen **), ankamen, ihn auf kaiserlichen Befehl zu fragen, aus welchem Grunde er jeden von ihm in Antiochien Hingerichteten habe umbringen lassen. Abrasteische ***) Todtenblässe überzog sein Gesicht, und er konnte kein Wort vorbringen, als daß er, von seiner Gemahlin Constantina verleitet, sie größtentheils habe tödten lassen. Der Mann mußte nicht wissen, daß Alexander der Große seiner Mutter, die ihm dringend anlag, einen Unschuldigen hinrichten zu lassen, und in Hoffnung, ihren Endzweck desto siche-

---

*) Ammian scheint absichtlich die mildern Ausdrücke: peremtum - accepimus gewählt zu haben, um sich über eine Begebenheit, die zur Chronique scandaleuse der Regierung Constantins gehörte, nicht weiter herauszulassen. Die ganze Geschichte s. bei Gibbon B. 4. S. 163-176.

**) Gehörten zu den Hoftruppen, Scholis Palatinis, und standen unter der Disposition des Magister Officiorum.

***) Dieses Beiwort bezieht sich hier nicht auf die weiterhin in diesem Kap. vorkommende Adrestra, vielmehr auf jenen unglücklichen Argivischen König Adrast, dessen Geschichte bekannt genug ist. Ammian hat wahrscheinlich Virgil Aen. 6. v. 480. dabei im Sinn gehabt.

rer zu erreichen, ihn mehr als einmal daran erinnerte, daß sie ihn ja neun Monate unter ihrem Herzen getragen habe, die weise Antwort gab: „Auf „jede Art von Dank, beste Mutter, kannst du rech„nen, nur auf diese nicht: denn das Leben eines „Menschen wiegt keine Wohlthat auf." *) Ueber diese Ausrede ärgerte sich der Kaiser nur noch mehr, und in unwiderruflichem Zorne glaubte er es seiner eigenen Sicherheit schuldig zu seyn, den Cäsar hinrichten zu lassen. Er sandte also den Serenian, der ehemals wegen einiger vorgehabten Gaukeleien selbst der beleidigten Majestät schuldig befunden **), und dennoch, wie ich vorher erzählte (Kap. 7.) losgesprochen worden war, an ihn ab, um mit Zuziehung des Staatssecretärs Pentadius, und des Staatsagenten Apodemius das Todesurtheil an ihm vollziehen zu lassen: und so ward er mit gefesselten Händen, wie ein überwiesener Missethäter enthauptet, und als verstümmelter Leichnam, dem das edelste Glied, mit ihm die Würde menschlicher Bildung fehlte, lag jetzt der Mann da, vor dem noch kurz vorher Städte und Länder zitterten. Aber die höchste Gottheit bewies bei den Schicksalen sowohl des Gallus als seiner Mörder ihre Gerechtigkeit sehr thätig:

jenen

*) Dieses Geschichtchen ließ sich ganz artig, nur scheint es hier zu gesucht zu seyn. Fast wäre ich geneigt anzunehmen, daß ein Leser Ammians sich dasselbe an den Rand seines Exemplars geschrieben habe: wie ich denn mehrere dergleichen Interpolationen bemerkt zu haben glaube. Der Zusammenhang geht ohne dasselbe in der That weit besser fort.

**) Ich habe hier anders interpungiert, um die Erzählung mit dem siebenten Kap. mehr harmonisch zu machen.

jenen machten seine vorher begangenen Grausamkeiten unglücklich, und kurz nach ihm starben die zwei Männer eines küglichen Todes, die ihn, so strafbar er auch seyn mochte, wenigstens nicht durch so schmeichelnde, und doch so treulose Tücke den lezten Schlägen des Schicksals hätten entgegen führen sollen. Scubilo starb an einer Leberentzündung, die in Abzehrung überging, und Barbatio, der schon lange vorher falsche Beschuldigungen wider ihn geschmiedet hatte, ward in der Folge von der Würde eines Generals der Infanterie nach höheren Dingen aufgestrebt zu haben, durch geheime Ohrenbläser bei Hofe bezüchtiget: und zum Tode verurtheilt, brachte er durch sein tragisches Ende den Manen des von ihm tückisch hingeopferten Cäsars selbst ein Opfer (B. 18. K. 3).

Diese Auftritte, so wie unzählige andere, führte die Rächerin lasterhafter Handlungen, zuweilen auch (wäre sie es doch immer!) der Tugenden Belohnerin Abrastea *) herbei, welche wir auch noch unter dem Namen Nemesis kennen: eine erhabene Richterin und wirksame Göttin, die nach einiger Meinung, über den Mond hinaus ihren Sitz hat, oder, wie andere wollen, als geistiges Wesen der Menschen Beistand und Lenkerin des ihnen zugetheilten Schicksals ist — eine Göttin, welche die alten Theologen

---

*) Eine wahre Iliade nach Homer wäre es, wenn ich über diese Göttin eine lange Note hersetzte, über die ich zu voller Befriedigung meiner Leser auf Herders Abh. über Nemesis in der zweiten Samml. s. vermischten Blätter S. 215-272. verweisen darf, wo auch Ammians Stelle nicht vergessen ist.

logen für eine Tochter der Gerechtigkeit ausgeben, und aus dem Dunkel der Ewigkeit auf alle sublunarische Begebenheiten herabsehen lassen. Sie ist es, die mit der Gewalt einer Königin die Ursachen künftiger Folgen einleitet, als entscheidende Richterin aller Dinge die Loose in der Urne des Schicksals mischt, der Weltereignisse steten Wechsel lenket, die Entwürfe unseres Willens bisweilen einen ganz andern Ausgang, als wir bezielten, nehmen läßt, und vielfältige Handlungen in gerade entgegengesetzte mit mächtiger Hand umschafft. Sie ist es, die mit unauflöslich festen Banden den vergeblich schwellenden Uebermuth des Sterblichen fesselt, und weil sie die Motiven des steigenden und fallenden Glücks eben so genau abwägt als kennt, bald den stolzen Nacken des Hochmüthigen beugt und entnervt, bald den Tugendhaften aus dem Staube zu dem glücklichsten Leben hinaufrückt. Flügel hat ihr das fabelhafte Alterthum gegeben, um die außerordentliche Geschwindigkeit anzuzeigen, mit der sie sich überall hin bewegt: auch stellt man sie ein Steuerruder vor sich haltend vor, und giebt ihr unter die Füße ein Rad, um sie als Regentin des Weltalls, die durch alle Elemente wirkt, kennbar zu machen.

Eines so frühen Todes starb demnach Gallus, selbst schon seines Lebens überdrüßig, im neun und zwanzigsten Jahre seines Alters, und nach einer vierjährigen Regierung. Sein Geburtsort war das Vetternensische Landgut *) in Tuscien, sein Vater Constantius,

---

*) Massa im Texte, welches bei den spätern Lateinern ein Grundstück, Landgut bedeutet. Indessen scheint es doch,

stantius, des Kaisers Constantin Bruder, und seine Mutter Galla, eine Schwester des Rufin und des Cerealis, welche beide Consulat und Präfecturen mit Ruhm verwaltet hatten. Seine Gesichtsbildung war schön: Anstand belebte den ganzen Körper, alle Glieder standen im genauesten Ebenmaaße, blond und weich war sein Haar, der Bart keimte ihm spät in sanftem Flaum, was ihm doch nichts an männlicher Würde benahm: aber in Ansehung des geschmeidigen Betragens war zwischen ihm und seinem Bruder Julian ein eben so großer Abstand, als ehemals zwischen Vespasians Söhnen, Domitian und Titus. Zum Mitbesitz des höchsten Glücks auf Erden erhoben, erfuhr er doch bald Fortunens veränderliche Launen, die mit den Sterblichen ihr Spiel treibt, bald den einen bis zu den Sternen empor hebt, bald den andern in den Strom der Unterwelt (Kocytus) taucht. Von unzähligen Beispielen will ich nur einige nicht sowohl erzählen, als vielmehr in möglichster Kürze berühren. Sie, die so veränderliche und wankelmüthige Glücksgöttin, nahm den Agathokles a) von der Drehscheibe des Töpfers hinweg, ihn zum König Siciliens zu machen: durch sie ward Dionys b) kurz vorher der Völker Schrecken, Schullehrer zu Korinth. Sie war es, die dem Andriskus c)

aus

als wenn es hernach ein eigener Name geworden, denn es giebt in der That noch ein Massa in Toskana, in der Gegend von Siena.

a) Diodor aus Sicil. B. 19, K. 2. Justinus B. 22, K. 1. b) der jüngere. Justin B. 21. K. 5. Cicero Tuscul. B. 3. K. 12. c) Florus B. 2, K. 14. daß er aus Apramytum gebürtig gewesen, bestäti-

aus Adramytum, zum Walker gebohren, den stolzen Gedanken eingab, sich den falschen Namen eines Philipps anzumaßen, den ächten Sohn des Perseus d) hingegen durch Hammer und Ambos sein Brod zu verdienen gelehrig machte. Sie war es, die den Mancin e) als Feldherrn an die Numantiner auslieferte, einen Veturius f) wilden Samnitern, einen Claudius g) den Corsicanern, einen Regulus h) der Wuth Karthago's preis gab. Ihrer Tücke Werk war es, daß Pompejus erst durch die zahlreichsten Heldenthaten sich den Namen des Großen verdiente, und dann in Aegypten, weil es Häremswächtern so einfiel, hingemordet ward. Eunus i) sah sich, kaum dem Werkhause entronnen, in Sicilien als Feldherr einer Armee entlaufener Sclaven. Wie viele Söhne der vornehmsten Häuser mußten nicht auf den gebietenden Wink dieser Weltbeherrscherin die Knie eines Viriathus k), eines Spartacus l) demüthig umfassen! Wie viele Köpfe, vor denen sonst Nationen zitterten, fielen unter dem Schwerte des traurigen Henkers! Der eine wird in Fesseln gelegt, der andere zu nie gehoffter

nöthigt auch Zonaras Band 2. S. 114. und daß er ein Walker gewesen, sagt auch Lucian. (Wielands Uebers. Th. 6 S. 52) d) hieß Alexander, hielt sich, nachdem der Vater im Triumph aufgeführet war, bei demselben in Alba auf, und soll nicht unerschickt in allerley künstl. der Arbeit, auch nachher als Schreiber gebraucht worden seyn. e) Vellej. Paterc. B. 2. K. 1. Florus B. 2. K. 18. f) Livius B. 9 K. 10. g) Valer. Max. B. 6. K. 3 h) Florus B. 2. K. 2. i) ein Sclav aus Syrien. Diodor. Sic. Fragm. B. 6. S. 297. ff. der Kaltwasserischen Uebers. Florus B. 3 K. 19. k) ein Landgutbesitzer in Lusitanien, ein trefflicher Held. Dio Cass. Fragm. 78 l) Florus B. 3. K. 20.

hoffter Gewalt erhoben, ein dritter von der höchsten Stufe der Ehre herabgestürzt. Gewiß, wer so mannchfaltige und eben so häufige Veränderungen aufzählen wollte, würde nicht weniger Thorheit verrathen, als wenn er den Sand am Meere zu berechnen, oder lastende Berge zu wägen sich anmaßte.

Fünfzehntes Buch.

Inhalt.

Kap. 1. Freude am kaiserlichen Hofe des Constantius über den Tod des Thronfolgers Gallus. Kap. 2. Ursicin, Feldherr der Reiterei im Orient, Julian, Gallus Bruder, und Gorgonius, des letztern Oberkammerherr, werden der beleidigten Majestät beschuldigt. Kap. 3. Auch wird gegen die Vertrauten und übrigen Hofbedienten desselben inquirirt. Kap. 4. die Lentienser, eine Alamannische Völkerschaft, werden vom Kaiser theils in der Schlacht erlegt, theils in die Flucht getrieben. Kap. 5. Silvan, ein Franke von Geburt, Feldherr des Fußvolkes in Gallien, wird in Kölln zum Kaiser ausgerufen, aber nach acht und zwanzig Tagen wieder vom Throne gestürzt und umgebracht. Kap. 6. Auch seine Freunde und Mitschuldigen werden hingerichtet. Kap. 7. Einen in Rom entstandenen Aufruhr legt der Stadtpräfect Leontius bei, und der Römische Bischof Liberius wird abgesetzt. Kap. 8. Julian, Gallus Bruder, wird vom Constantius zum Thronfolger, und Statthalter Galliens ernannt. Kap. 9. Ursprung der Gallier; warum sie Celten und Galater heißen; ihre Volkslehrer. Kap. 10. von den Gallischen Alpen, und den verschiedenen Wegen über dieselben. Kap. 11. kurze Eintheilung und Beschreibung Galliens; Lauf des Flusses Rhodanus. (Rhone.) Kap. 12. Sitten der Gallier. Kap. 13. Musonian, prätorischer Präfect im Orient.

Kap. 1.

N. C. Geb.
354.

So gut ich konnte, bemühte ich mich bisher meiner Geschichte Zuverläßigkeit zu geben, und was ich selbst erlebt, oder

Perso-

Personen, die als Theilnehmer der Begebenheiten die Wahrheit wissen konnten, sorgfältig abgefragt hatte, in gehöriger Zeitfolge zu erzählen: den Rest meiner Arbeit, welchen die nun folgenden Bücher liefern, will ich nach bestem Vermögen noch mühsamer feilen, ohne den Tadler zu fürchten, dem mein Werk etwa zu gedehnt vorkommen möchte. Nur dann verdient Kürze Lob, wenn sie unzeitige Auswüchse abschneidet, ohne doch an deutlicher Darstellung etwas zu verlieren.

Noch war Gallus im Lande der Noriker seines Purpurs nicht ganz entkleidet, als Apodemins, der, als hitziger Brauskopf, solange jener lebte, den Ton der Empörung angegeben hatte, sich mit den ihm abgenommenen Purpur-Schuhen zu Pferde setzte, und in so schnellem Jagen, daß einige Pferde, so oft er auch wechselte, von übertriebenem Laufen athemlos hinfielen, als vorläufiger Eilbote in Mailand ankam, und beim Eintritt in den Palast dem Constantius diese Schuhe mit einer so wichtigen Miene zu Füßen warf, als brächte er eine mit eigener Hand dem König der Parther abgenommene Rüstung. Nach Eingang dieser schleunigen Nachricht, aus der die erwünschteste und dennoch mit möglichster Leichtigkeit ausgeführte Vollendung eines allem Anschein nach so schwierigen Geschäftes sich ergab, war es freilich in der Regel, daß die ersten Hofbedienten ihren Eifer, sich bei dem Kaiser beliebt zu machen, in laute Schmeichelei übergehen ließen, und Verdienst und Glück eines Fürsten himmelan erhoben, den es nur einen Wink gekostet hätte; zwei Regenten,

ten, nur zu verschiedenen Zeiten, den Veteranio*) und den Gallus, als wären sie gemeine Soldaten, zu entsetzen. Von so übertriebenem Eifer, liebkosen der Höflinge stolz gemacht, und des zuversichtlichen Wahnes voll, daß künftig kein Leiden der Menschheit weiter ihn treffen könne, fing er nun an, den Pfad gerechter Denkart mit so weniger Zurückhaltung zu verlassen, daß er die Hoffnung von seines Glückes Ewigkeit in Gesprächen mehr als einmal äußerte, und in Briefen sich eigenhändig des ganzen Erdkreises Beherrscher nannte: — eine Schmeichelei, die wenn sie ihm auch nur andre machten, ein Mann mit Unwillen hätte von der Hand weisen müssen, der, wie er selbst sagte, sich mit emsigem Eifer bestrebte, Leben und Betragen nach dem Muster herablassender Fürsten zu bilden. Denn gesetzt, er wäre Regent der unzähligen Welten Demokrits gewesen, von denen Alexander der Große auf Anarchus Verleitung träumte, so müßte ihm doch beigefallen seyn, gehört oder gelesen zu haben, daß nach einstimmigem Urtheile der Mathematiker der Umfang unsers Erdkreises, so unermeßlich er uns zu seyn scheinet, dennoch im Verhältniß gegen das große Weltall ein kleiner Punkt sey.

Kap. 2.

Nach dem traurigen Ende des Cäsars gab die Trompete das Signal zu Criminalgerichten, und Ursicin ward

*) Besser Vetranio, anfangs auf Magnentius Seite, dann trat er zu Constantius, ward aber von den Soldaten den Purpur abzulegen genöthigt, und beschloß seine Jahre in Ruhe.

ward der verletzten Majestät beschuldigt: denn immer mächtiger erhob sich gegen ihn der Neid; denn jeder verdienstvolle Mann Dorn im Auge ist. Das Schlimmste bei der Sache war, daß vor billigen und wahrscheinlichen Vertheidigungen das Ohr des Kaisers verschlossen war, desto mehr aber geheimen Ohrenbläsereien tückischer Menschen offen stand, welche jetzt die Erdichtung aufbrachten, des Kaisers Name sey im ganzen Orient gleichsam vertilgt, jedermann sehe hingegen, im Lande und auswärts, voll Erwartung nach Ursicin hin, als dem einzigen, der die Perser in Respect erhalten könne. Aber der edle Mann stand gegen jeden möglichen Fall unerschüttert da: sich durch kriechendes Betragen nicht selbst zu entehren, war seine erste Sorge, ob er gleich den geheimen Seufzer über die Gefahren der höchsten Unschuld zu unterdrücken nicht vermochte: am meisten kränkte ihn doch dies, daß seine vorher so zahlreichen Freunde sich jetzt auf die Seite mehr geltender Höflinge schlugen, gerade wie Lictoren, die, blos weil Etikett' es will, den vom Amte abgehenden Consul verlassen, und nun vor dem neuen hertreten. Sein gefährlichster Gegner, der ihn durch verstellte Freundlichkeit hinterging, und ihm das Lob des tapfern Mannes öffentlich selbst gab, war sein College *) Urbetio, der sich auf die Kunst, Männer, die ein völlig anspruchloses Leben führten, in tödtliche Gefahren zu verwickeln, meisterlich verstand, und damals viel am Hofe galt. So wie die Schlan=

*) Er war General der Reiterei. Vergl. K. 4. u. B. 16. K. 6. Ammian. Marcell. 1ster B.

Schlange unbemerkt im Eingange ihrer Erdkluft liegend auf jeden Wanderer lauscht, und dann auf einmal in schnellem Sprunge auf ihn losschießt: so auch Arbetio, der von der untersten Stufe des gemeinen Soldaten sich zur höchsten Würde bei der Armee aufgeschwungen hatte, uud jetzt, ohne beleidigt oder auch nur gereizt zu seyn, durch unersättliche Begierde, andere unglücklich zu machen, sein Gewissen befleckte. Nur wenige Präfecten wurden zu dem Geheimniß zugelassen, und bei der geheimen Conferenz, in der der vorsitzende Kaiser das Gutachten der Anwesenden erforderte, ward man darüber einig, daß Ursicin in der nächsten Nacht aufgehuben, und, doch in gehöriger Entfernung vom Lager, ungehört niedergemacht werden sollte, so wie ehemals Domitius Corbulo, ein so treuer und sorgsamer Statthalter der ihm anvertrauten Provinzen, unter Nero's schändlichem Zeitalter umgebracht worden seyn soll *). Dieser Verabredung gemäß erwarteten die zur Ausführung gewählten Personen die ihnen bestimmte Zeit, als man einen gelindern Weg einzuschlagen beschloß, und die Frevelthat zu verschieben Befehl erging, die man in einer zweiten Sitzung noch einmal überlegen wollte.

Desto eifriger ließ man nun die Maschinen hämischer Kabale gegen den neuerlich nach Hofe entbotenen, und in der Folge so merkwürdig gewordenen Fürsten Julian spielen, der sich, wie man höchst ungerecht glaubte, eines doppelten Verbrechens schuldig gemacht haben sollte: einmal, daß er von dem

in

---

*) Dio Cassius B. 63. K. 17.

in Cappadocien liegenden Macellischen Land-
gute *), um seinen leidenschaftlichen Hang zu den
schönen Wissenschaften zu befriedigen, nach Asien gegangen, und dann, daß er seinen durch Constanti=
nopel †) gehenden Bruder besucht hätte. Ob er
gleich diese Vorwürfe widerlegte und bewies, daß er
beides nicht ohne Erlaubniß gethan habe, so würde
er doch durch Zudringlichkeit schändlicher Hofschran-
zen ein Opfer des Todes geworden seyn, wenn nicht
noch durch Begünstigung der höchsten Gottheit, und
durch Unterstützung der Kaiserin Eusebia es dahin gekommen wäre, daß man ihm in Comum,
einer nicht weit von Mailand liegenden Stadt seinen
Aufenthalt anwies, wo er doch kurz nachher Erlaubniß erhielt, um die brennende Begierde nach
mehrerer Ausbildung seines Geistes zu stillen, nach
Griechenland zu gehen. Die aus diesen Begebenheiten hervorgehenden Folgen waren auch so beschaf-
fen, daß der günstige Einfluß der Gottheit ganz unverkennbar war: denn in der That fanden derglei=
chen Kabalen ihre verdiente Strafe, oder wurden
vereitelt. Freilich kamen auch bisweilen Fälle vor,
wo reiche Leute sich zu den Palästen mächtiger Beschützer drängten, an sie wie Epheu um hohe Bäume
sich schmiegten, und ihre Lossprechung mit unermeß-
lichen

---

*) Marcelli Fundus. Hier
lebte er auf Constantius Anordnung in seinen jüngern
Jahren nebst seinem Bruder
Gallus in sklavischer Abge-
schiedenheit, wie er selbst in
seinem Briefe an die Athenienser erzählt.

†) Nicht bei der letzten
Durchreise, sondern damals,
da Gallus als erwählter Cäsar nach Antiochien ging.
Andere setzen doch diese Zu-
sammenkunft nach Nikome-
bien in Bithynien.

lichen Summen erkauften: Geringere hingegen, die
wenig oder nichts auf Rettung ihres Lebens wenden
konnten, ihr Todesurtheil nur gar zu schnell erhielten. Wahrheit ward in täuschenden Trug verhüllt,
und die grundlosesten Angaben wurden als ganz zuverläßige angesehen.

Noch ward um diese Zeit Gorgonius, ein Kam-
merherr des Gallus, als Gefangener eingebracht:
und ob es sich gleich aus seinem eigenen Geständ-
nisse offenbar ergab, daß er an jeder Greuelthat Theil
genommen, zu einigen den Cäsar vorzüglich verhetzt
habe, so vereinigten sich doch die Verschnittenen, der
Gerechtigkeit durch ein Gewirr von Lügen einen Dunst
vor die Augen zu ziehen, und er entwand sich glücklich den Gefahren des Todes.

Kap. 3.

Indem dies in Mailand vorging, wurden ganze
Schaaren von Officieren *) und Hofbedienten aus
den Morgenländern nach Aquileja gebracht; die von
ihren Ketten zu Gerippen gemacht, kaum noch Kraft
hatten, Athem zu schöpfen, und bei ihren vielfachen
Leiden die Fristung ihres Lebens bei weitem für
das größte hielten. Man gab ihnen Schuld, sie
hätten sich bei den Grausamkeiten des Gallus als
Gehülfen brauchen lassen, sie sollten es gewesen
seyn, die den Domitian und Montius in Stücken
zerrissen, andere ungehört aus dem Lande getrieben
hät-

*) So glaube ich hier die Militares nehmen zu müssen, weil gleich hachher unter den Strafen auch De-
gradation vorkommt.

hätten. Sie zu vernehmen ward Arboreus, und der damalige Oberkammerherr Eusebius abgeordnet, beide faselnde Prahler, eben so ungerecht als grausam: die dann auch ohne genaue Untersuchung anzustellen, oder den Unschuldigen von dem Schuldigen zu sondern, einige nach überstandenen Stockschlägen oder Folter exilirten, andere zu gemeinen Soldaten degradirten, die übrigen mit dem Tode bestrafen ließen. Ueber aufgethürmte Leichen gingen sie dann, wie im Triumph zurück, um von ihren Heldenthaten dem Fürsten Bericht zu erstatten, der gegen dergleichen Auftritte ganz abgehärtet, kein Menschengefühl mehr kannte. Von dieser Zeit an stand aber auch Constantius als ein Mann, der die bestimmte Ordnung des Schicksals gewaltsam hemme, mit offener, wehrloser Brust gegen viele auf sein Leben versuchte Angriffe da. Zugleich vermehrte sich auch die Zahl der Aufspürer, die, wilden Ebern gleich, den fürchterlichen Zahn seitwärts führten, um anfangs nur die ersten Männer im Staat, dann Arme und Reiche ohne Unterschied anzufallen: nicht blos wie jene Cibyraten *) des Verres, die mit hündischer Schmeichelei die Stufen am Tribunal des einzelnen Unterfeldherrn (Legaten!) beleckten — Leute vielmehr, die jede Gelegenheit benutzten, über alle

---

*) Kommen in Cicero's Verrinischen Reden mehr als einmal vor, besonders Verr. 4, 13. und 3, 11. u. Waren zwei Brüder aus Cibyra, einer Gränzstadt Phrygiens nach Pisidien herüber gebürtig, mit Namen Thlepolem und Hiero. Cicero nennt sie die Cibyratischen Hunde, wegen ihrer kriechenden Schmeichelei, und weil sie immer auf den Beinen waren, schöne Kunstwerke und überhaupt alles aufzuspüren, was Verres Liebhaberei und Raubsucht befriedigen konnte.

alle Theile des Staates Unglück zu bringen. Die betriebsamsten unter ihnen waren dennoch **Paulus**, und **Merkur**, ein Perser, doch aus Dacien gebürtig *): jener Staatssekretär (Notar), dieser vorher Tafeldecker, jetzt Hofwirthschaftsrendant **). Paul hatte, wie ich vorher schon erwähnt habe, den Beinamen **Catena**, (Kette) weil er sich auf Verkettung unauflöslicher Kabale meisterlich verstand, schwarzes Gift überall um sich verbreitete, und mancherlei Wege kannte, andere unglücklich zu machen, so wie gewandte Faustkämpfer beim Ringen ihren Gegner selbst mit der Ferse noch fest zu halten wissen. **Merkur** erhielt den Spottnamen eines **Traumbeamten**, (Comes Somniorum) weil er wie ein hämischer, bissiger Hund, der bei innerer Tücke doch mit dem Schweife wedelt, sich zu jedem Schmause, zu jeder Gesellschaft drängte, und wenn jemand im Traume, wo der Mensch oft in Phantasien auszuschweifen pflegt, diese oder jene Erscheinung gehabt zu haben, einem Freunde erzählte, als giftiger Verläumder die Sache unter dem gehässigsten Anstriche dem immer offenen Ohre des Kaisers zutrug, und den Erzähler, als eines unverzeihlichen Verbrechens schuldig, einer schweren gerichtlichen Untersu-

---

*) Im Texte steht: Paulus et Mercurius — hic origine Persa, ille natus in Dacia. Weil aber Ammian mit sich selbst im Widerspruch stehen würde, da er B. 14. K. 5. Paulen zu einem Spanier macht, so bin ich Gronoven (S. 10 b. Vorrede) gefolgt, der mit Beistimmung einer Handschrift, das Ille und das Komma wegläßt, so daß Persa natus in Dacia auf Merkur allein geht: er war Perser von seinen Eltern her, aber in Dacien gebohren.

**) Ex Ministro Triclinii Rationali.

tersuchung aussetzte. Das Gerücht verbreitete sich wie gewöhnlich mit Zusätzen, bald weiter, und weit entfernt, daß jemand einen gehabten Traum erzählte, so gestand man kaum unbekannten Personen in der Gesellschaft, auch nur geschlafen zu haben, und Gelehrtere bedauerten sogar, nicht im Lande der Atlanteer gebohren zu seyn, wo es gar keine Träume geben soll *), wovon ich doch den Grund anzugeben geschickteren Naturkundigen überlasse.

Während dieser traurigen Auftritte von Folter und Lebensstrafen öffnete sich in Illyricum ein ähnlicher, der durch leere Worte veranlaßt, doch für viele nachher gefährlich ward. Bei einem Schmause, den Africanus, Statthalter im zweiten Pannonien, zu Syrmium gab, hatten einige den weiten Pokalen zu tief auf den Grund gesehen, und sprachen, ohne einen gefährlichen Horcher zu vermuthen, mit vertraulicher Freimüthigkeit von dem drückenden Joche der gegenwärtigen Regierung: einige wollten aus gewissen Ahndungen die gewünschte Veränderung als ganz nach zuverlässig behaupten: einige sprachen mit unbegreiflicher Unbesonnenheit von Vorbedeutungen ihrer eigenen künftigen Größe und Macht. Einer von der Gesellschaft, der Staatsagent **) Gau-

F 4   bentius,

---

*) Diese Sage steht beim Herodot B. 4, 184. Dem sie Mela B. 1. K. 8. u. Plinius Naturgesch. B. 5. K 8. nachgeschrieben haben.

**) Agens in rebus. Diese Männer waren in den Provinzen angestellt, für das kaiserliche Postwesen, und Beitreibung des Proviantes für die Armee zu sorgen. Zugleich mußten sie die Edicte der Kaiser, oder allgemein interessante Nachrichten von erhaltenen Siegen, die Namen der neugewählten Consuln u. s. w. bekannt machen, dagegen aber auch alles, was in den Provinzen Bedenkliches vorfiel, einberichten, weshalb sie für Spionen des Hofes galten

dentius, den seine Hastigkeit oft zu Thorheiten verleitete, nahm die Sache in vollem Ernst, und erzählte alles dem Rufin, dem ersten Generaladjutanten des Prätorischen Präfectes *), einem Manne, der nur immer auf die schlechtesten Handlungen ausging, und wegen seines hämischen Charakters berüchtigt war. Wie von Schwungfedern gehoben, flog dieser sogleich nach dem Hoflager des Kaisers hin, der ohnehin ängstlich und für jede Art von Argwohn empfänglich war, und erhitzte ihn zu so heftigem Zorne, daß er ohne weitere Ueberlegung den Africanum und alle Theilnehmer jenes unglücklichen Schmauses auf die Folter zu bringen Befehl gab, hingegen dem schändlichen Angeber, der nach Sitte verderbter Menschen sich ohne Zurückhaltung die widerrechtlichsten Anmassungen in seinem Amte erlaubte, dennoch dasselbe auf sein Gesuch noch zwei Jahre verlängerte **). Zu Abholung der Schuldigen ward Teutomeres, ein Officier der Hofgarde, nebst einem ihm zugeordneten Collegen abgesandt, und brachte sie alle, wie seine Order lautete, gefesselt nach Italien. In Aquileja sah Marin, vorher Exercitienmeister, jetzt überzähliger (Titular-) Tribun ***) der, überhaupt ein hitziger Kopf, jene verfänglichen Reden beim Schmaus geführt hatte, sich im Wirthshause, wo man ihn während getroffener Anstalten zur Weiterreise allein gelassen hatte, die Gelegenheit ab, schnitt sich mit einem zufällig gefun-

*) Apparitionis Praefecturae Praetorianae Princeps.
**) Hiermit bitte ich B. 16. K. 8. zu vergleichen.
***) Tribunus ex Campidoctore eó tempore vacans.

gefundenen Messer den Leib auf, riß sich die Eingeweide heraus, und starb. Die übrigen wurden nach Mailand gebracht und gefoltert, und weil ihnen die Marter das Geständniß, bei jener Gasterei sich einige ungebührliche Reden erlaubt zu haben abzwang, so ward ihnen Gefängnißstrafe, mit einiger, doch zweifelhaft gelaßner Hoffnung künftiger Befreiung zuerkannt *). Die Officiere, denen man Mitwissen an Marins Selbstmorde Schuld gab, sollten des Landes verwiesen werden, erhielten aber auf Arbetio's Fürbitte Begnadigung.

Kap. 4.

Nach Beendigung dieser Sache kündigte man den Lentiensern, einer Alamannischen Völkerschaft **) Krieg an, weil sie bisher in die Rätischen Gränzen oft weit herüber gestreift waren. In diesen Krieg zog der Kaiser selbst mit hin, und nachdem er in Rätien und den Caninischen Ebenen ***) angekommen war, hielt er nach langer Ueberlegung fürs rühmlichste und rathsamste, daß der Feldherr der Reiterei Arbetio mit einem Korps der Armee, doch so, daß er mit dem größern Theile desselben sich immer an dem Ufer des Sees Brigantia (Bodensee) hielt, den Feinden entgegen gehen, und sie sogleich angrei-

*) African muß wenigstens hingerichtet worden seyn, wie sich aus B. 16. K. 8. ergiebt.
**) Ammian macht sie auch B. 31. K. 10. zu Nachbarn Rätiens, dessen ehe-malige Gränzen doch auf das heutige Graubünden nicht allein einzuschränken sind.
***) In der Gegend von Bellinzone.

angreifen sollte. Ich will doch die Lage der Gegend umher, so weit es mein Zweck leidet, kurz beschreiben. Zwischen hoher Berge Krümmungen entspringt der Rhein, bricht schon in seiner Quelle stark hervor, und ergießt sich dann über steile Felsen, ohne einen andern Strom aufzunehmen, so wie der Nil über seine Wasserfälle (Katarakten) in jähem Absturz daherrauscht. Schon in seinen ursprünglichen Quellen so überreich an eigenem Wasser, würde er Schiffe zu tragen geschickt seyn, wenn er nicht mehr einher zu stürzen als zu strömen schiene. Denn zu förmlichem Strome gebildet, wühlt er sich in tiefe weit abstehende Ufer, und fällt in einen runden und weiten See, der von den anwohnenden Rätiern Brisjantia genannt wird, vierhundert und sechzig Stadien lang, fast eben so breit, und überall durch schaurige und sumpfige Waldung (die breite Heerstraße doch ausgenommen, die jener alte und bedächtliche Großsinn der Römer angelegt hat) unzugänglich gemacht ist, wie es sich von so rohen Auswohnern, von der natürlichen Lage der Gegend und einem so unfreundlichen Himmelsstrich kaum anders erwarten läßt. In diesen See stürzt er rauschend in schäumenden Wirbeln herein, bahnt sich einen Weg durch die träge Ruhe des stehenden Wassers, und durchschneidet die Mitte, so genau, als wäre die Gränze seiner Bahn mit der Schnur gemessen: und als Strom, der nie mit andern verträglich, immer seinen Weg allein geht, setzt er, ohne seine eingebrachte Wassermenge zu vermehren oder zu vermindern, mit Beibehaltung seines Namens und sei-

ner

ner Kraft, seinen Lauf bis an das andere Ende des Sees fort, und strömt, ohne auch in der Folge sich von einem Flusse berühren zu lassen, endlich in die Fluten des Oceans. Was dabei vorzüglich wunderbar ist, so geräth der stehende See durch den schnellen Strom eben so wenig in wallende Bewegung, als der eilende Rhein durch trüben Schlamm sich aufhalten läßt, oder bei seiner gewaltsamen Ergießung sich mit dem See vermischt — *) eine Absonderung, die man sich unmöglich vorstellen könnte, wenn man nicht durch den Augenschein belehrt würde. Doch der in Arkadien entspringende Alpheus durchschneidet aus Neigung zu der Quellnymphe Arethusa das Jonische Meer, wie die Fabel sagt, auf gleiche Weise, und strömt dann an die geliebte Quelle hin **). — —

Arbetio, so gut er auch wußte, daß er auf rauhen Bergen den Krieg beginnen müsse ***), erwartete doch die Ankunft seiner zum Recognosciren der Feinde ausgesandten Leute nicht ****), gerieth aber auch

---

*) Ammians Geschwätzigkeit verliert sich freilich am Ende in Taprologie; aber das ist seine Sache.

**) Die Fabel ist zu bekannt, als daß ich mehrere Stellen anderer Schriftsteller nachweisen dürfte. Eine einzige aus Virgil Aen. 3. v. 694. will ich dennoch hersetzen:

Alpheum fama est huc Elidis amnem.
Occultas egisse vias subter mare: qui nunc.
Ore, Arethusa, tuo Siculis confunditur undis.

Uebrigens befindet sich im Texte hier eine kleine, vielleicht auch größere Lücke, worin Arbetio's weiteres Vorrücken auf das Gebirge beschrieben gewesen seyn mag.

***) Licet sciret aspera orsa bellorum. Kürzer wenigstens wußte ich diese Worte nicht zu geben, und wer mit Ammians Manier vertraut ist, wird sie am wenigsten untreu finden.

****) Was er gerade im Gebirge vorzüglich hätte thun sollen.

auch dafür in einen geheimen Hinterhalt, wo er, von plötzlicher Gefahr überrascht, nicht vorwärts, nicht rückwärts gehen konnte. Indessen sprangen die Feinde aus ihren Schlupfwinkeln hervor, und erlegten ohne Schonung, was ihnen vorkam, mit Waffen von aller Art: keiner der Unsrigen war im Stande, sich zu wehren, jeder sah nur in schleuniger Flucht die einzige Hoffnung, sein Leben zu retten. Nur darauf bedacht, dem Schwerte zu entrinnen, schweiften sie, ohne Glied zu halten, umher, waren aber eben deshalb den feindlichen Pfeilen mehr ausgesetzt. Mehrere zerstreuten sich doch in enge Wege, und den Gefahren durch den Schutz einer finstern Nacht entgangen, sammleten sie mit Aufgang der Sonne neue Kräfte, und fanden sich wieder, jeder bei seinem Trupp, ein. Bei einem so fürchterlichen und unvermutheten Ueberfalle waren freilich viele geblieben, unter ihnen auch zehen Tribunen. Die Alamannen rückten nun desto stolzer und frecher an, umschwärmten täglich, weil Frühnebel die Aussicht hinderten, die Römischen Schanzen, liefen überall mit gezogenem Schwert einher, und lärmten, und prahlten, und drohten. Plötzlich aber fielen die beschildeten Hoftruppen (Scutarier) aus den Schanzen heraus, und mußten zwar, durch die feindlichen Schaaren zurückgetrieben, Halt machen, doch that dies die Wirkung, daß nun alle im Lager gebliebene einmüthig zum Gefecht hinzuziehen sich entschlossen. Weil aber doch viele in Erinnerung des erlittenen Verlustes zaghaft waren, und Arbetio selbst auf einen glücklichen Erfolg wenig Hoffnung zu setzen schien;

schien; so stellten sich drei Tribunen an die Spitze, Arintheus nämlich, Kommandeur der sogenannten Armaturen *), Seniauch, Anführer einer Eskadron reitender Trabanten **) und Bappo, der die Promoten ***) nebst andern vom Kaiser ihm zugegebenen unter seinen Befehlen hatte. Jeder Soldat sah die gemeinschaftliche Gefahr als seine eigene an, alle wehrten sich erst nach dem Beispiel der alten Römer gegen den feindlichen Angriff muthig, ergossen sich dann wie ein Waldstrom über die Feinde her, und zwangen sie nicht in förmlichem Treffen, sondern in streifende Trupps vertheilt, zu schimpflicher Flucht, so daß sie in getrennten Gliedern zerstreut, durch Eilfertkeit im Fliehen sich unter einander selbst verwickelten, die wehrlosen Theile des Körpers blos gaben, und unter den häufigsten Schwert- und Langenstößen erlagen. Viele nebst ihren Pferden gefallene saßen am Boden liegend noch immer im Sattel fest, und kaum sah der im Lager gebliebene Rest, der vorher am Treffen Theil zu nehmen zu furchtsam gewesen war, die ganze Scene, als sie nun auch insgesammt herausstürzten, und ohne alle Furcht, jeden Feind, der sich durch Flucht nicht hatte retten können, zu Boden traten, und dann alle, über Berge von Leichen wandelnd, und vom Blute

der

---

*) S. oben Note zu B. 14. K. 11.

**) Qui equestrem turmam Comitum tuebatur. Diese Comites waren freigebohrne Ausländer, die unter der Römischen Reiterei dienten. Ich bitte darüber B. 18, K. 9. am Ende nachzusehen, wo auch eine Gattung derselben Sagittarii vorkommen.

***) Sind ebenfalls Reiter, die aber schon nähere Hoffnung zu weiterer Beförderung hatten.

der Erschlagenen triefend zurückkehrten. Auch der Kaiser ging nach einem so glücklichen Treffen in fröhlichem Triumph nach Mailand in sein Winterquartier zurück.

Kap. 5.

Wann schon dies nicht ohne Verlust für den Staat abging, so erhob sich doch zu nicht geringerem Unglück der Provinzen ein neuer Windsturm, der alles auf einmal zertrümmert haben müßte, wenn nicht das allwaltende Schicksal eine äußerst gefährliche Unruhe schleunig gedämpft hätte. Weil Gallien seit langer Zeit sich Ermordungen und Raub und Brand frech umherschweifender Barbaren ohne alle Hülfe ausgesetzt gesehen hatte, so mußte der General der Infanterie, Silvan, ein Mann, dem man Thätigkeit gnug zutraute, dem allem abzuhelfen, auf Befehl des Kaisers dahin abgehen, und Arbetio drang auf alle mögliche Weise auf die schleunigste Abreise, um einen Nebenbuhler, den er ungern in seinem Wege sah, zu entfernen, und ihm zugleich die Last eines gefahrvollen Geschäftes aufzubürden °).

J. n. C.) Ein gewisser Dynamius ein Aufseher
Geb. 355.) des kaiserlichen Gepäckes °°) hatte sich
von ihm (Silvan) Empfehlungsschreiben an dessen
Bekann-

°) Hier befindet sich im Texte eine kleine Lücke.

°°) Actuarius sarcinaliumPrincip. iumentorum. Wer eine Art von Marschkommissar, der an die Bastagarien, d. i. diejenigen, auf deren Grundstücken die Verbindlichkeit haftete, Pferde und Maulthiere zu Fortbringung des kaiserlichen Feldgepäckes oder auch Proviantes für die Armee zu stellen, die nöthigen Ausschreiben ergehen ließ. Heißt auch Praefectus Bastagae.

Bekannte erbeten, um sich dadurch den Schein eines seiner vertrauten Freunde zu geben. Silvan, der nichts Arges vermuthete, gab sie ihm gutmüthig, aber jener hob sie auf, um sie bei künftiger Gelegenheit zu einem boshaften Endzweck zu mißbrauchen. Indem also jetzt Silvan seinen für den Staat so vortheilhaften Feldzug durch Gallien that, und die muthlos gewordenen Feinde überall vor sich hertrieb, fiel Dynamius, ein überhaupt unruhiger Kopf, in listigen Ränken geübt, auf die hämische Treulosigkeit, zu der ihn, wie ein dunkles Gerücht sagte, der prätorische Präfect Lampadius, der ehemalige Schatzmeister der kaiserlichen Privatgefälle*) Eusebius, der auch den Beinamen Matiokopa**) führte, und Aedesius, ein gewesener Staatsrath zu Ausfertigung kaiserlicher Rescripte an Privatpersonen***), welche Lampadius, als bei der vertrauter Freund, der feierlichen Installation der neuen Consuln beizuwohnen eingeladen hatte, als

*) Ex Comite rei privatae.

**) Unter dergleichen Spott- oder Scherznamen läßt sich schwerlich etwas bestimmen, solange man nicht das Geschichtchen weiß, das etwa dazu Gelegenheit gab. Ob also Petav, der es für einen kleinlichen Geizhals (Matiokop) nimmt — oder Valois, der einen Garderobendieb (Himatiokop) darunter versteht — oder Wesseling (Observation. S. 46.) der sich einen Tortenschneider (Matpokop) dabei denkt, der etwa beim Nachtisch einmal beim Vorschneiden einer Torte sich am wenigsten vergaß — läßt sich jetzt nicht entscheiden.

***) Ex Magistro memoriae. Die Notitia Dignitatum sagt: Adnotationes omnes dictat, et emittit, et precibus respondet. Daß diese Adnotationen (beigeschriebene Resolutionen) nur Privatpersonen betroffen haben, glaube ich auf Versicherung Vicats in seinem Vocabulario iuris utriusque.

als Theilnehmer des Komplots angestiftet haben sollten. Dynamius überpinselte nämlich die erste Schrift, ließ blos die Unterschrift wie sie war, und schrieb dann neue von den vorigen ganz abweichende Briefe oben hin, worin Silvan in zweideutigen Ausdrücken Hofleute oder auch Privatpersonen, (unter ihnen den Albin, einen Tuscier und andere mehr) um Unterstützung bei Ausführung des großen Planes, nächstens den Kaiserthron zu besteigen, dringend bat. Dieses Konvolut willkührlich ersonnener Unwahrheiten, zusammengeschrieben, um das Leben eines Unschuldigen in Gefahr zu bringen, vertraute Dynamius dem prätorischen Präfect (Lampadius), um den Inhalt desselben an des Kaisers Statt *) zu prüfen. Dieser schmiedete eben denselben tückischen Anschlag, eilte ganz allein nach Hofe, und erbat sich eine geheime Audienz, in der Hoffnung, bei einer so günstigen Gelegenheit den Kaiser als wachsamster Hüter seines Lebens noch fester an sich zu knüpfen **). Kaum war dies Gewebe von listiger Tücke

---

*) In der That war er auch der nächste nach dem Kaiser, konnte auch eben deshalb ungerufen nach Hofe gehen, um dem Kaiser eine Kabinetssache vorzutragen.

**) Durch diese Uebersetzung einer der verdorbensten Stellen im Ammian hoffe ich dem deutschen Leser den Gang der Geschichte deutlich gnug gemacht zu haben. Um aber auch dem Kritiker Gelegenheit zu geben, meine Arbeit zu prüfen, will ich die Stelle hersetzen, wie ich mir sie im Lateinischen gedacht habe, wobei ich doch voraussetze, daß der gelehrtere Leser die Gronovische Ausgabe vor sich habe, weil das Abschreiben der eigentlichen Worte in den Handschriften, und die von Valois vorgeschlagene Verbesserung mir zu viel Raum wegnehmen würde. Ich lese und interpungiere demnach so: Hunc fascem ad arbitrium figmenti COMPOSI-

Stücke im Kabinet verlesen, als Befehl erging, einige
Tribunen fest zu nehmen, und die in den Briefen benannten Privatpersonen aus den Provinzen als Gefangene kommen zu lassen. Ueber ein so ungerechtes
Verfahren aufgebracht, erhob sogleich Malarich,
Kommandeur der ausländischen Haustruppen (Gentilen) mit Zuziehung anderer Officiere seine Stimme
gewaltig: — Männer, denen man Armeen ver-
traue, müsse man nicht durch Parteigeist und Ränke
hintergehen. Er bat, mit dem Erbieten, Weib und
Kind als Geiseln zurück zu lassen, und unter Bürg-
schaft des Mallobaudes, Obersten der Amatu-
ren *) über seine gewisse Zurückkunft, ihn selbst
schleunigst zu Abholung Silvans hinreisen zu lassen,
der gewiß eines Unternehmens, das hämische Feinde
auf ihn bringen wollten, nicht fähig wäre: oder
wenn

POSITUM COMMISIT (so glaube ich Valois und Ernesti zugleich zu Freunden zu behalten) Dynamius PrafecTO, ut (haec) pro Imperatore scrutaretur. HIC similia (oder: Qui haec et similia) quum astu texeret, Consistorium solus ingressus EST intimum, captato tempore DEvincire sperans IMPERATOREM UT pervigilem salutis EIUS custodem. Im gedrukten Texte steht: Vincire sperans pervigilem salutis Imperatoriae custodem. Die französ. Handschriften haben aber das UT und das EIUS und wann es mit dem letztern seine Richtigkeit hat, so durfte ich das Imperatoriae zwar nicht wegwerfen, aber doch in Imperatorem verwandelt, etwas weiter vorrücken. So entstand meine Conjectur, die ich mit Vergnügen dem glücklichen Kritiker preis gebe, und mich des guten Willens wenigstens, Licht in die Stelle zu bringen, freuen werde, wenn ich ihm dadurch eine bessere entlocke.

*) B. 14. K. 11. wo der Mann doch Mellobaudes heißt; eine Verschiedenheit, die auch in der Folge wieder vorkommt.

wenn man dies nicht wolle, so möchte man den Mellobaudes hineilen laſſen, für den er Bürge ſeyn wolle, daß er alles ſo gut als Er ſelbſt ausrichten würde. Noch glaube er ganz zuverläßig verſichern zu können, daß Silvan, wenn man einen ganz unbekannten an ihn ſende, ſeine natürliche und oft zu weit gehende Furchtſamkeit ſich doch vielleicht könne verleiten laſſen, Unruhen anzufangen, an die er vorher nicht gedacht hätte.

So heilſam und zweckmäßig auch dieſe Vorſtellungen waren, ſo war doch alles in den Wind geſprochen. Auf Arbetions Vorſchlag ward vielmehr Apodemius (B. 14, 11. B. 15, 1.) abgeſandt, ihn durch Briefe nach Hofe zu erfordern. — ein Mann, der von je her jedes Rechtſchaffenen bitterer Feind war. Dieſer mochte aber die ganze Sache nicht eben für wichtig nehmen, hielt ſich alſo bei ſeiner Ankunft in Gallien, ganz wider die mitgebrachten Befehle, ruhig, ohne den Silvan zu ſprechen, oder durch Ueberſendung der erhaltenen Briefe zu ſich einladen zu laſſen: alles, was er that, war, daß er mit Zuziehung des Rechnungsbeamten (Rationalis) der Provinz die Klienten und Sklaven des Generals, der ſo gut als geächtet anzuſehen ſey, und bald gar den Kopf verlieren werde, mit feindſeligem Stolze behandelte. Während daß man bei Hofe Silvans Ankunft erwartete, und Apodemius Galliens Ruhe ſtörte, fertigte Dynamius, um ſeinen abſcheulichen Ränken durch einen ſtärkern Beweis noch mehr Glaubwürdigkeit zu geben, neue, mit denen, die er dem Kaiſer durch den prätoriſchen Präfect hatte vorlegen laſſen,

lassen, völlig gleichlautende Briefe an, und sandte sie an den Zeugmeister *) in Cremona, und zwar unter Silvans und Malarichs Namen, welche den Mann, als Theilnehmer ihres Geheimnisses baten, das Nöthige schleunig in Bereitschaft zu setzen. Der Zeugmeister las und — las wieder, ohne sich den Zusammenhang erklären zu können (denn er konnte sich nicht erinnern, mit den Männern, deren Briefe er vor sich hatte, je ein Wort über ein geheimes Geschäft gesprochen zu haben), sandte also diese Zuschriften durch eben den Boten, der sie gebracht hatte, nebst einem Soldaten an Malarich zurück, mit dringender Bitte, ihn doch lieber mit deutlichen Worten und nicht so versteckt über sein Begehren zu belehren: denn er könne als ein gerader, der Hofsprache unkundiger Mann versichern, daß er keine Sylbe von dem verstehe, was man, in Räthsel gehüllt, ihm zugeschrieben habe. Dem Malarich kam dieser Brief eben so unerwartet, und weil er ohnedem kummervoll und traurig sein und seines Landmannes Silvans Schicksal bisher tief beseufzt hatte, so versicherte er sich des Beistandes der Franken, die zahlreich genug waren, um sich dem Hofe geltend zu machen, nahm dann den höhern Ton an, und lärmte, und polterte — nun wären doch die Ränke enthüllt, und der tückische Plan entdeckt, den man auf sein und Silvans Leben angelegt hätte. Auf diese Nachricht befahl der Kaiser, daß sämmtliche Mitglieder des Staatsrathes vom Civil- und Militares-

*) Tribunus fabricae. S. auch B. 24. K. 7.

taretat *) die Sache in neue Untersuchung ziehen sollten. Weil aber die Richter sich nicht gern damit bemengen wollten, so besah Florentius, Nigrinians Sohn, der damals für den Oberhofmarschall (Magister Officiorum **) vikariirte, die Briefschaften genauer, fand einige Spuren verwischter Buchstaben, und entdeckte endlich, daß man die vorige Schrift verfälscht, und ganz andere Dinge, als Silvan in die Feder gesagt haben konnte, so wie es willkührlich ersonnener Trug beischte, hingeschrieben hatte. So ward dann der Nebel der Betrügerei zerstreut, und der Kaiser, dem man von dem Verlauf der Sache getreuen Bericht erstattete, entsetzte den Lampadius seiner Würde, und befahl ihn auf die Folter zu bringen, wovon er doch durch vieler vereinigtes Bestreben loskam: Eusebius hingegen, ehemals Schatzmeister der kaiserlichen Schatulle ward wirklich auf die Tortur gebracht, und gestand, um das Komplot gewußt zu haben. Aedesius blieb aber auf seinem hartnäckigen Läugnen, und kam ganz ohne Strafe davon. Weil die Sache nun diese Wendung genommen hatte, so wurden auch alle diejenigen für unschuldig erklärt, die man vorher als angebliche Verbrecher gefangen nach Rom zu brin=

---

*) Sehr genau findet man sie zusammengestellt in der schon oben gerühmten Schrift: Haubold de Consistorio Principis Sect. 2. p. 29-32.

**) Doch hatte derselbe außer dieser Hofcharge auch Civilgeschäfte zu versehen. In dem am Ende beizufügenden Verzeichnisse der damaligen Beamten hoffe ich darüber nähere Auskunft zu geben. Leser, die sich über diese Herren zu unterrichten nöthig finden, verweise ich einstweilen auf Christ Noctes Academicas, oder auch Haubold a. a. O. S. 43.

bringen befohlen hatte. Dynamius bekam dennoch, als hätte er sich durch ein wichtiges Meisterstück ausgezeichnet, die Statthalterschaft über Tuscien unter dem Namen eines Correctors *).

Silvan hielt sich während der Zeit in Agrippina (Köln) auf, bekam von seinen Freunden eine Nachricht auf die andere, daß Apodem auf seinen Ruin hinarbeite; und weil er, von der schwachen Seite des wankelmüthigen Kaisers überzeugt, abwesend und ungehört verurtheilt zu werden befürchten mußte, so sah er kein anderes Mittel, sich aus dem äußersten Drange zu retten, als im Auslande Schutz zu suchen. Doch Laniogaisus, jetzt Tribun, und, wie ich vorher **) erzählte, der einzige Gardist ***), der beim sterbenden Constans aushielt, widerrieth ihm dieß aus dem Grunde, weil die Franken, seine Landsleute, ihn entweder umbringen, oder gegen eine Belohnung ausliefern würden: und so wußte er vor der Hand keinen Ausweg für seine Sicherheit mehr, sah sich nun das Aeußerste zu wagen genöthiget, besprach sich deshalb ingeheim mit den vornehmsten Officieren, ermunterte sie durch ansehnliche Versprechungen, nahm dann den Purpur von den Fah-

*) Unter dieser Benennung waren im Orient nur zwei Statthalter angestellt, in Paphlagonien und in Augustaminica. Im Occident gab es dergleichen mehrere, besonders in den Provinzen Italiens. Ein anderer, auch über Tuscien kommt unten vor B. 27, K. 3.

**) In einem der verloren gegangenen Bücher.

***) Candidatus, ein militärischer nämlich. Die Candidaten gehörten mit zu den Hoftruppen, waren ein Aushub der schönsten und längsten Leute aus den Protectoren, und ihr Name bezieht sich ohne Zweifel darauf, daß sie die nächste Anwartschaft auf Tribunstellen hatten. S. auch B. 25, K. 3.

nen des Fußvolkes und der Reiterei einstweilen ab *), und erhob sich zu der Würde eines Kaisers.

Indem dieß in Gallien vorfiel, kam in Mailand, an einem Abend die eben so unerwartete als zuverläßige Nachricht an, daß Silvan, mit der Würde des Feldherrn nicht mehr zufrieden, die Armee aufgewiegelt, und sich auf den Thron geschwungen habe. Bei einem so ganz unvermutheten Vorfalle glaubte sich Constantius von dem Schicksale, wie von einem Donnerschlage, betroffen, er ließ also noch Nachts, um neun Uhr die Staatsräthe zusammenberufen, und alle eilten in die Burg hin. Weil aber Kopf und Zunge keinem recht zu Gebot stand, um den für die gegenwärtige Lage schicklichsten Rath zu geben, so that man, doch nur durch einen leisen Wink und ganz von weiten des Ursicins Erwähnung, als des unstreitig erfahrensten Feldherrn, dem selbst neidische Verläumdung nichts hätte anhaben können: und sogleich ward er durch den Oberceremonienmeister **) (eine Ehre, wodurch man ihn sehr auszeichnete) nach Hofe berufen; erhielt beim Eintritt in das Konferenzgemach den Saum des kaiserlichen Purpurgewandes zu küssen Erlaubnis, und nie war er gnädiger empfangen worden. Diocletian ***) war es, der
zuerst

*) Purpur war den Kaisern allein eigen: wenn sich also ein Gegenkaiser aufwarf, so ließ er die an den Fahnen herabhangenden Purpurstücke einstweilen abnehmen, um sich ein Purpurgewand in der Eil zusammensetzen zu laßen.

**) Magister admissionum.

Ich übersetze ihn Oberceremonienmeister, weil es noch einen Unterceremonienmeister, proximus admissionum gab. S. B. 20, K. 7.

***) Mit diesem Namen füllt Valesius mit Recht die kleine Lücke des Textes aus, und führt Eutrop, Aurel.

zuerst die ausländische Sitte königlicher Verehrung einführte, denn vorher finden wir, daß die Fürsten keine andere Ehrenbezeugung als andere höhere Staatsbeamten g noſſen †). So ward dann der Mann, den kurz vorher übelgesinnte Verfolger den gierigen Verschlinger des Orients, der in seinen Söhnen die höchste Gewalt an sich zu reißen strebe, (B. 14. K. 11.) genannt hatten, jetzt als der einsichtsvollste Feldherr, der noch unter Constantin dem Großen gedient hätte, gepriesen, und aus sehr richtigen und dennoch immer noch hämischen Gründen für den einzigen erklärt, der den jetzigen Brand des Aufruhres tilgen könnte. Freilich mußte man vor allen Dingen dahin arbeiten, den Silvan, einen durch seine Tapferkeit so furchtbaren Rebellen zu unterdrücken: aber wenn dies fehl schlug, so hoffte man doch wenigstens den schon mürbe gemachten Urſicin vollends hinzuopfern, und einen so gefährlichen Stein des Anstoßes aus dem Wege zu räumen. Während daß man Anstalten zu Beschleunigung der Reise machte, wünschte Urſicin die vorher wider ihn angebrachten Beschuldigungen zu widerlegen, der Kaiser verbat dies aber mit vorkommender Freundlichkeit, weil es wenigstens jetzt nicht Zeit wäre, eine weitläufige Vertheidigung seiner gerechten Sache vorzubringen, wo vielmehr die dringendste Noth, der man, ehe sie noch größer würde, wehren müßte, die vorherige

Har-

Aurel. Victor, Eusebius und Zonaras deßhalb an. Ich halte aber auch die ganze Periode mit ihm für eine Randgloſſe, die den Gang der Geschichte nur stört.

†) Judices überseße ich durch höhere Staatsbeamten, weil es Ammian mehrmal in diesem Sinne braucht. Hier sind vermuthlich Consuln zu verstehen.

Harmonie der Theile des Reiches wiederherzustellen heischte. Bei den vielfältigen Ueberlegungen ward vorzüglich darüber gesprochen, wie man es etwa am listigsten einzuleiten hätte, um Silvan glauben zu machen, daß der Kaiser von seiner Thronbesteigung noch gar nichts wisse. Das annehmlichste Mittel, ihn davon zu überzeugen, schien endlich, ihn in einem ehrenvollen Briefe zu veranlassen, den Ursicin als Nachfolger anzunehmen, und mit völliger Beibehaltung seines Ranges und Würde zurückzukommen. Nach Anlegung dieses Planes bekam Ursicin Befehl, ohne Zeitverlust abzureisen, und man gab ihm auf sein Verlangen zehen Tribunen und Officiere der Haustruppen (Protectoren), als Adjutanten zu, unter denen auch Ich, nebst einem meiner Collegen, Verinian, mich befand: die übrigen waren insgesammt Anverwandte oder vertraute Freunde. Bei dem Auszuge begleitete man ihn eine lange Strecke, aber jeder Begleiter dachte mehr an seine eigene Gefahr (als an die unsrigen). In der That wurden wir wie Missethäter unbändigen wilden Thieren preis gegeben: wenn wir aber bedachten, daß vorhergegangene traurige Zufälle doch immer das Gute haben, daß sie den freudigen Platz machen, so konnten wir eine Behauptung des Tullius (Cicero *), die aus dem innern Heiligthum der Wahrheit selbst geschöpft zu seyn scheint, nicht genug bewundern. Er sagt nämlich: „So wünschenswerth es auch seyn

„mag.

*) Gerade mit diesen Worten findet sich diese Stelle in Cicero's Schriften nicht. Am nächsten kommt ihr doch eine ähnliche in der Rede an das Volk, nach seiner Rückkehr, K. 1.

„mag, das blühendste Glück ununterbrochen zu ge„nießen: so giebt doch jene Gleichförmigkeit des Le„bens bei weitem nicht das angenehme Gefühl, das „dann entsteht, wenn uns das Glück aus traurigen „und hoffnungslosen Umständen in eine glückliche „Lage zurücksetzt."

Wir eilten also auf unserer Reise so schnell wir konnten, und unser General wollte sich gar zu gern das Lob verdienen, in der verdächtigen Provinz anzulangen, ehe sich nur irgend ein Ruf von Rebellion durch Italien verbreitete. Aber, so schnell wir auch eilten, war uns doch die Fama im Luftfluge zuvorgekommen, und bei unserer Ankunft in Agrippina fanden wir, daß alles für unser Plänchen bereits zu weit gediehen war. Von allen Orten strömte das Volk zusammen, um dem in bänglicher Eil angefangenen Werke mehr Festigkeit zu geben, auch waren der wirklich Bewaffneten viele: es schien also der gegenwärtigen Lage angemessener zu seyn, daß unser General die Rolle des Armseligen spielte, und an Denkart und Willen des Kaisers von einigen Wochen, dessen täglicher Zuwachs an Macht doch nur Neckerei des Glücks seyn konnte, sich anschmiegte, um ihn nach und nach durch verstellte Schmeichelei weniger aufmerksam und sicher zu machen, und dann, wann er am wenigsten etwas Feindseliges befürchtete, zu berücken. Dies schien aber in der That kein leichtes Werk zu seyn. Wir mußten äußerst behutsam gehen, um für die Ausführung unsers Planes den schicklichsten Zeitpunkt zu treffen, ohne ihn zu übereilen, oder unbenutzt zu lassen: denn hätten wir ihn zur unrechten Zeit durchblicken laßen, so waren wir alle zusammen zuverläßig verloren.

Indeß ward unser General sehr liebreich aufgenommen, und ob er sich gleich, weil der glückliche Erfolg seines Geschäftes von einem geschmeidigen Nacken mit abhing, gezwungen sah, dem auf erhabenem Throne sich brüstenden Manne im Purpurgewand sich nach Hofmanier zu Füßen zu legen, so galt er doch immer für einen wichtigen Mann und vertrauten Freund des neuen Kaisers. Keiner hatte so freien Zutritt, keiner ward öfter zur Tafel gezogen, und nach und nach fingen beide an über die gegenwärtige Lage des Staates vertraulicher zu werden. Silvan fand es unbillig, daß man bisher Unwürdige zum Consulat und andern Ehrenämtern erhoben, Er hingegen und Ursicin, nach so vielen sauren Arbeiten für das Wohl des Reiches die einzigen wären, die man so sehr zurückgesetzt hätte, daß Er selbst in seinen Freunden, durch eine von unedlen Richtern über sie verhangene Inquisition auf das empfindlichste angegriffen, Ursicin hingegen aus dem Orient schleunigst zurück entboten, dem Haße seiner Feinde preis gegeben sey, — alles Klagen, die er gegen seine vertrauteren Freunde, und öffentlich bei jeder Gelegenheit äußerte. Bei dem allen beunruhigte uns doch das überall laut werdende Murren der Soldaten, welche den Mangel an Lebensmitteln zur Ursache ihrer Unzufriedenheit angaben, und vor Begierde brannten, sich durch die engen Päße der Cottischen Alpen gewaltsam den Weg zu bahnen *).

Bei

---

*) Um nach Malland hin auf d. Constantius selbst loszugehn.

„Bei dieser Ebbe und Flut unserer Seelen suchten wir in geheimen Beredungen ein Mittel aufzuspühren, wodurch wir zum Ziel unseres Vorhabens gelangen könnten, und wurden endlich, nach mehrmals aus Furchtsamkeit geänderter Meinung, darüber einig, daß man sich vor allen Dingen um behutsame Gehülfen bemühen, diese, den ihnen gethanen Antrag geheim zu halten, eidlich verbinden, und durch sie die Bracaten und Cornuten *) zu gewinnen suchen sollten, die wegen schwankender Treue überhaupt berüchtigt, durch versprochene reichliche Belohnung sich zu allem stimmen ließen. Das Geschäft ward durch Unterhandlung einiger gemeinen Soldaten sicher eingeleitet, die als solche zur Ausführung desto geschickter schienen, und durch vorgespiegelte Belohnungen leicht zu bereden waren. Und nun erschien kaum die glänzende Morgenröthe, als plötzlich eine bewaffnete Schaar aus dem Lager hervorstürzte, und, wie gewöhnlich, durch den ungewissen Erfolg der Unternehmung noch kühner gemacht, die Leibwache niedermachte, in die kaiserliche Wohnung eindrang, den Silvan aus einem kleinen Häuschen, wohin er halbtodt geflüchtet war, heraustrieb, und auf dem Wege nach einem Versammlungsorte der Christen hin, mit vielen Stichen ermordete.

Dieser Todesart starb ein Feldherr von nicht geringen Verdiensten, der, um der Kabale zu entgehen,

---

*) Bracaten, aus dem Theile Galliens, wo man weite Beinkleider (Bracas) trug. Cornuten von einer Stadt in Illyricum so benannt. Notitia Imperii S. 1466. Gräv.

hen, in die ihn eine Rotte übelgesinnter Feinde abwesend berstricken wollte, freilich das Aeußerste wagen mußte, um nur sein Leben zu retten. Zwar hatte er sich dadurch, daß er vor dem Treffen bei Mursa mit den ihm untergebenen reitenden Trabanten (Armaturen) zur günstigsten Zeit zu Constantius überging, bei demselben sehr beliebt gemacht; auch konnte er sich auf die tapfern Thaten seines Vaters Bonitus berufen, der, obgleich ein Franke, doch für Constantin Partey genommen, und im Bürgerkriege gegen die Licinianer mehr als einmal mit Glück gefochten hatte: aber er traute doch dem so veränderlichen und wankelmüthigen Kaiser nie recht. Noch von seinem Tode in Gallien begab sich's, daß das Römische Volk im großen Circus, war's aus wahrscheinlicher Vermuthung, oder aus Ahndung mit Einemmal aufschrie: Silvan ist besiegt*).

Die wirkliche Nachricht von seiner in Agrippina vorgefallenen Ermordung setzte den Kaiser in ein unaussprechliches Vergnügen, und stolzer Uebermuth war ihm einmal so natürlich geworden, daß er auch diesen Vorfall bloß seinem eigenen günstigen Glücke zuschrieb, sich auch jetzt, nach Domitians Muster, in seinem Hasse gegen die thätigsten Männer gleich blieb, und nur immer durch das Gegentheil (das unthätigste Leben) ihnen überlegen zu seyn wünschte. Weit entfernt, unsre kluge Betriebsamkeit

―――――――――――――
*) Fast hätte ich Lust gehabt, nach Gronovs Vorschlage (Vorrede S. 9.) zu übersetzen: Silvan ist todt. Desiit esse für Devictus est.

famkeit zu loben, schrieb er sogar von unterschlagenem Gelbern in Gallien, die doch kein Mensch berührt hatte. Er ließ deshalb genaue Untersuchung anstellen, und den Remigius, damals Kriegszahlmeister im Gefolge des kommandirenden Generals *) darüber zur Verantwortung ziehen, welcher lange nachher unter Valentinians Regierung bei Gelegenheit des Vorfalles in Tripolis sich selbst erhenkte **). Nachdem endlich alles abgethan war, wandelte nun Constantius mit stolzem Haupte in den Wolken, glaubte allen Zufällen seiner Menschheit Trotz bieten zu können, und schmeichelnde Großsprecher hoben ihn noch mehr zu so hohen Gedanken: und Er — hob dagegen sie wieder dadurch, daß er auf jeden, der die Kunst zu schmeicheln nicht verstand, mit wegwerfender Verachtung niederblickte. So finden wir; daß Crösus dem Solon auf der Stelle sein Reich zu verlassen gebot, weil er nicht zu schmeicheln wußte, und daß Dionys dem Dichter Philorenus den Tod zugedacht habe, weil er bei Vorlesung mit eigener hoher Hand verfertigter, und dennoch geistloser und lahmer Verse ganz ungerührt in das allgemeine Lob der Zuhörer nicht mit einstimmen wollte ***). Aber Schmeichelei ist doch wahrhaftig

---

*) Rationarius adparitionis armorum magistri, auch Numerarius (B. 19. K. 8.) und Tabularius 28,1 führte die Generalliste und Rechnung über die Armee, und besorgte die Auszahlung.

**) B. 28, K. 4. verglichen mit B. 30. K. 2.

***) Dichter und Könige sind beide, schon einzeln betrachtet, genus irritabile, noch mehr, wenn sie in Einer Person zusammentreffen. Dies hätte doch Philore-

tig eine sehr verderbliche Pflegerin der Fehler, und Fürsten sollte nur immer eine solche Lobpreisung gefallen, die bisweilen auch den Tadel der weniger guten Handlungen neben sich vertrüge.

Kap. 6.

Keine Gefahr war mehr zu besorgen, man schritt also, wie gewöhnlich, zu Criminaluntersuchungen, und viele Personen wurden als vorgeblich Schuldige in Ketten und Banden gelegt. Paulus, jener furialische Angeber (B. 14. K. 4.) erhob sich von Freude glühend, um seine giftigen Ränke immer unverschämter zu betreiben, und die befohlnermaßen aus Civil- und Militärmitgliedern des Staatsrathes niedergesetzte Commission ließ den Proculus, einen Adjutanten (Domesticus) Silvans auf die Folter spannen, einen so schwächlichen und kränklichen Mann, daß jedermann in Sorgen stand, er möchte, wenn man seinen abgezehrten Körper durch zu heftige Marter noch mehr entkräftete, viele, als

schwe-

lorenus besser beherzigen, und manchmal eine kleine Dissonanz überhören sollen. Schon vorher hatte Dionys (der ältere) den Mann, der sein Talent zur Dichtkunst zu bezweifeln sich erfrechte, durch seine Leibwache ins Gefängnis führen lassen, vermuthlich, um ihm zu lebhafterem Gefühl der Erhabenheit einer königlichen Muse mehr Zeit zu lassen. — Doch, seine Freunde bitten ihn los, er wird wieder zur königlichen Tafel gezogen, den König reizt sein böser Dämon vom neuen, seine Gäste mit seines Geistes oder seiner Hand Machwerk zu regaliren, jetzt hofft er wenigstens den Dichter zu entzünden, und der Dichter — ruft in einem Tone, der den königlichen Dichter selbst lachen macht, nach der Wache: Führt mich nur lieber gleich wieder in das Gefängnis hin. Dieses Geschichtchen steht bei Diodor Siculus B. 15, K. 6.

schwerer Verbrechen schuldig, namentlich vorladen zu
laſſen Gelegenheit geben. Doch dieſe Beſorgniß ward
zum Glück durch den Erfolg widerlegt. Eingedenk
eines Traumes, in dem er, wie er ſelbſt verſicherte,
gewarnt worden war, einen Unſchuldigen in Unglück
zu bringen, gab er, ſo nah man ihn auch durch
Marter an den Rand des Grabes brachte, doch keinen als Verräther an, vertheidigte vielmehr ſtand-
haft Silvans Verfahren, und bewies augenſcheinlich,
daß er auf den genommenen Entſchluß nicht aus
Herrſchluſt, vielmehr nothgedrungen gekommen ſey.
Der Beweis, den er für ſeine Meinung beibrachte,
der auch durch mehrere Zeugniſſe ſich beſtätigte, ließ
ſich ſehr wohl hören, daß Silvan nämlich fünf Tage
vor Annahme der oberherrſchaftlichen Ehrenzeichen
die Soldaten bei Austheilung einer außerordentlichen Löhnung in Conſtantius Namen ermahnt habe,
tapfer und treu zu ſeyn. Einleuchtend war es doch
gewiß, daß er, wäre die Anmaßung der Ehrenzeichen eines höheren Glücks ſeine Abſicht geweſen, eine
ſo beträchtliche Geldſumme in ſeinem eigenen Namen
ausgetheilt haben würde. Nach ihm ward am Poe-
menius die ihm zuerkannte Todesſtrafe vollzogen,
welcher bei einer ehemals erzählten Begebenheit, wo
die Treverer ihre Thore vor Cäſar Decentius *)
verſchloſſen, von den Bürgern zu ihrem Beſchützer
gewählt worden war. Noch wurden die Officiere
Asklepiodot, Luto und Maudio **) nebſt
andern

---

*) Bruder und Mitregent
des Magnentius.

**) Die beiden letztern
waren Franken von Geburt.
Deſto

andern hingerichtet: denn in dergleichen Fällen war der damalige Despotismus gar sehr streng.

Kap. 7.

Während daß überall dergleichen traurige Scenen in wütendem Sturme sich öffneten, bewährte sich Leontius, der Kommandant der ewigen Stadt *) bei mehr als einer Gelegenheit als gerechter Richter: er ließ jeden, der etwas bei ihm anzubringen hatte, sogleich vor sich, entschied nach den Regeln der strengsten Billigkeit, und war von Natur ein gutmüthiger Mann, nur daß er, wie einige meinten, blos zu Behauptung seines Ansehens manchmal in Strenge zu weit ging und dem schönen Geschlecht nichts weniger als abhold war. Die erste Veranlassung eines Aufstandes wider ihn war sehr geringfügig. Er hatte den Philoromus, einen Wettfahrer zu greifen befohlen: diesem zog der ganze Pöbel, als hätte er ein theures Pfand zu retten, nach, und stürmte in fürchterlicher Wut auf den Präfect an, den man sich als einen furchtsamen Mann dachte: aber er blieb standhaft, faßte den Muth, durch die Wache einige gefangen nehmen, durch Leibesstrafen züchtigen, und dann, ohne daß jemand den Mund aufthat, vielweniger sich thätlich widersetzte, auf wüste Inseln fortbringen zu lassen. Als wenige Tage darauf der Pöbel vom neuen mit seiner gewöhnlichen Hitze, unter Vorwande des Weinmangels, beim Sep-

Desto weniger hätte man es ihnen, als Silvans Landsleuten zu so hohem Verbrechen anrechnen sollen, daß sie seine Partei nahmen
*) S. Note zu B. 14. K. 6.

Septemzodium *), einem volkreichen Theile der Stadt, wo der prächtige vom Kaiser Marcus (Aurel) erbaute Nymphentempel **) stand, einen neuen Auflauf begann, war der Präfect sogleich entschlossen, dahin zu eilen. Zwar baten ihn seine Klienten und übriges Gefolge dringend, sich nicht unter den frech drohenden und von dem vorigen Aufstande her noch erbitterten Pöbel zu mengen: aber er kannte Furcht so wenig, daß er geraden Weges sich in jene Gegend hinbegab, ob ihn gleich ein Theil seiner Untergebenen zu einer Zeit verließ, wo er einem sichtbaren Abgrunde der Gefahr entgegen ging. Auf seinem Wagen sitzend sah er mit sichtbarem Gefühl seiner Würde und mit scharfem Auge dem Drachenblicke der von allen Seiten andringenden Schaaren entgegen, hörte eine Menge Schmähungen geduldig an, erkannte dann einen vor andern hervorragenden Mann, der sich durch ungewöhnliche Leibeslänge und rothes Haar auszeichnete, fragte ihn, ob sein Name nicht Petrus, und, so viel er sich erinnere,

sein

---

*) War ein aus sieben Säulenreihen über einander, deren Umfang sich von einer zu der andern immer mehr verkürzte, aufgeführtes Gebäude. Das von Ammian hier erwähnte ist ohne Zweifel das alte, das bereits zu Kaiser Titus Zeiten stand, welcher in der Nachbarschaft derselben gebohren war. Sueton K. 5. Ein anderes soll Kaiser Septimius Severus erbaut haben, wie Kapitolin in dessen Leben K. 19. erzählt. Vielleicht hat es doch derselben noch mehrere gegeben, und selbst außer Rom und Italien sind sie nicht unbekannt gewesen. S. Scaliger Thesaurus temporum S. 229.

**) Nymphäen waren mit Säulengängen umgebene Plätze, ausgeziert mit Bildsäulen, Gemählden, Grotten und Fontänen, und vorzüglich bestimmt, bei heftiger Sommerhitze sich abzukühlen.

sein Zunahme **Balvomeres** wäre: und da dieser es in schmähendem Tone eingestand, ließ er ihn als einen ihm längst bekannten Anführer der Empörer, so wild auch der Pöbel darüber aufschrie, die Hände auf den Rücken gebunden, an einer Säule hinaufziehen. Indem er so in der Höhe hing, und seiner Genossen Hülfe vergebens aufbot, hatte sich die ganze Pöbelschaar, die vorher so gedrängt stand, in die verschiedenen Gegenden der Stadt verlaufen, und war so rein verschwunden, daß man völlige Muse behielt, jenem so gefährlichen Empörungsstifter, wie im verschlossenen Gerichtssaale, den Rücken mit Geiselhieben zu durchfurchen, und ihn dann aus der Stadt in das Picenische Gebiet fortzuschaffen, wo er nachher die Kühnheit eines vornehmen Mannes Tochter um ihre jungfräuliche Ehre gebracht zu haben, durch einen Richterspruch des Consularen **Patruin** mit dem Leben büßen mußte.

Unter der Amtsverwaltung dieses **Leontius** kam auch Befehl vom Kaiser, den Bischof der Christen **Liberius** nach dem Hoflager hinzusenden, weil er sich den Befehlen des Kaisers, und den Verordnungen mehrerer seiner Amtsbrüder widersetzt hatte. Die Sache, die es betraf, will ich doch kurz angeben. **Athanasius**, damals Bischof in Alexandrien, hatte sich so wenig in den Gränzen seines eigentlichen Amtes gehalten, daß er sich vielmehr, wie das Gerücht laut sagte, mit Untersuchung ganz zweckwidriger Dinge beschäftigt, weswegen eine zahlreiche Versammlung (Synode nennt man es) ihn seines Amtes entsetzt hatte. Man sagte nämlich, er

habe

habe sich auf Deutung der Orakel, und des Vögel-
fluges nach den Regeln der Auguru sehr wohl verstanden; und mehr als einmal, zukünftige Begebenheiten vorausgesagt: überdies gab man ihm auch
noch andere Abweichungen von den Grundsätzen der
Religion Schuld, deren Lehrer er war. Nun war
auch Liberius aufgefordert worden, der Entsetzung
dieses Mannes vom bischöflichen Stuhle durch seine
Mitunterschrift beizutreten, und sich hierinn sowohl
nach den Stimmen der übrigen, als den Befehlen
des Kaisers zu fügen; aber er bestand hartnäckig auf
seiner Weigerung, sagte vielmehr laut und unverho-
len, die äußerste Ungerechtigkeit sey es, einen Mann
ungesehen und ungehört zu verurtheilen — aber eigentlich war es blos Widersetzlichkeit gegen den Willen des Kaisers. Dieser war von je her des Athanasius Feind gewesen, und ob er gleich wußte, daß
die ganze Sache durch Mehrheit der Stimmen bereits entschieden sey, so war es doch sein heißer
Wunsch, dieselbe auch durch das Ansehen, das die
Bischöfe der ewigen Stadt vor andern voraus haben,
bekräftiget zu sehen. Dieser Wunsch ward aber
nicht erfüllt; indeß konnte Liberius aus Furcht vor
dem Volke, das ihn innigst liebte, nicht ohne viele
Schwierigkeiten und nur beim Dunkel der Nacht fort-
gebracht werden.

Kap. 8.

Dies waren die Begebenheiten, die, in Rom vorfielen. In Mailand ward Constantius durch wie-
derhol-

derholte Nachrichten beunruhigt, daß man ganz Gallien als verloren ansehen müsse, weil die Feinde ganz ungehindert alles bis auf den Grund verwüsteten. Lange schwankend, durch welche Mittel er sich seiner Sorgen so entledigen könne, daß er seinem Wunsche gemäß in Italien bliebe, (denn für gefährlich hielt er es, im Gewühl der Armee in ein entferntes Land hinzuziehen), faßte er endlich den bestimmten Entschluß, seinen Vetter Julian, der vor kurzem auf seinen Befehl aus Achaja zurückgekommen war, auch noch immer in Griechischer Tracht erschien, zum Regierungsgenossen anzunehmen. Die auf ihn andrückende Last zu erwartender Unfälle ließ ihn diesen Entschluß seinen Vertrauten nicht verhehlen, und er gestand, was er vorher nie gethan hatte, daß er, der einzelne Mann, so vielen und mannichfaltigen Gefährlichkeiten unterliegen müsse. Aber diese Vertrauten, in die Sprache übertriebener Schmeichelei einstudirt, verschoben ihm das Gehirn nur noch mehr: — nichts könne so gefährlich seyn, das nicht seine großmächtige Tapferkeit, und sein Glück, so nahe an die Sterne gränzend, wie bisher immer, besiegen könnten. Noch setzten andere, vom Bewußtseyn ihrer Vergehungen betroffen, hinzu, man müsse überhaupt in der Folge in Ernennung der Cäsaren behutsam gehen, und erinnerten ihn deshalb an die Vorfälle unter Gallus. So eifrig man auch dies durchzusetzen strebte, so war doch die Kaiserin die einzige, die sich dem widersetzte: doch läßt sich schwerlich bestimmen, ob sie den Beschwerlichkeiten ines Hinzuges in entlegene Gegenden auszuweichen wünsch-

wünschte, oder nach der ihr eigenen Klugheit dem gemeinen Besten dadurch zu rathen glaubte, wenn sie die Nothwendigkeit, den Verwandten allen andern vorzuziehen, zu bedenken gab *). Lange hatte man die Sache von beiden Seiten überlegt, als der Kaiser endlich doch unveränderlich bei seiner Meinung blieb, alle weitere Verhandlungen darüber von der Hand wies, und die Annahme Julians zum Mitregenten wirklich vollzog. Nachdem dieser auf Erfordern an dem bestimmten Tage erschien, ließ der Kaiser die gegenwärtige Armee versammeln, bestieg das zu einer Bühne erhöhete, und von den Adlern und Fahnen umstellte Tribunal, faßte den Julian bei der Rechten, und sprach dann in freundlichem Tone so:

„Wir treten vor euch auf, beste Vertheidiger des „Vaterlandes, in einer Angelegenheit des Staates, „an die wir selbst unser Leben zu setzen, alle fast „gleiche Verbindlichkeit haben: aber ehe ich euch „hierüber zu billigen Richtern nehme, will ich euch „die Sache in gedrungener Kürze vorlegen. Nach „dem Tode rebellischer Tyrannen zu unruhigen Un„ternehmungen von Collsinn und Wuth getrieben, „haben, um den ruchlosen Manen derselben durch „Römerblut ein Opfer zu bringen, Barbaren im „Gallierlande, ohne sich an Gränzverträge zu bin„den, sich jeden Frevel erlaubt, ohne Zweifel von „der Ueberzeugung beseelt, daß wichtige und drin„gende Geschäfte in so weiter Entfernung von ihnen „uns fesselten. Wenn demnach diesem Uebel, das „sich bereits über die Gränze verbreitet hat, jetzt, „da

---

*) Vergl Zosimus B. 3. K. 1.

„da es noch Zeit ist, unser und euer gemeinschaft=
„licher Entschluß entgegenarbeitet, so werden nicht
„nur jene stolzen Nationen den Nacken weniger hoch
„tragen, sondern auch die Gränzen unseres Reiches
„in Zukunft ungeschmälert bleiben. Nichts fehlt der
„guten Hoffnung, die ich hierüber hege, als daß ihr
„derselben durch günstige Mitwirkung Nachdruck gebet.
„Gegenwärtigen Julian also, meinen Vetter, wegen
„seiner Unbescholtenheit, die den Verwandten uns
„nur noch werther macht, längst, wie ihr selbst wis=
„set, von der vortheilhaftesten Seite bekannt; —
„einen jungen Mann, der schon jetzt die glänzendste
„Thätigkeit ankündiget, wünschte ich zu der Ehre
„eines Cäsar zu erheben, — ein Entschluß, der,
„vorausgesetzt, daß ihr ihn zuträglich findet, durch
„eure Beistimmung seine Kraft erhalten muß."

Noch wollte er sich weiter hierüber erklären, als
ihr die Versammlung durch sanftes Geräusch unter=
brach, und gleichsam die Zukunft ahndend zu erken=
nen gab, dieser Entschluß sey Fügung der höchsten
Gottheit, nicht menschlichen Verstandes Wirkung.
Der Kaiser blieb, bis alles wieder still war, unbe=
weglich stehen, und vollendete dann mit gestärktem
Vertrauen seine Rede so:

„Weil ich euer freudiges Getümmel für Beweis
„eurer Begünstigung nehme, so mag der junge
„Mann, der Gesetztheit mit Lebhaftigkeit verbindet,
„dessen glücklich gemischter Charakter noch mehr nach=
„geahmt als gelobt zu werden verdienet, sich zum
„Glück zu dieser Ehre aufsteigen. Seinen vortref=
„lichen Naturtalenten, ausgebildet durch die nütz=

lichsten

„lichsten Wissenschaften, glaube ich schon dadurch
„volle Gerechtigkeit wiederfahren zu lassen, daß meine
„Wahl auf ihn fiel. Und so will ich ihn dann unter
„unverkenubarem Beifall der Gottheit mit dem Für-
„stengewand bekleiden."

So sprach er, legte dem Julian nach hergebrachter
Sitte den Purpur an, erklärte ihn zu großem Vergnügen der Armee zum Cäsar, und redete dann den
Mitregenten selbst, der doch mit mehr ernster und
trauriger Miene vor ihm stand, mit diesen Worten an:

„Du erhältst in so jungen Jahren die glänzende
„Ehre, die deiner Abkunft, vor allen andern geliebter
„Bruder! gebühret, erhältst sie, wie ich mit
„Vergnügen gestehe, zu Erhöhung meines eigenen
„Ruhmes, weil ich mir selbst mehr über die Gerech-
„tigkeit, die höchste Gewalt mit einem mir verwand-
„ten edlen Manne zu theilen, als über den bisherigen
„Alleingenuß derselben gefalle *). Unterstütze
„nun auch dagegen mich als Theilnehmer meiner
„Sorgen und Gefahren, sey thätiger Schutzgeist
„Galliens, und hilf durch wohlthätige Handlungen
„diesen gedrückten Provinzen auf: wirst du gezwun-
„gen, dem Feinde ein Treffen zu liefern, so stehe
„festen Trittes an der Spitze des Heeres, ermuntere
„deine Krieger bedächtlich, zur rechten Zeit etwas
„zu wagen, erhitze sie im Kampfe selbst durch behut-
„same persönliche Anführung, gerathen sie in Unordnung,

---

*) Spanheim über Julians Werke S. 292. will anstatt *superiori* note ate lieber *inferiori* lesen: Ich fand mich aber von der Nothwendigkeit dieser Aenderung nicht überzeugt.

„nung, dann lasse frische Truppen zu ihrer Unter-
„stützung nachrücken, dem Trägen gieb deine Ver-
„weise bescheiden, und der wahreste Zeuge des Ta-
„pfern und des Feigen sey du selbst. So zieh dann
„hin, eben so dringende als wichtige Geschäfte er-
„warten dich, zieh hin als tapferer Heerführer tapfe-
„rer Männer. Dagegen werde ich auch dich mit
„fester unerschütterter Liebe umfassen, gemeinschaftlich
„wollen wir Krieg führen, gemeinschaftlich, wenn
„Gott unsere Wünsche erhört, den Erdkreis, dem
„wir den Frieden gaben, mit gleicher Mäßigung
„und Güte regieren. Wo ich bin, lieber Julian,
„soll man auch dich sehen, und mein Beistand soll
„dir bei keiner Unternehmung entstehen. So geh
„dann, geh, oder eile vielmehr von unser aller be-
„sten Wünschen begleitet, um dem vom Staate selbst
„die anvertrauten Posten durch die wachsamste Sorg-
„falt Ehre zu machen.“

Nach beendigter Handlung ward die Versammlung umher sehr laut, alles, was Waffen trug,
stieß mit fürchterlichem Geklirr die Schilde auf die
ehernen Knieschienen, (ein unverkennbares Zeichen
der Freude über ein Glück, so wie hingegen das An-
schlagen der Lanzen an die Schilde ein Beweis des
Zornes und der Traurigkeit ist) alle, nur wenige
ausgenommen, bezeigten ein unbeschreibliches Vergnügen über des Kaisers Wahl, und beehrten den
Cäsar mit verdienter Bewunderung, wie er im blen-
dbenden Purpurgewand eines Fürsten da stand. In
einen fürchterlich schönen Augen, und auf seinem Gesicht voll herzerhebender Anmuth las ihr lange wei-
lender

tender Blick seine Zukunft so sicher, als hätten sie jene alten Bücher studiert, die uns aus gewissen Zeichen des Körpers die innere Beschaffenheit des Geistes entdecken lehren *). Mit Beibehaltung der Achtung gegen den Höheren (Constantius) lobte man ihn weder über die Gebühr, noch unter seinem Verdienste, so daß man die Stimme der Censoren, nicht der Soldaten zu hören glaubte. Zu der Ehre, neben dem Kaiser im Wagen zu sitzen, und bei ihm im Palaste zu wohnen erhoben, wandte er doch mehr als einmal jene Zeile aus Homer auf sich selbst ingeheim an:

„Ihn ergrif der purpurne Tod und das mächtige
„Schicksal."

Diese Feierlichkeit ging am sechsten November des Jahres vor, in dem Arbetio und Lollian Consuln waren. Wenige Tage darauf ward die Prinzessin Helena, des Constantius Schwester, mit dem Thronfolger vermählt, und nachdem alles, was zu Beschleunigung seiner Reise diente, bereitet war, reiste er mit einem kleinen Gefolge **) am ersten December ab, ward vom regierenden Kaiser bis an die mit zwei Säulen gezierte, zwischen Laumellum (Lumello im Mailändischen) und Ticinum (Pavia) liegende Station ***) begleitet, und nahm dann den nächsten Weg nach Tauri-

num.

---

*) Einige physiognomische Schriften der Alten gab der verstorbene Dr. Franz in Leipzig heraus Altenb. 1780. in dessen Vorrede man auch von mehreren Nachricht findet.

**) Zosimus B. 3. K. 3. setzt die Zahl der ihm mitgegebenen Soldaten auf 360. u. Julian bestätigt es in seinem Briefe an die Athenienser.

***) Diese Station hat Duriá geheisen, wie Valois und schon vor ihm Cluver bemerkt hat.

num (Turin). Hier erfuhr er zu seiner Bestürzung eine unangenehme Nachricht, die vorher schon am kaiserlichen Hofe bekannt gewesen, aber absichtlich, um die Zurüstungen nicht vereitelt zu sehen, geheim gehalten worden war — die Nachricht nämlich, daß Colonia Agrippina (Kölln), eine berühmte Stadt im zweiten Germanien, nach einer hartnäckigen Vertheidigung den Feinden die Thore habe öffnen müssen, und von ihnen zerstört sey. Von Kummer betroffen, glaubte er dies für das erste Vorzeichen der ihn erwartenden Leiden nehmen zu müssen, und oft hörte man ihn in leisem Klageton gestehen, er sehe in seiner Erhebung keinen andern Gewinn, als unter mehr Arbeiten seinen Tod zu finden. Bei seiner Ankunft in Vienna (Quionne) strömten ihm zwar die Einwohner jedes Alters und Standes entgegen, um einen so erwünschten und thätigen Mann mit gebührender Ehre zu empfangen: schon vom weiten gab ihm das gemeine Volk dieser und angränzender Städte den Namen des Gütigen und des Glücklichen, zog dann vor ihm her, pries ihn mit einstimmigen Lobeserhebungen, sah mit leidenschaftlicher Wärme den prachtvollen Aufzug eines rechtmäßigen Fürsten, und hoffte mit seiner Ankunft den gemeinschaftlichen Drangsalen abgeholfen, und in ihm einen Schutzgeist bei ihrer verzweifelten Lage zu finden. Bei dieser Gelegenheit geschah es auch, daß ein altes blindes Weib, dem man auf die Frage, wer denn der Herr wäre, der seinen Einzug hielte, den Cäsar Julian nannte, sogleich ausrief: Dieser ist es, der die Göttertempel wiederherstellen wird.

Kap. 9.

Kap. 9.

Weil ich dann, um mich eines Ausdruckes des Dichters von Mantua *) zu bedienen, zu einem wichtigern Werke schreite, und eine wichtigere Reihe von Begenheiten mir zu Handen wächst, so wird, hoffe ich, eine Beschreibung von Galliens Provinzen und Lage hier an ihrem rechten Orte stehen, wäre es auch nur, um nicht künftig in die Erzählung von eifrigen Rüstungen, und bald glücklichen, bald unglücklichen Schlachten, Dinge, die vielleicht einigen unbekannt sind, einweben zu müssen, und dadurch Matrosen gleich zu werden, welche anstatt bei heiterem Himmel nach schadhaften Segeln und Tauen mit mehr Bequemlichkeit zu sehen, sie dann bei hoher Flut mit vollem Sturm auszubessern gezwungen sind. Die ältesten Schriftsteller haben, über den ersten Ursprung der Gallier mit sich selbst nicht ganz einig, uns nur halbvollständige Kenntniß von ihnen hinterlassen: nachher hat Timagenes **) in Griechischer Sprache, und mit Griechischer Genauigkeit vorher unbekannte Nachrichten aus vielen Büchern gesammlet: und ihm, meinem Gewährsmann will ich, doch mit Vermeidung seiner Dunkelheit, alles bestimmter und deutlicher nacherzählen. Einige versichern, die ersten Bewohner wären Aboriginer ***) gewesen, nachher aber von einem bei der

Nation

---

*) Virgil, Aeneide B. 7. V. 44. 45.

**) Aus Alexandrien, lebte zu Kaiser Augusts Zeiten; Horaz lobt ihn als einen feinen, beredten Mann, Briefe B. 1. Br. 19. Z. 15.) Quintilian als genauer Geschichtschreiber (B. 10. K. 2.) und Plinius nebst andern berufen sich oft auf ihn.

***) Bekanntlich hießen bei den Alten die Einwohner

Nation beliebten Könige, Celten, und nach dessen Mutter, Galater, denn dies ist der Griechische Nahme der Gallier, benannt worden †). Andere sagen, Dorienser wären dem ältern Herkules gefolgt, und hätten sich in den am Ocean liegenden Gegenden niedergelassen. Die Drysiden*) erzählen, ein Theil des Volkes sey wirklich von je her im Lande gewesen: doch seyen auch andere aus entlegenen Inseln und Ländern jenseit des Rheines durch häufige Kriege, oder Ueberschwemmungen des ungestümmen Meeres aus ihren Wohnsitzen vertrieben, in zahlreicher Menge eingewandert. Noch andere behaupten, einige wenige nach Troja's Zerstörung überall unstät umherirrende Griechen hätten dieses damals unbewohnte Land in Besitz genommen. Den Einwohnern selbst hingegen scheint weit zuverläßiger, als alle andere, die Meinung zu seyn, die wir auch auf ihren öffentlichen Denkmahlen lesen, daß Herkules, Amphitruo's Sohn, um den Geryon und den Tauriskus, die als grausame Tyrannen, jener Spanien, dieser Gallien drückten, umzubringen, in diese Gegenden herbeigeeilet sey: nach beider Bezwingung habe er mit edlen Weibern dieser Nationen mehrere Söhne gezeugt, und diese hätten die von ihnen beherrschten Gegenden nach ihren Namen benannt. Aus Phokäa kam ein Asiatisches Volk, um den Bedrückungen des Harpalus,

eines

---

ner eines Landes so, die seit undenklichen Zeiten dasselbe im Besitz gehabt, und nicht neuerlich als Colonie eingewandert waren.

†) S. Diodor Siculus B. 5, K. 24.
*) Sind mit den weiterhin vorkommenden Druiden einerlei.

eines Statthalters des Königes Cyrus, zu entgehen, zu Schiffe nach Italien. Ein Theil von ihnen erbaute in Lucanien die Stadt Velia *), eine andere im Wiennensischen Gebiete Massilien (Marseille), legten auch bei zunehmender Volksmenge mehrere kleinere Städte an, die ich doch hier nicht aufzählen kann, weil Anhäufung mehrerer Namen zu nah an Ueberdruß gränzt. Diese Gegenden waren es wenigstens, wo die Einwohner sich nach und nach aufzubilden anfingen, und wo löbliche Künste blühten, zu denen die Barden, die Evhagen, und die Druiden den ersten Grund legten. Die Bardey brachten die tapfern Thaten berühmter Männer in Heldengedichte, und sangen sie dann beim sanften Ton der Leier ab: die Evhagen suchten dagegen mit forschendem Geiste die Ordnung und die erhabenen Schönheiten der Natur zu erklären. Unter ihnen hoben die Druiden ihren Geist noch höher, traten nach Pythagoras Beispiele in geschlossene Gesellschaften zusammen, schwangen sich zu Untersuchung geheimer und erhabener Gegenstände auf, setzten sich über alles Irdische hinweg, und erklärten die Seelen für unsterblich **)

Kap. 10.

*) Auch Helia, oder Eleia, jetzt wahrscheinlich Castello a Mare della Brucca in Neapel.
**) Ein in gewisser Betrachtung so reichhaltiges Kapitel müßte mir sehr willkommen gewesen seyn, wenn weitläufige Anmerkungen überhaupt in meinem Plane lägen. Dennoch mache ich keine andere Note, als — darüber, daß ich keine mache. Wo das Original, wie hier am Ende die Erklärungen selbst giebt, da schweigt der Uebersetzer billig. Ein Büchlein hätte ich schreiben müssen, wenn ich über Druiden und Barden und

Kap. 10.

Dieser Erdstrich der Gallischen Provinzen, welcher wegen hochaufgethürmter, mit ewigem schauervollem Schnee bedeckter Berge, den Bewohnern anderer Länder, die an der Seeküste liegenden Gegenden ausgenommen, vorher fast ganz unbekannt geblieben war, ist von allen Seiten durch Schutzwehren gedeckt, welche die Natur selbst, als wären sie durch Künstlerhand gemacht, angelegt hat. Nach der Südseite wird das Land vom Tyrrhenischen und Gallischen Meere bespület: nach Norden ist es von den wilden Nationen durch den Rheinstrom geschieden: gegen Westen umgeben es der Ocean und die hohen Pyrenäen: nach Osten zu erheben sich die Cottischen Alpen *), welche König Cottius, der nach Bezwingung des übrigen Galliens (durch Cäsar) nun als einzig unbesiegter Beherrscher sich in seine engen Gebirge einschloß, und ganz auf die unwegsame steile Lage seines Landes verließ, endlich

und Evhagen, über Celten, über den weiten Umfang, den sie in der alten Welt einnahmen ꝛc. nur eine kurze Uebersicht geben, und die Erzählungen anderer mit Ammian hätte vergleichen wollen. Wer indeß nähern Unterricht sucht, oder braucht, den verweise ich auf Pelloutier Hist. des Celtes, und die neuern Deutschen Bearbeiter der Gallischen Geschichte.

*) Im heutigen Briançon, wo sie sich zu theilen anfingen. Die nördliche Straße lief von Briançon gerade westlich über Valence und Vienne nach Lyon. Eine andere mehr südlich über Orange, Avignon und Arles. Die dritte von Briançon nach Embrun, Cavailleon, theils nach Terason und Nimes, theils nach Arles. Mannert Geographie der Griechen und Römer zweiter Theil Heft 1. S. 97. mit dem ich überhaupt in diesem und dem folgenden Kapitel, als einem sehr zuverläßigen Führer die Reise durch Gallien mit Vergnügen mache.

lich doch geschmeidiger, und der Freundschaft Octavians gewürdiget, zu Vergeltung einer so denkwürdigen Ehre mit ungeheurem Aufwand von Mühe und Kosten bearbeiten ließ, um kürzere und für Reisende bequeme Wege durch die andern alten Alpen durchzuführen, von denen ich kurz nachher Nachricht, so gut ich sie habe, geben will. Auf diesen Cottischen Alpen, die von der Stadt Segusio (Susa) anfangen, erhebt sich ein hoher Bergrücken, über den man kaum ohne Gefahr kommen kann. Wenn man von Gallien herkommt, hat derselbe einen steilen, doch nicht eben hohen Abhang, und ist wegen der auf beiden Seiten überhangenden Felsenstücke fürchterlich anzusehen: und wenn man, zumal zur Frühlingszeit bei aufgehendem Wetter, und durch wärmere Winde schmelzendem Schnee durch enge abgerissene Bergschluchten auf beiden Seiten, und über Pfützen, des starken Reifes wegen unbemerkbar, seinen Weg nimmt, so sinken die Füße ein, oder Menschen und Zugvieh und Wagen stürzen herab. Das einzige Mittel, auf das man zu Abwendung dergleichen Unglückes gefallen ist, besteht darinn, daß man sehr starke Seile an die meisten Wagen befestiget, dahinter Männer oder Stiere stellt, die durch starke Gegenstrebung den schnellern Gang derselben hemmen, und sie mehr kriechend als fahrend mit etwas weniger Gefahr, doch immer mühsam genug abwärts bringt. Dies geschieht, wie gesagt, im Frühlinge. Im Winter hingegen macht der durch eine Eisrinde überzogene, gleichsam geglättete und eben deßhalb schlüpfrige Boden den Gang desto rascher

scher, und in den weiten Thälern, die in langen Flächen mit trügerischem Eise belegt sind, werden bisweilen die Ueberhingehenden in Abgründe verschlungen. Um dieses zu vermeiden, schlagen der Gegend kundige hervorstehende hölzerne Pfähle an sichern Orten ein, deren fortgehender Reihe der Wanderer nur folgen darf, um seinen Weg ohne Schaden fortzusetzen: wenn aber diese Pfähle auch überschneit, oder durch wildes Berggewässer weggeschwemmt werden, dann ist es, wenn man auch Eingebohrne zu Wegweisern nimmt, immer schwer, durchzukommen. Von der höchsten Spitze dieses Italischen Bergrückens erstreckt sich eine Ebene bis zu der so genannten Station des Mars siebentausend Schritte lang: von hier aus erhebt sich ein anderes, höheres, und mühsam zu ersteigendes Gebirge, bis zu der Bergspitze Matrona, deswegen so genannt, weil eine Dame von edler Geburt daselbst verunglückt ist. Von hier aus hat der Weg noch immer viel Abhang, doch ist er weit bequemer bis zur Bergfeste Virgantia (Briançon) *). Das Grab des Königes, der, wie wir vorhin erzählten, die Straße über die Alpen anlegte, ist vor Segusio, nahe an der Stadtmauer zu sehen, und man verehrt ihn noch nach seinem Tode aus einem doppelten Grunde als einen Gott: einmal, weil er das Lob eines gerechten und gütigen Regenten seiner Unterthanen hinterließ, und dann, weil er durch seine Aufnahme in die Freundschaft

---

*) Gewöhnliche Brigantia, oder Brigantium. Die vorher stehende Station des Mars ist unbekannt, und die Bergspitze Matrona ist jetzt Mont Genevre. Wesseling Noten zu zu den Itinerar. S. 556.

ſchaft der Römer der Nation einen dauerhaften Frieden verſchaft hatte. Ob nun gleich die vorher beſchriebene Straße die Mitte der Alpen durchſchneidet, und eben deshalb, weil ſie den kürzern Weg giebt, am meiſten gebraucht wird, ſo ſind doch auch andere in weit früheren, doch verſchiedenen Zeiten angelegt worden. Die erſte bahnte der Thebaniſche Herkules, um den Geryon und Tauriscus, wie ich oben erzählte, zu überſchleichen und umzubringen, in der Gegend der an der See liegenden Alpen, denen er auch den Namen der Grajiſchen *) gegeben, zugleich auch die Burg und den Hafen in Mondkus (Monaco) zu dauernden Denkmahlen ſeines Namens angelegt hat. Viele Jahrhunderte nachher iſt die Benennung der Poeniniſchen Alpen bei folgender Gelegenheit aufgekommen. Des ältern Africanus Vater, Publius Cornelius Scipio, hatte, um den Saguntinern, die bei der ſo hartnäckig von den Karthagern fortgeſetzten Belagerung ſich eben ſowohl durch ihre Leiden als durch ihre Treue berühmt machten, zu Hülfe zu eilen, eine ſtarkbemannte Flotte nach Spanien hingeführt: weil er aber die Stadt durch der Karthager ſiegende Waffen bereits zerſtört fand, und den Hannibal nicht einholen konnte, der drei

Tage

---

*) Im Texte ſteht: hicque HARVM. indidit nomen. Valeſius hätte GRAIA-RVM meines Bedünkens ſogleich in den Text nehmen ſollen, da der eigene Name doch unmöglich wegbleiben kann. Uebrigens folgt Ammian in Benennung dieſer Grajiſchen, und der darauf folgenden Poeniniſchen (beſſer Penniniſchen) Alpen der gewöhnlichen Tradition.

Tage vorher, um seinen Marsch nach Italien anzutreten, über den Rhodanus (Rhone) gegangen war, so segelte er schnell auf dem kürzeren Wege zur See zurück, und nahm seine Stellung bei Genua, einer Stadt Liguriens, in der Absicht, den Hannibal beim Herabrücken vom Gebirge zu beobachten, oder, wenn sich die Gelegenheit günstig zeigte, demselben, vom rauhen Wege ermüdet, auf der Ebene ein Treffen zu liefern. Um auch sonst das Beste des Staates nicht zu verabsäumen, ließ er seinen Bruder Cnejus Scipio nach Spanien gehen, mit dem Auftrage, den Hasdrubal, der ebenfalls einen Angrif drohte, in Schranken zu halten. Hannibal erfuhr aber den ganzen Plan von Ueberläufern, und nach seiner bekannten Geistesgegenwart und Verschlagenheit nahm er unter Aufführung der in der Gegend wohnenden Tauriner (Turin) seinen Weg durch das Gebiet der Tricastiner, und die äußersten Gränzen der Vocontier, und kam in den Tricorischen Waldungen an *). Von hier aus fing er an, sich einen vorher noch nie erstiegenen Weg über die Alpen zu bahnen, ließ deshalb einen unermeßlich hohen Berg durch starkes Feuer **) und vielen Essig zermalmen, ging dann über den durch häufige Wirbel

---

*) Die Tricastini: einige Meilen östlich von Valence bis gegen Grenoble hin, auf der Südseite der Isar. Mannert S. 89. — Vocontier, auf dem Gebirge mitten durch Dauphine und einen Theil von Provence. Vom Fluß Drac, bis an die südlichste Beugung der Durance; der Länge nach, von Embrun bis Die. S. 92. — Tricorier in der Gegend von Briançon S. 95.

**) Man sehe Hrn Berghauptm. v. Veltheim über das Feuersetzen der Alten im Götting. Magazin 3. Jahrgang 5. St. S. 658.

bei gefährlichen Fluß Druentia (Dúrance), und nahm Besitz von den Etruscischen Gegenden. Doch wir verlassen die Alpen, um auf die übrigen Merkwürdigkeiten Galliens zu kommen.

Kap. II.

In jenen alten Zeiten, wo diese Gegenden, von wilden Völkern bewohnt, noch unbekannt waren, sollen drei verschiedene Nationen dieselben besessen haben: die Gallischen Celten, die Aquitanier, und die Belgen, welche doch weder Sprache, noch Sitt, noch Gesetze mit einander gemein hätten. Die Gallischen Celten werden von den Aquitaniern durch den Fluß Garumna (Garonne) geschieden, welcher auf den Pyrenäischen Gebirgen entspringt, bei vielen Städten vorbeifließt, und endlich in den Ocean sich birgt. Die Gränze zwischen den Aquitaniern und Belgen machten die Flüsse Matrona (Marne) und Sequana, (Seine) beide von gleicher Größe, welche durch das Lugdunensische Gebiet fließen, dann das Kastell Parisii *) (Paris) auch Lutetia genannt durch ihre Umströmung zur Insel machen, hierauf aber gemeinschaftlich fortgehen, und bei Castra Constantia **) ins Meer fallen. Unter diesen Völkerschaften sind, wie die Alten erzählen, die Belgen

die

---

*) Die damalige Beschaffenheit von Paris hat, aus ältern und neuern Schriftstellern, Gibbon Band 4. S. 358. sehr gut beschrieben.

**) Von ihrem Erbauer, Constantius Chlorus, so benannt. Mannert S. 140. der sie in die Gegend von Harfleur setzt.

die tapfersten deshalb gewesen, weil sie aller Gelegenheit, sich zu milden Sitten zu bilden, beraubt, durch keine Einfuhr ausländischer Leckereien verzärtelt, vielmehr mit den jenseit des Rheines wohnenden Germanen lange Kriege zu führen hatten. Die Aquitanier hingegen, deren bequeme und angenehme Küsten Sammelplätze für Waaren des Auslandes sind, verfielen bald in weichliche Sitten, und machten den Römern ihre Bezwingung leicht. Gallien im Ganzen war schon von den Zeiten an, da es nach wiederholten Kriegen dem beharrlichen Dictator Cäsar in die Hände fiel, in vier Districte eingetheilt: der erste war der Narbonensische, zu dem auch der Viennensische und Lugdunensische gehörten: der zweite faßte sämmtliche Aquitanier unter sich: und Ober- und Niedergermanien nebst den Belgen, standen zu jenen Zeiten auch unter zweien verschiedenen Jurisdictionen *). Jetzt aber werden die Provinzen in Galliens ganzem Umfange so gezählt: Die erste von der Abendseite her ist das zweite Germanien **), worinn die festen, ansehnlichen und wohlhabenden Städte Agrippina (Cölln) und Tungri †) (Tongern) liegen. Dann folgt

---

*) Mannert S. 207. versteht dies so, daß die Proconsules der Belgischen Provinz die Civileinrichtungen, die Generale der Armeen aber die Kriegsangelegenheiten zu besorgen gehabt haben.

**) Das zweite oder Untergermanien geht vom Ausflusse des Rheins bis an die Gegend von Bingen, und das erste oder Obergermanien bis zu den Raurakern (in die Gegend von Basel) Mannert S. 208.

†) Ich behalte überall die Endform der eigenen Namen, wie ich sie im Ammian finde; und brauche deshalb nur für einige meiner Leser zu bemerken, daß zu der damaligen Zeit die Hauptstädte

Constantius u. Julian. J. 355.

folgt das erste Germanien, in welchem außer andern Municipalstädten auch Mogontiacus (Mainz) liegt, und Vangiones (Worms), Nemetä (Speier) und Argentoratus (Strasburg), durch eine gegen die Barbaren gewonnene wichtige Schlacht berühmt *). Nachher ziehen sich im ersten Belgien **) Mediomatrici (Metz) hin, und Treviri (Trier), eine Stadt, die durch mehrerer Fürsten daselbst genommenen Aufenthalt bekannt ist. Daran gränzt das zweite Belgien, worinn Ambiani (Amiens) als die wichtigste Stadt, außer derselben aber noch Catelauni (Chalons für Marne) und Remi (Rheims) liegen. Im Sequanerlande ***) finden wir Bisontii (Besançon) und Rauraci (Augst bei Basel) die viele andere Städte hinter sich lassen. Des ersten Lugdunensischen †) Bezirkes Zierde ist Lugdunus, (Lyon) dann Cabillonus, (Chalons an der Saone) Senones (Sens), Bituriga (Bourges) und Augustodunum, (Autün) von alten Zeiten her wegen seiner hohen Mauern berühmt.

---

städte gleichen Namen, mit der Völkerschaft hatten, worinn sie lagen, und daß man z. B. anstatt Augusta Taurinorum kurz Taurini sagte.

*) B. 16. Kap. 12.

**) Das erste Belgien begrif den größten Theil vom heutigen Luxemburg, Trier und Lothringen, nebst den drei Bisthümern: das zweite südlich von Chalons für Marne an, alles Land zwischen der Seine und Maas bis an den Ocean. Mannert S. 160.

***) heißt als Provinz Maxima Sequanorum, und ihr Bezirk ergiebt sich aus den im Texte genannten Städten. Mannert S. 190.

†) Seit Augusts Eintheilung enthielten beide Lugdunensische Provinzen nur das, was zwischen der Loire, Seine und Marne, und der Saone liegt. Mannert S. 125.

rühmt. Im zweiten Lugdunensischen Gebiete stellen sich Rotomagi (Rouen), Turini, (Touraine) Mediolanum (Evreur) und Tricassini (Troyes) dem Auge dar. Auf den Grajischen und Pöninischen Alpen lieget außer andern weniger merkwürdigen Oertern auch Aventicum, (Avenche) jetzt eine öde, vor alten Zeiten aber schöne Stadt, wie die halbstehenden Gebäude noch immer beweisen. Dies sind die schönsten Provinzen, und die schönsten Städte Galliens. In Aquitanien, welches nach dem Pyrenäischen Gebirge, und dem Hispanischen Ocean hinliegt, ist die erste Provinz die Aquitanische, (im engern Verstande) welche mit vielen großen Städten pranget, von denen ich, mit Uebergehung vieler andern, nur Burdegala, (Bourdeaux) Arverni (Clermont) Santones (Saintes) und Pictavi (Poitiers) als die ausgezeichnetesten nennen will. Den so genannten neun Völkerschaften dienen Ausci (Auch) und Vasata (Bazas) zur Empfehlung. Im Narbonensischen Gebiete sind die vorzüglichsten Städte Elusa *) Narbona (Narbonne) und Tolosa (Toulouse). Der Viennensische District ist stolz auf viele schöne Städte, unter denen Vienna (Vienne) Arelate (Arles) und Valentia (Valence) die wichtigsten sind, denen noch

Massi-

* Ist gewiß verschrieben, sagt Mannert S. 64. und muß Nemausus (Nismes) heisen: denn Ammian zählt in der Narbonensischen Provinz, welche zu seiner Zeit blos auf der Westseite der Rhone lag, nur drey Städte, und unter diesen zuerst Elusa. Nemausus konnte unter diesen dreien unmöglich vergessen, und Eluse (Eusa) gehört nicht zur Provinz.

Maſſilia (Marseille) beizufügen iſt, welche Stadt als Bundsgenoſſin durch ihre Macht Rom ſelbſt mehr als einmal in dringenden Nöthen unterſtützt hat. Zunächſt an dieſe gränzen die Salluvier*), Nicäa (Nice), Antipolis (Antibes) und die Stoechadiſchen Inſeln**). Und weil uns einmal der Faden unſerer Geſchichte in dieſe Gegenden leitet, ſo würde einen ſo berühmten Fluß, als der Rhobānus (Rhone) iſt, ſtillſchweigend zu übergehen, eben ſo ungerecht als unſchicklich ſeyn. Dieſer Fluß ſtrömt ſchon von ſeinen auf den Pœniniſchen Alpen befindlichen Quellen an ſehr waſſerreich, und wenn er dann über ſteile Waſſerfälle auf ebenen Boden herabkommt, geht er, zu einem förmlichen ſtarken Strome gebildet, in beſchatteten Ufern hin, ſtürzt ſich hierauf in den ſo genannten Lemaniſchen (Genfer-) See, ohne ſich mit dem Waſſer deſſelben zu vermiſchen ***), beſtreicht vielleicht nur beide Seiten des trägeren Sumpfes und wühlt ſich, um einen Ausgang zu finden, eine neue Bahn mit ſchneller Gewaltſamkeit. Wenn er, ohne an Waſſermenge und Kraft etwas zu verlieren, aus dieſem See heraus kommt, fließt er durch Sapaudia

(Sa-

---

*) Von der Druënce bis an die Küſte; hatten weſtlich die Rhone, und reichten öſtlich bis über Aix hinaus. M. S. 85.

**) Heut zu Tage: Porqueroles — Portocros und du Levant, wozu noch zwei kleinere, Ribaudas und Baqueaur kommen. Man dehnte bei den Römern aber auch den Namen der ſtœchadiſchen Inſeln weiter aus, und begrif darunter alle die kleinen Eylande, welche längſt der Küſte der heutigen Provence, auch vor Marſeille liegen. Mannert, S. 99.

***) Eine kleine Unrichtigkeit, die doch Ammian mit andern Schriftſtellern des Alterthums gemein hat.

(Savoien) und das Sequanerland; (s. oben) in weiterer Entfernung läßt er bei seinem Laufe, die Viennensische Provinz zur Linken, die Lugdunensische zur Rechten, setzt nachher seinen Weg in weiten Krümmungen fort, und nimmt dann den Arar, auch Sauconno (Saone) genannt, der aus dem ersten Germanien herfließt, in sein Bett auf. Hier fängt sich auch eigentlich Gallien an, und von hier aus pflegt man die Entfernung der Oerter nicht mehr nach tausend Schritten, sondern nach Leugen *) zu messen. Der Rhodanus, durch andere in ihn gefallene Ströme bereichert, wird von hier an für die größten Schiffe tragbar, welche doch der heftigen Stürme wegen oft eine gefährliche Fahrt haben: hat er dann die ihm von der Natur vorgezeichnete Laufbahn vollendet, so vereinigen sich seine schäumenden Wellen durch einen weiten Meerbusen, ad Gradus (Gras) genannt, und von Arelate (Arles) ohngefähr achtzehn Milliarien entfernt, mit dem Gallischen Meere. Doch genug von der Lage der Gallischen Städte, um von der körperlichen Beschaffenheit und den Sitten der Einwohner noch etwas sagen zu können.

Kap. 12.

Alle Gallier sind hohen Wuchses, haben weiße Gesichtsfarbe, und sehr blondes Haar, sind ihres stieren Blickes wegen fürchterlich anzusehen, zanksüchtig

---

*) Diese Leugen verhielten sich zu den Römischen Milliarien wie 2. zu 3. S. B. 16. K. 12.

tig und bis zur Insolenz übermüthig. Auch dem
einzelnen Manne, der in Gesellschaft seines Wei-
bes, die noch mehr Muth und blaue Augen hat,
einen Streit beginnt, kann kaum eine ganze Schaar
Fremder widerstehen, am wenigsten dann, wenn
das Weib den Nacken in die Höhe werfend in Wuth
geräth, die weißen ungeheuren Arme schwingt, und
ihre Faustschläge, mit Fußtritten vermischt; wie
Pfeile, von der gedrehten Sehne geschnellt, fliegen
läßt. Fürchterlich und drohend ist größtentheils ihre
Stimme, sie mögen ruhig oder im Zorne sprechen:
doch hält die ganze Nation außerordentlich auf zier-
lichen Putz und Reinlichkeit, und man wird in ihrem Lande, vorzüglich bei den Aquitaniern, keinen
Mann, nicht einmal eine Frau, wäre sie auch noch
so arm, antreffen, die, wie es in andern Ländern
der Fall ist, schmutzig und in Lumpen einherginge.
Zum Kriege ist jedes Alter geschickt, und mit gleichem Muthe geht der Alte und der Mann in die
Schlacht hin: denn gegen Frost und anhaltende
Arbeiten abgehärtet, hat er selbst die fürchterlichsten
Gefahren verachten gelernt: nie hat auch jemals ein
Gallier aus Furcht vor Kriegsdiensten, sich, wie in
Italien gebräuchlich ist, den Daumen abgeschnitten,
welche Art von Leuten man im Scherz Murci *)
nennt.

---

*) Ueber diese Art Leute hat man alte und neue Ge-
setze. Das Wort ist nicht Celtisch, sondern Lateinisch,
und heißt verstümmelt, ein träger feiger Schwäch-
ling. Diese Bedeutungen vorausgesetzt, in denen doch
eigentlich kein Scherz liegt, sollte ich allenfalls spott-
weise übersetzt haben: ich wäre aber noch mehr geneigt,
anstatt iocaliter — lieber localiter, d. i. in der Landessprache, (Italiens nämlich) anzunehmen, welches Wort
auch

nennt. Die Nation liebt den Wein bis zur Leidenschaft, weiß auch viele weinähnliche Arten von Getränken zu bereiten: einige vom niedrigen Pöbel, deren Sinne durch beständige Trunkenheit benebelt sind, welcher Zustand, nach Cato's Meinung, eine Art von freiwilliger Raserei ist, laufen überall wütend umher: und es scheinet dadurch die Wahrheit dessen bestätiget zu werden, was Cicero in seiner Vertheidigungsrede für Fontejus sagt: „Die Gal-„lier werden künftig den Wein etwas dünner trin-„ken, was sie vorher für Gift hielten." *)

Uebri-

auch B. 19. K. 12. in diesem Sinne vorkommt. Zu weiterem Unterricht über diese Mutcos verweise ich auf Menage Amönitates Juris S. 12—27. der Leipz. Ausgabe von 1738.

*) Wir haben diese Rede nur verstümmelt, und die hier angeführte Stelle ist zum Unglück gerade mit verloren gegangen. Fontejus mochte wohl den Galliern den Weingenuß etwas erschwert haben, und meine wörtliche Uebersetzung dürfte sich etwa so paraphrasiren lassen: Sonst hätten die Gallier geglaubt, Gift trinken zu müssen, wenn man ihnen vermischten Wein geboten hätte; jetzt werden sie nun wohl etwas Wasser zusetzen — desto besser — dafür werden sie auch bei Sinnen bleiben. — Daß die Gallier durstige Seelen gewesen, bezeugt auch Diodor Sic. B. 5. K. 26. den ich außer Cäsar, überhaupt über Gallische Sitten nachzulesen bitte. Eine Parallele zwischen alten und neuen Galliern würde mich hier zu weit führen: aber eine altfränkische Sitte hätte Ammian immer noch mit bemerken mögen, die Sitte — daß ächte Gallier sich es zur Ehre machten, die Zurückzahlung ihrer ausgeliehenen Kapitalien in der Unterwelt erst zu begehren. Dies erzählen Valerius Max. B. 2. K. 6. und Mela B. 3. K. 2. und billig sollte die Nationalversammlung den einheimischen Gläubigern wenigstens eine so löbliche Nationalsitte zu Gemüthe führen, und nicht minder billig eine erkleckliche Belohnung dem Nachweiser einer so ergiebigen Hülfsquelle bei dringenden Geldnöthen, doch ohnmaßgeblich, weil er ein Deutscher ist, noch in dieser Welt zahlbar, dekretiren.

Uebrigens sind Galliens Provinzen, besonders die an Italien gränzenden, von den Römern nach und nach mit leichter Mühe in Besitz genommen worden: den ersten Versuch machte Fulvius (Flaccus; nachher schwächte sie Sertius (Calvinus) in kleinen Gefechten, und ihre Eroberung vollendete Fabius Maximus, der sich durch die Ausführung eines so mühvollen Geschäftes, als die Bezwingung der so kriegerischen Allobroger war, einen eigenen Beinamen verdiente *). Gallien im Ganzen, nur die der Sümpfe wegen unzugänglichen Provinzen ausgenommen, bezwang, wie Sallustius **) erzählt, Cäsar nach einem zehnjährigen Kriege, und nach mehreren, bald gewonnenen, bald verlorenen Schlachten, und verband es mit Rom zu ewigem Freundschaftsbunde. Meine Abschweifung ist, ich gestehe es, etwas lang geworden, ich kehre also zu andern Begebenheiten zurück.

Kap. 13.

Nach Domitians grausamer Ermordung (B. 14. K. 7.) war sein Nachfolger in der prätorischen Präfectur Musonian geworden, ein Mann in beiden Sprachen (der Lateinischen und Griechischen) gleich beredt, wodurch er sich auch zu höherem Glück, als sich außerdem vermuthen ließ, aufgeschwungen hatte. Weil nämlich Constantin gern genauere Kenntniß von den abergläubigen Manichäis-

---

*) Nicht der Beiname Maximus, den er schon vorher führte, sondern Allobrogicus.

**) Steht nur in den Bruchstücken, und warum verwies Ammian nicht lieber auf Cäsarn selbst?

nichäischen und andern Secten zu erhalten wünschte und ihm doch Niemand gehörige Auskunft darüber geben konnte, so wählte er endlich diesen Mann, den man ihm als guten Kenner in diesem Fache empfohlen hatte, gab ihm auch, weil er ihm seine Geschicklichkeit gar bald bewährte, anstatt des bisher geführten Namens Strategius, nun den Namen Musonian. Von dieser Zeit an durchlief er schnell die Laufbahn vieler Ehrenstellen, und stieg endlich bis zur Würde eines Präfecten empor: war zwar übrigens ein Mann, der viel Einsicht besaß, die Provinzen nicht eben drückte, und Gelindigkeit mit einschmeichelndem Betragen verband, nur daß er sich bei jeder Gelegenheit, und besonders in Rechtsstreitigkeiten zu seiner Schande so ganz zu der niedrigen Leidenschaft, Geld zu nehmen, verleiten ließ: — einer Leidenschaft, die er außer vielen andern Fällen vorzüglich bei den Untersuchungen über den Tod des Theophilus (B. 14. K. 7.) consularischen Statthalters in Syrien, verrieth, den auf tückisches Anstiften des Cäsar Gallus, eine Schaar gemischten Pöbels bei einem Aufruhr in Stücken zerrissen hatte: denn diese Untersuchungen fielen so aus, daß Arme, die doch bei dem Vorfalle, wie man gewiß wußte, nicht einmal in der Stadt gewesen waren, zum Tode verurtheilt wurden, hingegen die wahren Anstifter dieser abscheulichen That, ihres Reichthums wegen, bloß ihr Vermögen, nicht aber das Leben verloren.

Nicht besser als er war Prosper, der anstatt des Generals der Reiterei, welcher sich damals in Gallien befand, die Armee unter sich hatte, bis zur

Niederträchtigkeit feig war, und wie der Komiker *)
sagt, die feineren Kunstgriffe zu stehlen verschmähte,
und ohne Schaam öffentlich raubte.

Während daß diese Männer in freundschaftlichem Einverständniß sich durch gegenseitige Zuwendung jeder Art Gelderwerbes bereicherten, beunruhigten die an den Flüssen [Euphrat und Tigris] angestellten Persischen Feldherrn, (denn ihr König hatte an den äussersten Gränzen seines Reiches zu thun) in einzelnen Korps unsere Provinzen, und konnten ihre Einfälle in Armenien, bisweilen auch in Mesopotamien desto kecker ausführen, je emsiger die Römischen Feldherren die ihnen untergebenen Provinzen auszuplündern beschäftiget waren.

*) Plautus im Epidikus Act. 1. Scene 1. Vers 10.

Sechszehntes Buch.

Inhalt.

Kap. 1. Cäsar Julians Lob. — Kap. 2. Er greift die Alamannen an, macht viele nieder, der Rest wird gefangen genommen oder zerstreut. — Kap. 3. Er erobert das von den Franken weggenommene Cölln wieder, und macht daselbst Frieden mit dem Könige der Franken. — Kap. 4. wird aber von den Alamannen in Senones, (Sens) belagert. — Kap. 5. Julians moralischer Charakter. — Kap. 6. Arbetio, der General, wird verklagt, und losgesprochen — Kap. 7. Julian wird von seinem Oberkammerherrn Eutherius bei dem Kaiser gegen die Beschuldigungen Marcells vertheidiget. Lob des Eutherius. — Kap. 8. Hofränke und Habsucht am Hofe des Constantius. Kap. 9. Friedensunterhandlungen mit den Persern. — Kap. 10. Constantius hält mit der Armee einen triumphähnlichen Einzug in Rom. — Kap. 11. Julian greift die Alamannen auf den Inseln des Rheines, wohin sie sich und ihre Habe geflüchtet hatten, muthig an. — Kap. 12. geht dann auf die Könige derselben, welche Gallien belästigten, los, und schlägt ihr Heer bei Strasburg.

Kap. 1.

N. C. Geb. 356.

In dieser Lage befand sich nach dem Willen des Schicksals das Römische Reich, als Cäsar Julian, der sich jetzt in Vienne aufhielt, im achten Consulat des Kaisers Constantius

tins nun auch zum erstenmale seinen Namen in das Verzeichniß der Consuln aufgenommen sah, der ihm eigenen Lebhaftigkeit gemäß nur von Schlachtengewühl und Feindemetzeln träumte, schon im Geist die Bruchstücke der Provinz wieder sammlete, und nichts mehr wünschte, als sich nur endlich vom günstigen Glück in seinen Wirkungskreis hingestellt zu sehen. Weil demnach die großen Thaten, durch die er in Gallien mit eben so viel Tapferkeit als Glück alles wieder auf guten Fuß setzte, viele Heldenthaten älterer Zeit überwiegen, so will ich sie einzeln der Reihe nach aufzählen, und jede Spannkraft meiner mäßigen Talente, wenn sie anders überhaupt dazu hinreichen, in Bewegung setzen. Was ich von ihm erzählen werde, und so erzählen werde, daß ich der Unwahrheit nicht den Schmuck des Witzes leihe, sondern die lautere Wahrheit, auf augenscheinliche Beweise gegründet, vollständig vortrage, wird freilich näher an die Lobrede zu gränzen scheinen. Aber günstige Bestimmung zu einem ruhmvollen Leben scheint nun einmal diesen jungen Mann von der edlen Wiege an bis zu dem letzten Athemzuge begleitet zu haben. Durch die schnellsten Fortschritte zeichnete er sich im Kriege und Frieden so vortheilhaft aus, daß er an Klugheit für Vespasians Sohn [*]), für einen zweiten Titus galt, daß er auf der Kriege rühmlicher Laufbahn mit einem Trajan Schritt hielt, an Herzensgüte einem Antonin, an richtiger und gründlicher Philosophie einem Marcus gleich kam, nach dem er überhaupt in Handlungen und Sitten

sich

[*]) Ist sicher eine vom Rande in den Text geschlichene Glosse.

sich zu bilden suchte. Weißt auch, wie Tullius *) sagt, mit erhabenen Verdiensten es eben die Bewandniß hat, wie mit Bäumen, an denen uns nur die Höhe ergötzt, nicht Stamm und Wurzel; so wurden zwar die ersten Proben so vortreflicher Talente des jungen Mannes damals durch so vielerlei Umstände in Schatten gestellt, und verdienten dennoch in der That seinen nachherigen vielen und bewundernswürdigen Thaten aus dem Grunde vorgezogen zu werden, weil er in frühern Jünglingsjahren, wie Erechtheus **), den Minerva in ihrem Heiligthum einsam erzog, nicht aus Zelt und Lager, vielmehr aus den friedlichen Schatten der Akademie in die Staubwolken der Schlachten hingerissen ward, Germanien bezwang, den Provinzen am ganzen rauhen Ufer des Rheines hin die Ruhe wiedergab, und bald mordschnaubender Könige Blut vergoß, bald ihre Hände in Fesseln schlug.

Kap. 2.

Indem er den Winter geschäftvoll in der vorher genannten Stadt (Vienne) zubrachte, erhielt er unter mehreren fliegenden Gerüchten auch die Nachricht, daß die Feinde auf die Mauern der Stadt Augustobunum (Autûn), die zwar einen ansehnlichen Umfang, aber durch ihr Alter verwittert

(B. 15.

---

*) In Cicero's drittem Buche vom Redner K. 46. steht so etwas ähnliches: Ammian scheint aber die Stelle aus dem Gedächtniß angeführt zu haben.

**) Einer der ersten Stifter Athens, Minervens Pflegesohn, in so fern er der glückliche Erfinder nützlicher Künste war.

(B. 15. K. 11.) nicht viel Halt mehr hatten, einen plötzlichen Angrif gethan, die darin liegende Besatzung unthätig geblieben, und blos die Veteranen so wachsam gewesen, zu Vertheidigung der Stadt hinzueilen, und dadurch die Erfahrung zu bestätigen, daß ein hoher Grad von Verzweiflung dem Abgrunde der äußersten Gefahr oft glücklich auszuweichen lehret. Ohne demnach von seiner Sorgsamkeit nachzulassen, und ohne auf die sklavische Schmeichelei der Hofleute zu achten, die ihn zu Vergnügungen und Schwelgerei verleiten wollten, kam er nach getroffenen gehörigen Anstalten am vier und zwanzigsten Junius in Augustodurum an, und beschloß mit völliger Kraft und Einsicht eines alten erfahrnen Generals den überall umherschweifenden Feind, sobald er ihm in den Weg käme, anzugreifen. Bei dem darüber gehaltenen Kriegsrathe, zu dem man auch, um in der Wahl des sichersten Weges nicht zu fehlen, einige der Gegend kundige Männer zog, waren die Meinungen getheilt: einige behaupteten, er müsse durch Arbor *). . . . andere, durch Sedelaucum (Saulieu) und Cora gehen. Weil aber auch einige vom weiten erwähnten, daß kurz vorher der General des Fußvolkes Silvan (B. 15. K. 5.) einen zwar kürzern, aber der dichten finstern Wälder wegen gefährlichern Weg
mit

*) In den Handschriften sind einige Silben herausgefallen, und der Ort muß auf alle Fälle unbeträchtlich gewesen seyn, weil ich weder in den alten Itinerarien, noch bei den Erdbeschreibern denselben finde. Das darauf folgende Cora ist auch ein kleiner Flecken gewesen (oder ein Ruup dieses Namens) in der Gegend von Auxerre.

mit vieler Mühe genommen habe, so war dies für den Cäsar ein Antrieb mehr, der Kühnheit des tapfern Mannes desto getroster nachzuahmen. Um keine Zeit zu verlieren, nahm er blos die Cataphractarien und Ballistarien *) mit sich, die doch den General am wenigsten zu schützen eingerichtet zu seyn schienen, und kam auf jenem Wege glücklich nach Autosidorum (Auxerre). Hier ruhte er auf wenige Tage, seiner Gewohnheit nach, mit der Armee aus, und setzte dann seinen Zug in der Tricassiner Land fort: die Feinde stürzten zwar schaarenweise auf ihn an; aber wenn der Fall eintrat, daß er ihre Ueberlegenheit fürchten mußte, verwahrte er sich gegen sie durch dichtgeschlossene Flanken, andere erlegte er durch glückliche Ueberfälle von gut gewählten Anhöhen, einige ergaben sich aus Furcht selbst, die übrigen, deren ganze Sorge nur Rettung des Lebens war, mußte er, weil er ihnen mit seiner schwergerüsteten Mannschaft nicht folgen konnte, entrinnen lassen. Seine Hoffnung, ihren Angriffen gewachsen zu seyn, ward dadurch nicht wenig bestärkt, und nach vielen Gefahren kam er so unvermuthet bei Tricassä (Troyes) an, daß man ihm bei näherem Anrücken die Thore, obgleich aus Furcht vor der Menge umherschweifender Feinde nicht ohne ängstliche Bedenklichkeit öffnete. Nur so lange, bis seine entkräfteten Soldaten sich erholt hatten, hielt er sich hier auf, ging dann, weil Zaudern

---

*) Cathaphractarien waren ganz geharnischt, und Ballistarien hatten die Kriegsmaschinen zu besorgen, machten auch, wie unsere Artilleristen ein eigenes Korps aus.

dern nicht in seinem Plane lag, nach Remi (Rheims) wo er der ganzen Armee, mit Lebensmitteln auf einen Monat versehen *), sich zu versammeln, und seine Ankunft zu erwarten befohlen hatte. Diese Armee hatte Marcell vom Urficin übernommen, aber auch der letztere hatte Befehl, bis zu Ende des Feldzuges in der Gegend zu bleiben. Anfangs waren die Meinungen sehr verschieden, endlich beschloß man durch Decem Pagi (Dieuse bei Metz) die Alamannen anzugreifen, und der Soldat zog mit mehr als gewöhnlichem Muthe in gedrängten Schaaren hin. Weil das feuchte und neblichte Wetter auch die nächste Aussicht hinderte, so umgingen die Feinde, durch bessere Kenntniß der Gegend unterstützt, Julians Armee in einem Seitenwege, griffen zwei Legionen des Nachzuges an, und würden sie fast ganz niedergemacht haben, wenn nicht ihr plötzlich erhobenes Feldgeschrei Unterstützung herbeigezogen hätte. Ueberzeugt, daß er überall keinen Marsch antreten, oder über einen Fluß gehen könnte, ohne die Feinde in einem Hinterhalte zu treffen, fing er an, ein sehr behutsamer Zauderer zu werden — eine vorzüglich gute Eigenschaft großer Feldherren, die den Armeen Glück und Rettung schafft. Weil er hörte, daß die Feinde Argentoratum, (Strasburg) Brocomagus, (Brumat) Tabernä (Rhein-Zabern), Saliso (Selz), Nemets
(Speyer)

*) Im Texte steht nichts weiter als Vehenrem . . . und die dann folgende kleine Lücke hat Valois durch mensis cibaria ergänzt, und er schien mir glücklich ergänzt zu haben. Vielleicht wäre doch commeatus in Rücksicht auf den kleinen Raum, den die Lücke giebt, das bessere.

(Speyer), **Vangiones** *) (Worms) und **Mogontiacus** (Mainz) in Besitz hätten, aber doch nur in den umliegenden Gegenden kampirten: (denn vor den Städten selbst hüten sie sich wie vor Gräbern mit Netzen umstellt) so stand er im Begriff, mit Besitznehmung von Brocomagum den Anfang zu machen, als ihm in der Nähe dieser Stadt ein Heer Germanier entgegen kam, und ein Treffen anbot. Er stellte also seine Armee in einen halben Mond, und die Feinde sahen sich durch diese Stellung in der Schlacht von beiden Seiten in gefährlichem Drange, einige wurden gefangen, andere in der Hitze des Treffens niedergemacht, die übrigen suchten ihre Rettung in der Schnelligkeit ihrer Füsse.

Kap. 3.

Weil er in der Folge keinen weitern Widerstand vor sich sah, beschloß er die vor seiner Ankunft in Gallien zerstörte Stadt Agrippina (Kölln) wieder zu erobern. In dem ganzen Striche dahin ist weder Stadt noch Kastell zu sehen, ausgenommen das Städtgen **Rigomagum** (Rheinmagen) bei **Confluentes** (Coblenz), einem Orte, der seinen Namen daher hat, weil daselbst der Fluß **Mosella** (Mosel) in den Rhein fällt, und einem einzelnen Thurme bei Kölln selbst. Er rückte auch wirk-

---

*) Nach einer schon oben bemerkten Gewohnheit der damaligen Zeit, die Städte mit dem Namen des Volkes zu belegen, zu dem sie gehörten. Für Speyer hätte Ammian auch **Noviomagus**, und für Worms **Borbetomagus** setzen können.

wirklich in Agrippina ein, und setzte seinen Zug nicht eher fort, als bis er die verrauchende Wut und die Furchtsamkeit der Fränkischen Könige dazu benutzt hatte, den Bund eines wenigstens für jetzt dem Staate nützlichen Friedens zu befestigen, und eine so wichtige Stadt wieder in sichern Besitz zu nehmen. Ueber diese Erstlinge seiner Siege freilich zog er durch das Land der Treverer, um die Winterquartiere in Senones (Sens) zu nehmen, einer Stadt, die er seinen Absichten gemäß fand. Hier, wo er die ganze Last anströmender Kriege auf seinen Schultern fühlte, durchkreuzten mancherlei Sorgen seinen Kopf, unter ihnen vorzüglich diese, wie er die aus den gewöhnlichen Gränzstädten entwichenen Soldaten in diese freilich gefährlichen Orte zurücklocken, die wider Roms Ruhm verschworenen Nationen zerstreuen, und einer Armee, die in so verschiedene Gegenden vertheilt werden müßte, es nie an dem gehörigen Unterhalte fehlen lassen möchte.

Kap. 4.

Noch war er kummervoll mit diesen Gedanken beschäftigt, als ihn ein zahlreiches Korps von Feinden, jetzt von besserer Hoffnung, die Stadt zu erobern belebt, angriff, und diese Hoffnung auf die von Ueberläufern gehörte Nachricht gründete, daß er keine Leibgarden (Scutarier und Gentilen) bei sich, dieselben vielmehr in die kleinern Städte umher verlegt habe, um sich ihre Verpflegung zu erleichtern,

Da aber *) — ·· Er ließ also die Thore fest verwahren, die schwächern Theile der Mauer ausbessern, war selbst mit seinen Kriegern bei Tag und Nacht auf den Thürmen und Zinnen gegenwärtig, und knirschte vor innerer Wut, daß er, so gern er wollte, einen Ausfall bei so geringer Mannschaft nicht wagen dürfe. Nach dem dreißigsten Tage zogen die Feinde traurig ab, und gestanden sich selbst ihre traurige Unbesonnenheit, die Belagerung der Stadt unternommen zu haben. Dies war Glück; Schande hingegen, daß der General der Reiterei, Marcell, dem Thronfolger bei dieser Gelegenheit nicht zu Hülfe eilte, ob er gleich mit seinen Truppen in den nächst umliegenden Gegenden stand, und der Stadt, auch wenn sie den Fürsten nicht in ihren Mauern gehabt hätte, durch Vorrücken mit seinem Korps die Leiden der Belagerung hätte ersparen sollen. Von dieser Furcht befreit, richtete nun der immer thätige Cäsar seine ganze Aufmerksamkeit darauf, dem Soldaten, nach so langen Beschwerlichkeiten eine Ruhe zu gönnen, die bei ihrer Kürze dennoch dauernd genug wäre, neue Kräfte zu sammeln, obgleich das Land umher, mehr als einmal verwüstet, den traurigsten Anblick der äußersten Dürftigkeit gab, und nur sehr wenige Lebensmittel liefern konnte. Doch auch diesem Uebel half er durch seine rastlose Thätigkeit ab, und von angenehmer Hoffnung bessern Glücks belebt, hob sich sein Geist nur desto mehr, um auf die Bahn noch größerer Thaten hinzuschreiten.

Kap. 5.

*) Lücke im Texte, durch die aber nicht eben verloren zu seyn scheint.

Kap. 5.

Die erste, und bei weitem die schwerere war, daß er sich selbst die Pflicht der Mäßigkeit auflegte, und ihr so standhaft treu blieb, als wäre er an jene Gesetze über den Aufwand gebunden, welche aus Lykurgs Rhetren und (Solons) Axonen nach Rom herüber genommen, lange genug beobachtet, nach und nach unter die alten Moden gerechnet, endlich doch vom Dictator Sylla wieder eingeführt worden *). Julian fand bei diesem Benehmen den Grundsatz Demokrits wahr: daß Glück die leckere, Tugend die mäßige Tafel deckt. Eben so richtig dachte Cato von Tusculum, dem die Enthaltsamkeit des Lebens **) den Namen Crusorius gab, wenn er von seinen Zeiten sagte: „Groß „ist die Sorge für den Magen, groß die Sorglosig- „keit in Absicht auf Tugend." Vorzüglich aber stu-

dierte

---

*) Rhetren sind eigentlich Orakel, die Lykurg vom Delphischen Apoll erhalten zu haben vorgab, um seinen Anordnungen desto mehr Nachdruck zu geben: hernach nannte man seine Gesetze überhaupt so. Axonen hießen Solons Gesetze, weil sie auf hölzerne Tafeln geschrieben waren. Solons Name steht eigentlich nicht im Texte, war auch nicht nöthig, weil man sich bei Axonen nur Solon, so wie bei Rhetren nur Lykurg dachte. Weil indeß der letzte einmal in den Text gerathen ist, wollte ich der Deutlichkeit wegen dem erstern auch gerne seine Ehre geben. Zum Nachlesen über Rhetren und Axonen schlage ich Potters griech. Archäologie Th. 1. S. 403. und 293. vor, und über die Römischen Aufwandsgesetze verweise ich auf Fr. Platner de legibus Romanor. sumtuariis L. 751.

**) Nicht gerade die Enthaltsamkeit. Ammian nimmt aber das Wort Censorius nach dem Sprachgebrauche seiner Zeit, wo man sich einen würdigen, tugendhaften Mann überhaupt dabei dachte.

dierte Julian den Küchenzettel fleißig, den Constantius, wie ein Stiefvater, der den Sohn auf die Akademie sendet, mit eigener Hand geschrieben, und sich die ungebührliche Freiheit, den Aufwand für des Cäsars Tafel zu berechnen, genommen hatte: folgsam verbot er also Phasanen und Vulven und Euter für seine Tafel aufzusuchen, und war mit der schlechtesten, nächsten besten Kost des dienstleistenden Soldaten zufrieden.

Diese Mäßigkeit machte auch, daß Julian seine Nächte unter dreierlei Pflichten theilte, die Ruhe und Staat und Musen von ihm heischten: — eine Gewohnheit, die wir auch von **Alexander dem Großen** in der Geschichte bemerkt finden, nur daß unser Cäsar noch weiter ging. Jener ließ nämlich eine eherne Schale in Form einer Muschel an sein Ruhebette stellen, den Arm legte er über dasselbe heraus, und in der Hand hielt er eine silberne Kugel, die, wenn fester Schlaf die Spannkraft der Nerven erschlaffen ließe, durch ihren Anklang im ehernen Becken ihn wieder ermunterte. Julian hingegen war ohne ein solches Hülfsmittel im Stande aufzuwachen, so oft er wollte, und ohne Ausnahme stand er um Mitternacht auf, nicht aus weichen Federn, oder seidenen Decken von buntem Glanze strahlend, sein Lager war vielmehr eine Matratze, und eine **Sisyre**, (Thierhaut) in der gemeinen Aussprache auch **Sisurne** genannt *). Sein erstes Geschäft war ein

stilles

---

*) Ammian scheint also den Unterschied zwischen diesen zwei Wörtern nur in der Pronuntiation zu suchen. Auf den Unterschied, den die Grammatiker angeben, kann

stilles Gebet an Merkur, der, wie die Mythologie sagt, als flüchtiger Weltgeist, die Seelen in Thätigkeit setzt: dann forschte er mit spähendem Blicke den Mitteln nach, wie etwa den so mannichfaltigen Gebrechen des Staats abzuhelfen wäre. Wann dies als das Wichtigere und Ernsthaftere abgethan war, dann machte er weitere Ausbildung des Geistes zu seiner Beschäftigung, und unglaublich ist es, mit welchem Eifer er den Weg zu erhabener Kenntniß der wichtigsten Wahrheiten aufspürte, stets neue Nahrung für den immer höher aufstrebenden Geist suchte, und alle Theile der Philosophie mit prüfender Untersuchung umfaßte. Wenn seine gesammleten Kenntnisse höherer Wissenschaften bis zur Vollkommenheit gediehen waren, so verachtete er doch auch die geringern nicht, liebte *) vielmehr, obgleich mit geringerer Neigung, die Dichtkunst und die Beredtsamkeit, (wie seine Reden und Briefe, in denen Würde mit ungeschmückter Anmuth glücklich verbunden ist, beweisen) auch jede Art von vaterländischer und auswärtiger Geschichte. Ueberdies besaß er

auch

kann ich mich hier nicht einlassen, ob mir gleich das, was Gronov über Herodot 4, 109 Valkenär über Ammonius S. 205. und Ruhnken über Timäus S. 231. der zweiten Ausgabe beigebracht haben, nicht unbekannt ist.

*) Im Texte scheint ein Zeitwort zu fehlen, weil doch das vorhergehende despexit unmöglich auf poëticam und rhetoricam fortgehen kann.

In der Uebersetzung mußte ich auf alle Fälle noch ein Zeitwort einschieben, und dies leitete mich auf die Muthmaßung, daß vielleicht hinter rhetoricam das Wort amavit herausgefallen und anstatt: nec humiliora despexit, poëticam et rhetoricAM (V*T* ostendit orationum — comitas) zu lesen seyn möchte rhetoricam amavit, ut &c.

auch hinlängliche Fertigkeit, sich lateinisch auszudrücken. Und wenn es wahr ist, was mehrere Schriftsteller erzählen, daß König Cyrus, der lyrische Dichter Simonides, und Hippias, der subtilste Sophist sich ihr außerordentlich starkes Gedächniß durch medicinische Tränke verschaft haben: so muß man glauben, daß Er, jetzt in reifen Jünglingsjahren das ganze Faß der Gedächtnißkunst, wenn es je eines gab, ausgeleert haben müsse. Dies sind die Beweise seiner nächtlichen Mäßigkeit und Bestrebung nach Verdiensten.

Was er die Tage über für zierliche und witzige Reden geführt, seine Anstalten zu Schlachten, seine Thaten in Schlachten selbst, die besseren Einrichtungen, die er in bürgerlichen Angelegenheiten eben so edeldenkend als freimüthig traf — will ich künftig am gehörigen Orte durch einzelne Beispiele bewähren. [Jetzt nur einige]. Weil der Philosoph, nun einmal Fürst, nothwendig auch mit den Vorübungen des kleineren Dienstes im Lager nicht unbekannt bleiben durfte, und er also auch die Kunst, im Schwerttanze (Pyrrhicha) taktmäßig nach dem Tone der Flöte aufzumarschieren lernen mußte, wandte er, unter öfterer Berufung auf Plato, das alte Sprichwort auf sich an: „Man legt den Packsattel dem Stiere „auf — eine Last, die gar nicht zu seinen Schultern „paßt." Bei einer Feierlichkeit wurden die Staatsagenten in das Audienzgemach berufen, um Geld in Empfang zu nehmen: weil nun einer von ihnen nicht, wie gewöhnlich, mit ausgebreitetem Feldrock, sondern mit beiden hohl gehaltenen Händen, die Zahlung

lung zu empfangen da stand, sagte Julian: „Daß
„doch die Agenten sich besser aufs gierige Rauben,
„als aufs bescheidene Nehmen verstehen!" Von den
Eltern eines entführten Mädchens angegangen, hatte
er den überwiesenen Frevler des Landes verwiesen;
weil aber jene sich an ihren Rechten gekränkt glaubten, und sich beklagten, daß er dem Verbrecher nicht
die Todesstrafe zu erkannt hätte, war seine Antwort diese: „Mag man doch nach strengem Rechte
„meine Gelindigkeit tadeln: aber der Regent muß
„durch Befolgung der Gesetze, die ihm sein sanftes
„Herz vorschreibt, sich über andere erheben." Oft
ward er, wenn er eben im Begriff stand, zu einem
Feldzuge aufzubrechen, noch mit Klagen über erlit-
tenes Unrecht angelaufen, er empfahl aber den Statt-
haltern der Provinzen die Untersuchung: wann er
zurückkam, erkundigte er sich dann nach der Entscheidung eines jeden Rechtsfalles, und milderte die
Strafen für Vergehungen mit der ihm eigenen Gelindigkeit. Ueberhaupt, die Siege ausgenommen,
durch die er die oft geschlagenen, und dennoch mit
ungeschwächtem Starrsinn vom neuen angreifenden
Barbaren bändigen mußte, ergiebt sich der Beweis,
daß er für die fast athemlos mit dem äußersten Mangel kämpfenden Gallier Wohlthat gewesen, vorzüglich auch daraus, daß er bei seinem ersten Einrücken
in diese Provinzen jeden Einwohner mit einem Tribut von fünf und zwanzig Goldstücken abgesetzt fand,
bei seinem Abzuge aber nur sieben auf die Person
hinterließ, mit denen sie auch alle Unterthanenpflich-
ten bestreiten konnten, aber auch dagegen mit dem

willigsten Frohlocken sich seiner, als der heitern Sonne freuten, die mit heiteren Strahlen aus grauser Finsterniß hervortritt. Endlich ist auch bekannt, daß er bis zum Ende seiner Regierung und seines Lebens die nützliche Einrichtung beibehalten habe, daß durch die so genannten Indulte die Reste der Tribute nicht zu hoch anwüchsen. Sein Grundsatz war, daß er dadurch doch nur den Reichern eine Güte thäte, weil man, wie bekannt, überall Zwangsmittel genug hat, die Aermeren sogleich beim ersten Ausschreiben der Steuern das Ganze ohne Nachlaß bezahlen zu lassen.

Bei einer so gelinden Regierung, die jedem guten Fürsten zum Muster dienen könnte, loderte doch die Wut der Barbaren immer vom neuen auf. So wie wilde Thiere, durch Nachläßigkeit ihrer Hüter an Raub gewöhnt, selbst dann, wenn man ihnen anstatt sorgloser Wächter wachsamere und stärkere giebt, sich nicht abtreiben lassen, sondern von Hunger wild gemacht, ohne Rücksicht auf ihr Leben, Heerden, groß und klein, anfallen: so giengen auch jene, wenn sie den vorherigen Raub verzehrt hatten, mehrmals auf neue Beute aus, streckten sogar die räuberischen Fäuste dann schon vor sich her, wenn sie ihren Raub noch nicht einmal erreichen konnten *).

Kap. 6.

Dies waren die Begebenheiten dieses Jahres in Gallien, die, so zweifelhaft auch anfangs die Hoffnung

---

*) Eine weitere Schilderung der Verdienste und des Charakters Julians bitte ich B. 25. Kap. 4. 5. nachzusehen.

nung war, dennoch am Ende so glücklich ausfielen. Am Hofe des regierenden Kaisers gab es neidische Kläffer, die dem Arbetio die Absicht Schuld gaben, sich auf den Thron schwingen zu wollen, wozu er bereits alles, was zum Glanz eines Kaiserhofes gehöre, im Voraus angeschafft habe. Einer seiner zudringlichsten Gegner war der General (Comes) Verissimus, der als schrecklicher Schreyer ihm öffentlich vorwarf, daß er vom gemeinen Soldaten an sich zu einer so hohen Stufe bei der Armee aufgeschwungen, (B. 15. K. 5) auch mit dieser, als für ihn noch immer zu niedrig, nicht zufrieden, nach der Kaiserwürde strebe. Vorzüglich aber hatte er einen gefährlichen Feind an einem gewissen Dorus, ehemals Feldarzt bei der beschildeten Garde (Scutarier), nachher unter Magnenz Aufseher der öffentlichen Kunstwerke zu Rom.*), der schon ehemals, wie ich bereits erzählt habe **), den Stadtpräfect Abelphius der Aufstrebung nach höheren Dingen bezüchtigt hatte. Es kam auch wirklich zur Untersuchung, aber die Hauptsache ward immer hingehalten, bis sich nähere Beweise der Klage ergäben: doch, ehe man sich's versah, gaben die Hofkammerherren, wie durchgängig die Sage ging, ohne weitere Formalitäten einstimmig der Sache ihre Entscheidung: die Personen, die man als Mitschuldige gefangen gesetzt hatte,

---

*) Nitentium rerum Centurio. Diese Herren hatten eine Schaarwache unter sich, welche besonders bei Nacht patrouilliren mußte, um die Beschädigung der öffentlich aufgestellten Bildsäulen und anderer Kunstwerke zu verhüten.

**) Muß in einem der verloren gegangenen Bücher gestanden haben.

hatte, wurden ihrer Fesseln entledigt, Dorus verschwand, und Verissimus verstummte plötzlich, wie der Schauspieler, sobald der Vorhang im Theater fällt.

Kap. 7.

Zu eben der Zeit erhielt auch Constantius die Nachricht, daß Marcell dem in Senones belagerten Cäsar keinen Entsatz zugesichert habe, (Kap. 4.) gab ihm also den Abschied, und den Befehl zu seiner Familie zurückzukehren: worüber der Mann, sich höchst beleidigt fand, und einen Plan wider Julian anlegte, in der festen Meinung, des Kaisers Ohr, wie immer, auch für seine Verläumdung offen zu finden. Aber kaum war er abgereist, als ihm der Oberkammerherr Eutherius nachgesandt ward, um seine erdichteten Beschuldigungen zu widerlegen. Jener wußte dies nicht, erschien also gar bald in Mailand, lärmte und polterte mit leerem Geschwätz eines Tollhäuslers, beschuldigte dann, im Staatsrathe vorgelassen, den Julian des Frevels, und fing schon an, um sich hierüber noch weiter auszubreiten, seine Schwungfedern in stärkere Bewegung zu setzen: denn seine lebhafte Gesticulation machte ihn wirklich einem Fliegenden ähnlich. Noch trug er seine unverschämten Erdichtungen vor, als Eutherius auch um Audienz bat, und nicht nur sogleich vorgelassen ward, sondern auch nach erhaltener Erlaubnis, freimüthig zu sprechen, in bescheidenem, sanftem Tone bewies, daß man die Wahrheit durch Lügen verdunkele. Obgleich

gleich der General (Marcell) absichtlich, wie man zu vermuthen Grund habe, gezaudert, so habe Julian dennoch durch seine wachsame Thätigkeit nicht nur die Belagerung in Senones (Sens) lange ausgehalten, sondern auch die Feinde zum Abzuge genöthiget: und daß derselbe dem Schöpfer seines Glükkes, so lange er lebe, treu und gewärtig bleiben werde, dafür sey er (Eutherius) bereit, mit seinem Kopfe zu haften.

Weil ich einmal vom Eutherius spreche, will ich doch etwas Weniges von demselben beifügen, das vielleicht um so mehr unglaublich scheinen mag, weil selbst ein Numa Pompil oder Sokrates, wenn sie von einem Verschnittenen etwas Gutes erzählten, und ihre Behauptung selbst durch einen Eid bekräftigten, dennoch kaum den Verdacht der Unwahrheit von sich ablehnen dürften. Aber unter Dornen wächst doch immer auch eine Rose, und unter Thieren der Wildniß giebt es doch immer auch einige zahme. Ich will also kurz die Umstände seines Lebens, so viel ich davon weiß, angeben. Er war in Armenien von freien Eltern gebohren, ward aber in zarter Jugend von angränzenden Feinden gefangen, der Mannheit beraubt, und an Römische Handelsleute verkauft, die ihn an Constantius Hof brachten: hier wuchs er nach und nach zum Jüngling auf, gab die besten Beweise seiner Tugendliebe und Geschicklichkeit, genoß einen für seine damalige Lage hinreichenden Unterricht, besaß ausnehmenden Scharfsinn, die schwersten und streitigsten Wahrheiten zu fassen oder auszugrübeln, seine Gedächtnißkraft war unermeßlich,

er

glühte vor Begierde, andern nützlich zu werden, und
war mit dem Talent, immer den treffendsten Rath
zu geben, so reichlich begabt, daß weiland Kaiser
Constans, wenn er dem jetzt zur Reife männlicher
Jahre gediehenen jungen Manne in dem, was er
ihm zu seinem Ruhme und Vortheile rieth, gefolgt
hätte, gewiß keine, oder doch sehr verzeihliche Fehler begangen haben würde. Als Oberkämmerherr
nahm er sich auch bei Julian die Freiheit, ihm
über seine Anhänglichkeit an Asiatische Sitte, und
daher entstandnen Leichtsinn gute Lehre zu geben.
Nachher begab er sich zur Ruhe, ward aber bald
wieder zurückgerufen, um im Palast zu wohnen,
blieb aber seiner gesunden Denkart, und vorzüglich
seiner Festigkeit des Geistes so treu, liebte die so
schätzbaren Tugenden der Redlichkeit und der Enthaltsamkeit so innig, daß er nie, er müßte denn
eines andern Glück und Leben retten zu können geglaubt haben, den Vorwurf, ein Geheimniß verrathen zu haben, oder einer unersättlichen Habsucht,
wie andere seines Standes, sich zu Schulden kommen ließ. Natürlich also, daß er sowohl vorher,
wenn er sich nur zuweilen, doch vom Geräusche des
Hofes entfernt, in Rom aufhielt, als auch nachher, da er in höhern Jahren seine Wohnung auf immer daselbst nahm, von seinem guten Gewissen
überall begleitet, aller Stände Achtung und Liebe
genoß, und noch genießt: da doch sonst diese Art
Menschen, wenn sie sich auf ungerechten Wegen
Reichthümer erworben haben, in abgelegene Winkel
sich zurückziehen, und lichtscheu dem beleidigten

Volke

Volke unter die Augen zu treten nicht wagen mögen. Mit welchem Verschnittenen früherer Zeiten ich diesen Mann vergleichen dürfte, wüßte ich in der That nicht, so oft ich auch die Geschichtbücher der Vorwelt darüber nachgeschlagen habe. Allerdings hat es auch bei den Alten, obgleich äußerst wenige treue und vernünftige Verschnittene gegeben, aber Eine Makel, Eine Untugend hing ihnen doch immer an: denn bei den Vorzügen, die sie sich entweder durch eigenen Fleiß erworben, oder von der Natur erhalten hatten, waren sie doch immer entweder habsüchtig, besaßen einen Hang zur Grausamkeit, waren geneigt andern zu schaden, trieben die Partheilichkeit für ihre Freunde zu weit, oder brüsteten sich zu stolz auf ihre Macht: aber von einem so ganz in aller Betrachtung untadelhaften Manne dieser Art gestehe ich nirgends etwas gelesen oder gehört zu haben, und darf mich deshalb kühn auf das gültige Zeugniß unseres Zeitalters berufen. Sollte dennoch ein krittelnder Kenner der ältern Geschichte den Menophilus, des Pontischen Königes Mithridates Verschnittenen, als Gegenbild desselben aufstellen wollen, so würde ich ihn bitten, zu bedenken, daß die einzige rühmliche Handlung, die man von ihm erzählt, doch nur durch die äußerste Noth veranlaßt ward. In einem entscheidenden Treffen von den Römern unter Pompejus Anführung besiegt, war dieser König ins Kolchische Reich geflohen, und hatte seine erwachsene Prinzessin Drypetina, weil sie von einer schweren Krankheit befallen war, in

Ammian Marcell. 1ster B.   L   dem

dem Kastell Synhorium *) den treuen Händen Menophils empfohlen: dieser sparte kein Heilmittel, ihre Krankheit zu heben, und nach völlig hergestellter Gesundheit derselben wünschte er nichts mehr, als sie mit gewissenhafter Treue in des Vaters Arme zurück zu liefern: weil aber Manlius Priscus, des Pompejus Unterfeldherr (Legat) die kleine Festung, in der er sich mit ihr befand, belagerte, und ihm die Besatzung kapitulieren zu wollen schien, so nahm er, um dem Vater Schande, und der Königstochter Sklavenstand und Entehrung zu ersparen, erst ihr das Leben, und stieß dann sich selbst das Schwert in die Brust **). Doch ich kehre zu meiner eigentlichen Geschichte zurück.

Kap. 8.

Nachdem nämlich Marcell, weiter zu schaden außer Stand gesetzt, in seine Geburtsstadt Serbica †) zurückgegangen war, nahm man am Hofe des Kaisers die Behauptung seiner geheiligten Majestät zum Vorwande, die schändlichsten Ungerechtigkeiten zu begehen. Es durfte nur jemand über das Pfeifen einer Spitzmaus, wegen eines über den Weg gelaufenen Wiesels, oder über eine andere ähnliche Vorbedeutung einen Zeichendeuter befragt, oder auch ein schmerzstillendes Zaubermittel (welches doch selbst die wahre Arzneikunst nicht verschmäht) von einem

alten

*) Auf der Gränze zwischen Groß- und Klein-Armenien, worauf sich auch der Griechische Name bezieht.
**) Dieses Geschichtchen steht auch bei Valer. Max. B. v. K. 8.
†) Heut zu Tage Sophia in Bulgarien.

alten Weibe genommen haben, so sah er sich, so unbegreiflich ihm auch dies scheinen mochte, deswegen angegeben, vor den Richterstuhl geführt, und zum Tode verurtheilt.

Ungefähr in diese Zeit fällt auch folgende Begebenheit. Eine Dame hatte sich über ihren Gemahl, mit Nahmen Danus *), nur um ihm bange zu machen, einiger Kleinigkeiten wegen sich beschweret: dem unschuldigen Manne beizukommen lauerte, aus welchem Grunde, weiß ich nicht, schon längst Rufin, der, wie ich vorhin erzählte, einige durch den Staatsagenten Gaudentius erhaltene Nachrichten bei Hofe anbrachte, und dadurch die Hinrichtung des damaligen consularischen Statthalters in Pannonien Africans nebst seinen Gästen veranlaßt **), jetzt aber durch sein kriechendes Wesen noch immer in dem Posten des ersten Generaladjutanten beim prätorischen Präfect ***) sich zu erhalten gewußt hatte. Durch prahlende Versprechungen hatte er das gewandte Weiblein erst zu ehelicher Untreue, dann zu einer für sie selbst gefährlichen Schandthat durch den Rath verleitet, daß sie durch ein Gewebe von Lügen gegen ihren unschuldigen Mann die Klage beleidigter Majestät anbringen,

L 2 und

---

*) Ein im Texte befindlicher Hiatus ist vermuthlich durch einen Amtsnahmen auszufüllen, und aus den Worten: ihm bange zu machen, scheint sich zu ergeben, daß er sich bejahen lassen, der Frau Gemahlin nicht immer ihren Willen zu thun.

**) B. 15. K. 3. wo doch Ammian nicht gerade von Hinrichtung spricht.

***) Auch dieser Umstand erklärt sich aus B. 15. K. 3. denn eigentlich machten diese Generaladjutanten nach zwei Jahren einem andern Platz.

und vorgeben sollte, er hätte eine purpurne Decke aus Diocletians Gruft entwandt, hätte sie in seinem Hause verborgen, und der Theilnehmer wären mehrere. Nachdem man so den Plan auf das Verderben anderer angelegt hatte, flog nun der Mann, in Hoffnung sich höher zu schwingen, zum Hoflager des Kaisers hin, um seine Lästerungen, wie gewöhnlich, in Thätigkeit zu setzen. Auf dieses Anbringen bekam Mavortius, der damalige prätorische Präfect, ein Mann des festesten Charakters, Befehl, gegen den Verbrecher mit strenger Untersuchung zu verfahren, wozu ihm als Beistand in Verhören der Schatzmeister der Staatskasse Ursulus, auch ein sehr ernster Mann zugegeben ward. Man trieb dem damals herrschenden System bei Hof gemäß die Untersuchung so weit man konnte: weil man aber selbst durch Foltern mehrerer Personen nichts herauszubringen vermochte, und die Richter über ein Urtheil sehr verlegen waren: so schöpfte endlich die unterdrückte Wahrheit neuen Athem, im Notherauge gab das Weib den Rufin als Anstifter des ganzen Komplots an, ohne selbst ihre Schande als Ehebrecherin zu verheelen: und sobald man nachgesehen, was die Gesetze in dergleichen Fällen verordneten, wurden beide, wie unparteiische Gerechtigkeit es heischte, zum Tode verurtheilt. Constantius brauste auf diese Nachricht vor Zorn hoch auf, klagte laut, der Mann habe nur deshalb sterben müssen, weil er ein wachsamer Hüter seines Lebens gewesen wäre, und sandte sogleich reitende Eilboten ab, mit dem drohenden Befehl an Ursulus, sogleich zum Hoflager zurückzukommen.

kommen. Er kam, drängte sich unerschrocken durch die abwehrende Menge, trat in das Audienzzimmer ein, trug den ganzen Zusammenhang der Sache mit freier Zunge und freiem Muthe vor, brachte durch diesen edlen Trotz geschwätzige Schmeichler zum Schweigen, und rettete den Präfect und sich aus einer augenscheinlichen Lebensgefahr.

Damals ereignete sich auch in Aquitanien eine Begebenheit, von der man weit und breit sprach. Ein ausgelernter Schurke *) ward zu einem prächtigen und geschmackvollen Gastmahle, wie sie in jenen Gegenden sehr gewöhnlich sind, eingeladen, sah hier an einem Paar linnenen Ueberzügen über Tischpolster so breite Purpurkanten, daß sie durch die Kunst der Tafeldecker im Zusammenlegen aus Einem Stücke zu bestehen schienen, sah auch die Tafel mit ähnlichen Tafeltüchern belegt: er hob also mit beiden Händen einen Streif in die Höhe, rufte aus, dies sey der Vordertheil eines kaiserlichen Kriegsrockes, fing dann im ganzen Hause nach dem Reste dieses vorgeblichen Kaisergewandes nachzusuchen an, und gab dadurch Anlaß, daß eine reiche Familie um ihr ganzes Vermögen kam. Eben so hämisch verfuhr ein Staatsagent in Spanien auch bei einem Gastgebote: denn da er die bei eintretendem Abend Licht in die Zimmer bringenden Bedienten den gewöhnlichen Gesang anstimmen hörte **), so gab er dem, was

blos

---

*) Ist vielleicht mehr starkes, als gutes Deutsch, aber die ganze Geschichte rechtfertigt diesen Ehrentitel.

**) Zum Unglück hat sich von dem Liedchen im Texte nur das kleine Fragment: Vincamus perum — erhalten,

blos Gebrauch war, eine tückische Deutung, und machte ein edles Haus unglücklich.

Dergleichen Vorfälle wurden deshalb immer gewöhnlicher, weil Constantius so äußerst furchtsam war, daß er immer ein Schwert hinter sich glaubte, wie Dionys, Siciliens Despot, welcher mit eben diesem Fehler behaftet, nicht nur seine eigenen Töchter die Kunst, ihm den Bart abzunehmen lehren ließ, um nicht einem Fremden die Glättung seines Kinnes anvertrauen zu dürfen: sondern auch das kleine Seitengebäude, in dem er schlief, mit einem tiefen Graben umzog, und mit einer Brücke, die man aus einander nehmen konnte, belegte, und dann die ausgehobenen Pfosten und Breter eigenhändig in sein Schlafgemach trug, und mit Anbruch des Tages, um ausgehen zu können, wieder zusammen zimmerte. Zu diesen landverderblichen Ränken gaben mächtige Männer am Hofe gar oft den Ton selbst an, in der Absicht, mit dem Vermögen der Verurtheilten das ihrige zu vermehren, und von den eingezogenen Landgütern derselben Gelegenheit zu nehmen, auch die daran stoßenden Felder anderer an sich zu reißen. Die Geschichte giebt uns nämlich die zuverläßige Nachricht, daß Constantin zuerst den Gaum der Höflinge angebracht, Constantius hingegen dieselben mit dem Marke der Provinzen gemästet habe: unter dem letztern glühten in der That die ersten Männer jedes Standes von unersättlicher Begierde, sich zu bereichern, ohne auf Recht oder Billig-

ten, aus dem sich nichts machen läßt, es wäre denn, daß es etwa im Ganzen ge-
heißen hätte: Das Licht vertreibt die finstere Nacht u. s. w.

Billigkeit zu sehen: Am meisten deßhalb berüchtiget waren unter den Civilrichtern der prätorische Präfect Rufin, unter den militarischen der General der Reiterei; ferner der Oberkammerherr Eusebius, der Quästor.... anus *), und in Rom die Gebrüder Anicier, die als ächte Enkel ihren Stammvätern mächtig nacheiferten, und bei immer wachsendem Reichthume doch nie genug bekommen konnten **).

Kap. 9.

Die Perser hatten indeß im Orient mehr durch listige Raubereien, als durch förmliche Gefechte in schnellen Angriffen, wie sonst ihre Sitte ist, Menschen und Vieh weggetrieben: bisweilen gewannen sie, durch ihre Schnelligkeit begünstigt, oft verloren sie, durch die Menge unserer Kriege übermannt, einigemal ließ man ihnen nicht einmal Zeit, sich nach Beute nur umzusehen. Musorian, der prätorische Präfect, ein Mann, der, wie ich ihn vorhin beschrieb, (B. 15. K. 13.) viele gute Eigenschaften und Fähigkeiten besaß, aber bestechbar, und, wo er Geld sah, leicht von besseren Grundsätzen abzubringen war, hatte durch einige in schleichenden Ränken erfahrne Kundschafter die Absicht der Perser ausgeforscht, zog auch über diesen Punkt den kommandirenden General (Comes) in Mesopotamien, Cassian, einen durch mehrere Feldzüge und bestandene Gefahren abgehärteten Mann zu Rathe. Sobald beide

---

*) Valesius räth auf Lu- cillian.
**) Dieser Anicier er- wähnt auch Zosimus B. 6. K. 7. und andere Schriftsteller derselben Zeit.

beide Männer durch einstimmige Versicherung der Kundschafter zuverläßig erfuhren, daß Sapor in den äußersten Gränzen seines Reiches schon viele seiner Unterthanen in Schlachten aufgeopfert, und dennoch der feindlichen Nationen sich kaum erwehren könne; ließen sie den Tamsapor, der die Persische Armee in den unsere Gränzen berührenden Provinzen aufführte, ingeheim durch Soldaten, die sie selbst nicht kannten, besprechen, ob er nicht gelegentlich an den König schreiben, und ihm rathen wolle, doch endlich einmal mit dem Römischen Kaiser Frieden zu machen, um sich dadurch von allen Seiten freiere Hand zu verschaffen, über die hartnäckigen Rebellen herzufallen. Tamsapor ging wirklich darauf ein, und begründete seinen Vortrag an den König darauf, daß Constantius, in die gefährlichsten Kriege verwikkelt, den Frieden als Geschenk annehmen würde. Aber ehe diese Briefe bis zu den Chioniten und Eusonern, in deren Gränzen Sapor im Winterquartiere stand, hinkamen, verfloß eine sehr lange Zeit.

Kap. 10.

Indem man im Morgenlande und in Gallien diese Einrichtungen, so gut es die Lage der Umstände erlaubte, traf, kam dem Constantius, als hätte er den Janustempel einmal wieder geschlossen, und alle seine Feinde gedemüthigt, die Lust an, Rom zu sehen, um einen Triumph, den er nach Magnentius Tode über keinen nahmentlichen Feind halten
konn=

konnte, wenigstens über Römerblut zu halten. In der That konnte er kein einziges gegen Rom kriegendes, von ihm persönlich bezwungenes Volk, keinen von seinen Generalen tapfer erfochtenen Sieg anführen, nirgends hätte er die Gränzen des Reiches erweitert, nie war er der erste, oder auch nur einer der ersten gewesen, der dringender Noth muthig entgegen getreten wäre: er wollte nur einen langgedehnten Zug, von Gold starrende Fahnen und schöngeputzte Trabanten dem friedlichen Volke zum Besten geben, das doch dieses oder ein anderes Spectakel zu sehen weder hoffte, noch begehrte. Der Mann mochte vermuthlich nicht wissen, daß einige ältere Fürsten in Friedenszeiten sich an dem Gefolge der Lictoren begnügten, dann aber, wenn Drang der Schlacht sie zu Thätigkeit aufforderte, der eine bei brausender Winde Wuth sich einem kleinen Fischerkahne vertraute, (Julius Cäsar) ein anderer, nach der Decier Beispiele, sein Leben für den Staat freiwillig aufopferte, (Claudius Gothicus) ein dritter das feindliche Lager, unter seine niedrigsten Krieger gemischt, recognoscirte, (Galerius Maximian) andere durch glänzende Unternehmungen sich so vortheilhaft auszeichneten, daß von ihren rühmlichen Thaten noch jetzt die dankbare Nachwelt spricht.

Nach vielen kostbaren Zurüstungen, die ich jetzt nicht aufzählen mag *), brach er in dem Jahre, da

*) Valesius vermuthet, daß die im Texte befindliche Lücke vielleicht mit dem bloßen Tage auszufüllen sey, supplirt also aus Idatii Fastis: IV. Kal. Maias, welches allerdings weiterhin in diesem Kap. durch die Angabe der Zeit des Aufenthalts, und des Tages der Ab-

Orfitus zum zweitenmale Stadtpräfect war, auf, ging durch Ocriculum, (Otricoli im Kirchenstaat) und setzte dann, stolz auf die ihm überall wiederfahrende Ehre, von furchtbaren Schaaren, als führe er eine Armee zur Schlacht hin, umgeben, unter starkem Gaffen der Städtebewohner seinen Zug fort. Nahe vor Rom selbst kamen ihm die Senatoren entgegen: er sah ihre Verbeugungen, und die ehrwürdigen Gesichter patricischer Abkunft mit heiterer Miene, und glaubte, nicht wie jener Cyneas, des Pyrrhus Gesandter *), sich in einer zahlreichen Versammlung von Königin zu befinden, sondern das Asyl der ganzen Welt vor sich zu sehen **). Dann richtete er seinen Blick auf das Volk umher, staunte, daß alles, was Menschen hieße, mit solcher Geschwindigkeit nach Rom zusammengeströmt sey: und als könne er wenigstens durch Waffen-Glanz den Euphrat und Rhein schrecken, bestieg er, und nur er allein unter vorherziehender doppelter Fahnenreihe den goldnen Wagen, von Edelsteinen aller Art so glänzend, daß wechselnder Farben Spiel das Auge blendete. Unter dem gemengten Zuge vor ihm her

befan=

Abreise. IV. Kal. Junias bestätigt wird. Aber eben diese Angabe bestimmt ja den Tag der Ankunft zugleich mit. Indessen kann es immer seyn, daß Ammian so gefällig seyn wollen, seinen Lesern die Mühe, dreißig Tage zurückzurechnen, zu ersparen. Auf alle Fälle fehlt dennoch ein Zeitwort, das ich in practeream zu treffen glaubte.

*) Justinus B. 18. K.] 2. Florus B. 1. K. 18.

**) Vielleicht hat sich Ammian der Stelle Cicero's von den Pflichten B. 2. K. 8. erinnert, und nur den kleinen Unterschied zwischen einem Senator zu Cicero's u. einem zu Constantius Zeiten dabei vergessen.

befanden sich auch Drachengestalten †) von Purpur gewebt, auf goldenen und mit Edelsteinen besetzten Querstangen an Lanzen befestigt, die aus ungeheuren Rachen Feuer von sich zu hauchen, vor Wut zu zischen schienen, und die langen Windungen ihrer Schweife den Winden preis gaben. Dann kamen auf beiden Seiten eine doppelte Reihe bewaffneter Krieger, mit Schilden und Helmbüschen in hellem Glanze spiegelglatter Panzer strahlend: in einigem Abstande wechselten mit ihnen geharnischte Reiter ab, bei den Persern Clibanarier *) genannt, mit Panzern gedeckt, deren Rand von Stahl war, mehr leblosen Bildsäulen, von Praxiteles Hand geformt, als lebenden Menschen ähnlich: dünngeschlagene Ringel schmiegten sich über jedes Glied, über jede Biegung des Körpers, und wo ein Gelenk sich krümmen mußte, paßte sich die geschmeidige Rüstung, aus Einem Stück gemacht, der kleinsten Bewegung an. Der freudige Aufruf seines Kaisernamens, den Berge und Gestade im Widerhall zurückgaben, setzte ihn in starre Bewunderung, aber er behielt auch jetzt die Steifheit bei, die man bisher in den Provinzen an ihm gewohnt gewesen war. So klein er auch von Statur war, beugte er sich doch etwas, indem er durch das hohe Thor fuhr, sah,

als

---

†) Eine Art von Fahnen, die die Römer außer ihren Legionenadlern in späterer Zeit von andern Nationen annahmen. Ammians deutliche Beschreibung überhebt mich einer weitläufigern Note, und außer den Schriftstellern vom Röm. Kriegswesen habe sich besonders in den Lettres de Cuper. S. 3 angenehme Nachricht darüber gefunden.

*) Das Wort ist nicht persisch, wohl aber die Erfindung. S. Salmas. ad Scriptores Hist. Aug. T. I. p. 1019.

als trüge er ein eisernes Halsband, mit stierem Blick immer auf Einen Punkt vor sich hin, ohne das Gesicht auf die rechte oder linke Seite zu wenden: saß da, wie eine wahre Bildsäule, ohne beim Anstoß des Rades aus seiner Lage zu rücken, ohne sich des Speichels zu entledigen, ohne Wangen oder Nase zu trocknen oder zu kratzen, ohne die geringste Bewegung mit der Hand zu machen. Dies war nun wohl Ziererei: indessen glaubte man doch, so wie in vielen andern Vorsätzen seines vorhergegangenen Lebens den Beweis eines ihm vorzüglich verliehenen Talentes ausharrender Geduld zu finden. Daß er aber die ganze Zeit seiner Regierung hindurch weder jemanden im Wagen neben sich sitzen lassen, noch einen, der nicht aus der kaiserlichen Familie war, zum Gehülfen im Consulat angenommen, wie doch verewigte Kaiser vor ihm thaten, und dergleichen Gewohnheiten mehr, welche er, zur höchsten Würde im Staat erhoben, für gebührende Observanz hielt, übergehe ich, weil ich sie bereits an ihrem gehörigen Orte angeführt zu haben mich erinnere.

Nachdem er endlich in Rom selbst, dem Wohnsitze der Weltherrschaft, und alles dessen, was groß und edel heißen mag, seine Einfahrt gehalten hatte, und bei der großen Rednerbühne ankam, staunte er über den Markt, der noch jetzt die sprechendsten Beweise ehemaliger Macht aufwies: von allen Seiten, wohin sein Blick traf, durch dicht auf einander gedrängte Wunder geblendet, hielt er an den Adel in der Curie, an das Volk vom Tribunal eine kurze Anrede, begab sich dann unter vielfachem Jubel in

den

den Palast, seine Freude entsprach ganz seinen Wünschen, und selbst dann, wann er Ritterspiele gab, machte ihm die treuherzige Geschwätzigkeit des gemeinen Volkes ein Vergnügen, das, ohne eben frech zu werden, doch auch jetzt die ihm eigene Freimüthigkeit nicht verläugnete. Doch auch Er hatte so viel Achtung für dasselbe, daß er sich in den gehörigen Gränzen seiner Würde hielt; denn er ließ nicht, wie in andern Städten sein Gebrauch war, die Spiele, wann es ihm einfiel abbrechen, überließ vielmehr, wie es Sitte war, ihr Ende dem Zufalle. Wenn er dann in einem Bezirke von sieben Hügeln die bergan und auf ebenem Boden liegenden Theile der Stadt oder der Vorstädte in Augenschein nahm, verdunkelte jeder neue Gegenstand den Eindruck alles dessen, was er vorher gesehen hatte. So übertraf des Tarpejischen Jupiters Tempel in seinen Augen jeden andern so weit, als Erde vom Himmel absteht: so die Bäder, wie Provinzen im Kleinen gebaut: so die dichte Steinmasse des Amphitheaters aus Tiburtinischen Quadersteinen so hoch aufgethürmt, daß kaum ein menschliches Auge dessen oberste Höhe erreichte: das Pantheon, in weitumfassender Rundung zu ansehnlicher Höhe gewölbt; erhabene Säulen, mit inneren Wendeltreppen bis zur Spitze hinauf, wo kolossalische Bildsäulen vormaliger Kaiser standen: so der Stadttempel, der Markt der Friedensgöttin, des Pompejus Theater, das Odeum, das Stadium, und andere Schönheiten, die der ewigen Stadt Ruhm erhöheten

heten *). Aber wie er endlich an Trajans Markte ankam, einem Platze, mit dem, in der weiten Welt keiner sich messen darf, dem, wie ich glaube, selbst Götter ihren bewundernden Beifall, nicht versagen würden, stand er ganz mit staunendem Blick und staunender Seele vor den gigantesken Parthien da, die sich unmöglich beschreiben lassen, und mit einer Größe ausgeführt sind, an die sich ein menschlicher Geist nie wieder wagen wird. Die Hoffnung, etwas dem ähnliches zu unternehmen, gab er nun freilich ganz auf, doch erklärte er sich, Trajans Pferd wenigstens, das in der Mitte des Einganges stand, und den Kaiser selbst trug, nachmachen zu wollen, und nachahmen zu können. Der neben ihm stehende Prinz Hormisda, dessen Flucht aus Persien ich vorher erzählt habe.**), nahm sich die Freiheit, mit einer tiefen Verbeugung nach seiner Landesart die Bemerkung zu machen: „Besser wäre es doch wohl, wenn „Ihre Majestät, vorausgesetzt, daß Sie können, „vorher einen solchen Stall aufführen ließen: denn „billig muß doch das nachgemachte Pferd eben so „weit ausgreifen, als das Original, das wir hier „vor uns sehen." Eben dieser Prinz gab auf die

Fra=

*) Eine Erklärung dieser Schönheiten Roms und die Berichtigung einiger Ammianischen Hyperbeln würde mich hier zu weit führen.

**) Diese Geschichte hat in einem der verloren- gegangenen Bücher Ammians gestanden, denn sie ist im Jahre 323. vorgefallen, doch hat sie uns Zosimus B. 2. K. 27. vergl. mit B. 3. K. 13. erhalten, auch verweiset der verdienstvolle neue Herausgeber desselben, Herr Dr. Reitemeier auf Zonaras B. 13. K. 5. der das Mährchen wieder mit andern Umständen erzählt. Uebrigens werden wir den Hormisda und seinen Sohn, gleiches Nahmens, weiterhin im Ammian mehrmals wieder finden.

Frage, was denn Er von Rom hielte, die Antwort: Am besten habe ihm die gemachte Erfahrung gefallen, daß die Menschen auch hier sterblich wären *). Ob nun gleich so viele Herrlichkeiten den Kaiser mit staunender Bewunderung erfüllten, so konnte er doch seinen Unwillen über die entweder ohnmächtige oder neidische Fama nicht bergen, die, so gern sie auch sonst Alles über die Gebühr zu vergrößern pflege, doch den Ruhm von Roms Schönheiten nicht im gehörigen Detail habe bekannt werden lassen: und nach langer Ueberlegung beschloß er die Zierden der Stadt durch einen im großen **) Circus aufzurichtenden Obelisk, dessen Geschichte und Form ich an einem schicklichern Orte angeben will ***), zu vermehren.

Zu derselben Zeit war auch Helena, des Constantius Schwester und Julians Gemahlin, von vorgespiegelter Zärtlichkeit geblendet, in Rom angekommen, im Grunde aber hatte sie eine tückische Feindin an Eusebien, der Kaiserin, die für ihre Person von je her unfruchtbar, jene durch einen listigen Betrug einen Trank zu nehmen verleitete, der die Kraft hatte, jedes Kind, mit dem sie schwanger ging, abzutreiben ****). Kurz vorher hatte sie ein Knäb-

---

*) Anstatt *placuisse* möchte Valois liber *displicuisse* lesen, und Gibbon 4, 296. tritt ihm bei. Allerdings ist für Rom das Kompliment schmeichelhafter: Alles gefällt mir in Rom vortreflich — nur Schade, daß auch Römer sterben —

**) Für proximo habe ich mit Valesius maximo ohne Bedenken in den Text genommen, zumal da es durch B. 17, K. 4. bestätigt wird.

***) Buch 17. Cap. 4.

****) Gibbon 4, 190 überläßt es den Aerzten zu bestimmen, ob ein Gift oder Trank dieser Art vorhanden sey, und ist überhaupt geneigt, Eusebien zu entschuldigen.

Knäblein, von dem Helena in Gallien entbunden ward, dadurch aus der Welt geschafft, daß sie die Hebamme bestach, das Kind gleich nach der Geburt durch zu tiefe Abschneidung der Nabelschnur zu tödten: so sorgfältig suchte man zu verhüten, den tapfern jungen Mann in Kindern fortleben zu sehen.

So sehr übrigens der Kaiser seinen Aufenthalt in der glänzendsten Stadt der Welt bei ganz ungestörter Muße und Vergnügen noch länger fortzusezzen gewünscht hätte, so ward er doch durch eben so oft wiederholte als zuverläßige Nachrichten in Angst gesetzt, daß die Sueven in Rätien eingefallen, daß die Quader Valerien, und die Sarmaten, eine auf Raubereien ausgelernte Nation, das obere Mösien, und das zweite Pannonien plündernd verwüsteten *). Hierüber bestürzt, ging er am dreißigsten Tage nach seiner Ankunft am acht und zwanzigsten Mai aus Rom ab, und eilte durch Trident nach Illyricum hin. Von hier aus besetzte er Marcells Stelle mit Sever, einem durch Erfahrung im Kriege und reife Einsicht bewährten Mann, entbot auch den Ursicin zu sich. Dieser empfing des Kaisers Briefe mit großem Vergnügen, und kam in Begleitung einiger seiner Officiere nach Sirmium nach langer Ueberlegung der besten Maaßregeln auf den Fall, wenn es mit den Persern, wie Musonian Hoffnung machte, zum Frieden käme, ward er als erster Feldherr vom neuen im Orient angestellt: die ältere

---

*) Die Sueven kommen im Ammian, so viel ich weiß, nicht weiter vor, sind aber sonst bekannt genug. Von dem Kriege gegen die Quader und Sarmaten sehe man B. 17. K. 12. 13. u. B. 19. K. 11.

älteren seines Gefolges wurden zu wirklichen Officiers-
stellen befördert, wir jüngern bekamen Befehl, in
jedem Auftrage, den er uns thun würde, das Wohl
des Staates befördern zu helfen *).

Kap. 11.

N.C.Geb.) Julian hatte bei den Senonen sehr un-
357. ruhige Winterquartiere gehabt, aber im neuen Jahre,
in dem Constantius sein neuntes, Er sein zweites
Consulat antraten, und die Drohungen der Germanen ihn von allen Seiten umtönten, brach er, durch
glückliche Vorbedeutungen ermuntert, nach Remi
(Reims) auf, und sein Muth war um so freudiger,
weil Sever die Armee anführte, ein Mann, der
weder zanksüchtig noch anmaßend, vielmehr durch
langen Dienst zur Mäßigung gewöhnt war, dem
er, wie er hoffte, nur mit gutem Beispiele vorgehen dürfe, um an ihm den folgsamsten Unterfeldherrn zu haben. Von einer andern Seite war Barbatio, der nach Silvans Tode die Stelle eines Generals der Reiterei erhalten hatte, aus Italien auf
Befehl des Kaisers mit fünf und zwanzigtausend
Mann bei den Raurakern (bei Basel) eingetroffen. Man hatte nämlich zu Ausführung des ent-
worfenen Planes die sorgfältigsten Vorkehrungen getroffen, die Alamannen, die seit einiger Zeit mit
mehr als gewöhnlicher Wut ihre Streifereien
immer weiter ausdehnten, mit Hülfe einer zweiten
ihnen

*) S. B. 14. K. 7. Note.
Ammian. Marcell, 1ster B. M

ihnen entgegen gestellten Armee in die Mitte zu nehmen, und wie in das Innere einer Zange zusammengedrängt auf einmal niederzumachen. Schon stand man im Begrif, einen so wohl angelegten Plan auszuführen, als die Läter *), eine wilde, in heimlichen Ueberfällen sehr geübte Völkerschaft, sich zwischen unsern beiden Lagern hinschlichen und Lugdunum (Lyon) ganz unvermuthet überfielen, auch ganz gewiß Plünderung und Brand über diese Stadt gebracht haben würden, wenn man sie nicht durch schnelle Verschließung der Thore noch zurückgetrieben, und genöthigt hätte, bloß an der Beute, die sie ausser der Stadt fanden, sich begnügen zu lassen. Auf die Nachricht von diesem Ueberfalle ließ Julian drei Trupps leichter und tapferer Reiter eiligst aufsitzen, um die drei Wege zu besetzen, auf denen seiner Vermuthung nach die Räuber den Rückweg nehmen müßten: und sein Plan gelang ihm. Alle, die auf diesen Wegen durchziehen wollten, wurden niedergemacht, man bekam das geraubte Gut ganz unversehrt wieder, und nur die brachten ihr Leben davon, die sich durch Barbations Linien zogen. Daß man sie hier entkommen ließ, kam daher, weil der Tribun Bainobaudes und Valentinian, nachher Kaiser, die mit ihrer Reiterei an den Paß derselben

---

*) Sind ursprünglich Gallier gewesen, dann einmal aus dem Lande vertrieben, und vom Kaiser Maximian wieder in ihre Wohnsitze eingesetzt worden, wie Valesius beweiset. Indessen scheint mit der Zeit wieder eine Veränderung mit ihnen vorgegangen zu seyn, oder ein Theil von ihnen ist in Deutschland zurückgeblieben, denn Ammian nennt sie weiterhin in unserm Kap. Germanen, Sie kommen auch B. 20. K. 8. und B. 21. K. 13. vor.

selben Gegend beordert waren, vom Cella, Obersten der beschildeten Garde, welcher in Barbations Gefolge mit zu Felde gegangen war, den Weg, wo die Germanen, nach eingezogenen Berichten, zurück wollten, zu besetzen behindert wurden. Nicht genug, daß der unthätige und auf Julians Ruhm im höchsten Grad neidische Feldherr des Fußvolkes wissentlich diesen Befehl zum Nachtheile der Römer gegeben hatte (denn Cella berufte sich darauf, als man ihn zur Verantwortung zog), so täuschte er noch den Constantius durch einen falschen Bericht, und gab vor, jene Tribunen wären eigentlich gekommen, die unter ihm stehenden Truppen aufzuwiegeln, und hätten nur den Auftrag, für das Ganze mitzuwirken, zum Vorwande genommen: weshalb sie auch wirklich ihrer Aemter entsetzt, dienstlos zu ihren Familien zurückkehrten.

Zu eben derselben Zeit hatten die diesseit des Rheines wohnenden wilden Volksstämme, durch die Ankunft unserer Armeen in Furcht gesetzt, theils die beschwerlichen, und von Natur steilen Wege durch Verhaue, zu denen sie ungeheure Baumstämme fällten, noch mehr verwahrt, theils auf die häufig im Rhein befindlichen kleinen Inseln sich zurückgezogen, und schmähten unter kläglichem Geheul auf Römer und Cäsar. Dieser, hierüber äußerst erbittert, erbat sich, um einige dieser Leute zu greifen, vom Barbatio sieben Schiffe, die er zur Unterlage von einer Schiffbrücke bei etwa vorfallendem Uebergange über den Rhein hatte verfertigen lassen: aber Barbatio ließ sie, um ja von seiner Seite nicht hülfliche Hand

zu bieten, verbrennen. Julian erfuhr endlich durch
Aussage einiger neuerlich eingebrachten Spionen, daß
man jetzt im heißesten Sommer den Fluß durchwa-
ten könne: er ermunterte also einige leichte Hülfstruppen, sich unter Anführung des Tribuns der Cornuten, Bainobandes *) zu einer, wenn das
Glück wohlwollte, glänzenden Unternehmung gebrauchen zu lassen. Sie thaten es, und kamen,
entweder über seichte Furten schreitend, oder auf untergelegten Schilden, die ihnen zu Kähnen dienten,
schwimmend auf die nächste Insel hinüber, gingen
ans Land, machten Mann und Weib, ohne Rücksicht auf Alter wie das Vieh nieder, bemächtigten
sich dann der leeren Kähne, ließen sich das Schwän-
ken derselben nicht hindern, den Strom zu gewinnen, überfielen noch eine ganze Menge von dergleichen Inseln, und kehrten dann, des Mordens satt,
mit reicher Beute, die ihnen doch zum Theil die Heftigkeit des Stroms entriß, beladen, ohne einen
Mann zu verlieren, ins Lager zurück. Diese Nachricht bewog die übrigen Germanen, ihre Sicherheit
nicht weiter unzuverläßigen Inseln anzuvertrauen,
vielmehr ihre Lebensbedürfnisse, Früchte und Habe,
wie sie sich bei wilden Völkern denken läßt, mehr
landeinwärts zu schaffen. Julian schritt nun zu dem
Geschäft, die Schanze Tres Tabernä (Rhein-
Zabern), welche die Feinde vor nicht langer Zeit mit
unbezwinglicher Hartnäckigkeit zerstört hatten, wieder herzustellen, überzeugt, daß er durch ihren Auf-
bau

---

*) Scheint von dem vor-
her genannten verschieden zu
seyn, und über die Cornu-
ten bitte ich die Note zu
15,5. nachzusehen.

bau die gewöhnlichen Einfälle der Germanen in die innern Theile Galliens vereiteln könnte: er beendigte auch das Werk über Vermuthen schnell, und brachte Lebensmittel für die einzulegende Besatzung von den fruchtvollen Feldern der Feinde, freilich nicht ohne Gefahr und mit gewaffneter Hand, auf ein ganzes Jahr zusammen. Doch nicht nur seine neue Schanze, auch sich selbst versorgte er bei dieser Gelegenheit mit Lebensbedürfnissen auf zwanzig Tage. Ueberhaupt genossen seine Krieger ihren Lebensunterhalt mit mehrerem Appetite, wenn sie sich ihn durch eigene Faust errangen, noch immer erbittert, daß sie von dem ihnen neuerlich zugefahrenen Proviant deswegen nichts geschmeckt hatten, weil Barbatio, in dessen Gegend dieser Transport vorbeiging, einen Theil mit eigenmächtigem Stolze für sich behielt, den übrigen Rest aber auf einen Haufen zusammenwerfen und verbrennen ließ. Ob dies der Mann blos aus toller Unbesonnenheit that, oder ob überhaupt mehrere, von dem Winke eines Höheren geleitet, sich so ganz ohne Scheu dergleichen Schändlichkeiten erlaubten, ist bis auf den heutigen Tag ein Geheimniß. Allgemeine Sage war es wenigstens damals, man habe bei Julians Erhebung gar nicht die Absicht gehabt, Galliens trauriger Lage abzuhelfen, vielmehr nur ihn selbst im Kriege mit so wilden Völkern hinopfern wollen: und wie bald, (so wähnte man) wird der junge Mann, beim ersten Waffenklang zurückbeben! Aber indeß daß er einen Wall um sein Lager her in gehöriger Höhe gar bald zu Stande brachte, und seine Soldaten theils an den Gränzen hin einen Kordon gezogen hatten, theils, um dem überall auflauernden Feinde nicht in die Hände zu fallen, mit möglichster Behutsamkeit auf Furagirung ausgingen, griff ein Schwarm Barbaren mit einer Geschwindigkeit, die selbst der Nachricht von ihrer Ankunft voreilte, den Barbatio, der, wie ich vorher bemerkte, mit seiner Armee auf Gallischem Boden in einem abgesonderten Lager stand, ungestüm an, verfolgte die Fliehenden bis Rauraci (Augst) und noch weiterhin, so weit sie konnte, sah fast das ganze Gepäck, Pferde und Troß in ihren räuberischen Händen, und kehrte dann in ihre Gränzen zurück. Aber Barbatio — verlegte, als hätte er seinen Feldzug aufs rühmlichste geendigt, seine Soldaten in die Winterquartiere, und ging für seine Person an das kaiserliche Hoflager zurück, um, seiner Gewohnheit nach, Kabalen wider den Thronfolger zu schmieden.

Kap. 12.

Kaum hatte sich die Nachricht von diesem schändlichen Rückzuge verbreitet, als die Könige der Alamannen, Chsodomarius und Vestralpus, ingleichen Urius und Ursicinus, nebst Serapion, Suomarius und Hortarius *) ihre gemeinschaftliche Macht in Ein Lager zusammengezogen, und sich bei Argentoratum (Strasburg) setzten, in dem Wahne, auch Cäsar habe sich in

---

*) Ich gebe jetzt absichtlich diese Namen mit ihren lateinischen Endungen, werde aber künftig, wo es geht, dieselben ihrer Deutschheit näher bringen.

in größter Bestürzung zurückgezogen, der doch jetzt desto eifriger an Befestigung seines Lagers arbeiten ließ. Daß jene Könige so zuversichtlich die Köpfe höher trugen, daran war ein Ueberläufer von der beschildeten Garde schuld, der aus Furcht vor der Strafe über ein begangenes Verbrechen, nach dem Rückzuge seines fliehenden Feldherrn zu den Feinden übergegangen war, und die beim Julian zurückgebliebene Armee auf dreizehntausend Mann stark angegeben hatte. Stärker war auch wirklich Julians Mannschaft nicht, so wild auch die Feinde ihre Wut zu Gefechten von allen Seiten aufboten. Weil der Ueberläufer seine Aussage mehrmals betheuerte, glaubten sie sich zu höheren Gedanken berechtiget, und ließen dem Cäsar in gebieterischem Tone durch abgeordnete Gesandte befehlen, Länder zu verlassen, die ihre tapfere Faust erobert hätte: aber Julian, der keine Furcht kannte, war über diesen Antrag eben so wenig aufgebracht, als betreten, lächelte nur über den Stolz der Barbaren, behielt die Gesandten bis zur Vollendung seiner Schanzen bei sich, und nichts konnte seinen standhaften Muth erschüttern.

Der betriebsamste Anstifter, der alle übrigen verhetzte, überall das große Wort führte, und zu den gefährlichsten Unternehmungen aufmunterte, war König Theodomar, ein Mann mit hochgewölbten Augenbraunen und hohen Geistes über sein bisheriges Glück. Allerdings hatte er den Cäsar Decentius in einem förmlichen Treffen besiegt, viele und mächtige Städte zerstört oder geplündert, und, weil er keinen Widerstand fand, sich seit langer Zeit jede Ausschweifung in Gallien erlaubt. Noch mehr wurde seine Zuversichtlichkeit durch die neuliche Flucht eines Römischen Feldherrn bestärkt, dessen Armee der seinigen an Zahl und Tapferkeit überlegen war: denn die Alamannen fanden bei Besichtigung der Abzeichen auf den Schilden, daß (Barbations) Krieger gerade diejenigen wären, die ihnen ihre Streifereien ins Land vorzüglich gewehrt, immer sie in Furcht erhalten, und wenn sie sich ja einmal mit ihnen eingelassen, mit vielem Verluste zerstreut hätten. Bei dem allen war der sorgsame Cäsar doch etwas ängstlich, weil Barbatio sich gerade bei den dringendsten Umständen der Gefahr entzogen, er hingegen mit einer zwar tapfern, aber doch geringen Mannschaft mehr als einer zahlreichen Nation entgegen treten sollte.

Schon strahlte die Sonne mit ihrem Glanze am Horizont herauf, als er unter Trompetenklang das Fußvolk mit langsamem Schritt ausrücken ließ, beide Flügel durch Cavallerie deckte, und unter die letzten auch bepanzerte Reiter und Bogenschützen, eine furchtbare Art von Kriegern, mischte. Weil aber von dem Orte, wo die Römische Armee ausrückte, bis zu dem Lager der Feinde die Entfernung vierzehn Leugen, oder ein und zwanzigtausend Schritt betrug: so fand er es rathsamer und sicherer, die vorausgegangenen leichten Truppen wieder einzuberufen, worauf er dann auf die gewöhnliche Art Stille gebieten ließ, und das truppweise umherstehende Heer mit der ihm eigenen freundlichen Miene so ansprach:

„Schon

„Schon in Rücksicht auf unser gemeinschaftliches
„Wohl, ich will nicht sagen Rettung, fühlt euer
„Cäsar, dessen Muth nichts weniger als niederge-
„schlagen ist, sich dennoch nothgedrungen, euch, ge-
„liebte Mitstreiter, zu ermahnen und zu bitten, daß
„ihr bei dem besten Vertrauen auf männliche, krafts
„volle Tapferkeit, dennoch, um gegen die uns dro-
„henden Gefahren auszuhalten, lieber den Weg der
„Behutsamkeit, als einer gefährlichen Uebereilung
„einschlagen möchtet. Daß der junge, muntere
„Krieger, wenn er in der Gefahr selbst sich befindet,
„muthig, bis zu Kühnheit muthig seyn müsse, ist
„ganz in der Ordnung; aber wenn es die Umstände
„nothwendig machen, muß er sich auch zu Bedächt-
„lichkeit leiten lassen. Meine Meinung, vorausge-
„setzt, daß sie euren Beifall erhält, und mit eurer so
„gerechten Erbitterung gegen die Feinde verträglich
„ist, will ich euch kürzlich angeben. Schon neigt
„sich der Tag zum Mittage hin: vom ermüdenden
„Marsche entkräftet erwarten uns steinichte und dun-
„kle Wege: der Mond ist im Abnehmen, und auf
„eine sternenhelle Nacht dürfen wir eben so wenig
„rechnen: der Boden vor uns hin ist durch Sonnen-
„gluth ausgedörrt, und keine Quelle könnte uns ein
„Labsal bieten. Laßt uns aber auch annehmen, daß
„unser Hinzug noch so bequem wäre — wie? wenn
„die Feinde in ganzen Schwärmen, durch Ruhe
„und Speise und Trank gestärkt, auf uns anstürzen,
„was sollen wir dann beginnen? Mit welcher Mun-
„terkeit werden wir, mit unsern durch Hunger und
„Durst und Ermüdung hingewelkten Gliedern ihnen

M 5 „ent-

„entgegenstreben können? Weil demnach eine zweck-
„mässige Anordnung schon oft den bedenklichsten Ge-
„fahren abgeholfen hat, und mehr als einmal, wenn
„man einen guten Rath mit gutem Willen aufnahm,
„der bereits sinkende Grund mit Hülfe der Götter
„neue Festigkeit bekam, so laßt uns jetzt, von Wall
„und Graben und ausgestellten Vorposten gedeckt,
„ausruhen, Schlaf und Kost genießen, wie sie unsere
„Lage uns bietet, und dann, wenn anders die Göt-
„ter ein so zuversichtliches Versprechen begünstigen,
„mit unsern Legionenadlern zum Triumph, mit un-
„sern Fahnen zum Sieg beim ersten Anbruch des Ta-
„ges hinziehen."

Ohne den Schluß der Rede ganz abzuwarten, bissen alle die Zähne auf einander, lärmten wild auf, schlugen, um ihre Begierde nach Schlacht zu zeigen, mit den Lanzen an die Schilde, und baten, man möchte sie doch gegen den bereits sichtbaren Feind hinführen, den sie mit festem Zutrauen auf den Beistand eines Gottes vom Himmel, auf ihren eigenen Muth, und auf die erprobten Fähigkeiten ihres glücklichen Feldherrn zu schlagen hofften: und wie der Erfolg zeigte, mußte ein wohlthätiger Genius ihnen erschienen seyn, der, so lange seine Erscheinung dauerte, ihre Seelen mit Kampflust erfüllte. Noch mehr Kraft erhielt diese Lebhaftigkeit durch die Beistimmung einiger Generale, besonders des prätorischen Präfects Florentius, dessen Meinung dahin ging, daß wenn man allerdings viel wage, dennoch eine Schlacht aus gutem Grunde jetzt, da die Feinde vereint beisammen ständen, rathsam zu seyn schiene:

denn

denn wollte man warten, biß sie sich etwa wieder verliefen, so würde der Soldat, den jugendliche Wärme ohnedem zu Unruhen geneigt mache, kaum von einem Aufstande zurückzuhalten seyn, würde vielmehr aus Verdruß über einen vermeintlich entrissenen Sieg vielleicht die unbesonnensten Unternehmungen wagen. Noch mehr gründete man die Hoffnung eines glücklichen Erfolges auf eine doppelte Bemerkung: man erinnerte sich des vergangenen Jahres, wo bei den Streifereien des Römischen Heeres jenseit des Rheines, theils kein Gallier sich blicken laßen, der Haus und Hof beschützt, oder sich uns zur Wehr entgegengestellt hätte; wo die Feinde nur die Zugänge durch dichte Verhaue überall verwahrt, und bei strenger Winterzeit, fast von allen Lebensmitteln entblößt, sich dennoch tief ins Land zurückgezogen hätten: theils weil sie beim Einrükken des Kaisers in ihr Gebiet, ohne sich zu wehren oder nur sehen zu laßen, sogleich geneigt gewesen wären, demüthig um Frieden zu bitten. Freilich zog man hierbei die Verschiedenheit der Umstände in keine Betrachtung: das Jahr vorher setzte man den Feinden mit einer dreifachen Armee zu: der Kaiser drang durch Rätien, der nicht weit von ihm stehende Cäsar erlaubte ihnen nirgends durchzubrechen, und ihre Gränznachbaren, jetzt mit ihnen entzweit, halfen ihren von beiden Seiten umringten Landsleuten beinahe selbst auf den Nacken treten. Aber nach abgeschloßenem Frieden war der Kaiser zurückgegangen, mit den benachbarten Völkern lebten die Feinde nach abgethanem Zwist in friedlicher Einigkeit, und der so

äußerst

äußerst schimpfliche Rückzug des Römischen Feldherrn erhöhete die der Nation eigene Wildheit nur noch mehr. Ueberdies machte ein anderer Vorfall die Lage der Römer noch bedenklicher. Zwei Brüder, beide Könige einzelner Völkerschaften, hatten, durch den im vorigen Jahre ihnen vom Constantius zugestandenen Frieden in engere Gränzen beschränkt, dennoch, sich zu empören oder nur zu regen sich nicht getrauet. Nachdem man aber den einen von ihnen, Gundomad, weil er mächtiger und treu gegen uns gesinnt war, tückisch umgebracht hatte, trat sein ganzes Volk zu unsern Feinden über: und sogleich stießen auch Vadomars Unterthanen, wie er vorgab, aus eigenem Betrieb zu dem Heere der kriegführenden Barbaren.

Weil demnach Officiere und Soldaten einstimmig den gegenwärtigen Zeitpunkt für den günstigsten zu einer Schlacht hielten, und von ihrem hartnäckigen Entschluß nicht abgiengen, so trat der erste Fahnenträger als Sprecher auf: „So geh dann, glücklich„ster Cäsar, der Bahn nach, die dir ein günstiges „Schicksal vorzeichnet: in dir haben wir endlich den „Mann gefunden, dem zur Seite Tapferkeit und „Einsicht fechten. Stelle dich an unsere Spitze als „glücklicher und muthiger Feldherr, und bald sollst „du die Erfahrung machen, wie viel der Soldat un„ter den Augen seines heldenmüthigen Generals, „eines persönlichen Zeugen seiner Thaten, unter dem „Beistande der Götter, und unter solchen Ermunte„rungen zu thun vermag." Jede verzögernde Einwendung ward nun abgewiesen, die Armee rückte vorwärts, und kam am sanften Abhange eines Hügels an, der, mit reifem Korne bewachsen, nicht weit vom Ufer des Rheines ablag: auf die Spitze desselben hatten die Feinde drei Reiter aufgestellt, um die Römische Armee zu beobachten, und ihnen das Anrücken derselben sogleich bekannt zu machen: diese eilten auch augenblicklich davon, doch ward ein Fußgänger, der ihnen nicht folgen konnte, beim schnellen Vorrücken der Unsrigen aufgegriffen, und sagte aus, daß die Germanen drei Tage und drei Nächte zugebracht hätten, über den Rhein zu gehen. Unsere Feldherren sahen sie auch bald in geringer Entfernung sich in dichte Haufen drängen, sie machten also auch Halt, um dem ersten Treffen *) die Festigkeit einer unerschütterlichen Mauer zu geben: auch die Feinde waren bedächtlich genug, nicht sogleich vorzurücken. Weil sie die Aussage des vorher erwähnten Ueberläufers gegründet, und unsre ganze Reiterei auf dem rechten Flügel sich entgegengestellt fänden, so drängten auch sie alles, was bei ihnen für Kern der Reiterei galt, auf ihrem linken Flügel zusammen. Doch mischten sie auch hin und wieder leichte Fußgänger unter dieselben, und dies war in der That ein kluger, wohlüberdachter Einfall. Sie wußten nämlich, daß ein noch so geschickter Krieger

zu

---

*) Zwar paradieren im Texte Antepilani, Hastati, & Ordinum primi, mit welchen Namen doch den wenigsten meiner Leser gedient gewesen seyn würde. Genug, daß meine Uebersetzung auf Ammians Zeiten paßt: denn in frühern Zeiten hatten freilich die Soldaten der ersten Linie im Treffen andere Benennungen; welches hier weiter auszuführen wider die Kürze wäre, durch die sich meine Noten vorzüglich empfehlen sollen.

zu Pferde, wenn er auf einen unserer völlig geharnischten Reiter traf, zwar bei angezogenem Zaun, und Schild mit der rechten Hand die Lanze schwingen, dennoch aber dem ganz mit Eisen bedeckten Gegner nichts anhaben, der Fußgänger hingegen, wenn der Gegner nur immer der nächsten Gefahr ausweicht, auf der Erde unbemerkt hinschleichen, das Pferd seitwärts durchbohren, den Reiter, ehe er sich's vermuthet, vom Pferde stürzen, und dann mit leichter Mühe niedermachen könne. Dies war ihre Stellung auf dem linken Flügel, den rechten legten sie in einen unbemerkten Hinterhalt. Die vornehmsten Heerführer den sämmtlichen streitbaren und wilden Nation waren Chnodomar und Serapio, die mächtigern unter den übrigen Königen. Chnodomar, schändlicher Anstifter des ganzen Krieges trug auf dem Wirbel einen feuerrothen Haarbusch, und führte den linken Flügel, wo die Schlacht am hitzigsten zu werden schien, kühn und trotzend auf seiner Fäuste Kraft: Schaum troff vom Gebiß des hohen Rosses, furchtbar war der Anblick, wenn er, sich im Sattel hebend, die Lanze einsetzte, ausgezeichnet durch seiner Waffen höhere Schönheit, vorher ein muthiger gemeiner Krieger, jetzt bei weitem der geschickteste General der Germanen. Auf dem rechten Flügel kommandirte Serapio, ein junger Mann, mit seinem Barte kaum völlig in Ordnung, aber über sein Alter thätig: sein Vater Mederich, Chnodomars Bruder, war, so lange er lebte, der treuloseste Mann gegen uns gewesen, und weil er lange Zeit als Geisel sich in Gallien aufhalten mußte, hatte er sich

einis

einige Kenntniß von Griechischen Mysterien erworben, und deshalb seinem Sohne, in seiner Landessprache vorher Agenarich genannt, den Namen Serapio gegeben *). Beiden folgten noch fünf Könige, die nächsten an Macht nach ihnen, zehen Königssöhne, eine lange Reihe von Magnaten, und ein Heer, fünf und dreißigtausend Mann stark, aus verschiedenen Nationen, theils für Sold, theils durch Verpflichtung zu künftig zu erwiederndem Beistande zusammengebracht.

Schon setzte sich Sever, der Römer Feldherr unter fürchterlich schmetterndem Trompetenklang in Bewegung, stieß aber auf verdeckte Defileen, von feindlichen Schaaren vollgepfropft, die nach dem angelegten Plane, aus ihrem Hinterhalte schnell hervorbrechen, und das Gewühl der Schlacht vollenden sollten. Sever machte unerschrocken Halt, getraute sich aber doch, weil er den im Hinterhalte liegenden Feind nicht übersehen konnte, weder zurück noch vorwärts zu gehen. Sobald dies Julian gewahr ward, erschien er, immer in den größten Gefahren am muthigsten, von zweihundert Reitern umgeben, und ermunterte in vollem Jagen das Fußvolk zur Tapferkeit, die ein so hitzig beginnendes Gefecht heischte. Weil theils die zu weit ausgedehnte Linie, theils die zu gedrängte Stellung der beisammen stehenden Korps

ihn

*) Daß von Marseille aus Griechische Sitten und Gottheiten in Gallien eingeführt worden, ist bekannt. Was die Gottheiten betrifft, darf ich mich nur auf Cäsar vom Gallischen Kriege berufen, welcher unter andern B. 6. K. 18. erzählt, daß die Gallier ihren Ursprung vom Dis (Pluto) hergeleitet hätten. Lindenbrog verweist in der Note auf Pithous Adversarien B. 1. K. 3. und dieser behauptet, Serapis, von dem Serapion gebildet ist, sey kein anderer als Pluto.

ihn die Armee im Ganzen anzureden hinderte, und er überdies den schweren Vorwurf nicht auf sich laden mochte, sich ein Vorrecht anzumaßen, das der Kaiser sich allein vorzubehalten schien; so ritt er, zwar mit gehöriger Vorsicht, doch ohne sich die umher fliegenden Pfeile kümmern zu lassen, an die einzelnen Korps heran, und belebte Bekannte und Unbekannte, bald mit diesen, bald mit jenen Ermunterungen zu tapfern Thaten. „Gekommen, sagte er „zu den einen, gekommen ist er, der schicklichste Zeit„punkt zur Schlacht, längst von mir und euch ge„wünscht, von euch selbst durch fast empörende Un„geduld herbeygeführt." Kam er in die zweite Linie des Treffens, dann sprach er so: „Sehet, Kame„raden, der längst gehoffte Tag ist da, der uns ins„gesammt auffordert, uns entehrende Schandflecke „zu tilgen, und Römischer Majestät den ihr eigenen „Ruhm wiederzugeben. Sehet, hier stehen sie vor „euch, die Barbaren, von Wut, und höchstem Toll„sinn zu ihrem Verderben hergetrieben, um durch „unsere starke Faust zu fallen." Traf er dann beim Anordnen der Schlacht auf alte geübte Krieger, so ermunterte er sie auf folgende Art: „Auf, tapfere „Männer! laßt uns durch zweckmäßigen Muth die „unseren Heeren zugefügte Schande rächen — eine „Schande, die allein mich zu Annehmung des Cä„sarnamens nach langer Weigerung bestimmen konn„te." Diejenigen endlich, von denen er vermuthen konnte, daß sie das Zeichen zum Angrif zu hitzig fordern, und durch ihren ungestümen Geist die beste Anordnung vereiteln würden, sprach er in folgenden
Wor-

Worten an: „Laßt euch rathen, Freunde! verfolgt
„die fliehenden Feinde nicht zu hitzig, um den Ruhm
„des kommenden Sieges nicht zu mindern, aber kei-
„ner fliehe auch, als im Fall der höchsten Noth.
„Flöhet ihr, so würde ich euch gewiß eurem Schicksal
„überlassen: aber beim Einhauen in den fliehenden Feind
„werde ich mich selbst nicht ausschließen, nur muß
„uns behutsame Bedächtlichkeit auch hierbei leiten."

Unter mehrmaliger Einprägung dieser und ähnlicher
Ermahnungen hatte er den größern Theil seiner Armee
dem ersten Treffen der Feinde entgegengestellt, als
plötzlich ein wildes Lärmen des Alamanischen Fußvolkes sich erhob, und alle einstimmig mit zornigen
Geberden aufschrien, die Königsöhne müßten absi-
tzen, und, wie sie, zu Fuß fechten: denn, liefe die
Schlacht unglücklich ab, so müsse der arme gemeine
Krieger aushalten, die Prinzen hingegen könnten sich
leicht retten. Chnodomar war der erste, der auf
diese Forderung vom Pferde sprang, und die übrigen
folgten seinem Beispiele ohne Verzug nach, denn alle
sahen den Sieg schon als gewiß in ihren Händen.

Die Trompete gab nun, wie gewöhnlich, das
Zeichen zum Angriff, und von beiden Seiten rückte
man mächtig zur Schlacht an. Das Vorspiel machte
man durch Pfeilwerfen, und die Germanen, die mehr
rasch als überlegsam hereneilten, flogen, das Schwert
in der Rechten, mit gräßlichem Feldgeschrei auf unsere Reiterei an: von mehr als gewöhnlicher Wut
sträubte sich ihr fliegendes Haar empor, und wildes
Feuer blitzte ihnen aus den Augen: aber der standz
hafte Römer deckte den Scheitel durch das vorgehal-

Ammian. Marcell. 1ster B. N tene

tene Schild, oder schreckte den Feind durch Schwert=hiebe, oder toddrohender Pfeile Schwung zurück. Drängte sich dann im Getümmel der Schlacht die Reiterei in dichte Rotten zusammen, suchte das Fuß=volk seine Flanken besser zu decken, oder sich in der Fronte durch dichtverschrobene Schilde zu sichern: dann stieg eine dichte Staubwolke nach der andern empor, und das Gewühl nahm zu, wenn die unsri=gen hier widerstanden, dort sich zurückziehen mußten. Zwar suchten auch einige erfahrne Krieger unter den Barbaren, aufs Knie gesenkt, durch vorgehaltene Schilde ihren Gegner blos abzuwehren, aber die Er=bitterung war zu groß, und bald traf Faust an Faust, und Schild an Schild zusammen: die Luft ertönte von dem mächtigen Aufschreien der Jubelnden oder der Sterbenden. Aber indem unser linker Flügel tie=fer vordrang, mit überwiegender Kraft die zahlreich=sten Schaaren der Feinde zurücktrieb, und immer hi=ziger auf den Feind losging, hatte sich wider alles Vermuthen die Reiterei auf dem rechten Flügel in größter Unordnung zurückziehen müssen: die voraus=fliehenden hinderten die folgenden selbst, die Legionen öffneten sich zu ihrem Schutze, aber kaum hatten sie sich hinter denselben wieder gesammelt, als sie von neuem vorrückten. Der ganze Vorfall kam daher: die geharnischten Reiter hatten, indem sie einmal ihre Reihen und Glieder vom neuen ordneten, bemerkt, daß ihr Anführer leicht verwundet, und einer ihrer Kameraden über den Hals des stürzenden Pferdes herabgesunken, unter der Last der schweren Rüstung erdrückt da lag: jeder suchte sich also zu retten, so

gut

gut er konnte, und sie würden unser Fußvolk selbst
überritten, und die Unordnung allgemein gemacht
haben, wenn nicht die Infanterie, dichter geschlossen,
sich gegenseitig unterstützt, und wie Mauer gestanden hätte. Sobald Julian in der Ferne sah, daß
die Reiterei ihre Rettung nur in der Flucht suche,
ritt er in vollem Jagen hin, und stand bald als ein
mächtiger Damm vor ihren Augen. Man erkannte
ihn bald an der auf einer höhern Lanze befestigten
Purpurfahne in Gestalt eines Drachen, dessen vor
Alter gleichsam abgestreifter Balg der Winde Spiel
war *): aber nur der Tribun eines einzigen Trupps
blieb stehen, und ging, vor Schaam und Furcht er-
bleicht, in das Treffen zurück. Unter solchen Umständen pflegt man nicht leicht hitzig zu seyn: auch
Julian war es nicht, seine Verweise waren durch
Sanftheit gemäßiget: „Wohin, wohin, tapfere
„Männer? ihr wisset ja, daß man durch Flucht nie
„etwas gewann, als die Schande eines thörichten
„und vergeblichen Unternehmens. Kommt, wir
„wollen zu unseren Streitgenossen zurück, um we-
„nigstens in so fern an ihrem Ruhme Theil zu neh-
„men, daß wir sie in ihrem muthigen Kampfe fürs
„Vaterland nicht unbesonnen verlassen." Durch
diesen bescheidenen Ton brachte er sie alle zu ihrer
Pflicht zurück, und ahmte dem ältern, freilich noch
glänzendern Beispiele eines Sulla nach, der im
hitzigen Treffen mit Mithridats General, Ar-
chelaus, von seinen ermüdeten Soldaten verlassen,

N 2　　　　　　　　 　it

*) Valesius versteht dies Bändern, und ich — weiß
von den umher flatternden nichts Besseres.

in die erste Linie hinflog, die Fahne ihrem Träger aus den Händen riß, und zu den Feinden mit den Worten hinüberwarf: „Nun so geht, freilich eurer Pflicht „gemäß bestimmt, an den Gefahren eurer Führer „Theil zu nehmen; — aber, wenn man euch fragt, „wo euer Feldherr blieb, dann sagt auch die reine „Wahrheit: von uns verlassen, blieb er in Böotien, „mit Verlust seines Lebens für uns alle fechtend."

„Weil es den Alamannen gelungen war, unsere Reiterei zu werfen, und in die Flucht zu treiben, so griffen sie nun auch die erste Linie der Infanterie an, in der Hoffnung, die Bestürzung über das Schicksal der Reiterei würde ihnen den Sieg sehr leicht machen. Nun ward das Gefecht allgemeiner, und der Sieg blieb lange Zeit unentschieden. Die Braccaten und Cornuten, (B. 15. K. 5.) durch lange Erfahrung in Schlachten geübt, schreckten schon durch ihren Anzug, und erhoben ihr gräßliches Feldgeschrei *), das sich in voller Hitze der Schlacht mit dumpfem Gemurmel anhob, dann nach und nach stärker, und endlich so laut ward, wie die Welle, die sich am Felsen bricht. Unzählige Pfeile flogen pfeifend durch die Luft einher, der von beiden Heeren sich erhebende Staub benahm alle Aussicht, und machte, daß Waffen an Waffen, Mann gegen Mann zu stehen kamen. Die Barbaren, zu ungestüm und zu erbittert als daß sie hätten Glied halten sollen, loderten wie Flammen auf, und suchten die Brustwehr

---

*) Barritus, welches Wort auch Ammian im Texte hat, wie denn unsere Stelle für dieses Feldgeschrei der alten Deutschen klassisch ist. Man vergleiche euch Tacitus Germanien K. 3.

mehr von Schilden, hinter der sich die Unsrigen wie hinter einem Sturmdache deckten, durch wiederholte Schwertstreiche aus ihren Fugen zu rücken. Dies bemerkten die Bataver, und das so genannte kö= nigliche Korps *) (eine furchtbare Mannschaft, die jeden, dem sie half, wenn es nur irgend möglich war, aus der augenscheinlichsten Gefahr rettete), und eilten sogleich zu Unterstützung ihrer Mitstreiter herbei: lauter thuten die Trompeten, und die Strei= ter boten ihre ganze Kraft und Eifer auf. Hitzig und mit tiefem Athemzug eilten die Alamannen zum Gefecht heran, und wähnten nichts Geringeres, als im ersten Anfall der Wut alles vor sich her nieder= zumachen. Noch immer warf man große und kleine Wurfspieße gegen einander, noch immer flogen Pfeile, mit Eisen beschlagen, vom klirrenden Bogen: an mehreren Orten ward man auch handgemein, ging mit kurzem Säbel auf den Feind los, spaltete Pan= zer mit hauendem Schwert, und der Verwundete raffte sich, so lange er noch einen Tropfen Blut in sich fühlte, vom Boden auf, um desto hitziger zu kämpfen. Beide Theile hielten einander ziemlich das Gleichgewicht: die Alamannen waren stammhafter und höheren Wuchses, die Unsrigen durch öftere Ue= bung gewandter: jene wild und stürmisch, diese ru=

N 3   higer

*) Weil bei Ammian die Eruler mit den Batavern gemeiniglich in Gesellschaft vorkommen, z. B. B. 20. K. 1. 4. B. 27. K. 1. 8. so wäre Valois fast geneigt gewesen, auch hier anstatt der im Texte stehenden Re= ges — Erulos zu setzen. Weil aber die Handschriften über Reges insgesammt ei= nig sind, so behält er es um so mehr bei, weil in der Notitia Imperii Occi= dent. (S. 1466. wirklich ein Truppenkorps unter dem Namen Regii vorkommt.

h'ger und bedachtsamer: jene auf körperliche Größe trotzend, diese voll Zuversicht auf ihren Muth. Ward der Römer von überwiegender Macht zurückgedrängt, so ermannte er sich doch bald wieder: und der Allamann, wenn er die Nerven durch Müdigkeit abgespannt fühlte, ließ sich aufs linke Knie nieder, und forderte noch in dieser Stellung den Feind auf, was doch gewiß der höchste Grad von freveluder Hartnäkkigkeit ist. Auf einmal kam im Verfolge der Schlacht ein ganzer Trupp Alamannischer Magnaten, unter ihnen auch Könige, hinter ihnen ein Zug ihres Heeres angesprengt, drangen auch in der That tiefer als andere vor ihnen in unsere Linien ein, und bahnten sich einen Weg bis zu der Legion der Primanen, welche in unserem Lager jedesmal den Mittelpunkt und Kern der Armee ausmacht, und das Prätorische Lager heißt: aber unsere Leute verstärkten nur ihre Linie, schlossen sich enger zusammen, standen wie Thürme unerschütterlich fest da, stellten mit erneuertem Muthe das Treffen wieder her, beugten dem Hiebe des Feindes aus, oder bedeckten sich nach Art der Mirmillonen *), ohne sich doch die Gelegenheit entgehen zu lassen, jedem Feinde, der in der Hitze Blöße gab, das Schwert in die Seite zu stoßen. Die Feinde hingegen, wahre Verschwender ihres Blutes, um nur den Sieg zu erkämpfen, boten alle ihre Kräfte auf, unsere Linie zu sprengen. In einer langen Reihe lagen die Erschlagenen da,

durch

---

*) So hießen Gallische Fechter, deren Kunst darinn bestand, durch geschickte Wendung des Schildes ihrem Gegner, der ihnen ein Netz über den Kopf zu werfen suchte, auszuweichen.

durch immer wachsenden Muth der Römer erlegt, und dennoch schritten die noch lebenden Feinde über ihre todten Brüder hin: aber endlich machte das zunehmende Wimmern der Sterbenden ihr Herz weich, und ihre Hände kraftlos. Ermüdet von so mühvollen Gefechten, sammleten sie nun ihre ganze Thatkraft einzig zur Flucht, und eilten auf verschiedenen Wegen mit möglichster Geschwindigkeit hin, nur ihr Leben davon zu bringen, — eilten, wie Schiffsvolk und Steuermann im wütenden Seesturm sich jedem Winde gern überlassen, um nur bald Land zu sehen: aber, daß Lebensrettung mehr zu wünschen als zu hoffen war, wird jeder eingestehen, der Zuschauer der Scene war. Die Güte der helfenden Gottheit entschied für unsern Sieg, und wenn unser Soldat im Nachhauen das umgebogene Schwert nicht mehr zum Hiebe brauchen konte, stieß er es dem Feinde in die Eingeweide, und wenn er auch Wunde auf Wunde schlug, konnte doch sein Ingrimm nicht durch Blut versöhnt, nicht die Faust des vielfachen Mordens satt, nicht sein Herz zum Erbarmen gerührt werden, den flehentlich erbetenen Pardon zu geben. Tödtlich verwundet lagen die meisten da, und sie hatten keinen Wunsch weiter, als ihre Leiden durch beschleunigten Tod geendigt zu sehen: andere blickten, mit dem Tode ringend, noch einmal mit gebrochenem Auge nach dem letzten Lichtstrahl auf. Hier hing ein vom balkendicken Geschoß zerschmetterter Kopf kaum noch an der Haut der Kehle; dort waren andere auf dem kothigen und schlüpfrigen Boden in ihrer Brüder Blut hingestürzt, und wurden, ohne durch das

Schwert

Schwert verwundet zu seyn, unter der Menge über sie herfallender Leichen erdrückt. Wenn demnach auf der einen Seite alles über Erwarten glücklich ging, und der Sieger im muthigen Verfolgen die Spitze des Schwertes durch oft wiederholte Stöße abgestumpft sah, und überall auf glänzende Helme und Schilde trat: so befanden sich hingegen die Besiegten im äußersten Nothdrange, und durch aufgethürmte Leichen am Fliehen gehindert, suchten sie nun ihre Rettung, die einzige, die ihnen noch übrig war, in dem Strome, der nah hinter ihrem Rücken hinfloß. Und weil die Unsrigen sich selbst durch ihre schwere Rüstung im Nachsetzen nicht ermüden ließen, so glaubten einige Feinde, sich durch ihre Geschicklichkeit im Schwimmen retten zu können, und sprangen in den Strom. Julian, dessen schnelle Einsicht selbst auf blos mögliche Fälle Bedacht nahm, kam sogleich, von Tribunen und andern Heerführern begleitet, herbei, und verbot aufs strengste, daß keiner der Unsrigen in der Hitze des Verfolgens sich unterstehen sollte, den Feinden in den wirbelnden Strom nachzuspringen. Man that also wenigstens, was man durfte, trat ans Ufer, und warf alle Arten von Geschoß auf die Germanen, die, wenn sie auch durch schnelles Schwimmen den Pfeilen entgingen, doch durch ihrer Rüstung Schwere bis auf den Grund des Stromes hinabsanken. Und so wie im Theater nach aufgezogenem Vorhange wunderbare (tragische) Scenen sich dem Auge darbieten, so konnte man auch hier, ohne für sich selbst fürchten zu dürfen, Auftritte mancher Art sehen: — sehen, wie des

Schwim-

Schwimmens Unkundige sich an die Meister im Schwimmen anhingen, wie andere, von Flüchtigern abgestoßen, sich wie Klötze umhertrieben, und dann, als hätten sie an dem gewaltigen Strome einen neuen Feind, von seinen Fluten umhüllt, verschlungen wurden; — sehen, wie einige auf untergelegten Schilden schwimmend *) den steil aufgethürmten Wogen in schiefer Richtung auswichen, und nach vielen Gefahren am jenseitigen Ufer ankamen. Schäumend von Barbarenblut staunte der Rhein selbst, seine natürliche Farbe entstellt, und seinen Strom mehr als gewöhnlich anschwellen zu sehen.

König Chnodomar hatte indeß Gelegenheit gefunden, über ganze Schichten von Erschlagenen zu entkommen, und eilte, von einigen Trabanten begleitet, mit reißender Geschwindigkeit nach dem Lager hin, welches er vorher nicht weit von den Römischen Kastellen Tribunci und Concordia entgegen zu stellen Muth genug gehabt hatte **). Hier wollte er

---

*) Clypeis vectos. Ich habe vectos beibehalten, weil einige Völker in der That sich die Fertigkeit erworben hatten, auf ihre Schilde gelegt über Flüsse zu setzen, wie wir kurz vorher Kap. 11. ein Beispiel gesehen haben. Aber in dieser Eil, in diesem Gewühl, bei so hoch gehenden Wellen sich auf das Schild zu legen? — Vielleicht hat Ammian rectos geschrieben; wenigstens läßt sich dann die Sache weit leichter erklären: Sie hielten die Schilde vor sich, und schritten (meantibus) den Wellen in schiefer Richtung entgegen.

**) Celeritate rapida properabat ad castra, quae prope Tribuncos & Concordiam munimenta Romana fixit intrepidus. Auch hier habe ich vom Texte, wie ich ihn fand, nicht abweichen wollen, ob ich gleich gestehe, daß mir das Intrepidus hier nicht so recht gefällt. Wie wäre es, wenn man statt dessen in Triboccis läse? Mannert, S. 232. seiner Geographie, getraut sich den Ort Tribunci, den außer

er die Schiffe, die er schon längst auf den Nothfall in Bereitschaft halten ließ, besteigen, und sich tief im Lande verbergen. Weil er aber, um in sein eigenes Land *) zu kommen, nothwendig über den Rhein mußte, so suchte er mit verhülltem Gesicht, um nicht erkannt zu werden, sich rückwärts in einem kleinen Umwege durchzuschleichen **). Schon war er nahe am Ufer, als er noch noch einen sumpfigen Teich vor sich fand: und ob er gleich denselben umgehen wollte, sank doch sein Pferd in den weichen Boden ein, — er stürzte, half sich aber auf, und suchte sich, so feist er war, auf einen nahen Hügel zu retten. Man erkannte ihn bald (denn man hatte ihn bei seinem vorhergehenden großen Glück nur zu gut kennen gelernt), und sogleich setzte ein Trupp der Unsrigen, von einem Tribun angeführt, in vollem Laufen nach, war aber so vorsichtig, die waldichte Anhöhe nur rund umher zu besetzen, aus Furcht bei geradem Vordringen im dunkeln Walde eine Falle gelegt zu finden. Chnodomar, der weiter keine Hoffnung

---

ser Ammian kein Schriftsteller hat, nicht ganz sicher in den Distrikt der Tribokker zu setzen. Wie, wenn also mein Vorschlag diese Bedenklichkeit höbe? Wie, wenn selbst Concordia, wie schon Surita zu den Itinerarien vermuthete, auch in diese Gegend gehörte?

*) Valesii Ausgabe, von Gronov besorgt, hat tentoria; ich folge aber mit Vergnügen der Ernestischen Lesart: territoria, weil dieses Wort, das auch B. 16. K. 2. vorkommt, das hier einzig passende zu seyn scheint. Der bescheidene Mann hat eine so glückliche Conjectur ganz ohne Geräusch aufgenommen, und selbst im Glossar nichts darüber bemerken wollen.

**) So erkläre ich mir hier: sensim pedem retulit, theils, weil ich bei der gewöhnlichen Bedeutung von pedem referre das sensim mit der vorhergehenden celeritate rapida nicht recht vereinbar fand, theils weil der König beim Vorwärtsfliehen die Verhüllung nicht nöthig gehabt hätte.

nung vor sich sah, erschien nun ganz allein, und ergab sich: seinem Beispiele folgten dann seine Begleiter, zweihundert an der Zahl, und drei seiner vertrautesten Freunde, deren jeder lieber die Hände den Fesseln darbot, als die Schande auf sich kommen lassen wollte, seinen König zu überleben, oder, wenn es seyn müßte, nicht für ihn zu sterben. Und, so wie es in der Art des rohen Barbaren ist, im Glück aufzubrausen, und im Unglück zu kriechen, so ging auch jetzt Chnodomar, fremder Willkühr Sklav und todtenbleich und vom bösen Gewissen stumm gemacht einher. Welcher himmelweite Abstand von dem Manne, der vorher wildes Schrecken und Jammer überall verbreitete, frohlockend über Galliens Aschenhaufen wandelte, und mit neuen Verheerungen drohte!

Alles war nun durch Hülfe der höchsten Gottheit glücklich geendigt, der siegreiche Soldat ward bei schon sich neigendem Tage durch Trompetenklang zurück entboten, lagerte sich am Ufer des Rheines, und nachdem man einige Reihen mit Schilden bewehrter Männer zur Sicherheit einen Kreis um das Lager ziehen lassen, erquickte man sich durch Speise und Schlaf. Von Römischer Seite waren in diesem Treffen zweihundert und drei und vierzig Gemeine, und vier Officiere geblieben*): nämlich zwei Tribunen der Cornuten, Bainobaudes und La-
ipso,

---

*) Eine Angabe, die freilich etwas russisch lautet; indeß muß man gestehen, daß Ammian noch sehr bescheiden gegen Zosimus ist, der B. 3. K. 3. nicht weniger als hundert und zwanzigtausend Menschen auf dem Schlachtfelde bleiben, oder im Strome ertrinken läßt.

ipso, Innocentius, Anführer der geharnischten Reiter, und noch ein Titulartribun, dessen Name mir nicht beifällt: von den Alamannen hingegen fand man sechstausend auf dem Schlachtfelde, und unzähliche Leichname trieben den Fluß hinab. Julian, den diese glückliche Schlacht noch mehr als Helden bewährte, und in dem man den Verdienstvollen Mann noch weit mehr als General ehrte, ward von der Armee einstimmig zum August ernannt, aber er verwieß den Soldaten diesen Leichtsinn nachdrücklich, und betheuerte eidlich, daß er diesen Ehrennamen nie erwartet, nie anzunehmen entschlossen sey. Um die Freude des Heeres über den glücklichen Sieg zu erhöhen, ließ er Chnodomaren in voller Versammlung vor sich bringen: er erschien mit einer tiefen Verbeugung, warf sich dann demüthig auf die Knie, bat in seiner Landessprache um sein Leben, und ward mit der besten Hoffnung entlassen. Einige Tage nachher ward er nach des Kaisers Hoflager, und von da nach Rom gebracht, wo er in den auf dem Cölischen Berge für ausländische Soldaten angelegten Kasernen an der Schlafsucht starb.

So glücklich nun auch Julian so viele und so wichtige Thaten ausgeführt hatte, so gab es doch an Constantius Hofe noch immer Leute, die ihn, blos um dem Kaiser Hof zu machen, verläumdeten, und ihn spöttisch Victorin deswegen nannten, weil er, obgleich mit aller Bescheidenheit, seine Befehle als General gern mit Erwähnung seines Sieges über die Germanen zu begleiten pflegte. Dagegen blies man durch die übertriebenste und dennoch ungegründ-

derste

daß sie Lobpreisung, bei der doch Prahlerei offenbar durchschien, den ohnedem zum Stolz geneigten Kaiser noch mehr auf, und was nur auf dem Erdkreise vorfiel, maß man seinem glücklichen Einfluß bei. Durch so windige Schmeicheleien verleitet, log er jetzt und nachher in seinen Hofberichten der Welt dreist genug Thaten vor; — er allein (und war doch spät in einer ganz andern Gegend), er allein habe gefochten, und gesiegt, und fußfällige Könige fremder Nationen von der Erde aufgehoben. Vor andern war dies der Fall im Orient: denn wenn ein General, während daß Er in Italien sich aufhielt, einen Sieg wider die Perser erfocht, geschahe doch in der oft sehr weitläufigen Nachricht des Generals gar keiner Erwähnung, der Kaiser sandte vielmehr die mit Lorbeer umwundenen Briefe, nicht ohne Kosten der Unterthanen, in die Provinzen, und erzählte mit ärgerlicher Prahlerey daß er selbst an der Spitze der Armee gefochten habe [*]. Man findet sogar noch in den Archiven die Nachricht von dem Siege über die Germanen, [in der in der That hochtrabende Worte nicht gespart sind [**]], um den ganzen Hergang zu erzählen, und den Constantius bis zum Himmel zu erheben: denn ob er gleich von Straßburg damals vierzig Tagemärsche entfernt war, so beschreibt er doch das Treffen, will die Armee zur Schlacht

---

[*] In der ganzen Stelle spricht wohl mehr Ursicins Adjutant, als der unbefangene Historiker. Seit Augusts Zeiten war es ja üblich, daß die regierenden Kaiser, die sich das so genannte Auspicienrecht allein vorbehielten, alle Siege, die ihre Cäsaren oder Feldherren erfochten, sich zuschrieben.

[**] Das in Klammern geschlossene soll eine im Terte befindliche Lücke ausfüllen.

Schlacht gestellt, in der ersten Linie gefochten, die Feinde in die Flucht getrieben haben — vor ihn soll man Chnodomaren als Gefangenen gebracht haben, und — welche Ungerechtigkeit! keine Sylbe von Julians Thaten, die er so gern ganz in Dunkelheit begraben hätte, wenn Fama nicht gewohnt wäre, Heldenthaten laut werden zu lassen, so zahlreich auch die Menge derer ist, die sie in Schatten zu stellen sich bemühen.

Siebenzehntes Buch.

Inhalt.

Kap. 1. Julian gehet über den Rhein, plündert und sengt und brennt in den Kantonen der Alamannen, stellt Trajans Colonie wieder her, und gesteht den Feinden einen Waffenstillstand auf zehen Monathe zu. — K. 2. Er schließt sechshundert Franken, die im zweiten Germanien alles verheerten, ein, und nöthiget sie durch Hunger, sich zu ergeben. — Kap. 3. Er sucht den Galliern den schweren Tribut zu erleichtern. — Kap. 4. Auf Befehl des Kaisers Constantius wird zu Rom im großen Circus ein Obelisk aufgerichtet: überhaupt von Obelisken und Hieroglyphen. — Kap. 5. Kaiser Constantius und Sapor der Perser König, arbeiten durch Briefwechsel und Gesandte vergeblich an einem gegenseitigen Frieden — Kap. 6. die Juthunger, eine Alamannische Völkerschaft, verwüsten Rätien, werden aber von den Römern in einer Schlacht besiegt. — Kap. 7. Nikomedien durch ein Erdbeben zerstört: verschiedene Arten der Erdbeben. — Kap. 8. Die Salier, ein Fränkisches Volk, ergeben sich an Julian freiwillig: die Chamaver hingegen schlägt er, macht eine große Menge zu Gefangenen, und bewilligt Frieden den Uebrigen — Kap. 9. Er stellt drei von den Barbaren an der Maas niedergerissene Schanzen wieder her, muß aber von seinen Soldaten bei eingetretener Hungersnoth Schmähungen und Drohworte sich gefallen lassen. — Kap. 10. Suomar und Hortar, Könige der Alamannen, erhalten nach Zurückgabe der Gefangenen, vom Julian den Frieden. — Kap. 11.

Julian wird, ungeachtet seines Wohlverhaltens in Gallien am Hofe des Kaisers von Neidern lächerlich gemacht, unthätig und feig genannt. — Kap. 12. Constantius zwingt die von ihren Sklaven aus dem Lande vertriebenen Sarmater, ingleichen die Quaden, beider Pannonien und Mösiens Verwüster, Geißeln zu geben und die Gefangenen auszuliefern: giebt auch den Sarmatern Wohnsitze, Freiheit und einen König wieder. — Kap. 13. Hingegen erlegt er die Limiganten, Sarmatische Sklaven, in einer großen Schlacht, zwingt sie auszuwandern, und hält eine Anrede an seine Soldaten. — Kap. 14. Die Römischen Gesandten kommen, ohne etwas ausgerichtet zu haben, aus Persien zurück, weil Sapor auf Zurückgabe Armeniens und Mesopotamiens besteht.

Kap. 1.

Nach glücklicher Beendigung der bisher erzählten mannichfaltigen Begebenheiten sah der heldenmüthige junge Mann nach gewonnener Schlacht bei Straßburg nun zwar ohne Sorgen den Rhein in seinen Ufern wieder ruhig fließen, um aber auch der Besorgniß, daß wilde Raubvögel die Leichname der Erschlagenen verzehren möchten, abzuhelfen, ließ er alle, Freund und Feind, begraben, und kehrte nach Entlassung der Gesandten, die vor der Schlacht, wie wir oben erzählten, mit stolzen Anträgen bei ihm angelangt waren, nach Tres Tabernä (Rheinzabern) zurück. Von hier aus ließ er sämmtliche Gefangene und übrige Beute nach Mediomatrici (Metz) bringen, mit dem Befehl, sie bis zu seiner Rückkehr aufzubewahren: denn seine Absicht war,

war, nach Moguntiacum (Mainz) aufzubrechen, hier eine Brücke zu schlagen, und die aus unsern Provinzen, bis auf den letzten Mann vertriebenen Barbaren nun in ihrem eigenen Lande heimzusuchen: und ob er sich gleich anfangs durch die Widersetzlichkeit der Armee behindert fand, so wußte er sie doch durch Beredsamkeit und einschmeichelnde Vorstellungen bald willfährig zu machen. Durch neue Beweise seiner Tapferkeit zu neuer inniger Liebe aufgefordert, folgten sie gern dem Manne, der an allen ihren Gefahren Theil nahm, sich als trefflicher General geltend zu machen gewußt hatte, und, wie die Erfahrung lehrte, mehr von sich selbst, als von dem Soldaten zu fordern gewohnt war. Bald kam man auch an dem vorher genannten Orte an, schlug eine Brücke über den Fluß, und rückte in der Feinde Land ein. Diese, vor der über sie einbrechenden Gefahr überrascht, hatten zwar gerade jetzt am wenigsten sich in der bisher genossenen Ruhe gestört zu sehen geglaubt; indessen in der Angst klug genug, von dem unglücklichen Schicksale ihrer Landsleute auf ihr eigenes zu schließen, stellten sie sich, um nur der Heftigkeit des ersten Sturmes auszuweichen, als ob sie Frieden wünschten, ordneten auch einige Gesandten mit gemessenen Aufträgen zu Abschließung eines Freundschaftsbundes ab: aber der Himmel weiß, was ihnen einfiel, oder sie antrieb, ihre Gesinnung zu ändern, denn in möglichster Eil hatten sie ihre Gränznachbarn zum Beistande aufgeboten, und die Unsrigen würden einen schweren Stand mit ihnen bekommen haben, wenn sie sich nicht zurückgezogen hätten.

Ammian. Marcell. 1ster B.   O   So-

Sobald Julian gewissere Nachricht darüber hatte, schiffte er noch bei später Nacht achthundert Mann auf kleinen, aber flüchtigen Fahrzeugen ein, mit dem Befehl, so schnell als möglich, den Strom auf- und abwärts ans Land zu gehen, und alles, was ihnen vor die Hand käme, mit Feuer und Schwert zu verwüsten. Der von dieser Seite angelegte Plan machte, weil bei Sonnenaufgang sich die Feinde auf den Spitzen der Berge sehen ließen, ihn und seine Krieger desto muthiger, die Anhöhen hinaufzurücken: man traf zwar hier keinen Feind an, (denn die Feinde hatten Julians Vorrücken erwartet, und sich zurückgezogen), aber man sah in der Ferne große Wolken von Rauch — ein Beweis, daß die Unsrigen wirklich gelandet wären, und ihre Verheerungen glücklich betrieben. Desto schreckhafter war der Anblick für die Germanen: sie zogen sich sogleich aus dem Hinterhalte, den sie an engen und waldichten Wegen unserer Armee gelegt hatten, und eilten mit fliegenden Schritten über den Main hin, um ihre Brüder zu retten. Wie es beim Schrecken zu gehen pflegt, hatten die einen, von unsern schnell ansprengenden Reitern, die andern durch ansegelnde bemannte Schiffe überrascht, zwar, der Gegend kundig, durch schleunige Flucht sich selbst gerettet: aber ihre Flucht gab auch unsren Kriegern desto weiteren Spielraum, daß sie ohne Schonung Vieh und Früchte aus ländlichen Wohnungen in Menge wegführten. Auch schleppte man die Einwohner als Gefangene fort, und zündete dann sämmtliche, sehr ordentlich nach Römischer Art gebaute Häuser an. Zehntausend Schritte,

Schritte, nach ungefährer Schätzung, war man vorgedrungen, als man bei einem fürchterlich dunklen Walde ankam, und weiter vorzurücken um somehr Anstand nahm, weil man durch Aussage eines Ueberläufers erfuhr, daß eine zahlreiche Menge Feinde in unterirdischen Höhlen, und hinter vielen sich durchkreuzenden Gräben sich verborgen hielte, um den günstigsten Zeitpunkt, zu einem Ueberfalle zu erlauren. Nun waren zwar unsere Krieger muthig genug, sich mehr zu nähern, fanden aber durch einen Verhau von Eichen- und Eschen- und Tannenstämmen die Wege überall dicht verwahrt. Sie gingen daher mit behutsamen Schritten zurück, bemerkten aber zu ihrem großen Verdruß, daß sie nicht anders als durch weite und steile Umwege weiter vorrücken könnten. Weil man auch bei eingetretener strenger Witterung eine so gefährliche Unternehmung vergeblich unternommen haben würde, (denn die herbstliche Tag- und Nachtgleiche war vorbei, und der in diesen Gegenden häufig fallende Schnee bedeckte bereits Berge und Fluren) so schritt man zu einem andern nicht weniger wichtigen Werke. Man benutzte nämlich die Zeit, wo man keinen Widerstand befürchten durfte, das auf Alamannischem Grund und Boden ehemals vom Trajan angelegte, und nach seinem Namen benannte, seit langer Zeit aber gewaltsam zerstörte Kastell *) in der Geschwindigkeit wiederherzustellen:

---

*) Ohne Zweifel mit Colonia Trajana einerlei, die bloß in Antonins Itinerar. und der Peutingerischen Tafel vorkommt. Heut zu Tage Kelln im Clevischen. Mannert S. 218. führt unsere Stelle nicht an, glaubt aber, daß Tricesimä B. 18. Kap. 2. eben auch diesen Ort bedeute.

stellen: legte dann für jetzt hinlängliche Besatzung hinein, und versorgte es aus dem Innern des feindlichen Landes mit Lebensmitteln. Die Feinde, überzeugt, daß dies so schleunig aufgeführte Werk zu ihrem Verderben gereichen müßte, hielten aus Furcht übler Folgen in aller Eil eine Volksversammlung, und ließen unter Versicherung tiefster Unterwürfigkeit durch Gesandte um Frieden bitten: den ihnen auch, doch bestens verklausulirt, Julian auf zehen Monate zugestand, und außer mehreren deshalb angegebenen Bewegungsgründen, vorzüglich darauf sorgsamen Bedacht nehmen zu müssen glaubte, daß er das wider Erwarten ohne Hinderniß erbaute Kastell, nun doch auch durch Geschoß und andere Anstalten in haltbaren Stand setzen müsse. Auf diese Friedenszusage erschienen von den Königen, die den bei Straßburg geschlagenen Alamannen Hülfe zugeführt hatten, die drei wildesten, jezt das erstemal voll ängstlicher Furcht, und schwuren nach Landessitte den ihnen vorgesprochenen Eid ab, daß sie keine Unruhen anfangen, vielmehr Bund und Treue bis auf den von uns selbst festgesetzten Tag halten, auch an unserem Kastell sich so wenig vergreifen wollten, daß sie vielmehr, sobald die Besatzung in Bedürfniß äußerte, die Lebensmittel auf eigenen Schultern herbeizuschaffen bereit wären — was sie dann auch, vielleicht mehr von Furcht als Redlichkeit getrieben, treulich hielten..

Ueber diesen Krieg, der an Denkwürdigkeit eine Vergleichung mit den Punischen und Teutonischen (Cimbrischen) aushielt, und noch dies voraus hatte,

daß

daß er mit so geringem Verluste für die Römer verbunden war, ließ nun freilich Julian sein freudiges Selbstgefühl laut genug werden, und man hätte das Vorgeben seiner Verläumder leicht wahr finden können, daß er sich nur deswegen mehr angestrengt habe, um lieber eines rühmlichen Heldentodes zu sterben, als, ihrem Wunsche gemäß, sich wie seinen Bruder Gallus als Missethäter zum Tode verdammen zu lassen, wenn er nicht auch nach Constantius Tode sich gleich, und über seine Heldenthaten allgemein bewundert geblieben wäre.

Kap. 2.

Alles war nun, so gut es die Umstände erlaubten, hier auf festen Fuß gesetzt; aber indem Julian in die Winterquartiere zurückging, fand er eine nicht unbeträchtliche Nachlese von schwerer Arbeit vor sich. Sever, General der Reiterei, hatte, indem er über Agrippina, (Köln) und Juliacum (Jülich) nach Remi (Reims) ging, einzelne Korps Fränkischer leichter Truppen, sechshundert Mann stark, wie sich nachher ergab, in Plünderung der jetzt von ihrer Besatzung entblößten Städte angetroffen. Zu diesem kühnen Frevel hatte sie die günstige Gelegenheit ermuntert, daß, weil Julian im Innern des Alamannerlandes beschäftigt wäre, sie ohne Widerstand sich mit fetter Beute beladen könnten: aber aus Furcht vor der zurückkehrenden Armee hatten sie zwei schon seit langer Zeit verlassene Schanzen in Besitz genommen, um sich, so gut sie könnten, zu ver-

vertheidigen. Julian, über diesen unerwarteten Vorfall betroffen, behielt in Besorgniß übler Folgen, wenn er, ohne ihren Frevel zu bestrafen, diese Gegend verließe, ein Korps seiner Armee zurück, um ihre Schanzen einzuschließen. Der Fluß Mosa (Maas) ging nahe an diesen Schanzen hin, und die Blokade verzog sich in den Monaten December und Januar auf vier und fünfzig Tage, weil die unbiegsamen Barbaren sich mit unglaublicher Hartnäckigkeit wehrten. Julian, dessen Aufmerksamkeit nichts entging, fürchtete, sie möchten etwa einmal die Dunkelheit der Nacht benutzen, über den zugefrorenen Fluß zu gehen, ließ also alle Tage vom Untergange der Sonne bis zum Anbruche des Tages seine Soldaten auf kleinen Wachtschiffen *) auf- und abfahren, um das Eis zu zerschlagen, und jeden Ausweg den Feinden zu erschweren. Diese Erfindung wirkte: die Feinde, durch Hunger und Nachtwachen und äußerste Noth entkräftet, ergaben sich freiwillig, und wurden sogleich nach dem kaiserlichen Hoflager abgeführt. Zwar rückte ein Schwarm Franken vor, um ihre Brüder zu retten; aber auf die Nachricht, daß diese sich hätten ergeben müssen, und bereits weiter gebracht wären, gingen sie, ohne etwas zu unternehmen zurück, und Julian verließ auch diese Gegend, um seinen Winteraufenthalt in Paris zu nehmen.

Kap. 3.

*) Lusoriae naves, waren Schiffe, welche die Römer auf Strömen in solchen Ländern hielten, die an feindliche Völker stießen, Observationsschiffe. Am besten beschrieben finde ich sie bei Saumaise über die Historia Augusta B. 2. S. 767. ff.

Kap. 3.

Weil man befürchten mußte, daß mehrere Nationen mit verstärkter Macht zusammentreten würden, so machte einem so bedächtigen Manne, als Julian war, die Ueberlegung, wie ungewiß doch immer das Glück im Kriege sey, nicht wenig Sorge. So geschäftvoll und kurz auch der Waffenstillstand war, so glaubte er doch jetzt den bedrängten Einwohnern Galliens vielleicht Erleichterung verschaffen zu können, wenn er die Berechnungen ihrer Abgaben genauer einsähe. Weil der prätorische Präfect Florentius nach reiflicher Ueberlegung befunden zu haben vorgab, daß er den bei der Kopfsteuer sich ergebenden Ausfall nicht anders als durch eine neue Auflage zu decken wüßte, so erklärte sich Julian, der dergleichen Kniffe schon kannte, daß er alles in der Welt eher thun, als so etwas gestatten würde. Er wußte zu gut, daß man durch dergleichen Vorkehrungen, oder richtiger gesagt, Umkehrungen, den Provinzen tödtliche Wunden schlüge, die schon manches Land in die äußerste Armuth gestürzt hätten: und in der That hatte man, wie ich nachher erzählen werde, die Provinz Illyricum auf diesem Wege völlig zu Grunde gerichtet. Florentius schrie nun freilich gewaltig auf, daß er, dem doch der Kaiser ein so wichtiges Amt vertrauet habe, nun auf einmal für einen Betrüger gelten solle: aber Julian bedeutete ihn mit aller Freundlichkeit, und bewies ihm durch eine in das kleinste Detail gehende Berechnung, daß die bisherige Kopfsteuer zu nöthiger Unterhaltung der Armee nicht nur hinreiche, sondern sogar noch Ueberschuß gebe. Man legte ihm zwar kurz nachher einen neuen Plan zu Erhöhung der Abgaben vor, aber er warf ihn an die Erde, ohne ihn lesen, vielweniger unterzeichnen zu wollen. Der Kaiser selbst gab ihm auf einen Bericht des Präfects in einem Briefe die Weisung, daß er durch dergleichen Krittelei den Florentius nicht in Mißkredit bringen möchte: aber er schrieb zurück, man würde froh seyn müssen, wenn die Provinzialen bei überall verheerten Ländereien den gewöhnlichen Tribut geben könnten, geschweige daß man ihnen eine neue Auflage zumuthen sollte, die man von so armen Leuten selbst durch Bedrohung des Todes nicht würde erpressen können. So bewirkte dann jetzt und nachher dieser einzige Mann durch seine Standhaftigkeit, daß Niemand den Galliern, etwas außer den gewöhnlichen Abgaben mit Unrecht abzudringen sich erkühnte. Ein ganz ungewöhnlicher Fall war es auch, daß Julian von einem prätorischen Präfect durch Bitten so viel erhielt, daß er ihm das durch vielfache Unglücksfälle ganz niedergedrückte zweite Belgien zu freien Händen *), und sogar auf die Bedingung überließ, daß kein Unterbedienter des Präfectes, oder des Präses jemanden durch Zwangsmittel zur Zahlung anhalten sollte. Diese wohlthätige Erleichterung hatte auch in der That bei allen, die er in seinen Schutz nahm, die gute Folge, daß sie, ohne

sich

---

*) Nämlich nur in Rück- zu machen, daß die Einsicht auf die Abgaben, um wohner gern gäben, wenn an dieser Provinz die Probe sie billig behandelt würden.

sich mahnen zu lassen, noch vor den gesetzten Terminen ihre Zahlung leisteten.

Kap. 4.

Während daß man Galliens Schicksal erträglicher zu machen anfing, ward bei Orfitus noch fortdauernder Stadtpräfectur ein Obelisk zu Rom im großen Circus aufgestellt, von dem eine kleine Nachricht, wie ich hoffe, hier nicht am unrechten Orte stehen soll. Schon in den ältesten Zeiten gab es eine Stadt, deren Mauren ein eben so herrliches Werk, als ihre hundert Thore berühmt waren. Ihre Erbauer nennten sie deshalb Hekatompyli *) und die Provinz Thebais hat noch jetzt von ihr den Namen. Diese Stadt war zu der Zeit, da Karthago ihre Macht auszubreiten anfing, von Punischen Heerführern einmal unvermuthet überfallen und zerstört worden: nach ihrer Wiederherstellung bemächtigte sich der Persische König Kambyses, ein habsüchtiger und grausamer

*) Welches Wort eben die 100 Thore ausdrückt, aus deren jedem zu Kriegszeiten 200. Mann mit Streitrossen und Streitwagen ausgezogen seyn sollen. Diese Sage gründet sich auf Homers Iliade B. 9 v. 383. 384. Schon Mela erklärt in seiner Erdbeschreibung B. 1. K. 9. diese 100 Thore für so viel Hofhaltungen von Fürsten; (centum portas, sive, ut alii aiunt, centum aulas, totidem olim principum domos) und Herr Ritter Michaelis in seinem Etwas von der ältesten Geschichte der Pferde und Pferdezucht ꝛc. S. 33 — 41. für — Pferdeställe. Bruce in s. Reisen, (Volkmannische Uebers. B. 1. S. 180. und 192.) sagt: die alten Bewohner von Theben hätten unläugbar in den Hölen der Berge gelebt, und nicht minder wahrscheinlich sey es, daß die gedachten 100 Thore, die in Hölen ausgehauen und verziert gewesen, als ein Wunder der damaligen Zeit betrachtet worden, auch noch jetzt den Namen Becban el Meluke, d. i. Thore der Könige führten.

samer Fürst, so lange er lebte, derselben bei seinem Einfalle in Aegypten, und beraubte sie ihrer beträchtlichen Reichthümer, ohne selbst die Weihgeschenke in Tempeln zu verschonen. Aber indem er selbst unter seinen plündernden Soldaten mit umher wütete, verwickelte er sich in sein weites Gewand, fiel zur Erde, der Dolch, den er an der rechten Hüfte trug, fuhr über diesem schnellen Hinstürzen aus der Scheide, und verwundete ihn fast tödtlich. Lange Zeit nachher hatte Cornelius Gallus, unter Oktavians Regierung Statthalter (Procurator) Aegypteus, diese Provinz durch viele Unterschleife ausgesogen: und weil er nach seiner Zurückkunft über seine Betrügereien und Ausplünderung der Provinz gerichtlich belangt ward, stieß er, aus Furcht vor dem aufgebrachten Adel, dem der Kaiser die Untersuchung übertragen hatte, sich selbst das Schwert in die Brust. Dieser Mann war, wenn ich nicht irre, Eine Person mit dem Dichter Gallus, den Virgil am Ende seiner bukolischen Gedichte doch einigermaßen in sanftem Klagetone beweinet *)

In jener Stadt also fand ich außer großen Bassius, und verschiedenen kolossalischen, Aegyptische Gottheiten vorstellenden Kunstwerken auch mehrere noch stehende Obelisken, andere aber liegend und zertrümmert, zu welchen die Könige der Vorzeit, stolz auf Bezwingung einer Nation, oder auf sonst eine glückliche Begebenheit ihres Landes, die Steine

aus

---

*) Ueber diesen Mann als Statthalter bitte ich Dio Cassius B. 51. K. 17. und B. 53. K. 13. und 23. nachzusehen, und über den Dichter Fabricii Bibl. lat. edit. Ernest. T. I. p. 425.

aus tiefen Bergen, oder in fernen Landen hatten aushauen, und den Himmelsgöttern zu Ehren aufstellen lassen. Ein Obelisk besteht übrigens aus einem sehr harten Steine (Granit), und erhebt sich in Kegelgestalt nach und nach zu einer großen Höhe; weil das Ganze einen Sonnenstrahl vorstellen soll, so wird er immer schmaler, und geht allmählich nach seinen vier Seiten, alle von Künstlerhand geglättet, in eine scharfe Spitze aus. Die unzähligen Figuren, Hieroglyphen genannt, welche man auf allen Seiten eingeschnitten findet, behaupten von je her ihr ehrwürdiges Ansehen als uralter Weisheit Denkmahle. Durch die eingegrabenen vielerlei Arten von Vögeln und andern Thieren, sogar aus andern Welttheilen, wollte man das Andenken merkwürdiger Begebenheiten auch bei der Nachwelt mehr verbreiten, und jeder von diesen Prachtkegeln stellte ein gethanes oder wirklich ausgeführtes Gelübde alter Könige dar. Wenn man jetzt durch eine festgesetzte und leicht zu übersehende Zahl von Buchstaben jede Idee, die nur in die menschliche Seele kommen mag, auszudrücken im Stande ist, so kannten doch die alten Aegyptier diese Schriftart nicht: jeder einzelne Buchstabe bezeichnete vielmehr einzelne ganze Namen und Wörter, bisweilen auch ganze Sätze. Um einen Begriff zu geben, will ich für jetzt nur zwei Beispiele beifügen. Durch die Figur eines Geiers drücken sie das Wort Natur aus, und zwar aus dem Grunde, weil die Naturkündiger behaupten, daß es unter diesen Vögeln keine Männchen gebe: eine Honig bereitende Biene ist ihnen Bild eines Königes, und

der

der geheime Sinn ist, daß ein Regent sich zwar angenehm machen, aber auch nicht ohne Stachel seyn dürfe. Gleiche Beschaffenheit hat es mit unzähligen andern Vorstellungen.

Weil nun die Schmeichler, wie gewöhnlich, dem Ehrgeize des Constantius immer neue Nahrung zu geben suchten, und ihm, immer einer lauter als der andere, vorstellten, daß zwar Kaiser Octavian August zwei Obelisken aus der Aegyptischen Stadt Heliopolis hätte nach Rom schaffen, und den einen im großen Circus, den andern auf dem Marsfelde aufrichten, den dritten aber nach seiner Zeit erst herübergebrachten, weil er bei der ungemeinen Größe desselben zu viel Schwierigkeiten gefunden, weder berühren, noch von seiner Stelle verrücken lassen: so will ich für diejenigen, denen es vielleicht noch unbekannt ist, bemerken, daß jener ältere Kaiser, ob er gleich schon einige von ihrer Stelle nehmen lassen, doch an diesem sich nicht habe vergreifen wollen, weil er dem Sonnengott eigenthümlich gewidmet, in dem inneren Raume eines prächtigen Tempels aufgestellt, und gleichsam der König der übrigen war. Kaiser Constantin hingegen sah kein Bedenken, diese ungeheure Masse von ihrem Gestell abheben zu lassen, und glaubte mit Recht, daß er gewiß der Götterverehrung nicht zu nah trete, wenn er dies Wunderwerk aus dem Einen Tempel nähme, um es in Rom, des ganzen Erdkreises Tempel wieder hinzustellen: doch blieb anfangs der abgehobene Stein lange liegen, bis man die nöthigen Anstalten, ihn weiter zu bringen, getroffen hatte. Man schaffte

ihn

ihn hernach den Nil herab bis nach Alexandrien, wo man ein Fahrzeug von nie gesehener Größe erbaute, das dreihundert Ruder fortbringen sollten. Alles war schon gehörig vorbereitet, als durch Kaiser Constantins Tod der betriebsame Eifer erkaltete: jetzt erst brachte man ihn zu Schiffe über das Meer und in die Fluten des Tiberstromes, der gleichsam ängstlich sich fast nicht getraute, das ihm von dem kaum dem Namen nach bekannten Nilstrom zukommende Pfand, über seine gefährlichen Krümmungen hinweg in die Stadt, des Heiligthums künftige Pflegerin, ohne Schaden zu überliefern. Man setzte ihn in einem nach Alexandern benannten Dorfe (Vicus Alexandri) ab, welches dreitausend Schritte von Rom abliegt, schob ihn dann sanft auf niedrigen Wagen fort, und brachte ihn endlich durch das Ostiensische Thor und über den großen Stadtteich in den großen Circus. Nun fehlte es nur noch am Aufrichten, das man doch kaum für möglich hielt: doch man führte Balkengerüste bis zu einer gefährlichen Höhe auf; man glaubte einen Wald von Maschinen vor sich zu sehen, man legte ungeheuer starke und lange Seile an, die wie vielfach zusammengedrehte Fäden in einem Gewebe einen dichten Vorhang unter dem Himmel hinzogen: an diesen Seilen ward dann der mit Bilderschrift verzierte Steinfels nach und nach in die leere Luft erhoben, hing lange schwebend, und stand endlich von vielen tausend Menschenhänden durch große Winden, wie sie in Mühlen gebräuchlich sind, mitten im Circus aufgestellt da. Oben darauf setzte man eine Kugel von Bronze, mit glänzenden Goldblechen belegt:

legt: weil aber diese kurz nachher vom Blitze getroffen ward, nahm man sie ab, und setzte eine, ebenfalls mit Golde plattierte Fackel auf, die viele Flammen um sich verbreitete. In den folgenden Zeiten °) hat man noch mehrere dergleichen Obelisken aus Aegypten herübergebracht, wovon einer im Vatican, der andere in dem Sallustischen Lustgarten, zwei zu Augusts Ruft errichtet sind °°). Die auf dem alten, im großen Circus stehenden Oblisk befindliche Schrift will ich nach Hermapions Erklärung, die er in Griechischer Sprache giebt, hier beifügen °°°). Auf der Südseite steht folgendes:

Erste

°) Nach Augusts Regierung, versteht sich.

°°) Noch jetzt sind in Rom 5. größere, und mehrere kleine Obelisken zu sehen. Der unsrige heißt der Lateranensische, ist der höchste unter allen, und ward auf Sixtus 5. Befehl durch Fontana im Jahr 1588. von neuem aufgerichtet. Außer demselben ist der vom Kaiser August im Marsfelde errichtete noch vorzüglich zu merken, dessen Schatten die Sonnenhöhe, das Zunehmen und Abnehmen der Tage und Nächte anzeigte, und über den der verstorbene Prof. Bose in Wittenberg mit der dortigen Theolog. Facultät einmal eine kleine Fehde bekam.

°°°) Ammian hat den Griechischen Text Hermapions, der, wie Kircher will, zu Kaiser Augusts Zeiten gelebt hat, beibehalten. Hier ist der Ort nicht, wo ich mich auf eine Auseinandersetzung der Aegyptischen Götterlehre einlassen konnte; das einzige, was ich thun kann, ist Angabe einiger Bücher, aus denen man sich am besten hierüber unterrichten kann, und die Erklärung der in unserer Aufschrift vorkommenden eigenen Namen. Wem also Jablonski gelehrtes Werk: Pantheon Aegyptiorum, Frankfurt an der Oder 1750. zu mühsam zu lesen seyn sollte, dem wollen wir Savary Zustand des alten und neuen Aegyptens, Th. 3. S. 294. ff. empfehlen. Weniger künstlich, aber desto richtiger hat Gatterer in 2 vortrefflichen Abhandlungen von der Theogonie der Aegyptier im 7. B. der Commentarien der Götting. Societät gehandelt.

Auch

Erste Reihe.

Helios dem Könige Ramestes. Dir verlieh ich das Glück, über die weite Welt mit Frölichkeit zu herrschen. — Helius liebt dich und Apoll. — Mächtiger, der Wahrheit Freund, Herons Sohn, von Göttern stammender Bilder des Erdkreises, von Helios vorzüglich geliebt, durch Ares tapferer König Ramestes, dessen heldenmüthigem Unternehmungsgeist die ganze Erde untergeordnet ist — König Ramestes, Helios Sohn, dessen Leben Aeonen währt.

Zweite Reihe.

Apoll der Mächtige, wahrer Verleiher des Diadems, Aegyptens ruhmvoller Besitzer, dem des Helios Stadt ihren Glanz verdankt, der die übrige Welt erschaffen, und die in Helios Stadt aufgestellten Götter ehrt, des Helios Liebling.

Drit-

Auch verdienen Meiners Versuch über die Religionsgeschichte der ältesten Völker, und Zoega über einige Symbole und Gottheiten der alten Aegyptier im 7. St. der Gött. Biblioth. der alten Litteratur und Kunst S. 1. ff. verglichen zu werden. — Was die eigenen Namen betrifft, so ist Ramestes unstreitig kein anderer, als der bekannte Eroberer Sesostris, der auch bei Tacitus Annal. B. 2. K. 60. Rhamses heißt. — Hephästus, Aeg. Phthas, Lat. Vulkan ist bei den Aegyptern in Astronomischer Beziehung Vater der Götter, in so fern er nämlich Symbol des Feuers, des Lichtes ist. — Ohne Licht läßt sich die Sonne nicht denken, also ist Helios sein Sohn, der Aegypt. Osiris, der aber nicht sowohl Sonne, als Sonnenjahr bedeutet. Helios Sohn ist Apoll, Aeg. Horus, und unter diesem ist die täglich scheinende Sonne gemeint. Ares ist Mars — Ammon ist Jupiter, Heron ist Herkules Aeg. Osum

Dritte Reihe.

Apoll, mächtiger Sohn des Helios, überall seine Strahlen verbreitend, vom Helius vor andern geliebt, und vom tapfern Ares herrlich begabt. — Deine Verdienste wirken auf ewige Zeiten fort. — Dich liebt Ammon, der den Phönirtempel so herrlich schmückte. — Dir haben die Götter lauge Lebenszeit verliehen. — Apoll, mächtiger Sohn Herons, Weltkönig Ramestes, durch seine Siege über fremde Völker Aegyptens Erhalter. — Ihn liebt Helios, ihm theilten die Götter eine lange Reihe von Lebensjahren zu. — Weltkönig ist Ramestes, und lebt Aeonen lang.

Eine andre zweite Reihe.
(auf einer andern Seite).

Gott Helios, des Himmels großer Beherrscher. Dir verlieh ich ein Leben, dessen du nie satt werden sollst. — Apoll, der mächtig über Diademe schaltet, dem keiner zu vergleichen ist, deren Bildsäulen in diesem Reiche Aegyptens Regenten aufstellten, des Helios Stadt schmückten, und den Helios selbst, des Himmels Beherrscher. Vollendet hat dieses schöne Kunstwerk des Helios Sohn, der König, lebend Aeonen lang.

Eine andre dritte Reihe.

Ich, Gott Helios, des Himmels Beherrscher, gab Ramestes, dem Könige, Macht und Gewalt über Alles. — Ihn hat Apoll, der wahrheitliebende Regent

Regent der Zeiten, und Hephästus, der Götter
Vater vor andern lieb, aus Liebe zu Ares. — Kö‍
nig, immer freudenvoll, des Helios Liebling.

Erste Reihe auf der Ostseite.

Der Stadt des Helios großer Gott, der Himmelsbe‍
wohner Apoll, der Mächtige, Herons Sohn, dem
Helios half, den die Götter ehrten, der ganzen
Welt König, den Helios vor andern liebt; durch
Mars ein tapferer König, den Ammon liebt, und
der Alles bestrahlende zum König auf Aeonen be‍
stimmte *).

Kap. 5.

N. C. Geb.
358.   ) Indem man unter Datians und Ce‍
realis Consulat Gallien durchgängig auf bessern
Fuß zu setzen sich angelegen seyn ließ, und furcht‍
volle Erinnerung des Vergangenen die Hitze der Bar‍
baren abstumpfte, befand sich Persiens König noch
immer an den äußersten Gränzen seines Reiches,
hatte mit den Chioniten und Gelonen, sehr
kriegerischen Nationen, den Bund der Freundschaft
geschlossen, und stand im Begrif, in seine Residenz
zurückzukehren, als ihm Tamsapor die Nachricht zu‍
schrieb, daß Roms Regent um Frieden bäte. In
der Vermuthung, daß ein solcher Entschluß blos in
dem Gefühle der Schwäche des Reiches seinen Grund
haben

---

*) Wahrscheinlich sind sol‍cher Reihen zwölf gewesen: aber Ammian hat uns schon   In der Hälfte dieses ewigen Einerley mehr als zu viel gegeben.

haben könne, trug er den Kopf um so höher, und so
schmeichelhaft das Wort Friede seinen eigenen Ohren
klang, so waren doch seine Bedingungen nichts weniger als einladend. Er schickte nämlich einen gewissen Narseus als Gesandten mit Geschenken an
Constantius, und gab ihm zugleich ein Schreiben
mit, in dem der Mann auf allen Zeilen dem ihm
eigenen Stolze treu blieb, und seines Herzens Meinung ohngefähr so ausgedrückt hatte:

„„ Sapor, der Könige König, der Sterne Ge-
„ noß der Sonne und des Mondes Bruder, entbie-
„ tet dem Cäsar Constantius, seinem Bruder, sei-
„ nen freundlichen Gruß. Zu Freude und hohem
„ Wohlgefallen gereicht es uns, dich endlich einmal
„ auf besserem Wege zu finden, und die Bemerkung
„ zu machen, daß du der Stimme unverfälschter
„ Redlichkeit Gehör gegeben, und durch Erfahrung
„ dich hast belehren lassen, wie vieles Unglück hart-
„ nackige Habsucht schon so oft angerichtet hat.
„ Weil demnach die Sprache der Wahrheit frei und
„ ungebunden seyn muß, und bei Fürsten die Worte
„ ihres Mundes mit den Gedanken ihres Herzens im
„ Einklange stehen müssen: so will ich meine Wil-
„ lensmeinung um so kürzer fassen, je öfter ich das,
„ was ich zu sagen nöthig finde, schon vorher zu
„ erkennen gegeben habe. Daß zu meiner Vorfah-
„ ren Zeit die Gränzen unsers Reiches bis an den
„ Fluß Strymon und Macedonien reichten, bezeugt
„ selbst die ältere Geschichte Roms: und so darf ich
„ doch wohl auf Wiederherstellung derselben dringen,
„ ich — ohne Stolz sey es gesagt — den höherer

„ Glanz

„ Glanz und eine lange Reihe ausgezeichneter Ver-
„ dienste über ältere Könige erheben. Doch weit
„ mehr noch gilt bei mir das freudige Bewußtseyn,
„ das ich mir von Jugend auf, zur Regel machte,
„ nie etwas zu thun, das mich in der Folge gereuen
„ dürfte. Ich bestehe demnach auf der Zurückgabe
„ Armeniens und Mesopotamiens, die man meinem
„ Großvater durch listige Ränke entrissen hat. Bei
„ uns fand nie der Grundsatz Beifall, über dem ihr
„ euch so sehr wohlzugefallen pfleget, als ob, ohne
„ den Unterschied zwischen wahrer Tapferkeit und lu-
„ stigen Weinungen zu beachten, der Ruhm eines
„ Krieges nur von seinem glücklichen Ausgange ab-
„ hange. Wenn du also geneigt bist, gutem Rathe
„ zu folgen, so opfere, um die übrigen Provinzen
„ desto sicherer zu beherrschen, einen kleinen Theil
„ deines Landes auf, der dich viele Sorgen und Blut
„ kosten könnte: bedenke reiflich, daß auch Meister
„ der Heilkunst bisweilen brennen und schneiden,
„ oder ganze Glieder abnehmen, um die übrigen ge-
„ sund zu erhalten, — daß selbst Thiere dies zu
„ thun pflegen, und sobald sie merken, warum man
„ ihnen nachstellt, sich desselben freiwillig entledi-
„ gen, um ohne Furcht leben zu können. Wenig-
„ stens will ich hiermit erklärt haben, daß, wenn
„ diese meine Gesandtschaft nichts ausrichten sollte,
„ ich nach verflossener Winterruhe, mit meiner gan-
„ zen Macht dir so schnell, als ich kann, entgegen
„ eilen werde, und die Hoffnung eines guten Erfol-
„ ges auf mein Glück und auf so billige Friedens-
„ vorschläge im Voraus gründe."

Lange erwog man den Inhalt dieses Briefes, und beantwortete ihn dann mit freimüthiger Offenheit, und dennoch wohl bedachtem Ausdrucke so:

„Constantius, Sieger zu Wasser und Land, im-
„mer August *), entbietet seinem Bruder Sapor,
„dem Könige, seinen Gruß. So gern ich an deinem
„Glück und Wohlergehen, als künftiger Freund,
„wenn du willst, den vergnügtesten Antheil nehme;
„so vermag ich doch deine unbiegsame, und immer
„weiter greifende Habsucht auf keine Weise zu billi-
„gen. Mesopotamien und Armenien forderst du
„als dir gehörig zurück, und giebst mir den Rath,
„dem doch so wohlbehaltenen Körper einige Glieder
„abzunehmen, um seine Gesundheit auf die Zukunft
„zu sichern, — ein Rath, den ich lieber sogleich
„ganz von der Hand weise, als nur auf irgend eine
„Art mich darauf einlasse. Höre also die Stimme
„der Wahrheit, die nicht in Gaukelei gehüllt, son-
„dern lauter, und durch keine Drohung zu schrecken
„ist. Mein prätorischer Präfect hat in der Mei-
„nung, ein gemeinnütziges Werk zu stiften, mit
„deinem Feldherrn durch einige Unterhändler von
„geringer Bedeutung, ohne mein Wissen, über ei-
„nen Frieden handeln lassen. Wir sind nicht dawi-
„der, werden ihn auch nicht verschmähen, nur muß er
„mit Ehre und Anstand verträglich seyn, und unserer

„Regen-

*) Dieß ist das erstemal, daß Semper Augustus in der Geschichte vorkommt. Daß man dieß durch Alle-zeit Mehrer des Reiches übersetzt, ist bekanntlich ein Fehler, zuweilen sogar bit-tere Ironie gewesen. Con-stantius gab sich wahrschein-lich diesen Namen besonders deswegen, weil ihn Sapor in seinem Briefe nur Cäsar genannt hatte.

„Regentenpflicht und Majestät keinen Eintrag thun
„ wollen. Thöricht wäre es ja doch und entehrend,
„ zu einer Zeit, wo die Reihe unserer Thaten aller
„ Ohren füllt, so vielfach auch der Neid sie zu ver-
„ stopfen strebt: — zu einer Zeit, wo nach Bezwin-
„ gung der Usurpatoren das ganze Römische Reich
„ sich unter unsern Zepter beugt, Provinzen hinzu-
„ geben, die wir, so lange unsre Herrschaft nur in
„ des Orients Gränzen eingeschränkt war *), uns
„ doch immer unangetastet zu erhalten wußten.
„ Wollte man doch endlich einmal aufhören, uns so
„ verbrauchte Schreckbilder vorzuhalten, da es so
„ unbezweifelt wahr ist, daß wir nicht aus Feigheit,
„ vielmehr aus Mäßigung bisweilen uns lieber nur
„ vertheidigen, als der angreifende Theil seyn woll-
„ ten, und daß wir, sobald man uns angreift, un-
„ sere Provinzen als wohlthätige Pfleger aufs ra-
„ scherste zu schützen wissen, durch Erfahrung und
„ Geschichte belehrt, daß, wenn einige Treffen ei-
„ nigermaßen Roms Macht erschütterten, dennoch am
„ Ende eines jeden Krieges der Gewinn immer auf
„ unserer Seite blieb."

Der Gesandte trat also, ohne etwas ausgerichtet
zu haben, seine Rückreise an (denn man konnte der
zügellosen Begehrlichkeit des Königes jetzt weiter
keine Antwort geben), und wenige Tage nachher
folgten ihm der Unterstatthalter (Comes) Prosper,
und der Tribun und Staatssecretär (Notar) Spe-
ctatus, denen man auf Musonians **) Vorschlag

---

*) So lange Constantius   **) Des prätorischen Prä-
Bruder noch lebten.   fectes S. O. 16. Kr. 2.

schlag auch den Philosophen Eustathius, einen Meister in der Ueberredungskunst, zugab, um Briefe und Geschenke von Seiten des Kaisers zu überreichen, und alle Kunstgriffe aufzubieten, die Zurüstungen des Königes so lange hinzuhalten, bis man diese nördlichen Provinzen in den möglich besten Vertheidigungsstand gesetzt hätte.

Kap. 6.

Bei so bedenklichen Aussichten hatten die Juthunger *) eine an Italien gränzende Alamannische Völkerschaft, den ihnen auf dringende Bitte zugestandenen Bund und Frieden vergessen, streiften in Rätien herein, verwüsteten alles vor sich her, und wagten sich sogar, was sonst ihre Art nicht ist, an unsere Besatzungen in Städten. Um sie zurückzutreiben, ward der an Silvans Stelle zum General der Infanterie ernannte Barbatio mit einem starken Korps abgesandt, ein Mann, der zwar für seine Person nichts weniger als Held war, aber doch durch seine geläufige Zunge seine Soldaten zur Tapferkeit so glücklich zu beleben wußte, daß er mit ihnen eine große Menge Feinde erlegte, und nur wenige der Gefahr durch Flucht entgingen, auf der sie, wenn sie ihnen gelang, doch nichts als Thränen und Klagen

---

*) Sind von den B. 31. K. 3. 4. 5. vorkommenden Greuthungen zu unterscheiden, welche Scythen von Abkunft waren. Die Wohnsitze der Juthungen giebt Ammian selbst so deutlich an, daß er uns eine weitere Note erspart. S. Saumaise über die Historia Augusta B. 2, S. 363. 364. 670.

gen zu den Ihrigen zurückbrachten. Dieser Schlacht soll, wie man versichert, Nevita, nachher Consul, damals Anführer einer Eskadron Reiter beigewohnt, und sich sehr tapfer gehalten haben.

Kap. 7.

Gerade um diese Zeit hatten auch fürchterliche Erdbeben in Macedonien, Asien und Pontus durch wiederholte Stöße viele Städte und Gebirge erschüttert. Unter vielfachen Denkmahlen der traurigsten Verwüstung zeichnete sich vorzüglich Nikomedien, die Hauptstadt Bithyniens aus, deren Einsturz ich nach seinen Umständen eben so kurz als wahr erzählen will.

Am vier und zwanzigsten August zogen sich bei Anbruch des Tages dichte, schwarze Wolken über den Himmel hin, und verwandelten den kurz vorher noch heitern Tag in finstere Nacht: kein Sonnenstrahl blickte durch, selbst das, was man ganz nah vor sich oder neben sich sah, schwand vor dem umnebelten Blicke dahin, und grauenvolle dicke Finsterniß brütete über der Erde. Die höchste Gottheit selbst schien tödtliche Blitze zu schleudern, und die Winde aus ihren Angeln zu heben, — und auf einmal erhob sich der Sturm mit mächtiger Wut, von seinen kräftigen Stößen heulten getroffene Berge, donnerte die am Gestade sich brechende Welle: dann folgten glühende Wirbelwinde, die mit schrecklichem Beben der Erde verbunden, Stadt und Vorstädte in einen Steinhaufen verwandelten. Weil die meisten Häuser am Abhange des Berges lagen, stürzte eins über das andere hin, und gaben, indem sie stürzten, einen fürchterlichen Widerhall. Dann ertönten Stimmen aller Art durch einander von den Spitzen der Berge herab, ängstlich rufend nach Gatten und Kindern, nach geliebten Verwandten und Freunden. Nach zwei Stunden endlich, und etwas weniges darüber öffnete der entwölkte und heitere Horizont die traurigste Ansicht. Einige waren, von der Schwere über sie stürzender Häuser gepreßt, unter dieser Last sogleich erstickt: hier sah man einige, bis an den Hals verschüttet, die noch zu retten gewesen wären, hülflos sterben: dort hingen andere auf vorspringenden spitzigen Balken gespießt. So lag eine ganze Menge Menschen, den Augenblick vorher noch lebend, jetzt durch einander in ganzen Schichten von Leichen da. Bei einigen Häusern hatte sich nur der Giebel gesenkt, ihre Bewohner waren unbeschädigt geblieben, und starben vor Angst und Hunger. Unter diesen war auch Aristänet *), der als Vicestatthalter der vom Constantius neuerlich angelegten, und, zu Ehren seiner Gemahlin Eusebien, Pietas benannten Diöces angestellt war, und nach langer Qual auf die angeführte Art starb. Andere liegen noch jetzt, so wie die Lasten der Häuser über sie herfielen, unter den Ruinen begraben. Einige hatten eine Quetschung am Kopfe erhalten, oder ein Stück Schulter, oder ein Bein verloren, schwebten zwischen Todesfurcht und Lebenslust, rusten andere, die ein ähnliches Schicksal traf,

zu

---

*) Von ihm haben wir am besten herausgegeben von noch zwei Bücher Briefe, Abresch, Zwoll 1749. 8.

zu Hülfe, und die Antwort war — Betheurung der Unmöglichkeit. Der größere Theil der Tempel und Häuser und Menschen würde vielleicht noch immer zu retten gewesen seyn, wenn nicht plötzlich hervorbrechende Feuerflammen funfzig Tage und Nächte durch alles, was Feuer fängt, verzehrt hätten.

Doch ich glaube, eine kurze Angabe der Muthmaßungen, die die Alten über Erdbeben hatten, soll hier nicht am unrechten Orte stehen: denn in das Geheimniß gewisser Wahrheit hierüber haben nicht nur wir bloße Liebhaber der Naturkunde, sondern auch die größten Physiker nach langen Nachtwachen und ewigen Zänkereien noch immer eindringen können. Man bemerkt deshalb auch in den Ritual- und Augurbüchern (und die Priester halten sehr genau über diese Vorschrift), daß man, wenn der Gott, der das Erdbeben verhing, sich nicht bestimmen läßt, sich ja in Acht nehmen müsse, durch Verwechslung seines Namens mit dem Namen eines andern Gottes sich an ihm zu versündigen. Erdbeben entstehen also, nach den verschiedenen Meinungen der Naturkundigen, über die sich Aristoteles selbst nur schwankend erklärt, entweder, wenn in engen Erdhölen, welche die Griechen Syringen (Pfeifen) nennen, angehäuftes Wasser einen gewaltsamen Ausweg sucht: oder wenigstens, wie Anaxagoras behauptet, wenn heftige Winde im Innern der Erde eingeschlossen sind, die, wenn sie eine dichte Erdrinde über sich, und nirgends einen Ausgang finden, diejenigen Theile der Erde in schwankende Bewegung setzen, in die sich ihre Dünste gezogen haben. Daher bemerkt man gemeiniglich bei einem Erdbeben auf der Oberfläche der Erde eine Windstille, weil die Winde im Innern der Erde beschäftigt sind. Anaximander sagt, die Erde bekomme, entweder durch zu große Sonnenhitze vertrocknet, oder von zu lange anhaltendem Regen durchwässert, größere Spalten, in welche von der Erde herein zu viel und zu heftiger Wind eindringe, und durch starken Luftzug die erschütterte Erde aus ihrer Lage rücke. Dies ist die Ursache, daß die Erdbeben in solche Zeiten fallen, wo die Atmosphäre mit heißen Dünsten erfüllt, oder die Erde durch anhaltendes Regenwetter zu sehr durchwässert ist. Daher kommt es auch, daß die alten Dichter und Mythologen dem Neptun, aller feuchten Substanzen Beherrscher auch die Namen Ennosigäus und Seisichthen *) gegeben haben.

Uebrigens giebt es vier Arten von Erdbeben. Einige sind Brasmatiä, welche die Erde mit mehr Gewalt erschüttern, und ungeheure Erdmassen wie in einem Aufsude in die Höhe treiben: auf diese Art ist in Asien Delos aus dem Abgrunde des Meeres emporgestiegen, und Hiera, Anaphe und Rhodus, welche in ältern Zeiten auch Ophiusa und Pelagia genannt, und einmal mit einem Goldregen gesegnet ward, ingleichen Eleusin in Böotien, und im Tyrrhenerlande Vulcanus, und andere Inseln mehr. Andere Erdbeben heißen Klimatiä, welche in schiefer Richtung Städte,

Ge-

---

*) Beides heißt Erschütterer. Auch bei den folgenden Benennungen der Erdbeben will ich, um Noten zu ersparen, die den Griechischen Benennungen entsprechende Idee blos — durch den Druck unterscheiden.

Gebäude und Berge ebnen; noch andere Chasmatiä, welche durch heftige Erschütterung plötzlich Erdschlünde eröffnen, und ganze Striche Landes verschlingen, wie im Atlantischen Meere eine Insel, (Atlantica) größer als Europa, im krißäischen Meerbusen Helike und Bura, in Ciminien, einem Landstriche Italiens, die Stadt Succumum bis zu den tiefsten Klüften nah am Erebus hinabgesunken, in ewige Nacht vergraben sind. Zu diesen drei Arten von Erdbeben kommen noch die Mykematiä, bei denen sich ein fürchterlicher Ton hören läßt, wenn die Elemente aus ihren Fugen gerückt, plötzlich sich erheben, und so wie sich die Erde wieder senkt, auch selbst sich senken, in welchem Falle nothwendig Krachen und Sausen stärker als Stiergebrüll auf der Erde ertönen müssen. Doch ich komme wieder zu meiner Geschichte.

Kap. 8.

Julian richtete bei seinen Winterquartieren in Paris seine ganze Aufmerksamkeit darauf, den Alamannen zuvorzukommen, die jetzt zwar noch nicht in Ein Heer vereiniget, aber doch seit der Schlacht bei Straßburg bis zur Wut kühn und wild waren: und seine ängstliche Betriebsamkeit ward bei dem langen Harren auf den Monath Julius, in dem er von Gallien aus etwas zu unternehmen im Stande war, noch mehr gespannt. Er konnte nämlich nicht eher ausrücken, als bis beim Eintritt des mildern Sommers Schnee und Reif schmolzen, und die Zufuhr

aus

aus Aquitanien möglich ward. Doch nicht leicht
wird eine Schwierigkeit so groß seyn, die ein erfin-
derischer Geist nicht zu besiegen wüßte, und so schien
auch dem Cäsar unter mancherlei Planen, die ihm
durch den Kopf gingen, der beste der, die Feinde,
ohne die Jahreszeit zu erwarten, unvermuthet zu
überfallen. Hierüber mit sich einig, ließ er auf
zwanzig Tage Brod, so viel man auch, im Stand-
quartiere verzehrt hätte, damit sich's hielte, bis zu
der Härte des so genannten Zwiebacks zurichten, und
jeder Soldat trug seine Portion willig. Voll guter
Zuversicht, mit diesem Vorrathe einstweilen auszu-
reichen, trat er unter eben so glücklichen Vorbedeutungen als vorher, seinen Marsch an, und hoffte
in einer Zeit von fünf oder sechs Monathen zwei dringende Feldzüge zu endigen. Die ersten, die er angrif, waren die Franken, und zwar die so genannten Salischen Franken *), die schon in ältern
Zeiten sich die kühne Freiheit genommen hatten, in
Toriandrien **) auf Römischem Grund und Boden sich niederzulassen. Bei seiner Ankunft in Tu-
gri (Tongern), fand er eine Gesandtschaft von ihnen, welche ihn noch in den Winterquartieren zu
treffen geglaubt hatten, mit Friedensanträgen, auf
den Fall, daß man sie, als ruhige Leute, in ihren
vorgeblich rechtmäßigen Besitzungen nicht angriffe
oder beunruhigte. Julian ließ sich mit ihnen zur

Scheid

---

*) Zwischen der Maas und Schelde.

**) Die Toriandri wohnten im heutigen Seeland und dem nördlichen Theile von Flandern, welches da-
mals noch zusammenhängen-
des, aber mit Sümpfen
durchschnittenes Land war.
Mannert. S. 174.

Schein auf Prüfung ihrer Vorschläge ein, entwarf aber dagegen verfängliche Bedingungen, versprach in der Gegend, wo er jetzt stand, ihre Beantwortung abzuwarten, und entließ sie mit reichlichen Geschenken. — Kaum aber waren sie abgereiset, als er ihnen nachzog, den General Severus am Ufer hingehen ließ, dann plötzlich ihr ganzes Land überfiel, und alle wie ein schnell einbrechendes Sturmwetter so sehr in Schrecken setzte, daß sie, anstatt Widerstand zu thun, sich lieber zu demüthigen Bitten bequemten, welches dann auch bei ihm die Wirkung that, daß er seinen Sieg mit Strenge zu verfolgen nicht rathsam fand, und ihre Ergebung mit Habe und Kindern annahm. Dann fiel er über die Chamaver *), die nicht minder als jene, sich auf Römischem Grund und Boden angesiedelt hatten, mit ähnlicher Geschwindigkeit her, machte viele nieder, ließ die nach vielem Widerstande lebendig gefangenen in Fesseln legen, die übrigen aber, die in der Angst ihr Heil in schleuniger Flucht suchten, für jetzt, um die Soldaten nicht durch einen weiten Marsch zu ermüden, zu den Ihrigen entrinnen: weil aber kurz nachher Gesandte von ihnen erschienen, um Begnadigung ihres Landes baten, und sich ihm demüthig zu Füßen warfen, so gestand er ihnen den Frieden mit der Versicherung zu, daß sie auf dem Rückzuge in ihr Land nichts zu fürchten haben sollten.

Kap. 9.

*) Eine Sächsische Völkerschaft an der Mündung des Rheins seßhaft, gingen dann über den Rhein, um die Salier aus Batavien zu vertreiben. S. Zosimus B. 3. K. 6. und daselbst Reitemeier und Heyne.

Kap. 9.

Alles ging ihm demnach nach Wunsche, und weil seine Aufmerksamkeit nichts unbeachtet ließ, was zu Gründung des Glückes seiner Provinzen nur irgend dienen konnte, so glaubte er, die günstigen Umstände benutzen zu müssen, drei in gerader Linie an den Ufern der Maas ehemals angelegte, längst aber von den erbitterten Barbaren niedergerissene Schanzen wieder herzustellen: — eine Arbeit, mit der er um so eher zu Stande kam, weil er bis zu Beendigung derselben die Armee nicht weiter vorrücken ließ. Um aber einem so weisen Entschluß bei aller Eilfertigkeit dennoch auch Dauer zu geben, mußte jeder Soldat von seinem Brode, das er beim Abzuge auf siebzehn Tage *) erhielt, einen Theil für diese Schanzen zurücklassen, weil Julian glaubte, er würde diesen Abgang leicht durch die Ernte im Chamaverlande ersetzen können. Aber der Erfolg entsprach dieser Erwartung nicht. Die Feldfrüchte waren noch gar nicht reif, der Soldat hatte von seinen Portionen abgeben müssen, sah keinen möglichen Ersatz dieses Abganges vor sich, fing also an, mit empörenden Drohungen und Schmähreden den Julian anzugreifen, nannte ihn den Asiatischen Weichling, den Griechischen Stutzer; nannte ihn sogar Betrüger, und bei eingebildeter Weisheit großen Thoren. Immer giebt es bei Armeen Leute mit fertigen Zungen, die

---

*) Auf einen halben Monath Brod mitzunehmen war überhaupt gewöhnlich S. Casaubon über die Hist. Augusta B. I. S. 999.

die denn auch jetzt ihrem Herzen ziemlich laut auf mancherlei Art Luft machten: „Wo wird man uns „noch hintreiben? Vom neuen finden wir die Hoff= „nung unsre Lage verbessert zu sehen, getäuscht — „haben so lange äußerst beschwerliche Strapazen bei „Schnee und grausamer Winterstrenge erdulden „müssen, und jetzt, welche Schande! jetzt, wo „wir dem Feinde den letzten Rest geben sollen, läßt „man uns vor Hunger, der langsamsten Todesart, „hinschwinden. Nicht ist dies, wir schwören es „hoch und theuer, die Sprache des Aufruhres — „wir sprechen nur für unser Leben; nicht Gold, „nicht Silber begehren wir, das man ohnedem seit „langer Zeit unsern Händen und Augen so weit ent= „rückte, als wären wir überwiesene Missethäter, „die so vielen Beschwerlichkeiten und Gefahren nicht „für, sondern wider das Vaterland sich unterzogen „hätten." In der That waren auch diese Klagen nichts weniger als ungegründet. Bei so vielen glück= lichen Unternehmungen, oder auch oft sehr bedenklicher Lage hatte der Soldat für seinen Schweiß im Galli= schen Kriege sich, seitdem Julian in diese Provinz gekommen war, kein Geschenk oder auch nur eine Belohnung verdienen können: und dies kam daher, weil Julian selbst nie etwas — zu verschenken hatte, und Constantius ihm dergleichen sonst gewöhnliche Geschenke zu reichen nicht erlaubte. Und daß mehr Kabale als zäher Geiz daran Schuld war, ergab sich daraus, daß Julian, der einmal einem, wie ge= wöhnlich, um einen kleinen Beitrag zu Abnahme sei= nes Bartes bittenden gemeinen Soldaten eine Klei=
nigkeit

nigkeit gegeben hatte, darüber die schimpflichsten Grobheiten von dem Geheimdenschreiber Gaudentius hören mußte, welcher schon lange als spionirender Beobachter aller seiner Handlungen sich in Gallien aufhielt, in der Folgezeit aber, wie ich am gehörigen Orte erzählen will, auf seinen Befehl hingerichtet ward *).

Kap. 10.

Julian hatte indeß durch allerhand schmeichelnde Vorstellungen den Geist des Aufruhres gedämpft, war auf einer Schiffbrücke über den Rhein gegangen, und stand schon auf Alamannischem Grund und Boden, als der General der Reiterei Sever, ein vorher so muthiger und thätiger Krieger, in Unthätigkeit hinwelkte. Ein Mann, der vorher ganze Armeen und einzelne Männer zu muthigem Kampf ermunterte, erschien jetzt zu so verächtlicher Furchtsamkeit herabgesunken, daß er jedes Gefecht widerrieth — vielleicht aus Vorgefühl seines herannahenden Todes: wie man denn in Tagetischen Büchern **) liest, daß

---

*) Dieser Mann ist schon vorher einigemal als Staatsagent da gewesen. B. 15. K. 3. und B. 16. K. 8. Als Spion Julians erscheint er wieder B. 21. K. 7. und seine Hinrichtung wird B. 22. K. 11. erzählt.

**) Haben ihren Namen von einem gewissen Tages, der einem Etruskischen Landmann, indem er pflügte, aus der Erde entgegenwuchs, dann seinen Spruch anhob, und das um ihn her versammlete Volk die Wahrsagerkunst lehrte, welche dann in Bücher verfaßt wurde. Des ganzen Mährchens spottet Cicero, von der Divination B. 2. K. 27. Dieser Tages kommt auch unten B. 21. K. 1. vor, die Bücher heißen auch sonst die Acherontischen, und die B. 25, Kap. 2. genannten Tarquitianischen sind ähnlichen Inhaltes gewesen.

daß Personen, die vom Blitze getroffen werden sollen, kurze Zeit vorher ihre Sinne so abgestumpft fühlen, daß sie Donner, oder andere noch stärkere Töne nicht hören. Selbst den Marsch betrieb er wider seine Gewohnheit so wenig eilrig, daß er vielmehr den muthig vorausgehenden Wegweisern die härtesten Strafen androhen ließ, wenn sie nicht alle einmüthig ihre Unkunde der Wege versicherten: worauf sie denn auch, durch ein so nachdrückliches Verbot geschreckt, sich nicht weiter sehen ließen.

Ein Glück war es bei dieser Zögerung, daß der Alamannen König Suomar mit seinem Gefolge ganz unvermuthet erschien, und anstatt, wie vorher, seine Erbitterung gegen die Römer bis zur Wut zu treiben, vielmehr jetzt einen Schatz zu finden glaubte, wenn man ihm nur sein Land zu behalten erlaubte. Weil demüthiger Blick und demüthiger Aufzug für seine Aufrichtigkeit zu sprechen schienen, so ließ man ihn näher kommen, ermunterte ihn, ruhig und getrosten Muthes zu seyn, worauf er dann, ohne den geringsten Vorbehalt, mit gebeugtem Knie um Frieden bat. Diesen erhielt er auch, mit der Versicherung zwar, alles Vergangene vergessen zu wollen, doch auf die Bedingungen, daß er unsere Gefangenen zurückgäbe, auch unsere Armee, so oft es nöthig wäre, mit Lebensmitteln versorgte, und so gut wie jeder andere Lieferant Empfangscheine für das zum Magazin gebrachte Getreide annehmen sollte, um sie zur gesetzten Zeit als Belege vorzeigen zu können, widrigen Falles aber, und bis er die Lieferung wirklich geleistet, Zwangsmittel zu gewärtigen hätte.

Ammian. Marcell. 1ster B.   Q   Nach

Nach diesem so weislich getroffenen, Abkommen mit Suomar mußte man nun auf den andern Kanton des Königes Hortar losgehen, und weil zu dieser Unternehmung nichts zu fehlen schien, als Wegweiser, so hatte Julian dem Obersten der beschildeten Garde Nestica, und dem Charietto *), einem vorzüglich tapfern Manne aufgetragen, sich alle mögliche Mühe zu geben, einen Gefangenen aufzutreiben, und vor ihn zu bringen: man war auch bald so glücklich, einen jungen Alamannen einzubringen, der sich gegen versprochenen Pardon einen Wegweiser abzugeben gern erbot. Seiner Führung folgte die Armee, sah sich aber bald durch einen von hohen Bäumen angelegten Verhau an weiterem Vorrücken behindert. Durch weite Umwege und Krümmungen der Berge kam man doch endlich im Lande an, der erbitterte Krieger setzte die Dörfer in Brand, trieb Vieh und Menschen weg, und machte jeden, der sich wehren wollte, ohne Schonung nieder. Der König, niedergeschlagen über die Verwüstungen seines Landes, in dem er Schaaren von feindlichen Legionen, in den verbrannten Dörfern kaum noch eines Hauses Spur, und überall nichts als die gänzliche Vernichtung seines Glücks vor sich sah, bat nun auch um Begnadigung, versprach jede Bedingung einzugehen, und betheuerte eidlich, alle Gefangene auszuliefern, weil man vorzüglich auf diesem Punkte bestand: doch behielt er nachher die meisten zurück, und sandte nur einige wenige. Dies regte Julians gerechten Unwillen

*) War ein Franke von Geburt, kommt B. 27. K. 1. als kommandirender General in Deutschland vor, und auch Zosimus rühmt ihn B. 3. K 7.

len auf, daß er, als der König das gewöhnliche Geschenk im Empfang zu nehmen erschien, vier Begleiter desselben, die ihm ihrer Tapferkeit und Treue wegen vor andern schätzbar waren, nicht eher entließ, als bis alle Gefangene eingetroffen waren. Doch der König ward auch selbst zu einer Audienz entboten, machte mit schüchternem Auge eine tiefe Verbeugung, fühlte sich durch seines Siegers Blick vom neuen besiegt, und mußte sich eine harte Bedingung gefallen lassen: diese nämlich, daß er, weil es nach so vielen glücklichen Siegen billig wäre, die von Barbaren zerstörten Städte wieder aufzubauen, Wagen und Baumaterialien auf seine und seiner Unterthanen Kosten herbeischaffen sollte. Nach gethanem Versprechen, diese Bedingungen zu erfüllen, und beigefügten Betheurungen, jede Treulosigkeit, die er sich zu Schulden kommen ließe, mit seinem Blute büßen zu wollen, bekam er Erlaubniß, in sein Land zurückzukehren. Getreidelieferungen ihm, wie Suomaren, zuzumuthen war deswegen unmöglich, weil sein gänzlich verwüstetes Land dergleichen aufzubringen nicht im Stande war.

So mußten dann diese sonst so übermüthigen Könige, die lange genug durch Römerbeute sich zu bereichern gewußt hatten, den gebeugten Nacken unter das Joch Römischer Obermacht schmiegen, und gehorchten, als wären sie zinsbar gebohren und erzogen, unsern Befehlen mit geduldiger Unterwürfigkeit. Nach Beendigung des ganzen Geschäftes vertheilte Julian seine Armee in die gewöhnlichen Kantonen, und ging in sein Winterquartier zurück.

Kap. 11.

So wie diese Nachrichten an Constantius Hoflager von Zeit zu Zeit ankamen (denn der Thronfolger mußte wie jeder gemeine Subaltern über alle seine Unternehmungen an den Kaiser einberichten), war jeder, der etwas bei Hofe galt, ausgelernter Schmeichler genug, um an den weisesten Entwürfen und den glücklichsten Ausführungen eine lächerliche Seite zu finden, und sich die lautesten Ausbrüche des geschmacklosesten Witzes ohne Ende zu erlauben: „Mehr „Ziege als Mensch macht er sich durch seine Siege „nur verächtlich,"— ein Tadel, der seinen langen Bart traf — man gab ihm die Namen des geschwätzigen Maulwurfes, des Affen im Purpurgewande, des Griechischen Sylbenstechers. Nicht genug, mit diesen und ähnlichen Scurrilitäten des Kaisers Ohr, das überhaupt an dergleichen Hofschranzenwitz Vergnügen fand, zu füllen, erlaubte man sich auch in den unverschämtesten Ausdrücken Julians wirkliche Verdienste in Schatten zu stellen, ihn als feig und furchtsam, als Stubengelehrten zu schildern, der ganz alltägliche Thaten mit gleißenden Worten aufzuputzen verstände. Doch Julian war nicht der erste, den dieses Schicksal traf. So wie immer das höchste Verdienst dem Neide am meisten ausgesetzt zu seyn pflegt, so finden wir, daß von je her den glorreichsten Heerführern die Bosheit, durch ihre glänzenden Tugenden beleidigt, Fehler und Laster, die kein Vernünftiger fand, andichtete. So beschuldigte man einen Cimon, Miltia-
des

des Sohn, der Unmäßigkeit (im Weingenuß) ihn, der am Eurymedon, einem Fluß in Pamphylien, eine unzählige Schaar Perser erlegte, und dieses seit langen Zeiten so übermüthige Volk demüthig um Frieden zu bitten zwang: so mußte Scipio Aemilian sich von boshaften Neidern der Schläfrigkeit bezüchtigen lassen, er, der durch emsige Thätigkeit zwei auf Roms Untergang erbitterte und dabei so mächtige Städte zerstörte. Auch am Pompejus suchten unbillige Verläumder Fehler aufzuspüren, und weil sie zu gegründetem Tadel keine Gelegenheit fanden, so bemerkten sie, blos um ihn zu höhnen, doch zweierlei wahre Kleinigkeiten: die eine, daß er sich angewöhnt hätte, immer mit dem einen Finger den Kopf zu kratzen: die andere, daß er eine Zeit lang, den Fuß um einen Schaden zu bedecken, mit einer weißen Binde umwunden gehabt habe. Jenes, sagten sie, sey Mangel an Aufmerksamkeit auf sich selbst, dieses ein Beweis für seine Neuerungssucht: und es sey völlig einerlei, setzten sie hämisch den lahmen Grund hinzu, welchen Theil seines Körpers er mit dem Ehrenzeichen königlicher Würde (Diadem) bekleidete; und dies that man gegen einen Mann, für dessen höchsten Heldenmuth und sorgsamsten Patriotismus die ruhmvollsten Beweise sprachen.

Während der Zeit hatte zu Rom Artemius, der Vice=Stadtpräfect dieses Amt völlig an Bassus Statt übernommen, der kurz nach Erhebung zu diesem Amte eines natürlichen Todes gestorben war. Außer einigen unter seiner Amtsverwaltung vorfallenden Unruhen und Empörungen wüßte ich dennoch

noch keine Begebenheit, die bemerkt zu werden verdiente.

Kap. 12.

Der Kaiser hatte bisher des Winters Ruhe in Sirmium genossen, als die unangenehme Nachricht sich mit jedem Tage bestätigte, daß die Sarmater*) und Quaden als Gränznachbarn und einander an Sitten und Rüstung ähnlich, sich vereinigt hätten, in getheilten Korps beide Pannonien und das eine Mösien**) anzugreifen. — Diese Völker, mehr zum kleinen Kriege, als zu Schlachten in offenem Felde geschickt, führen sehr lange Lanzen, ihre Panzer sind aus geschabten und geglätteten hornichten Substanzen***) zusammengesetzt, die auf einer Unterlage von Leinwand wie Federn über einander liegen: ihre Pferde sind größtentheils Wallachen, in der Absicht, daß sie bei dem Anblick einer Stute

in

---

*) Hier sind diejenigen gemeint, die sich unter Constantin dem Großen nach ihren Kriegen mit den Gothen und von ihren eigenen Sklaven, den Limiganten, Kap. 13. aus ihrem Reiche vertrieben, zu ihren deutschen Hülfsgenossen den Quaden (in Mähren, bis gegen den Gran) ihre Zuflucht nahmen, und ohne Bedenken zu Mitbesitzern einer überflüßigen Strecke von wüstem und ungebautem Lande aufgenommen wurden. Gibbon B. 4. S. 194.

**) Beide Pannonien zusammen begriffen nicht nur Ungarn, sondern auch einen Theil von Niederösterreich, Steiermark, Krain und Kroatien. Mösien ist ein Theil Serviens und Bulgariens.

***) Besonders von Pferdehufen. Pausanias beschreibt einen solchen Panzer in seiner Beschreibung von Attica K. 21. (Kühn. S. 50. Goldhagen S. 89.) und vergleicht ihn mit grünen Fichtenzapfen.

in Brunst gesetzt nicht durchgehen, oder im Hinterhalt wild durch lautes Wiehern ihren Reiter verrathen. Im Verfolgen oder Fliehen dehnen sie ihre Züge weit aus einander, sie reiten auf flüchtigen und sehr geschmeidigen Pferden, führen überdies Ein, bisweilen auch zwei Handpferde bei sich, um durch Umtauschung die Kräfte derselben zu schonen, und sie durch abwechselnde Ruhe neue Munterkeit sammeln zu lassen.

Kaum war also die Tag- und Nachtgleiche im Frühlinge vorüber, als der Kaiser mit einem starken Korps unter günstigen Glückes Leitung an dem Flusse Ister (Donau) ankam, zwar den Strom wegen des bereits zergangenen Schnees ausgetreten antraf, dennoch aber an einem bequemen Orte über eine Schiffbrücke ging, und nun als Verwüster über der Feinde Land herfiel. Diese hatten einen so schnellen Ueberfall nicht erwartet, sahen ganze Schaaren eines kriegerischen Heeres, das nach ihrer Meinung bei dieser Jahreszeit kaum zusammengebracht werden können, bereits hinter ihrem Nacken, hatten weder Muth frei aufzuathmen, noch Stand zu halten, ergriffen also, um einem ganz unerwartet kommenden Tode zu entgehen, insgesammt die schleunigste Flucht. Eine große Menge derselben, von Furcht selbst am Fliehen gehindert, wurde niedergemacht, und wer durch Flüchtigkeit dem Tode entging, verkroch sich in Thälern und Bergen, und mußte sein Vaterland verwüsten sehen, das man gewiß retten konnte, wenn der Eifer, sich zu wehren, eben so groß gewesen wäre, als der Eifer, zu entfliehen. Dieses Schicksal betraf den Theil Sarmatiens, der nach dem zweiten Pannonien hinliegt: eben so muthig verwüstete auch der stürmende Soldat das feindliche Land um Valerien *), sengte und brennte und raubte alles, was ihm auf seinem Wege aufstieß. Ueber den immer weiter greifenden Verlust gerührt, und überzeugt, daß Verkriechen nichts helfe, kamen die Sarmaten auf den Einfall, mit drei abgesonderten Korps unsere etwas sorglose Armee an einem Orte zu überfallen, wo sie von ihren Waffen keinen Gebrauch machen, der Pfeilmenge nicht widerstehen, selbst die Flucht, den letzten Ausweg beim Drange der Noth nicht ergreifen könnten. Sogleich erschienen auch, um den Sarmaten in ihrer Noth beizustehen, die Quaden, schon oft ungetrennte Theilnehmer ihrer Gefahren: aber auch ihnen half ihr freundschaftlicher Muth nichts, auch sie stürzten sich dadurch nur in einen Abgrund von Unglück. Viele wurden niedergemacht, und wer entkam, hatte seine Rettung der bessern Kunde der gebirgichten Gegend zu danken.

Ein so glücklicher Erfolg munterte Muth und Kräfte bei unserer Armee noch mehr auf, mit mehr gedrungenen Schaaren selbst in das Land der Quaden hinzueilen: die aber von dem erlittenen Verluste auf das kommende schließend ein demüthiges Gesuch um Frieden besser fanden, und den Muth faßten, dem Kaiser selbst, der in dergleichen Fällen mehr als zu gelind war, unter Augen zu treten. An dem zu Festsetzung gewisser Bedingungen bestimmten Tage erschien demnach ein königlicher Prinz Zizais, ein

---

*) S. B. 19. K. 11.

ein junger Mann von ansehnlichem Wuchs, ordnete
seine Sarmaten, wie sonst zur Schlacht, so jetzt zu
demüthiger Stellung, warf dann selbst, sobald er
den Kaiser erblickte, die Waffen von sich, und fiel
mit ganzem Leibe, wie ein Todter zu Boden hin.
Die vor Furcht stockende Zunge versagte ihm ihre
Dienste, wo er sie am meisten bedurfte, er versuchte
es einigemal, brachte es aber, vom Schluchzen gehindert, nie über einige Worte, desto mehr bemit-
leidete man ihn, und erlaubte ihm, sich zum Vortrage seines Begehrens Zeit zu nehmen. Endlich
kam er wieder zu sich, man bat ihn aufzustehen,
und nach völliger hergestellter Sprachfähigkeit bat er
dann fußfällig um Nachsicht und Verzeihung für sein
Vergehen. In eben dieser Absicht mußte auch sein
Gefolge näher treten, das bisher, so lange das
Schicksal ihres Anführers noch unentschieden war,
ganz sprachlos da gestanden hatte: sobald er aber
vom Boden aufzustehen ermuntert ward, und ihnen
das längst erwartete Zeichen, ihre Bitten mit den
seinigen zu verbinden, gab, warfen alle auf einmal
Schilde und Waffen weg, formten die Hände zum
Bitten, und bemühten sich, selbst den Prinzen in
mancherlei Aeußerungen tiefster Unterwürfigkeit zu
übertreffen. Als Königssohn hatte er außer andern
Sarmaten auch die untergeordneten kleinern Könige
Rumo, Zinafer und Fragiled, und mehrere
Magnaten mitgebracht, alle, wie er, der guten
Hoffnung voll, ihre Bitten erhört zu sehen. Die
Freude über die ihnen zugestandene Begnadigung ward
so lebhaft, daß sie ihre bisherigen Feindseligkeiten

durch

durch Annahme auch der drückendsten Bedingungen zu vergüten versprachen, und sich und Habe und Weib und Kind und ganzes Land der Römischen Macht mit freudigem Muthe überließen. Doch Gnade überwog die Strenge der Gerechtigkeit: man erlaubte ihnen, in ihre Wohnsitze getrost zurückzugehen, nur sollten sie unsere Gefangenen zurückgeben. Dies thaten sie, stellten die verlangten Geißeln, und versprachen, unsere Befehle in Zukunft aufs schleunigste zu befolgen. Durch dieses Beispiel von Gelindigkeit ermuntert, eilten auch mit allen den Ihrigen die Prinzen Arahar und Usafer herbei. Beide gehörten zu den wichtigern Magnaten des Landes, waren Heerführer ihrer Völkerschaft, und der eine hatte einen Theil der Transjugitaner*) und Quaden, der andere einige Sarmaten unter seinen Befehlen. — Völker, deren Gränznachbarschaft auch beiden gleiche Wildheit der Sitten gab. Weil der Kaiser befürchtete, der gemeine Soldat möchte unter dem Vorwande eines zu schließenden Bündnisses zu den Waffen greifen, befahl er, sie sollten sich in besondere Korps theilen, und die Sprecher für die Sarmaten indeß abtreten, bis man die Bitten Arahars und der Quaden abgethan hätte. Diese erschienen also nach ihres Landes Sitte mit gebeugtem Körper, vermochten ihre schweren Vergehungen nicht zu entschuldigen, und wenn man ihnen vorher nicht einmal Unterpfänder ihrer Treue hatte zumuthen dürfen, so waren sie jetzt, in furchtsamer Erwartung des traurigsten Schicksales sehr froh, Geißeln

---

*) Wahrscheinlich über den Hercynischen Bergen.

seln geben zu dürfen. Nach Abschluß eines so billigen Vergleiches ward Usafer vorgelassen, um seine Bitten vorzutragen, wobei Arahar mit zudringlichem Ungestüm darauf bestand, der ihm zugestandene Friede müsse auch diesem zu gut kommen: denn wenn er auch weniger wäre als er, so wäre er doch sein Freund, und immer gegen seine Befehle folgsam gewesen. Doch nach reifer Ueberlegung fand man für gut, die Sarmaten, von je her Klienten der Römer, von fremder Gewalt unabhängig zu machen, — eine Erklärung, die sie die zum Unterpfande zu haltender Ruhe geforderten Geiseln mit freudiger Dankbarkeit zu stellen bereitwillig machte. Nun drängten sich auf die Nachricht, Arahar sey begnadiget, ganze Schaaren von gemeinem Volk und Königen stromweise herzu, und baten dringend, sie durch das an ihre Kehle gesetzte Schwert an Eides Statte zu künftiger Treue zu verbinden *). Aber auch

---

*) Suspendi a iugulis suis gladios obsecrantium. Bekanntlich hat Hadrian Valois einige Seiten seiner Vorrede zu Widerlegung der Noten Lindenbrogs angewandt, welcher diese Stelle aus dem Gebrauche erklärt, daß demüthig bittende mit bloßem Schwerte an, oder mit einem Stricke um den Hals erschienen wären. Valois will das nicht zugeben, und versteht es so: sie baten, man möchte mit dem wider sie erhobenen Schwerte einhalten. Daß suspendere diese Bedeutung habe, braucht er nun wohl nicht so mühsam zu beweisen; ich bin aber doch immer noch mehr geneigt, Lindenbrogen zu folgen, und nehme die ganze Handlung symbolisch: sie erklärten sich theils für straffällige Missethäter, theils versprachen sie heilig Treue auf die Zukunft, widrigenfalls sie den Tod verwirkt haben, und diese Erklärung eben durch das an ihre Kehle gehaltene Schwert betheuren wollten. Die Beweise, die Lindenbrog anführt, sind freilich aus dem mittlern Zeitalter genommen, aber es

auch sie erhielten die gebetene Verzeihung, brachten dann die Söhne der Vornehmen aus dem Innern ihrer Länder als Geiseln mit eben so unerwarteter Geschwindigkeit herbei, als befohlnermaßen unsere Gefangenen, deren Verlust sie nicht minder schmerzte, als der Verlust der Ihrigen.

Alles war auf diese Weise abgethan, als man seine Sorgfalt auf die Sarmaten vorzüglich zu richten begann, die überhaupt mehr Mitleiden als Zorn verdienten, auch in der That bei jetziger Gelegenheit unendlich gewannen, und die Meinung als wahr bestätigten, daß es in der Hand der Fürsten liege, Vernichter oder Schöpfer des Glücks ihrer Unterthanen zu seyn. Mächtig und ruhmvoll waren ehemals dieses Landes Bewohner gewesen, aber ihre Sklaven bewaffneten sich in einer geheimen Verschwörung zu einem treulosen Aufstande. Bei wilden Nationen gilt nur immer das Recht des Stärkern, und so behielten die Sklaven, an Macht überlegen, über ihre Herren, denen es doch auch an nichts weniger als an Muthe gebrach, die Oberhand. Im Drange der Noth lange unentschlossen, hatten sie endlich zu den weit von ihnen wohnenden Victohalen *) ihre Zuflucht genommen, in der Meinung, daß es, wenn man einmal unter zweien Uebeln wählen müsse, doch

immer

---

er konnte einen nähern aus Ammian selbst haben, denn B. 21. K. 5. wo ebenfalls von einem Eide die Rede ist, finde ich ausdrücklich: Gladiis cervicibus suis admoris sub exsecrationibus diris iuravere.

*) Kommen im Jul. Capitolin, Leben Antonin. Philos. K. 14. in Verbindung mit den Marcomannen vor, scheinen also ihren Sitz in der Gegend von Böhmen gehabt zu haben.

immer beſſer ſey, ſich fremden Beſchützern zu unter-
werfen, als eigenen Sklaven zu gehorchen. Jetzt
nach erhaltener Begnadigung und Bundeserrichtung
mit den Römern, ſtellten ſie ihr Schickſal mit den
kläglichſten Worten vor, und baten, ſie als freie
Mannen in Schutz zu nehmen: welches denn auch
die Wirkung hatte, daß der Kaiſer, durch ihr unver-
dientes Schickſal gerührt, ſie zuſammenberufen ließ,
und im Angeſicht der ganzen Armee im huldreichſten
Ausdrucke erklärte, daß ſie künftig von Niemanden
als von Ihm und den Feldherren der Römer abhängig ſeyn ſollten. Um auch dem Werthe ihrer wieder-
hergeſtellten Freiheit ein glänzenderes Anſehen zu geben, ſetzte er den Zizais als König über ſie, der,
wie der Erfolg lehrte, einer ſo ausgezeichneten Würde
durch ſeine Talente ſowohl, als durch ſeine Treue
Ehre machte. Uebrigens ließ man doch nach allen
dieſen ſo rühmlichen Begnadigungen keinen von der
Stelle, als bis die verlangte Auslieferung aller unſerer Gefangenen vollzogen war. Dann erſt brach
man mit dem Lager nach Bregetio *) auf, um
die unter den in dieſer Gegend wohnenden Quaden
noch lodernde Kriegsflamme mit Thränen oder mit
Blut zu löſchen. Aber ein königlicher Prinz Vi-
trodor, des Königes Viduar Sohn, ein untergeordneter König Agilimund, nebſt andern Magnaten und Richtern mehrerer Völkerſchaften, ſahen
kaum unſere Armee im Mittelpunkte ihres Reiches

und

---

*) Soll der heutige Flek-
ken Szöny unfern Comorn
ſeyn S. von Prandau krit.
Geſchichte Wiens 1789.
S. 88. dem ich überhaupt
in Beſtimmung der Oerter
dieſer Gegend folge.

und Vaterlandes, als sie fußfällig die weitern Vorschritte unseres Heeres abzuwenden gut fanden, und nach zugesagter Begnadigung sich willig zu allem bequemten, ihre Kinder, den vorgeschriebenen Bedingungen gemäß, als Geisseln überlieferten, und bei gezogenen Dolchen, die sie für Götter ehren, den Bund der Treue schworen.

Kap. 13.

Alles war demnach in dieser Gegend mit erwünschtem Erfolg abgethan, als das gemeine Beste einen schleunigen Hinzug gegen die Limiganten, ehemals Sarmatische Sklaven zu erfordern schien; denn Schande war es, daß man sie so lange ungestraft so viele Schändlichkeiten hatte begehen lassen. Als hätten sie nicht schon Frevel genug begangen, hatten sie beim Aufbruch der freien Sarmaten auch für sich die Gelegenheit günstig gefunden, in die Römischen Provinzen einzubrechen, um in diesem Frevel wenigstens einmal mit ihren ehemaligen Herren und jetzigen Feinden einverstanden zu seyn. Bei dem allen beschloß man doch, auch gegen sie gelinder zu verfahren, als es die Größe ihrer Verbrechen heischte, man wollte ihre Bestrafung auf Verpflanzen in entlegene Gegenden einschränken, um sie dadurch außer Stand zu setzen, unsere Provinzen zu beunruhigen, ob ihnen gleich das eigene Bewußtseyn so lange getriebener Ruchlosigkeiten ein weit härteres Schicksal prophezeien mußte. Daß man ihnen einen schweren Kampf bereite, entging ihrer Vermuthung nicht,

aber

aber sie waren auf alle Fälle mit List mit Schwert, oder auch Bitten gefaßt. Doch der erste Anblick unserer Armee wirkte auf sie wie Donnerschlag, sie machten sich die fürchterlichsten Vorstellungen, und baten um ihr Leben, mit dem Versprechen, einen jährlichen Tribut und ihre beste junge Mannschaft zu geben, auch für ihre Person als Sklaven zu dienen: bereit hingegen, wie sie durch Gesticulation und Mienen zu erkennen gaben, alles abzuschlagen, wenn man sie anderwärtshin verpflanzen, und aus einem sichern Lande vertreiben wollte, das sie nach Vertreibung ihrer Herren so ruhig besessen hätten. In ihrer Gegend ergießt sich nämlich in schlängelndem Laufe der Fluß Parthiskus (Theis) und fällt dann in die Donau. Wo er allein und unaufgehalten fließt, geht er nach und nach in einer langen und breiten Fläche hin, die aber, je näher er seinem Ausfluß kömmt, sich immer mehr in die Enge zieht. Daher sind seine Anwohner vor den Anfällen der Römer von der einen Seite durch die Donau, von der andern vor dem Angriffe wilder Völker durch ihn selbst gesichert: überdies macht der von Natur sumpfige Boden und die oft austretenden Ströme die Gegend morastig, alles ist mit Weiden bewachsen, und man muß des Landes sehr kundig seyn, wenn man sich durchfinden will: auch bildet der Hauptstrom (Donau) ganz nahe an des Parthiskus Mündung eine völlig vom Lande geschiedene Insel. Vom Kaiser selbst aufgemuntert, kamen die Feinde mit der ihnen eigenen Brutalität an das diesseitige Ufer herüber, wie der Erfolg lehrte, nicht aus Bereitwilligkeit, Befehle

fehle anzunehmen, vielmehr um nicht den Schein zu
geben, als fürchteten sie sich vor unsern Soldaten:
trotzig standen sie da, und man konnte in ihren Augen lesen, daß sie sich blos um Befehle zu verschmähen, den Unsrigen genähert hätten. Um diesem wenigstens möglichen Falle zuvorzukommen, vertheilte
der Kaiser die Armee unbemerkt in mehrere Korps,
und ließ die flüchtig umher schwärmenden Feinde
näher einschränken. Er selbst stand mit einem geringen Gefolge, doch von seinen Trabanten gedeckt, auf
einer Anhöhe, und redete den Feinden freundlich zu,
sich nicht so ungestüm zu betragen: sie aber, in ängstlicher Verlegenheit, konnten zu keinem bestimmten
Entschlusse kommen, suchten List mit Wut, und Bitten mit Kampflust zu vereinigen, warfen endlich,
um sich zu einem Angrif auf die Unsrigen einen nähern Weg zu bahnen, ihre Schilde absichtlich weit
von sich, um dadurch Gelegenheit zu bekommen, sich,
wenn sie dieselben wieder aufzunehmen hingingen,
ohne anscheinenden Verdacht einer List einen weitern Spielraum zu erschleichen.

Schon begann es Abend zu werden, die bereits
eintretende Dämmerung verstattete keinen Verzug
mehr, als unsere Krieger ihre Fahnen hoben, und
einen hitzigen Angrif auf die Feinde thaten: diese hingegen auch sich zusammenrotteten, und in einem gedrungenen Haufen gegen den, wie gesagt, auf einer
Anhöhe stehenden Kaiser ihre ganze Macht richteten,
und mit fürchterlichen Blick und fürchterlicher Stimme
auf ihn andrangen. Eine so sinnlose Raserei brachte
unsere Armee zur äußersten Erbitterung, und indem

jene

jene auf den Fürsten hitzig ansetzten, sprengte man in einer vorn spitzig zugehenden Stellung, welche der gemeine Soldat Saukopf zu nennen pflegt, dieselbe durch einen muthigen Angriff aus einander: auf dem rechten Flügel hieb unser Fußvolk die Infanterie der Feinde nieder, und auf dem linken fielen unsere Reiter über die feindlichen her. Die Leibwache vor und um den Kaiser wehrte jeden Angriff auf ihn behutsam ab, stieß die Andringenden nieder, und hieb dann in die Fliehenden ein: die nach dem hartnäckigsten Gefecht fallenden Feinde gaben in fürchterlichem Gebrüll zu erkennen, nicht ihr Tod, nur das Glück der Unsrigen sey es, was sie schmerze: außer den Todten lagen viele mit abgeschnittenen Fußsehnen, und also außer Stand zu fliehen, andere mit abgehauenen Aermen da: einige waren zwar unverwundet, aber durch die Last der über sie Hinstürzenden niedergedrückt, und trugen ihre Quaal mit riesem Schweigen. Bei so vielfachen Scenen des Todes sah man doch keinen einzigen, der um Pardon gebeten, die Waffen von sich geworfen, oder um Beschleunigung seines Todes gebeten hätte: alle hielten, auch beim größten körperlichen Schmerz, ihre Schwerter fest; ihr Trost war, sich mehr durch fremde Uebermacht, als durch ihres eigenen Gewissens Vorwürfe gebeugt zu sehen, bisweilen brummten sie auch heimlich in den Bart, unser Sieg sey nicht Verdienst, nur Glück.

So war im Zeitraum einer halben Stunde eine so wichtige Schlacht entschieden, und der Wilden eine so große Zahl hingestreckt, daß von unserer Seite blos der Sieg ein Beweis für ein vorgefallenes Gefecht war. Kaum waren die feindlichen Krieger niedergehauen, als man schon in ganzen Schaaren die Verwandten der Gebliebenen, alle Alter und Geschlechte durch einander aus ihren elenden Hütten herbeischleppte, die ohne die geringste Spur ihres bisherigen Uebermuthes sich zu den niedrigsten Sklavendiensten erboten. So wenig Zeit gehörte dazu, ganze Berge von Erschlagenen, ganze Schaaren von Gefangenen vor unsern Augen zu sehen. Die Hitze unserer Armee ward indeß durch die Vortheile des Sieges nur noch mehr erhöhet, und man setzte den Zug fort, um auch diejenigen zu vertilgen, die aus der Schlacht entronnen, oder in ihre Zelte geflohen waren. Sobald man nach Barbarenblut dürstend tiefer ins Land kam, riß man die ärmlichsten Hütten nieder, und ermordete ihre Bewohner, die selbst in Häusern, vor dichten Balken erbaut, ihr Leben nicht retten konnten. Endlich stand alles in so vollem Brande da, daß keiner sich weiter verbergen konnte: alle Lebensmittel waren ihnen versagt, und es blieb ihnen kein Ausweg übrig, als entweder sich trotzig in die Flamme zu stürzen, oder, wenn man derselben entwich oder entkam, einer andern grausamen Todesart, dem Schwert der Feinde entgegen zu gehen. Einige waren zwar so glücklich gewesen, dem Schwert sowohl als dem allgemeinen Brande zu entgehen, und stürzten sich in die wirbelnden Wellen des nahen Stromes, in der Hoffnung, sich durch ihre Geschicklichkeit im Schwimmen an das jenseitige Ufer zu retten; aber die meisten ertranken im Strome, andere

dere wurden durch Pfeile erlegt, so daß der breite Strom
von der Menge des ihm beigemischten Blutes schäum-
te. So benutzten Erbitterung und Tapferkeit der Sieger zwei Elemente zugleich, die Sarmaten zu vertilgen.

Weil man aber, mit dem allen noch nicht zufrieden, einmal beschlossen hatte, diesem Volke alle Hoffnung allmäliger Erholung, oder auch nur eines küm-
merlichen Lebens zu entreißen, so zündete man alle
noch übrigen Häuser an, führte ganze Familien gefangen fort, und brachte dann Schiffe zusammen,
um auch die jenseit des Stromes mehr landeinwärts
wohnenden Völkerschaften heimzusuchen. Um den
Muth der Kämpfer nicht verrauchen zu lassen, ließ
man leichte Truppen auf Booten unbemerkt den Fluß
hinangehen, die dann auch die Sarmaten bald in ihren Schlupfwinkeln überraschten. Anfangs ließen
sich diese durch die Bauart der Kähne und Art zu
rudern täuschen, die Ankommenden für die Ihrigen
zu halten: aber, wie dann die schon von fern blinkenden Waffen ihnen die Annäherung des längst ge-
fürchteten Unglücks verkündigten, suchten sie sich in
ihren Sümpfen zu retten: auch dahin setzten ihnen
die Unsrigen hitzig nach, wußten auch da sich einen
Weg zum Siege zu bahnen, wo kaum ein fester Fuß-
tritt, noch weniger ein förmlicher Angriff sich als
möglich denken ließen. Nachdem man die Amicen-
ser fast ganz aufgerieben oder zerstreut hatte, ging
man ohne Verzug auf die Picenser, von den angränzenden Gegenden so benannt, los, bei denen
man doch bessere Maaßregeln zu ihrer Vertheidigung
antraf, weil das Gerücht von dem Unglück ihrer übri-

gen Landsleute sich bis zu ihnen verbreitet hatte. Um sie zu unterjochen — eine Unternehmung, die in der That gefährlich war, weil man der Wege nicht kundig, sie dennoch, in viele Winkel zerstreut, aufsuchen mußte — nahm man die Taifalen und die freien Sarmaten dabei zu Hülfe. Weil die Beschaffenheit der Gegend die Theilung der Truppen nothwendig machte, übernahmen die Römer die an Mösien, die Taifalen die an ihr Land gränzende, und die freien Sarmaten die ihnen entgegen liegende Gegend.

Die Limiganten, durch die neuerlichen Beispiele ihrer unterjochten oder erlegten Landsleute geschreckt, schwankten lange zwischen dem Entschluß, sich entweder zu wehren, oder um Gnade zu bitten; und für beides hatten sie nicht unbedeutende Bewegungsgründe. Endlich behielt doch auf bringende Vorstellung der Alten im Volke der Entschluß, sich zu ergeben, die Oberhand: und so flocht sich ein neuer Lorbeerzweig in unsere Siegeskrone durch die demüthige Unterwerfung eines Volkes, das vorher mit gewaffneter Hand sich aus dem Sklavenstande gerissen, jetzt aber, so viel das Schwert verschont hatte, in bittendem Tone den Nacken von neuen unter das Joch ihrer jetzt mächtigen Herren beugte, die sie vorher als besiegt und wehrlos verachtet hatten. Sobald man ihre Ergebung angenommen hatte, verließen sie ihre Bergfesten, kamen in großer Menge vor dem Römischen Lager an, und zerstreuten sich auf den weiten Ebenen umher mit Eltern und Weibern und Kindern, und den geringen in Eil zusammengerafften Habseligkeiten. Man hätte geglaubt,

eine

eine Nation, die freche Ungebundenheit für Freiheit hielt, würde eher den Tod wählen, als sich zur Auswanderung zwingen lassen; aber sie erklärten sich doch, Befehle und andere ruhige und sichere Wohnsitze anzunehmen, wo sie von Krieg und Aufruhr ungestört zu bleiben hoffen dürften. Man hoffte durch die Bewilligung ihrer Bitte alle ihre Wünsche zu befriedigen; einige Zeit blieben sie auch ruhig, aber die ihnen eigene Wildheit riß sie nachher zu ihrem Verderben zu einer Frevelthat hin, die ich an einem schicklichern Orte erzählen will *).

Durch diesen so glücklichen Feldzug ward die der Provinz Illyricum so nöthige Sicherheit auf doppelte Weise befestiget, und so schwer auch beides war, so kam doch des Kaisers Muth glücklich damit zu Stande. Er hatte nämlich die bisher (von ihren Sklaven) vertriebenen Sarmaten, deren unruhigem Geiste man freilich auch nicht ganz trauen durfte, die sich aber, wie man hoffte, künftig bescheidener betragen würden, nach langer Zeit wieder in ihre ehemaligen Wohnsitze zurückgeführt, und dann, um seine Güte gegen sie zu vollenden, nicht einen unedlen König über sie gesetzt, vielmehr einen von ihnen selbst vorher gewählten Prinzen durch gleich vortreffliche Gaben des Geistes und Körpers ausgezeichnet. So eine schöne Kette edler Thaten sah Constantius, jetzt über alle Furcht erhaben, und von dem ihn liebenden Heere einstimmig, und zwar zum zweitenmale mit dem Ehrennahmen des Sarmatischen, als dieses Volkes Besiegers belegt, vor sich, als er kurz

*) S. unten B. 19. K. 11.

vor seinem Abgange die ganze Armee zusammen kommen ließ, die Tribune betrat, und von Fahnen, Legionenadlern und einer glänzenden Schaar von Staatsbeamten umgeben, die Versammlung, die den Redner jederzeit gern hörte, so ansprach:

„Ermuntert durch die Erinnerung rühmlicher „Thaten, die dem tapfern Manne über alles Ver„nügen geht, will ich jetzt, treue Vertheidiger des „Römerstaates! mit geziemender Bescheidenheit al„les das in wenigen Worten zusammenfassen, was „wir, von der Gottheit zu Siegern, in diesem „Kriege bestimmt, theils vor den Schlachten, theils „in der Hitze des Gefechtes selbst glücklich ausge„führt haben. Was ist wohl rühmlicher, und was „verdient wohl mit mehrerem Grunde auf die Nach„welt gebracht zu werden, als wenn der Soldat „sich seiner tapfern Faust, der Feldherr sich seines „denkenden Kopfes freuet? In Illyricum wütete „der Feinde Frevel, in dem stolzen, und dennoch „so eitelen Wahne, unsre Abwesenheit, durch die „zum Schutz Italiens und Galliens geführten „Kriege veranlaßt, benutzen zu können: mehr als „einmal fielen sie in die äußersten Gränzen un„serer Provinzen ein, und verwüsteten alles vor sich „her, höhlten Baumstämme zu Fahrzeugen aus, oder „wadeten zu Fuß durch die Ströme, nicht in re„gelmäßigem Gefecht, mit Waffen und tapferer „Faust zu fechten geschickt, nur, wie Straßenräu„ber, sich in Hinterhalt zu legen gewohnt, und „durch tausenderlei listige Ränke von ihrer ersten „Entstehung an schon unseren Vorfahren furchtbar.

„Alles

„Alles dies duldeten wir in der Entfernung, so
„lange wir konnten, in der Hoffnung, dergleichen
„im Ganzen nicht eben gefährlichen Streifereien
„durch die Thätigkeit unserer Feldherren gewehrt zu
„sehen. Aber nachdem jener Frevel mit jedem Tage
„höher stieg, und unsre Provinzen mehr als ein=
„mal in die traurigste Lage versetzte, verwahrten
„wir die Zugänge auf dem Rätischen Gebirge,
„gründeten mit wachsamer Sorgfalt Galliens Si=
„cherheit; und kamen dann, den Rücken frei, in
„Pannonien an, um, der Bestimmung einer ewi=
„gen Gottheit gemäß, den wankenden Grund die=
„ser Provinzen zu befestigen: — machten, wie ihr
„wisset, die besten Voranstalten, zogen dann mit
„eintretendem Frühling aus, um an die schwierig=
„sten Geschäfte wirkliche Hand zu legen. Das erste,
„uns beim Anlegen einer Schiffbrücke vor der Menge
„feindlicher Pfeile zu sichern, gelang uns mit leich=
„ter Mühe, wir sahen der Feinde Land, betraten
„es, und erlegten die bis zum letzten Athemzug
„hartnäckig sich wehrenden Sarmaten ohne großen
„Verlust von unserer Seite: wir rieben die mit glei=
„cher Frechheit als Bundsgenossen der Sarmaten
„auf die Schaaren edler Legionen anstürzenden Qua=
„den völlig auf, nöthigten ihnen nach vielfachem
„kläglichem Verluste, den sie bei ihren Streifereien
„und wütendem Bestreben sich zu wehren, erlit=
„ten, das Geständniß unserer überwiegenden Ta=
„pferkeit ab, zwangen sie, die Fäuste, vorher zum
„Kampfe bereit, nach weggeworfenen Waffen un=
„sern Fesseln darzubieten, endlich in demüthigen

„ Bitten die einzige Rettung ihres Lebens zu suchen,
„ und sich einem gütigen August zu Füßen zu wer-
„ fen, von dessen Glück in Schlachten sie so viele
„ Beispiele überzeugt hatten. Wir ließen diese, zo-
„ gen gegen die Limiganten an, besiegten auch sie
„ mit gleicher Tapferkeit, erlegten derselben eine
„ große Menge, und zwangen die übrigen, ihres
„ Lebens Rettung in entlegenen Sümpfen zu suchen.
„ So war auch dieser Feldzug glücklich geendiget,
„ und nun schien der Zeitpunkt da zu seyn, bei unsern
„ Siegen Mäßigung eintreten zu lassen. Wir nö-
„ thigten demnach die Limiganten, in weit entfern-
„ ten Gegenden ihre Wohnsitze zu nehmen, um sie
„ außer Stand zu setzen, sich zu unserem Schaden
„ zu empören: wir schenkten Tausenden das Leben,
„ wir gaben, überzeugt, daß es rühmlicher sey,
„ fremden Völkern Könige zu geben, als zu nehmen,
„ den freien Sarmaten den Zizais zum Regenten,
„ einen Mann, der uns gewiß immer in Treue zu-
„ gethan bleiben wird, und wir glaubten, dieser
„ Feierlichkeit noch mehr Glanz zu verschaffen, wenn
„ wir ihnen gerade den Fürsten gäben, den sie lieb-
„ ten, den sie selbst vorher schon zu ihrem König er-
„ kohren hatten. Eine vierfache Belohnung, in
„ Einem Feldzuge verdient, ist uns und dem Staate
„ zu Theil geworden: wir haben an verderblichen
„ Räubern Rache genommen, und euch sind zu eu-
„ rem Theile gefangene Feinde in Menge als Skla-
„ ven zugefallen; und der Tapfere muß mit dem
„ zufrieden seyn, was er sich durch Schweis und
„ muthige Faust erkämpfte. Wir sind auf vielerlei
„ Art

„ Art im Stande, euch Güte zu thun, unsere Schatz-
„ kammer ist wohl gefüllt: und euch — ist euer Ei-
„ genthum gesichert, soll euch, wenn es von unsern
„ Bemühungen und unserer Tapferkeit abhängt, im-
„ mer gesichert bleiben. Dieß muß immer die
„ Denkungsart eines guten Fürsten, immer die
„ Folge seiner glücklichen Unternehmungen seyn.
„ Endlich bringe ich auch selbst die Beute eines frem-
„ den Wortes aus diesem Kriege zurück, den nun
„ schon zweimal verdienten Beinahmen Sarmati-
„ cus, einen Nahmen, den ihr mir alle einstimmig,
„ und ohne den Vorwurf der Arroganz zu fürchten,
„ nicht unverdient gegeben habet."

Durch diese Rede, und vorzüglich den Theil derselben, wo sie sich zu künftiger Verbesserung ihrer
Umstände Hoffnung gemacht sah, fühlte sich die Versammlung zu mehr als gewöhnlicher Munterkeit belebt; alles erhob sich zu feierlicher Lobpreisung des
Kaisers, rufte, wie gewöhnlich, die Gottheit selbst
zum Zeugen an, Constantius sey der Unüberwind-
liche, und ging dann freudig in die Zelte zurück. Auch
der Kaiser begab sich wieder in seine Burg, ruhte
noch zwei Tage aus, ging nach Sirmium im Trium-
phe, und das Heer in die ihnen angewiesenen Gegenden zurück.

Kap. 14.

Um diese Zeit hatten auch Prosper, Specta-
tus, und Eustathius als Abgesandte an den
Persischen Hof, wie ich vorher gemeldet habe
(Kap. 5.) dem König bei seiner Rückkehr nach Kte-
siphon

siphon aufgewartet, und ihre Briefe nebst den Geschenken von Seiten des Kaisers überreicht. Ihr Antrag war Friede, doch unter der Bedingung, daß Alles beim Alten bliebe, und sie kannten ihre Vollmacht zu gut, als daß sie den Vortheilen oder der Majestät des Römerstaates etwas zu vergeben geneigt gewesen seyn sollten; vielmehr bestanden sie darauf, die Grundlage eines Bundes der Freundschaft sey die, daß es über Veränderung der bisherigen Lage Armeniens und Mesopotamiens dabei gar nicht zur Sprache käme. Sie schoben ihre Rückreise von einer Zeit zur andern auf, weil sie aber den König äußerst hartnäckig auf Zurückgabe dieser Provinzen bestehen, und vom Frieden immer mehr abgeneigt sahen, gingen sie zurück, ohne etwas ausgerichtet zu haben. Nachher würden, um einen gleichen Versuch, doch auf gleiche Bedingungen zu machen, der Kommandeur der Haustruppen Lucillian (B. 14. K. 11.) und Procopius, damals Staatssecretär (Notar) abgesandt, welcher letztere sich in der Folge durch die Nothwendigkeit wider seinen Willen zu einer Empörung gedrungen sah. (B. 26. K. 5—10).

Achtzehn=

Achtzehntes Buch.

Inhalt.

Kap. 1. Cäsar Julian läßt sich Galliens Wohlstand sehr angelegen seyn, und hält auf strenge Rechtspflege. — Kap. 2. er setzt die Kastelle am Rhein in guten Vertheidigungsstand, geht über den Fluß hinüber, demüthiget die feindselig gesinnten Alamannen, und zwingt fünf Könige derselben, um Frieden zu bitten, und unsere Gefangenen auszuliefern. — Kap. 3. Barbatio, Feldherr des Fußvolkes und seine Gemahlin werden auf Constantius Befehl enthauptet. — Kap. 4. Sapor, König von Persien macht fürchterliche Anstalten zu einem Kriege wider die Römer. — Kap. 5. Antonin ein Gardeofficier Protector geht zu Sapor über, und reizt ihn noch mehr zum Kriege wider die Römer auf. — Kap. 6. Ursicin, der im Orient kommandirende General, wird zurückberufen, befindet sich schon in Thracien, bekommt aber Befehl, nach Mesopotamien zurückzugehen, wo er den anrückenden Sapor durch Ammian verkundschaften läßt. — Kap. 7. Sapor rückt nebst den Königen der Chioniten und Albaner in Mesopotamien ein, die Römer setzen ihre eigenen Dörfer in Brand, nehmen die Landleute in die Städte herein, und befestigen die diesseitigen Ufer des Euphrats durch Schanzen und Kordons. — Kap. 8. Siebenhundert Reiter aus Illyricum werden von den Persern unvermuthet überfallen, und in die Flucht getrieben, wobei doch Ursicin und Ammian entkommen. — Kap. 9. Beschreibung der Stadt Amida. — Kap. 10. zwei Römische Kastelle ergeben sich an Sapor.

Kap. 1.

N. C. Geb. 359. Dies waren die Begebenheiten, die in verschiedenen Welttheilen im Zeitraume Eines Jahres vorfielen. Gallien befand sich

zwar.

zwar schon seit einiger Zeit in einer weit glücklichern Lage, als vorher, aber in dem Jahre, da die zwei Brüder Eusebius und Hypatius sich durch das vielbedeutende Wort Consul hoch erhaben sahen*), entschlug sich Julian, durch eine Reihe glücklicher Heldenthaten berühmt, jetzt in den Winterquartieren einmal der Sorgen des Krieges, traf mit eben so rühmlicher Sorgfalt die nützlichsten Anstalten, um die Provinzen in bessern Wohlstand zu setzen, sorgte besonders dafür, daß der Tribut für keine Provinz zu drückend würde, daß der Mächtigere sich nicht an fremdem Gute vergriffe, daß Männer, die sich nun auf Kosten des Publicums zu bereichern suchten, nicht überall ihre Hände im Spiel hätten, oder irgend ein Richter ungestraft auf dem Seitenwege der Ungerechtigkeit sich betreten ließe. Dem letztern Mißbrauche beugte er dadurch mit leichter Mühe vor, daß er selbst, wo die Wichtigkeit der Sache oder der Personen es heischte, die Streitigkeiten zu schlichten übernahm, und sich in Ziehung der richtigen Gränzlinie zwischen Recht und Unrecht nichts irren ließ. Ich könnte mehrere schöne Handlungen von ihm bei dergleichen Rechtsfällen anführen, doch Eine sey genug, als ein Beispiel, wie er sich in solchen Fällen zu benehmen, oder mündlich zu entscheiden pflegte. Numerius, kurz vorher Statthalter im Narbonensischen Gallien, ward der Veruntreuung öffentlicher Gelder beschuldiget, und Julian verhörte ihn selbst

---

*) Unter Eusebius und Hypatius Consulat — wäre freilich eben dasselbe gewesen. Aber wie sonor klingt nun der Satz in Ammians Munde, und so eine Schönheit durfte ich doch auf keine Weise verloren gehen lassen.

selbst mit mehr als censorischer Strenge bei offenen Thüren: weil aber der Mann alle Vorwürfe ableugnete, und in keinem Punkte überwiesen werden konnte, so trat Daphnidius, ein sehr heftiger Redner, und eben so hitziger Ankläger, ärgerlich, alle seine Beweise erschöpft zu sehen, auf, und schrie: „ Aber, „ vortreflicher Cäsar! wird es wohl künftig noch ei= „ nen Schuldigen geben, wenn man nur leug= „ nen darf?" Julian parodierte ihn aber mit sanf= tem Unwillen auf der Stelle so: „ Aber, wird es „ wohl künftig einen Unschuldigen geben, wenn „ man nur anklagen darf?" Dieser, und andere Fälle der Art waren doch gewiß Beweise seiner unparteiischen Gerechtigkeitsliebe.

Kap. 2.

Nun sah er einen dringenden Feldzug vor sich, durch die Ueberzeugung veranlaßt, daß einige noch feindselig gesinnte Kantons der Alamannen vielleicht kühn genug zu schädlichen Unternehmungen seyn dürften, wenn man sie nicht, wie ihre übrigen Landsleute unterjochte: nur wußte er nicht, wie er Kraft oder Geschwindigkeit genug anwenden sollte, um, sobald sich der schicklichste Zeitpunkt zeigte, in ihr Land unvermuthet einzufallen, und selbst dem Ge= rüchte von seiner Ankunft zuvorzukommen.

Nach mancherlei Plänen, die deshalb ihm durch den Kopf giengen, bestimmte er sich endlich, einen Versuch zu machen, den der Erfolg auch als sehr glücklich rechtfertigte. Er ließ nämlich den Hari=
baudes

baudes, einen überzähligen Tribun, einen Mann von
bewährter Treue und Tapferkeit, ohne daß sonst eine
Seele etwas davon wußte, unter dem Titel eines
Gesandten zu dem jetzt mit ihm verbündeten (B. 17.
K. 10.) Hortar abgehen, um von da aus die Gränzen jener Alamannen, denen man einen Ueberfall zugedacht hatte, zu bereisen, und, weil er der Alamannischen Sprache völlig kundig war, auszufor-
schen, was sie etwa im Sinne hätten. Dieser war
muthig genug, einen so gefährlichen Auftrag zu übernehmen, und Julian selbst brach, sobald die Jahreszeit es zuließ, mit seiner von allen Orten her
zu diesem Feldzuge entbotenen Armee auf, glaubte
aber, vor allen Dingen in Zeiten dafür sorgen zu
müssen, daß er vor wirklichem Ausbruche des Krieges die längst vorher zerstörten Städte wieder in
Besitz nähme, und dann befestigte, auch anstatt
der niedergebrannten Kornspeicher neue erbaute, in
denen man das von den Britten gewöhnlich herüber-
gebrachte Getreide verwahren könnte. Beides ward
über alle Erwartung schnell zu Stande gebracht.
Die Magazingebäude waren sehr bald unter Dach
gebracht, und mit hinlänglichen Vorräthen versehen,
auch nahm man sieben Städte: Castra Hercu-
lis (.....) Quadriburgium (Schenken-
schanz) Tricesimä (Kellen) Novesium (Nuys)
Bonna (Bonn) Antunnacum (Andernach) und
Pingium *) (Bingen) in Besitz, und eine angenehme

---

*) Die neuern Benennun-
gen sind aus Mannert ge-
nommen. über Castra Her-
culis bestimmt er nichts;
Tricesimä ist mit Colonia
Trajana (B. 17, K. 1.) einerlei

nehme Begebenheit mehr war dies, daß der (prätorische) Präfect Florentius ganz unvermuthet ankam, und nicht nur eine Verstärkung der Armee, sondern auch auf lange Zeit hinreichende Vorräthe von Lebensbedürfnissen mit sich brachte.

Das eine Geschäft war nun glücklich beendigt, aber noch war ein anderes übrig, das keinen Aufschub litt, die Mauern der wieder eingenommenen Städte zu einer Zeit in Vertheidigungsstand zu setzen, wo man noch keine Störung von Seiten der Feinde zu besorgen hatte. Bei dieser Gelegenheit sah man augenscheinlich, daß Barbaren aus Furcht, und Römer aus Liebe zu ihrem Feldherrn das gemeine Beste befördern halfen. Die Alamannischen Könige ließen kraft des im vorhergehenden Jahre mit ihnen getroffenen Vergleiches viele Baumaterialen mit ihrem eigenen Geschirr anfahren: und die Hülfstruppen, die sonst gewöhnlich sehr ungern an dergleichen Arbeit gehen, wurden durch Julians freundliches Zureden zu Folgsamkeit und fleißiger Arbeit so geneigt gemacht, daß sie Baumstämme, funfzig Fuß und darüber lang auf den Achseln ohne Murren herbeitrugen, und vorzüglich durch Behauen derselben gute Dienste thaten.

Noch war man mit Beschleunigung dieser Arbeit emsig beschäftiget, als Hariobaudes ankam, und von dem, was er als Kundschafter bemerkt hatte, Bericht erstattete. Der Erfolg war, daß man eilig nach Mainz vorzurücken nöthig fand: hier bestanden

nun

nerlei, und hat jenen Nah- dreißigste Legion darin lag.
men deswegen, weil die

nun Florentius und Severs Nachfolger, Lupicin, darauf, man müsse über die bei dieser Stadt befindliche Brücke gehen; Julian hingegen widersetzte sich diesem Vorschlage aufs eifrigste, und behauptete, man dürfte friedlicher Völker Land nicht betreten, weil die Erfahrung lehrte, daß die Ungebundenheit des Soldaten, der nur immer alles, was ihm auf seinem Wege vorkäme, verwüstete, schon zu manchem Friedensbruche Gelegenheit gegeben hätte.

Indeß hatten die Alamannen, auf die es mit diesem Feldzuge abgesehen war, in Erwägung der ihren Gränzen sich nahenden Gefahr, den König Suomar, seit einem Jahre unsern Bundsfreund, unter vielen Drohungen dahin zu vermögen gesucht, daß er den Römern das weitere Vorrücken verwehren sollte: denn sein Land stieß an die jenseitigen Rheingegenden. Weil er aber versicherte, er allein sey dies zu thun nicht im Stande, so erschienen die Feinde, in Eine Schaar versammlet, in der Gegend von Mainz, um unserer Armee den Uebergang über den Fluß mit aller Macht zu wehren. Jetzt sah man sich überzeugt, wie zweckmäßig der doppelte Rath des Cäsars gewesen sey, weder ein friedliches Land zu drücken, noch im Angesicht eines streitbaren Volkes eine Brücke mit Aufopferung vieler Menschen zu schlagen, vielmehr einen bequemern Ort zum Uebergange auszusuchen. Die Feinde, klug genug, diese Absicht zu vermuthen, zogen am jenseitigen Ufer ganz ruhig hin, aber sobald sie vom weiten unserer Seits Zelte aufschlagen sahen, brachten auch sie die Nächte schlaflos zu, stellten Posten aus, und waren

äußerst

äußerst wachsam, jeden Versuch der Unsrigen über den Fluß zu gehen, zu vereiteln. Sobald aber unsere Armee an dem dazu auserschenen Orte ankam, bezog man ein Standlager, von Wall und Graben umgeben: und Julian befahl auf eine mit Lupicin gehaltene Besprechung einigen Tribunen, dreihundert Mann leichte Truppen mit Pfählen bereit zu halten, die doch weder Absicht noch Ort ihrer Bestimmung erfahren durften. Diese brachte man noch bei später Nacht zusammen, und schiffte sie auf vierzig leichten Schiffen ein, denn mehrere hatte man damals nicht, mit dem Befehl, den Fluß so still hinabzufahren, daß man selbst die Ruder, so viel möglich, einhielte, um die Feinde auf das Geräusch im Wasser nicht aufmerksam zu machen, und dann mit voller Thätigkeit des Geistes und des Körpers, während daß die Feinde nur auf unsere Wachfeuer hinsähen, am jenseitigen Ufer ans Land zu gehen.

Gerade an diesem für die Römer so betriebsamen Tage hatte der mit uns verbündete König Hortar, nicht als Empörer gegen uns, sondern noch immer auch seiner Nachbarn Freund, alle Könige, Prinzen und kleinere Fürsten zu einem Schmaus zusammengebeten, der nach deutscher Sitte bis nach Mitternacht dauerte: die Unsrigen stießen unvermuthet auf diese jetzt aus einander gehende Gesellschaft, konnten aber keinen davon erlegen, oder auch nur gefangen nehmen, weil jeder mit Hülfe der Nacht und seines Pferdes, wo ihn das Ohngefähr hintrieb, sich davon machte: doch wurde der Troß und die Sklaven, die ihnen zu Fuß folgten, wenige, die sich in der Finsterniß verliefen, ausgenommen, niedergemacht.

Der Uebergang über den Strom machte, daß die Römer, wie in den vorhergehenden Feldzügen, so auch jetzt ihre Strapazen erleichtert zu sehen hoffen durften, sobald sie nur mit den Feinden handgemein werden könnten; die feindlichen Könige und Truppen hingegen, die noch immer mit aufmerksamem Eifer eine Schiffbrücke zu verhindern suchten, geriethen über diese Nachricht so sehr in Furcht und Schrecken, daß sie sich einzeln zerstreut auf die Flucht begaben, und ihre unbändige Wut vergessend hineilten, Weib und Kind und Habe weiter ins Land hinein zu schaffen. Die fertige Brücke, über bekümmerter Feinde Erwarten so schnell vollendet, hob nun von unserer Seite alle Schwierigkeiten, unsere Armee erschien in Feindes Land, und hielt beim Durchzug in Hortars Gränzen die beste Mannszucht. Aber sobald sie die Länder der noch feindseligen Könige betrat, breitete sie sich, Brand und Raub vor sich her, furchtlos über alle Gegenden aus.

Alle eingezäunte dürftige Hütten waren niedergebrannt, eine Menge Menschen war bereits erschlagen, noch sah man die einen unter dem Schwert fallen, die andern wehmüthig um Gnade bitten, als man bei Capellatii, auch Palas *) genannt, ankam,

---

*) In der Gegend von Schwäbisch Hall oder im Hohenlohischen. Heinrich deutsche Reichsgeschichte. B. 1. S. 144. Das bei unserem Merseburg. Bischof Dithmar. S. 345. der fleißigen Ursinussischen Uebers. vorkommende Palas ist nicht, wie Lindenbrog meinte, mit dem unsrigen einerlei, vielmehr nach Trier zu setzen.

ankam, wo durch Gränzsteine die Scheidung der Alamannen und Burgundionen bezeichnet ist, und bezog ein Lager, in der Absicht, die Unterwerfung Makrians und Hariobaudes, zweier Könige und leiblicher Brüder, welche bei Annäherung der Gefahr ängstlich um Frieden zu bitten gekommen waren, mit desto mehrerer Sicherheit anzunehmen. Kurz nach ihnen erschien auch König Vadomar, dessen Land Rauraci (der Gegend von Basel) entgegen liegt, berufte sich auf Empfehlungsschreiben des Kaisers Constantius, die sehr zu seinen Gunsten lauteten, und ward, wie billig, als ein vom regierenden Kaiser schon längst anerkannter Klient des Römervolkes höflich aufgenommen. Makrian ward nebst seinem Bruder in unser Lager hereingelassen, staunte unsere mannichfaltigen Waffen und Rüstungen als nie vorher gesehene Schönheiten an, und bat um seines Landes Schonung. Vadomar, mit unsern Einrichtungen als Gränznachbar schon mehr bekannt, bewunderte zwar auch unsere weitumfassende Anstalten, gestand aber doch, dergleichen von seiner Jugend an schon sehr oft gesehen zu haben. Nach langer und sorgfältiger Erwägung beschloß man einstimmig, Makrians und Hariobaudes Friedensgesuch zu bewilligen: Vadomaren hingegen, der nicht nur für sich Schutz suchte, sondern auch als Bevollmächtigter im Namen der Könige Urius, Ursicin und Westralp auch für sie Frieden zu erbitten schien, konnte man vor der Hand nicht sogleich bestimmte Antwort geben, weil man befürchten mußte, daß Barbaren, wie gewöhnlich von zweideutiger Treue, sobald sie nach Abzug der Unsrigen wieder frei athmeten, sich an einen Frieden, durch andere vermittelt, nicht binden möchten. Weil sie aber, nachdem man ihre Vorräthe und Wohnungen in Brand gesetzt, und viele von ihnen gefangen genommen oder niedergemacht hatte, nun durch eine eigene Gesandtschaft so bemüthig baten, als hätten sie selbst dergleichen Grausamkeiten gegen uns verübt; so war man mitleidig genug, auch ihnen den Frieden auf gleiche Bedingungen zu bewilligen. Unter diesen Bedingungen war eine der ersten die, daß sie alle bei ehemaligen Streifereien weggeführte Gefangene sogleich zur Stelle bringen sollten.

Kap. 3.

Während daß in Gallien durch der Gottheit Begünstigung alles so glücklich ging, erhob sich am Hoflager des Kaisers ein neuer Unglücksturm, der durch einen geringen Umstand veranlaßt, zu vielen Thränen und Klagen ausschlug. Im Hause des damaligen Generals der Infanterie, Barbatio, hatte sich ein Bienenschwarm angelegt: ängstlich fragte er die Zeichendeuter, was dies wohl bedeuten möge, und erhielt die Antwort, dies sey Anzeige einer großen Gefahr, und der Grund dazu sey leicht einzusehen, weil man diese Thierchen, wann sie ihre Stöcke gebaut, und reichliche Beute eingetragen hätten, durch Rauch und lärmender Cymbeln Klang zu vertreiben pflegte *). Dieser Mann hatte eine Gemahlin, mit

Näh=

*) Bienenschwärme bedeuten allemal Unglück, wie man aus Jul. Obsequens an mehreren Orten lernen kann.

Auch

Nahmen Aſſyria, die die Gabe der Ueberlegſamkeit eben ſo wenig, als die der Verſchwiegenheit beſaß. Er war zu Felde gegangen, und die Erinnerung an jene Prophezeiung erfüllte ſeine Seele mit vielfachen traurigen Vorſtellungen, und Sie, von weiblichem Leichtſinn geleitet, ließ durch eine geheime Schrift kundige Kammerfrau, die aus Silvans (B. 15, 5.) Hauſe in das ihrige gekommen war, zur unſchicklichſten Zeit von der Welt einen Brief an ihren Gemahl ſchreiben, worinn ſie ihn unter Thränen bat und beſchwor, er möchte, wenn er nach Conſtantius doch immer näher rückenden Lebensende hoffentlich ſelbſt auf den Thron käme, ſie doch ja nicht etwa zurückſetzen, und ihr die regierende Kaiſerin. Euſebia vorziehen, die in der That eine vor vielen andern ihres Geſchlechtes ausgezeichnete Dame war. Dieſer Brief ging ſo geheim als möglich ab, aber die Kammerfrau nahm von dem, was ihr ihre Frau dictirt hatte, Abſchrift, lief, nachdem alles im Hauſe zur Ruhe war, noch in ſpäter Nacht zu Arbetio mit demſelben hin, ward mit gieriger Erwartung ihres Anbringens ſogleich vorgelaſſen, und kramte nun ihre Papierchen auf. Eine Angabe der Art war bei einem ſo geſchickten Ehrenräuber, wie Arbetio, Grund genug, die Sache dem Kaiſer ohne Verzug zu hinterbringen: und ſogleich ward, wie gewöhnlich, die Unterſuchung eben ſo eifrig angeſtellt als fortgeſetzt; Barbatio geſtand, einen ſolchen Brief erhalten zu haben, und die Gemahlin ward durch augenſcheinliche

Auch ſollen ſie in neuern Zeiten daran hauptſächlich ſchuld ſeyn, daß Soubiſe die Schlacht bei Roßbach verlor.

Beweise als Verfasserin desselben überführt, und beide büßten dafür mit ihren Köpfen. Aber die Untersuchung schlich auch nach ihrer Hinrichtung wie Pest fort, und Schuldige sowohl als Unschuldige litten dabei. Unter den letztern war auch Valentin, vorher erster Leibgardist (Primicerius Protectorum) jetzt Tribun, der als vorgeblich Mitschuldiger, ob er gleich von der ganzen Sache nicht ein Wort wußte, mehr als einmal die Folter überstand, in der Folge aber zu Vergütung unverdienter Schande und Lebensgefahr zum Befehlshaber (Dux) in Illyricum erhoben ward.

Barbatio war übrigens ein Mann von rauhen Sitten, trug sich mit stolzen Planen, und war auch deswegen gehaßt, weil er noch unter dem Thronfolger Gallus als Kommandeur der Haustruppen sich als treulosen Verräther bewiesen hatte, und nach dessen Tode, stolz auf den höhern Rang in der Armee, seine Tücke auch gegen Julian fortsetzte, und zum Abscheu aller Rechtschaffenen das ohnedem jedem Verläumder offene Ohr des Kaisers als gefährlicher Schwätzer füllte. Unmöglich konnte der Mann je etwas von dem weisen Spruche des alten Aristoteles gehört haben, der seinem zu Alexander hingehenden Schüler und Verwandten Kallisthenes wiederholt die Regel gab, so selten als möglich, und immer im gefälligsten Tone mit einem Manne zu sprechen, der das Recht über Leben und Tod auf der Spitze seiner Zunge trüge. Um uns weniger zu wundern, daß Menschen, deren Seelen mit der Gottheit verwandt seyn sollen, bisweilen Nutzen und

Scha-

Schaden so richtig zu unterscheiden wissen, sollten wir uns erinnern, daß selbst vernunftlose Thiere bisweilen ihr Leben durch tiefes Schweigen zu retten pflegen, wovon ich ein sehr bekanntes Beispiel anführen will. Wilde Gänse, wenn sie bei eintretender Wärme den Orient verlassen, und auf ihrem Zuge in die Abendländer in der Gegend des Gebirges Taurus, wo es viele Adler giebt, ankommen, nehmen aus Furcht vor diesen ihnen überlegenen Vögeln kleine Steinchen in die Schnäbel, um sich auch bei der dringendsten Veranlassung nicht den geringsten Laut entgehen zu lassen, eilen in schnellem Fluge über dieses Gebirge hin, lassen dann die Steinchen wieder fallen, und setzen ihren Zug nun weniger furchtsam fort *).

Kap. 4.

Noch beschäftigte man sich in Sirmium emsig mit peinlichen Untersuchungen, als die Fortuna des Orients ihre fürchterliche Trompete, großer Gefahren Verkünderin, hören ließ. Persiens König, durch die vor kurzem bezwungenen wilden Völker noch mehr verstärkt, und von übermenschlichem Ehrgeiz für Erweiterung seines Reiches glühend, brachte Waffen und Heere und Lebensmittel zusammen, bot selbst die Manen des Schattenreiches zu Ausführung seiner Plane auf, ließ sich von jedem Gaukler die Zukunft wahrsagen, und erwartete nur, mit diesen Hülfsmitteln ausgerüstet, des Frühlings erste milde Witterung, um alles vor sich her niederzutreten.

*) Aelian von der Natur der Thiere B. 5. K. 29.

Während daß erst Gerüchte, dann sichere Nachrichten hiervon ankamen, und allgemeine Furcht den Bürger in banger Erwartung kommender Leiden ließ, schmiedete die Hofkabale (um bildlich zu reden) immer Tag und Nacht auf ihrem gewöhnlichen Ambos nach Gutdünken verschnittener Kammerherren fort, und spiegelte dem ohnedem argwöhnischen und furchtsamen Kaiser den Ursicin so gefährlich als Medusens Kopf vor, mit oft wiederholter Bemerkung, daß dieser Mann nach Silvans Ermordung in Ermangelung eines bessern zum Feldherrn im Orient gewählt, gewiß nach höhern Dingen strebe. Durch so schändliche Schmähungen Ursicins suchte man sich vorzüglich bei dem damaligen Oberkammerherrn Eusebius einzuschmeicheln, bei dem (wenn ich die Wahrheit sagen soll) Constantius viel vermochte *). Noch wirkten zwei persönliche Ursachen mit, den Ursicin zu stürzen: die eine, weil dieser Mann der einzige war, der einen Eusebius entbehren konnte, die andere, weil er ihm sein Haus in Antiochien auf sein zudringlichstes Begehren nicht hatte überlassen wollen. Wie eine Schlange von gesammletem Gifte schwellend ihre zahlreiche Brut, noch kaum zu kriechen vermögend, doch immer schon den giftigen Zahn zu brauchen reizt; so brauchte Eusebius schon besser erfahrne Haremswächter zu Unterhändlern, um während der Aufwartung bei Hofe unter vier Augen, mit ihren klaren einschmeichelnden Knabenstimmchen dem ohnedem nur zu offenen Ohr des Kaisers den guten

Nah-

---

*) Ein ziemlich bitterer Ammian in diesem Kapitel Spott, wie denn überhaupt etwas warm wird.

Nah nen des tapferſten Mannes verdächtig zu machen: welchen Auftrag ſie dann auch im kurzen
meiſterlich vollzogen. Aergerlich über ſolche und
ähnliche Schurkereyen, denke ich oft mit Vergnügen
an Weiland Kaiſer Domitian zurück, der, ſo
wenig er auch ſeinem Vater und Bruder glich, vielmehr ſeines eigenen Nahmens Gedächtniß mit un-
auslöſchlicher Schande brandmarkte, dennoch ſich
durch ein allgemein gelobtes Geſetz berühmt machte,
in dem er unter den ſchärfſten Drohungen verbot, im
ganzen Umfange des Römiſchen Reiches irgend einen
Knaben zu entmannen *): und gewiß, hätten wir
dieſes Geſetz nicht, wer würde gegen der Kaſtraten
Schwarm aushalten können, die ſich jetzt bei ihrer
geringern Anzahl ſo unerträglich machen? Euſebius
ging dennoch jetzt behutſamer zu Werke, und wollte,
wie er vorgab, den Urſicin nicht, wie ehemals
(B. 15. K. 2.) nach Hofe entbieten, wo er alles
durch ſeinen Muth in Schrecken ſetzen könnte, wollte
ihm vielmehr bei mehr ſchicklicher Gelegenheit an das
Leben zu kommen ſuchen.

Indem man bei Hofe dieſe Gelegenheit mit banger Unruhe erwartete, ſtanden wir ſeit einiger Zeit
in Samoſata, ehemals der Hauptſtadt von Kom-
magene, und erhielten eine Nachricht über die andere
von neuen Unruhen und Empörnugen, die wir nun
nach ihrer Folge erzählen wollen.

---

*) S. Sueton in Domi-
tians Leben. K. 7. Dio
Caſſius B. 67. K. 2. Phi-
loſtrat Leben Apollonius von
Tyane B. 6. K. 17.

Kap. 5.

Ein gewisser Antonin, vorher wohlhabender Kaufmann, dann Rechnungsbeamter (Rationarius Adparitor) bei Mesopotamiens Statthalter, jetzt bei der Leibgarde angestellt, (Protector) ein sehr gewandter und kluger, auch im ganzen Orient sehr bekannter Mann, war durch Vorschuß an geldbedürftige Große selbst in Schulden gerathen, sah wohl ein, daß er bei Processen gegen Mächtigere, durch ungerechte Entscheidung der Richter, die immer den Vornehmern mehr begünstigen, noch mehr verlieren würde, entschloß sich also, um nicht wider den Stachel zu leken, den Weg der Gelindigkeit zu wählen, ging in die unter der Decke eingeleitete Intrigue, sich als Selbstschuldner der Kasse zu erklären, glücklich ein, sann aber seitdem auf gefährliche Ränke, suchte sich unter der Hand von der Lage des Römerstaates nach allen seinen Theilen zu unterrichten, und fertigte, weil er beider Sprachen kundig war, genaue Berechnungen, was für Soldaten, wie stark an jedem Orte, zu Friedenszeiten ständen, oder im Kriege zum Schutz dieser oder jener Provinz angestellt wären, bemühte sich auch, durch unermüdetes Nachforschen herauszubringen, ob für die gehörigen Vorräthe an Waffen, Lebensmitteln und andern Kriegsbedürfnissen hinlänglich gesorgt sey. Völlig von der innern Einrichtung des Orients unterrichtet, bemerkte er zugleich, daß der größte Theil der Römischen Kriegsmacht jetzt in Illyricum vertheilt

theilt sey, wo sehr ernste Auftritte des Kaisers ganze
Aufmerksamkeit heischten: weil er aber doch den Termin immer näher rücken sah, an dem er vermöge
der ihm mit Gewalt oder Drohungen abgedrungenen
Verschreibung als Selbstschuldner zahlen sollte, und
er von allen Seiten jeder Gefahr um so gewisser sich
ausgesetzt bemerkte, da der Director des kaiserlichen Fiscus zu Gunsten eines andern ohne Nachsicht auf Bezahlung drang, so war sein einziger Gedanke der,
sich mit Weib und Kindern und allem, was Liebe
und Freundschaft ihm werth machten, zu den Persern zu flüchten. Um die Vorposten zu täuschen,
hatte er sich in Hiaspis, einem Städchen, an dem
der Tigris hinfließt, ein kleines Grundstück um einen
geringen Preis gekauft. Durch diesen listigen Einfall
gewann er so viel, daß es keiner Seele einfiel, den
Besitzer eines Landgütchens mit einer zahlreichen
Hausgenossenschaft um die Ursache seines öftern Erscheinens an den äußersten Gränzen des Römergebietes zu befragen; aber nun ließ er durch treue und
des Schwimmens kundige Vertraute mit Tamsapor, der in dieser Gegend als kommandierender General stand, und ihn persönlich kannte, geheime Unterredung pflegen, und kurz nachher sandte man ihm
aus dem Persischen Lager zu Unterstützung seines
Vorhabens eine hinlängliche Anzahl beherzter Männer mit Kähnen zu, auf denen er sich mit allem,
was ihm in seinem Hause werth war, einschiffte, bei
stiller Nacht über den Fluß setzte, und dem Scheine
nach, wie jener Zopyrus, Babylons Verräther,

aber

aber gerade in entgegengesetzter Absicht,*), in Feindes Land hinüberging.

Während daß dieser Auftritt in Mesopotamien vorfiel, stimmte der Hofklub einen zweiten Todtengesang über uns an, in der Meinung, jetzt eine günstige Gelegenheit, dem tapfersten Feldherrn zu schaden, gefunden zu haben. Anstifter und Verhezzer waren auch jetzt entmannte Kammerherrn, die, immer hartherzig und gefühllos, sich für die Entbehrung zärtlicher Verbindungen dadurch schadlos zu halten glauben, wenn sie volle Geldkisten, wie Väter geliebte Töchterlein umfassen können. Man hatte nämlich die Maaßregeln so genommen, daß Sabinian, ein alter welker aber sehr reicher Mann, der übrigens weder Fähigkeit noch Muth zum Soldaten besaß, überdies bisher in so unbemerkter Dunkelheit gelebt hatte, daß er auf die Würde eines Generals unmöglich Anspruch machen konnte, den ganzen Orient unter seinen Befehlen sähe; Ursicin hingegen als Feldherr des Fußvolks an Barbations Stelle ans Hoflager zurückkommen sollte, wo man ihm als einem zu Neuerungen von je her geneigten unruhigen Kopf, wie man laut sagte, wichtige und furchtbare Gegner auf den Hals zu hetzen gedachte.

Indem man an Constantius Hofe so saubere Plane mit einer Leichtigkeit, als hätte man ein Trinkgelag oder eine Komödie anzuordnen, ausführte, und die Rollenvertheiler die Kaufgelder des in der Geschwin-

---

*) Zopyrus ging bekanntlich nach Babylon, um es dem Darius in die Hände zu spielen, Justin B. 1. K. 10. Antonin hingegen, um an seinem bisherigen Vaterlande sich zu rächen.

Geschwindigkeit neugewählten Feldherrn in den Häusern der Mächtigen in Umlauf brachten, war Antonin indeß im Winterlager des Königs von Persien eingetroffen, ward mit großen Freuden aufgenommen, bekam Erlaubniß, den Turban (Tiare) zu tragen, (eine Ehre, die bei den Persern an des Königs Tafel zu erscheinen fähig macht, und für ein Verdienst gilt, das Rath und Stimme in Staatsversammlungen zu geben berechtiget), eilte dann, wie man zu sagen pflegt, nicht mit Ruderstangen oder an Seilen borirt, das ist, nicht mit gesuchten oder dunkeln Wendungen *), sondern mit vollen Segeln des Wohlwollens seinem neuen Vaterlande entgegen; und so wie ehemals Maharbal Annibals Langsamkeit tadelte, und ihm zwar die Kunst zu siegen, nur nicht die Kunst, seine Siege zu verfolgen, zugestand **), so ermunterte auch Antonin seinen neuen König oft und laut zu mehrerer Thätigkeit. In derselben Gegend erzogen, hatte er von allem, die genaueste Kundschaft, und sobald er nur erst die Aufmerksamkeit seiner Zuhörer gefesselt, ihr immer nach etwas Angenehmen haschendes Ohr gewonnen, und sie nicht gerade zu lautem Lobe, vielmehr nur nach dem Beispiele der Phäaker beim Homer ***) zu stiller Bewunderung gestimmt hatte, führte er sie

nun

---

*) Dergleichen Eigenheiten darf der Uebersetzer seinem Schriftsteller nicht rauben, zumal wenn dieser, wie hier der Fall ist, seine Metapher fortführt. Die Aufhellung der Metapher durch die gesuchten Wendungen ist, wo möglich, noch geschmackloser als die Metapher selbst, rührt aber wahrscheinlich nicht von Ammian selbst her.

**) Livius B. 22. K. 51. Florus B. 2. K. 6.

***) Odyssee B. 13. V. 1.

nun auf die Geschichte der letzten vierzig Jahre zurück: gab ihnen zu bedenken, daß nach so vielen kriegerischen Vorfällen, besonders nach der so hitzigen nächtlichen Schlacht bei Hileja und Singara *), wo die Unsrigen in ganzen Schaaren niedergemacht wurden, die siegenden Perser dennoch, als stände ein Frieden vermittelnder Fecial **) vor ihnen, sich weder Edessens, noch der Brücken über den Euphrat bemächtigt hätten — sie, die von so mächtiger Waffengewalt unterstützt, und von so glänzenden Siegen ermuntert, einen so günstigen Zeitpunkt, wo in langen Bürgerkriegen tapferer Römer Blut immer von zweien Seiten geflossen wäre, zu weiterer Ausdehnung ihres Staates hätten benutzen sollen.

Durch diese und andere dergleichen Vorstellungen mußte dieser Ueberläufer, der auch beim vollen Pokal, bei dem die Perser, wie einst die alten Griechen über Krieg und andere ernste Geschäfte sich zu bereden pflegen, noch nüchtern blieb, den ohnedem hitzigen König nur noch mehr aufzureitzen, daß er sogleich nach geendigtem Winter voll Zuversicht auf seine Größe seine ganze Macht ins Feld stellte: wobei ihm Antonin überall in nöthigen Fällen seinen Beirath treulich versprach.

Kap. 6.

*) Diese Schlacht fiel 348. vor, und so tapfer sich auch die Römer anfangs hielten, so litten sie doch die Nacht darauf in einem Ueberfalle ungemein viel. Das Weitere s. bei Gibbon B. 4. S. 214—216.

**) Fecialen waren Kriegspriester, an denen man nach dem Völkerrechte sich nicht vergreifen durfte, am wenigsten dann, wann sie als Friedensvermittler zwischen beiden Armeen standen.

Kap. 6.

Um diese Zeit kam Sabinian, stolz auf die so eilfertig erhaltene Feldherrnstelle in Cilicien an, und gab an seinen Vorgänger Ursicin die Briefe des Kaisers ab, des Inhaltes, daß er, zu höherer Würde bestimmt, so bald als möglich am Hofe erscheinen sollte, er, dessen Gegenwart doch so dringende Umstände und die wichtigsten Geschäfte, wär'er auch in Thule *) gewesen, jetzt im Orient um so nothwendiger machten, da er die alte Kriegszucht, und die Art der Perser, ihre Kriege zu führen, durch lange Erfahrung am besten kannte. Diese Nachricht setzte die Provinzen in große Bestürzung, die Städte und der Bürgerstand nahmen, ihm Ehre zu bezeugen, einen Entschluß über den andern, empfingen ihn überall mit dem lautesten Zuruf ihrer Zufriedenheit, und waren fast geneigt, ihren allgemein anerkannten Beschützer mit gewaltsamer Hand zurückzuhalten, in der angenehmen Erinnerung, daß er mit so erbärmlichen Soldaten, die nie einen Feind gesehen, dennoch zehn Jahre hindurch ihre Provinz ohne einigen Verlust erhalten hätte, — eine Erinnerung, die eine kummervolle Hinsicht auf die Zukunft, und die Nachricht noch schmerzhafter machen mußte, daß sie in einer so bedenklichen Lage an seiner Statt einen Mann bekommen sollten, der nicht die geringste Kenntniß vom Kriege besäße. Ich glaube gewiß, denn der Beweis ist augenscheinlich, daß die Fama äußerst schnell durch die Luftregionen fliegt, denn nur sie konnte

*) D. i. am Ende der Welt.

konnte diese Nachricht so geschwind nach Persien bringen, um die gehörigen Maaßregeln zu veranlassen.

Nach vielen Ueberlegungen beschloß man, und Antonin war selbst dafür, daß man nach Ursicins Entfernung, bei einem so elenden Neuling von Feldherrn, nicht erst sich mit gefährlichen Belagerungen vor Städten abgeben, vielmehr über den Euphrat hinüberstürmen, und immer vorwärts dringen sollte: käme man durch Geschwindigkeit dem Gerücht selbst zuvor, so könne man Provinzen, die in allen bisherigen Kriegen (die unter Gallienus ausgenommen) verschont geblieben, und bei so langem Friedensgenuß reich geworden seyn müßten, sehr leicht erobern, wozu Er, unter Beistand der Götter, sich als einen gewiß nicht unnützlichen Anführer angeboten haben wolle. Dieser Plan erhielt allgemeinen Beifall und Bestättigung, und eben so allgemein war der Eifer, mit dem man nicht nur für jetzt die nothwendigsten Anstalten betrieb, sondern auch den ganzen Winter hindurch sich beschäftigte, Proviant, Rekruten, Waffen und andere zu dem bevorstehenden Feldzuge dienliche Bedürfnisse zusammenzubringen.

Wir hielten uns indeß noch einige Zeit jenseit des Taurusgebirges auf, eilten dann, erhaltener Order gemäß, nach Italien hin, und kamen beim Fluß Hebrus (Mariza) an, der vom Gebirge der Odrysier herabkommt: hier fanden wir Briefe vom Kaiser, mit dem Befehl, sogleich ohne die geringste Einrede, doch mit der Zurücklassung der Civilbedienten nach Mesopotamien zurückzukehren, ohne uns doch in irgend eine gefährliche Unternehmung einzulassen,

weil

weil die höchste Gewalt daselbst bereits einem andern übertragen wäre. Dies war eine Kabale in den Händen tückischer Höflinge geknetet, daß wenn die Perser, in ihrer Hoffnung getäuscht, in ihr Land zurückzögen, man dies dem neuen Feldherrn als große Heldenthat anrechnen, einen unglücklichen Feldzug hingegen zur Gelegenheit nehmen wolle, Ursitineu als Verräther des Vaterlandes anzuklagen. Ohne Grund also umhergetrieben blieben wir lange Zeit unentschlossen, gingen aber doch zurück. Und fanden weil am Sabinian einen Mann von sehr widrigem Charakter, von mäßiger Statur, aber noch kleineren und engeren Geistes, übrigens so schändlich entnervt, daß er mit seiner schwächlichen Gesundheit kaum gegen den lauten Ton eines fröhlichen Gastmahles, geschweige denn gegen das Getümmel einer Schlacht auszuhalten sich getraute.

Weil aber Kundschafter und Ueberläufer einstimmig und wiederholt die eifrigsten Anstalten auf feindlicher Seite bestätigten, ließen wir das kleine Männchen — gähnen, und eilten nach N i s i b i s (Nesibin) hin, um die nöthigen Einrichtungen zu treffen, den versteckten Plan der Perser auf diese Stadt zu vereiteln, und sie vor einem unvermutheten Ueberfalle zu sichern. Indem wir im Innern der Stadt die schleunigsten Vorkehrungen trafen, zeigten sich Rauchsäulen und Wachfeuer vom Tigris an bei Castra Maurorum *), (Caphartuta) Sisara (. . . .)

und

---

*) Richtiger vielleicht Castra Mororum, wegen der vielen Maulbeerbäumen in der Gegend. Bruns Handbuch

und den übrigen Gränzorten vorbei bis an die Stadt heran in Einer Linie und häufiger als gewöhnlich, — ein Beweis, daß verwüstende Schaaren bereits über den Fluß gegangen wären. Um uns also nicht alle Auswege abschneiden zu lassen, verließen wir schnell die Stadt, rückten weiter vorwärts, und hatten etwa zweitausend Schritte zurückgelegt, als wir einen Knaben von edler Bildung mit einer goldenen Kette am Halse, etwa acht Jahr alt, mitten auf einer Anhöhe stehend und weinend antrafen. Sein Vater, sagte er, sey ein vornehmer Mann, und die Mutter, vor dem anrückenden Feinde ängstlich fliehend, hatte ihn im Gewühl ihrer übrigen Begleitung allein zurückgelassen. Indem ich auf Befehl des von Mitleid gerührten Feldherrn (Ursicin) ihn vor mich aufs Pferd nahm, und in die Stadt zurückbrachte, sah ich die plündernden Feinde bereits um die ganze Stadt her schwärmen. Die Angst eine Belagerung auszuhalten war nicht in meinem Geschmack, ich schob also meinen Knaben in ein halboffenes Seitenpförtchen hinein, und jagte dann fast athemlos mit flüchtigem Pferde zu unserem Korps zurück, wäre aber den Feinden beinahe in die Hände gefallen. Ein feindlicher Trupp setzte einem mit seinem Reitknecht fliehenden Tribun Abbigidus nach: der Herr stürzte mit dem Pferde, man fragte also den allein gefangen genommenen Knecht, gerade indem ich schnell vorbeijagte, aus, wie denn der neue General *) hieße, und

der alten Erdbeschreibung, ersten Bandes, zweiter Theil S. 143. Der Ort kommt noch einmal bei Ammian vor B. 25, K 7.

*) Im Texte stehet Judex: aber Ammian braucht dies Wort mehrmals für obrigkeitliche Person überhaupt, oder auch für Feldherr.

und wie fie hörten, Urficin fey es, der kurz vorher
in die Stadt eingerückt wäre, und jetzt die Anhöhen,
Jzala genannt, zu gewinnen suche, so hieben sie
den Mann nieder, und mehr als einer setzte mir in
vollem Jagen nach. Durch die Flüchtigkeit meines
Pferdes hatte ich nun zwar einen weiten Vorsprung
gewonnen, aber indem ich jetzt bei Amubis, einer
kleinen Schanze, unsere Pferde auf der Weide, und
ihre Reiter sorglos auf der Erde hingelagert fand,
streckte ich meine Arme vorwärts, und schwenkte dann
den äußersten Zipfel meines Kriegsmantels in der
Luft, um durch dieses gewöhnliche Zeichen die Ankunft
der Feinde zu erkennen zu geben: und nun eilte ich
mit ihnen gemeinschaftlich, so sehr auch mein Pferd
ermüdet war, davon. Die größte Besorgniß machte
uns der Vollmond, und die abhängige ebene Fläche,
die uns, wenn wir ins Gedränge kamen, keinen Ausweg zu unserer Rettung darbot, und auf der weder
Baum noch Gebüsch, blos niedriges Gras zu sehen
war. Wir fielen also darauf, ein Packferd mit einer
brennenden und festgebundenen Laterne ganz allein,
frei und ohne Reiter linker Hand hingehen zu lassen,
während daß wir rechter Hand uns über das Gebirge
zu retten suchen wollten. Wir glaubten, die Perser
würden, in der Meinung, daß dieses Talglicht dem
langsam marschirenden General vorleuchte, ihren
Weg darauf zunehmen: und hätten wir nicht diese
List gebraucht, so wären wir gewiß von den Feinden
übermannt und gefangen genommen worden.

Dieser Gefahr entronnen kamen wir in einer wal-
digen mit Weinstöcken und Obstbäumen besetzten Ge-

gend bei einer kleinen Stadt Mejakarire *) an, die ihren Namen von ihren kalten Bädern hat: alle Einwohner waren entflohen, und wir fanden bloß einen Soldaten in einem abgelegenen Winkel. Man brachte ihn vor den General, und weil er in der Angst alles durch einander sprach, und sich dadurch nur mehr verdächtig machte, so ließ er sich endlich durch Drohungen dahin bringen, die reine Wahrheit zu bekennen: er sey, sagte er, aus Paris in Gallien gebürtig, habe unter unserer Reiterei gedient, wäre aber, um der Strafe für ein Verbrechen zu entgehen, zu den Persern übergegangen, wo er ein Weib genommen, Kinder erzeugt, und nach geprüfter Redlichkeit zum Kundschafter gegen uns auserschen, den Feinden freilich oft wahre und dienliche Nachrichten zugebracht habe. Jetzt hätten ihn die Persischen Magnaten Tamsapor und Nohodar, die Anführer des jetzt umherschweifenden Korps abgesandt gehabt, und er sey so eben im Begriff gewesen, ihnen die eingezogenen Nachrichten zu überbringen. Noch mußte er erzählen, was er von den gegenseitigen Anstalten wußte, und ward dann auf der Stelle niedergemacht.

Unsere Besorgniß ward durch seine Nachrichten nichts weniger als gemindert, wir eilten also, weil dies unter unsern Umständen das Beste zu seyn schien, nach Amida (Diarbekr) einer Stadt, die kurz

nach=

---

*) Kommt auch in der Notitia Imperii und beim Theophilus Simocatta vor, und ihr Name drückt in Syrischer Sprache die daselbst befindlichen kalten Wasser aus. Auch heißt sie Emmaus oder Ammaus. Davois.

nachher durch ihr trauriges Schicksal mehr als zu sehr bekannt ward *). Unsere ausgesandten Kundschafter brachten uns unter andern auch einmal ein mit Chiffern beschriebenes, und in der Scheide eines Schwertes verborgenes Stück Pergament zurück, das ihnen Procopius, der, wie ich oben erzählte, (B. 17. K. 14.) nebst dem Comes Lucillian sich als Gesandter bei den Persern aufhielt, hatte zukommen lassen, und einen dunkeln Ausdruck absichtlich gewählt hatte, um sich nicht auf den Fall, wenn etwa die Ueberbringer gefangen würden, durch eine in deutlichen Worten verfaßte Schrift dem traurigsten Schicksal auszusetzen. Die Schrift selbst lautete so: „Man hat die Gesandten der Griechen weit entfernt, „wird sie vielleicht sogar tödten, und der bejahrte „König, mit dem Hellespont nicht zufrieden, wird „Brücken über den Granikus und Rynda schla„gen, und dann mit zahlreichen Schaaren Asien „überströmen — ein König, der schon für sich hiz„zig und grausam, auf Antrieb und Verhetzung des „Nachfolgers weiland Kaisers Hadrians es nur noch „mehr wird. Alles ist unwiederbringlich verloren, „wenn Griechenland sich nicht wohl vorsieht."

Dieser Text besagte, wenn man die Hülle wegnahm, so viel, daß der Perser König über die Flüsse Anzaba und Tigris gehen werde, und auf Antrieb Antonins nichts Geringeres im Sinn habe, als sich zum allgemeinen Beherrscher des Orients zu machen.

*) S. unten Kap. 9. B. 19. K. 1. ff.

Nachdem wir die Dunkelheit der Schrift mit vieler Mühe enträthselt hatten, faßten wir einen Entschluß, so gut er sich zu der Zeit anbot. Satrap über Corduene, welches unter Persiens Herrschaft stand, war jetzt ein gewisser Jovinian, der in jüngern Jahren unter Römern erzogen, es insgeheim noch immer aus dem Grunde mit uns hielt, weil er vom Schicksal als Geisel in Syrien zu bleiben bestimmt, dennoch von den Annehmlichkeiten edler Wissenschaften gereizt, nichts sehnlicher wünschte, als auf Römischen Grund und Boden zurückzukehren. Ich ward also nebst einem zuverläßigen Centurio zu demselben hingesandt, um genauere Kundschaft über die feindlichen Anstalten in dieser Gegend einzuziehen, und kam über ungebahnte Klippen und steile Abhänge bei ihm an. Sehen, Erkennen und freundliche Aufnahme war Eins, ihm allein vertraute ich die Ursache meiner Ankunft, und nun gab er mir einen verschwiegenen, der Gegend kundigen Mann mit, um mich auf einen weit entlegenen hohen Felsen zu begleiten, von dem ein scharfes Auge auf funfzigtausend Schritt weit alles bis auf die geringste Kleinigkeit überschauen konnte. Hier hielten wir uns zwei volle Tage auf, aber am dritten sahen wir bei Sonnenaufgang die ganze Gegend umher, so weit unser Horizont reichte, von unzähligen Schaaren besetzt, und an ihrer Spitze den König, durch seines Gewandes Pracht leicht kenntlich. Ihm zur Linken ritt Grumbates, der Chioniten König, ein Mann im Mittelalter, und welken Ansehens, aber von hohem und edlem Geist, und durch

viele

Constantius u. Julian. J. 359.

viele Siege berühmt: zur Rechten der Albaner König, nicht minder vom König geschätzt, und durch Verdienste erhaben: hinter ihnen dann die andern Heerführer, durch verschiedene Würden und Aemter ausgezeichnet, und endlich die ganze Heerschaar, ein Aushub der besten Mannschaft aus den nächstliegenden Provinzen, und durch langen Dienst zu jeder Beschwerde abgehärtet. Aber, wird man mich vielleicht fragen: Wie lange wirst du, fabelnder Grieche, uns noch von jener Stadt Thraciens, Doriskum *), und von Armeen, truppweise aus Horden herausgezählt, vorplaudern? Doch ich bin mir es wahrhaftig bewußt, zu behutsam, oder vielmehr die Wahrheit zu gestehen, zu furchtsam zu seyn, um etwas zu übertreiben; vielmehr erzähle ich nur das, was ich durch glaubwürdige Zeugnisse als ganz sicher und zuverläßig bewähren kann.

Kap. 7.

Die vorher genannten Könige waren bei Ninive **) einer großen Stadt in der Provinz Abiadene vorbei gezogen, hatten mitten auf der über den Fluß Anzaba geschlagenen Brücke Opferthiere geschlach-

---

*) Bezieht sich auf eine Stelle im Herodotus B. 7. K. 59. wo erzählt wird, daß Xerxes bei dieser Stadt die wahre Zahl seiner ungeheuren Armee dadurch herauszubringen gesucht, daß er zehntausend Mann zusammengestellt, dann einen Kreis um dieselben gezogen, und so nach zehntausenden immer fortgerechnet, bis die ganze Armee nach und nach in diesem Kreis eingezählt gewesen.

**) Ammian nennt hier einmal diese Stadt nach dem Namen, wie er in der H. Schrift vorkommt. S. Note zu B. 14. K. 8.

geschlachtet, und gingen dann, vergnügt über die in
den Eingeweiden derselben gefundenen günstigen Vorzeichen über den Fluß hinüber: ich aber, überzeugt,
daß der Rest der Armee schwerlich innerhalb drei Tagen über den Strom gehen könne, kehrte eiligst zu
dem Satrapen zurück, ruhte bei ihm aus, und genoß
alle Höflichkeiten der Gastfreundschaft. Von hier
aus ging ich dann durch wüste und öde Gegenden,
über das Ungemach eines so gefahrvollen Weges durch
die Nothwendigkeit getröstet, zurück, kam früher als
man erwartet hatte, bei den Unsrigen wieder an,
und sprach den Furchtsamen neuen Muth ein, ob ich
ihnen gleich nicht verheelen konnte, daß die feindlichen Könige, ohne einen Umweg zu nehmen, über
eine Schiffbrücke gegangen wären. Sogleich wurden also reitende Eilboten an Cassian, kommandirenden General in Mesopotamien, und den Statthalter dieser Provinz Euphronius abgesandt,
mit Bitte, die Landleute anzuhalten, ihre Familien
und sämmtliches Vieh in Sicherheit zu bringen, die
mit einer schwachen Mauer versehene Stadt Carrä*)
eiligst zu verlassen, auch alles auf dem Felde stehende
Getreide in Brand zu setzen, um dem Feinde allen
Lebensunterhalt für Menschen und Vieh zu erschweren. Diese Befehle wurden auch sogleich vollzogen,
und das angelegte Feuer wütete mit solcher Macht
auf der Flur hin, sengte alles Getreide, im gelben
Halme bereits zur Reise schwellend, alle im besten
Wuchse stehende Pflanzen so rein weg, daß vom Ufer

---

*) Ist die schon bei Mo- de Stadt Haran, welches
ses B. I. K. 11. vorkommen- Namen sie jetzt wieder hat.

des Tigris bis nach dem Euphrat her kein grünes Gräschen zu sehen war. Auch verzehrte dieses Feuer viele wilde Thiere, vorzüglich Löwen, die ehemals in dieser Gegend vielen Schaden anrichteten, aber nach und nach aufgerieben wurden, oder ihr Gesicht auf folgende Art verloren. Zwischen den in Mesopotamien häufigen Rohrgebüschen und Strauchwerk schweifen Löwen in zahlloser Menge umher, die während des in derselben Gegend sehr gelinden Winters nicht leicht gefährlich werden: wann aber die wärmere Jahreszeit eintritt, werden sie in diesem dürren Erdstriche durch die Sonnenhitze und eine Art großer Mücken sehr geplagt, die in jenen Gegenden in ganzen Schwärmen überall umher fliegen. Weil nun diese Insecten besonders nach den Augen als feuchten und leuchtenden Theilen des Körpers zufliegen, und ihren Stachel tief in die Augenwinkel einstossen, so werden die Löwen, der langen Pein müde, entweder von den Wellen der Flüsse, in die sie sich zu retten suchen, verschlungen, oder werden über den Verlust der Augen, die sie durch unablässiges Kratzen mit ihren scharfen Klauen selbst verletzen, bis zur Raserei wild: wäre dies nicht, so würde man sich im ganzen Orient vor der Menge dieser wilden Thiere nicht zu lassen wissen.

Während daß man die Feldfrüchte, wie ich vorher erzählte, in Brand setzte, wurden Tribunen und Protectoren abgesandt, um die diesseitigen Ufer des Euphrats durch Schanzen, Pallisaden und andere Vertheidigungsmittel zu sichern, auch an schicklichen Orten, wo der Strom nicht zu tief wäre, schweres Geschoß anzubringen.

Indem wir so eifrige Anstalten trafen, hatte Sabinian, der so weislich erwählte Oberbefehlshaber in einem so gefährlichen Kriege, zu einer Zeit, wo er jeden Augenblick zu Abwendung der gemeinschaftlichen Gefahr hätte benutzen sollen, auf dem öffentlichen Begräbnißplatze vor Edessa, in dem Wahne, nichts fürchten zu dürfen, wenn er nur Frieden mit den Todten stiftete, mit einer Sorglosigkeit, die sich nur bei einem von je her so unthätigen Manne denken läßt, sich das Vergnügen gemacht, seine Soldaten einen Kriegstanz (Pyrriche) nach dem Takte begleitender Instrumente, und mit theatralischer Gesticulation ganz in der Stille aufführen zu lassen, ohne zu bedenken, daß eine solche Handlung an und für sich nicht minder als in Ansehung des Ortes eine üble Vorbedeutung geben müsse. Wenn man dergleichen immer von üblen Folgen begleitete Dinge mit ansieht, die für ihren Unternehmer eben so entehrend, als für den Geschichtschreiber traurig sind, so können sie doch in der That jedem rechtschaffenen Manne für die Zukunft zur Warnung dienen.

Die feindlichen Könige hatten sich indeß in Nisibis, wo ihre Verheerung noch ganz erträglich war, nicht aufgehalten: weil aber der Brand auf den Feldern durch die dürre Nahrung, die er überall vorfand, sich immer weiter verbreitete, so setzten sie, um Gegenden, wo sie kein Futter fänden, auszuweichen, ihren Marsch am Fuße des Gebirges durch grasreiche Thäler fort. Nun kamen sie zu einem

kleinen Landhause, Bebase genannt; weil aber von hier aus bis nach der Stadt Constantina *) hin, welche hunderttausend Schritte davon entfernt liegt, alles so dürr ist, daß man selbst in Brunnen nur weniges Wasser findet, so standen sie nach langer Unentschlossenheit dennoch voll guter Zuversicht auf ihre abgehärtete Naturen im Begriff, diese Gegend zu durchziehen, als ihnen ein sicherer Kundschafter die Nachricht brachte, daß der Euphrat durch Thauwetter angelaufen, weit über seine Ufer ausgetreten, mithin auf keine Weise zu passiren sey. In ihrer Hoffnung wider Vermuthen getäuscht, erwarteten sie nun jeden günstigen Augenblick, den ihnen etwa der Zufall darböte: jeder beeiferte sich, den unglücklicher Weise verrückten Plan durch guten Rath wieder einzuleiten, auch Antonin ward seine Meinung zu sagen aufgefordert, und sein Rath war, rechtsab zu marschieren: freilich müsse man einen Umweg nehmen, man finde aber auch Gegenden vor sich, die an allen Arten von Lebensunterhalt fruchtbar, und von uns in der Meinung, daß jeder Feind doch immer den nächsten Weg nehme, unversehrt geblieben wären; und dann müsse man, wozu er sich selbst als Anführer anbiete, die zwei Schanzen Barzala und Laudiä angreifen, wo der seinen Quellen nähere Fluß seicht und schmal, von andern in ihn fallenden Flüssen noch nicht angeschwellt, mit leichter Mühe zu durchwaden sey. Dieser Vorschlag erwarb seinem Erfinder allgemeinen Beifall, man
hat

---

*) Nach Bruns am an: das heutige Tela Manzagef: Orte S. 138. ist es lat.

bat ihn, in einer ihm so gut bekannten Gegend den Anführer zu machen, die ganze Armee brach auf, und folgte ihrem Wegweiser willig nach.

Kap. 8.

Sobald wir dies durch sichere Kundschafter erfuhren, machten wir unsern Plan so, daß wir nach Samosata (Schemisat) hineilten, daselbst über den Fluß gehen, die Belegung der Brücken bei Zeugma (Zekne) und Capersana (...) abnehmen, und wenn es das Glück wollte, die Feinde dadurch an weiterem Vorrücken hindern wollten. Aber ein trauriger Vorfall begab sich, dessen Schändlichkeit man in ewige Vergessenheit begraben sollte. Zwei Eskadrons Reiter, ohngefähr siebenhundert Mann stark, welche vor kurzem aus Illyricum zu Mesopotamiens Unterstützung angekommen, und entweder noch zu sehr entkräftet, oder zu furchtsam waren, standen als Vorposten in derselben Gegend, verließen aber aus Furcht eines nächtlichen Ueberfalles bei anbrechendem Abend, wo man auch den unbedeutendsten Fußsteig nicht aus der Acht lassen sollte, ihre für den Staat so wichtige Schanzen, und zogen sich tiefer ins Land zurück. Kaum machten die Perser die Bemerkung, daß die Unsrigen von Schlaf und Wein benebelt wären, als sie zwanzigtausend Mann stark, unter Anführung Tamsapors und Nohodars ohne Widerstand ihren Marsch fortsetzten, und sich hinter die hohen Hügel bei Amida streitfertig in Hinterhalt legten.

Wir setzten indeß, unserm Plane gemäß, unsern Marsch nach Samosata fort; aber kaum fing der Tag an zu dämmern, als uns von einer Anhöhe blinkender Waffen Glanz in die Augen fiel: sogleich erhob sich ein lautes Geschrei, die Feinde wären da, wir gaben das gewöhnliche Zeichen zur Schlacht, und machten in geschlossenen Gliedern Halt: denn in der That war es eben so gefährlich, an Flucht zu denken, wo uns die Feinde zu nahe standen, als sich mit einem, uns an Reiterei und Zahl der Mannschaft überlegenen Feinde in ein Gefecht einzulassen, bei dem wir auch nichts als sichern Tod vor Augen sahen. Wie wir dann endlich doch, mit den Feinden uns einzulassen gezwungen waren, und nur noch nicht recht wußten, wie wir unsere Gegenwehr anordnen sollten, wurden einige der Unsrigen, die zu voreilig angriffen, niedergemacht.

Beide Heere drangen nun gegen einander an, Antonin zog mit großer Selbstgefälligkeit vor seiner Schaar her, Ursicin erkannte ihn, sprach ihn in hartem Tone an, und nannte ihn einen schändlichen Verräther. Antonin nahm so gleich die Tiare, die er als Ehrenzeichen trug, vom Kopfe, sprang vom Pferde, und begrüßte mit einer so tiefen Verbeugung, daß er mit der Stirne fast die Erde berührte, den Ursicin als Patron und Gebieter, schlug dann die Hände auf dem Rücken zusammen, welches bei den Assyriern für Zeichen bittender Demuth gilt, und vertheidigte sich so: „Verzeihe, würdiger Ge-
„neral, einem Manne, den Noth, nicht freier Wille
„zu dem drang, was er selbst für schändlich erkennt:
„unge-

"ungestüme Gläubiger haben mich, wie du selbst "weißt, in dies Unglück gestürzt, und ihrer Hab-"sucht hat ja selbst dein erhabener Stand, der mei-"nen Leiden gern abgeholfen hätte, nicht widerste-"hen können." Indem er sprach, entfernte er sich nach und nach, nicht mit uns zugewandtem Rücken, sondern immer mit der Miene der Bescheidenheit, und die Hand auf die Brust gelegt rückwärts gehend, bis er uns endlich aus dem Gesicht verschwand.

Alles dies war im Zeitraume einer halben Stunde vorgefallen, als unser zweites Treffen, welches mehr bergan stand, aufschrie, man sehe eine andere Schaar geharnischter Reiter in der Nähe mit möglichster Schnelligkeit anrücken. Wie es im Nothdrange geht, waren wir zweifelhaft, was wir abwehren müßten oder könnten, aber die auf uns andringende Volks-menge war so zahllos, daß wir, wo jeder den nächs-ten Ausweg sah, in völliger Zerstreuung flohen. Jeder suchte sich von der vor Augen schwebenden Gefahr zu retten, doch konnten wir es nicht vermei-den, uns auch ohne geschlossene Glieder mit dem Feinde einzulassen. Den Wunsch, unser Leben zu erhalten, hatten wir ganz aufgegeben, wehrten uns aber desto verzweifelter, und kamen endlich an den hohen Ufern des Tigris an. Einige sprangen gerade in den Strom hinab, blieben aber, von Waffen be-schwert, an seichten Orten im Schlamme stecken, an-dere wurden vom wirbelnden Strome verschlungen, andere fochten zu Lande gegen den Feind mit wech-selndem Glück fort, oder suchten sich, durch der Feinde dichte Schaaren geschreckt, auf das nahlie-
gende

gende Taurusgebirge zurückzuziehen. Unter diesen befand sich der General selbst, der von einer ganzen Schaar feindlicher Krieger umgeben, nebst dem Tribun Aiabalthes und einem Reitknecht durch seines Pferdes Flüchtigkeit entkam.

Ich selbst war von meinen Gefährten abgekommen, und sah umher, wie ich mich etwa zu retten vermöchte; Verennian *), der Officier der Haustruppen begegnete mir mit einem Pfeile in der Hüfte, und indem ich ihm denselben auf sein ängstliches Bitten herausziehen wollte, sah ich von allen Seiten die Perser vor mir herziehen, schlich mich also mit keichendem Athem nach der Stadt zurück, welche nach der Gegend hin, von der man auf uns den Angriff gethan hatte, auf einer Anhöhe lag, und nur auf einem sehr schmalen Wege zugänglich war, den eine auf einer Klippe gebaute Mühle noch mehr beengte. Hier blieben wir mitten unter Persern, die in demselben Augenblicke mit uns die Anhöhe erstiegen hatten, bis zu Aufgang der Sonne am folgenden Morgen, ohne uns rühren zu können, und in so dichtem Gedränge stehen, daß selbst die Leichname der Sterbenden vor Volksmenge keinen Raum zum Niederstürzen fanden, und daß ein Soldat vor mir mit gespaltenem, durch einen starken Säbelhieb in zwei völlig gerade Theile zerlegtem Scheitel, wie ein Klotz eingesperrt da stund. Ob nun gleich Pfeile und Wurfspieße aus allen Arten von Geschoß von den Thürmen der Stadt herabflogen, so gelang es mir doch bald durch Näherung an die Mauer mich vor ihnen

*) Heißt B. 15. K. 5. Verinian.

ihnen zu sichern; ich schlich mich endlich an der abgelegenen Seite in die Stadt ein, und fand sie mit einer aus der benachbarten Gegend zusammengeströmten Menge Manns- und Weibsvolkes überladen. Dies kam daher, weil gerade zu dieser Zeit der in der Vorstadt alle Jahre gewöhnliche große Markt außer fremden Verkäufern auch viele Landleute herbeigezogen hatte. Alles thäte indeß durch einander, die einen beseufzten den Verlust der Ihrigen, andere schrien über eigene tödtliche Wunden, viele rufteu nach Weibern und Kindern, die sie im Gedränge verloren hatten.

Kap. 9.

Diese Stadt (Amida), ehemals sehr geringen Umfanges, hatte Constantius noch als Thronfolger zu eben der Zeit, da er noch eine andere Stadt Antoninupolis anlegte, um den Anwohnern eine sichere Zuflucht zu verschaffen, erweitert, und mit Mauern und Thürmen umgeben: dann verlegte er das Zeughaus für große Belagerungsmaschinen in dieselbe, machte sie den Feinden furchtbar, und wollte sie nach sich benennen. Von der Südseite bespült sie der Tigris, der nicht weit davon entspringt, in gekrümmtem Laufe: nach Osten liegen die Ebenen Mesopotamiens, nach Norden hat sie den Fluß Nymphäus, und wird vom Taurusgebirge beschattet, welches die Völkerschaften jenseits des Tigris von Armenien trennt, und nach Westen stößt sie an Gumathemathena *) ein Ländchen, von Natur sowohl als durch den Fleiß seiner Bewohner fruchtbar, in welchem der kleine Ort Abarne liegt, der durch seine warmen Gesundbrunnen berühmt ist. Mitten in Amida selbst entspringt unter der Burg ein reicher Quell, der zwar trinkbar, aber bei zu großer Sonnenhitze doch bisweilen faules Wasser giebt. Die gewöhnliche Besatzung dieser Stadt war die **fünfte Parthische Legion**, nebst einer beträchtlichen Zahl Eingebohrner. Jetzt aber hatten sich beim Einfall der Parther noch sechs Legionen in der Eil auf verschiedenen Wegen hineingeworfen, und standen als muthige Vertheidiger auf festen Mauern da: nämlich die ehemaligen Legionen des Magnentius und Decentius, welche der Kaiser nach geendigtem Kriege als türkische und unruhige Köpfe in den Orient verlegte, wo es immer auswärtige Kriege zu führen giebt: ferner die **dreißigste und zehnte Legion**, auch **Fortenses** genannt, und die **Superventoren** und **Präventoren** unter ihrem Anführer, dem jetzigen Comes Aelian, welche als junge Rekruten unter eben demselben, damals noch Protector, einen Ausfall aus Singara thaten, die im tiefen Schlafe liegenden Perser überfielen, und größtentheils niedermachten, wie ich an einem andern Orte erzählt habe. Noch befand sich in der Stadt der größere Theil der Comitum Sagittariorum, welchen Namen einige Eskadrons Reiterei, mit Pfeil und Bogen bewaffnet, führen, ganz

aus

---

*) Lindenbrog sagt, es müsse Comagene heißen.

Ammian. Marcell. 1ster B.

aus freigebohrnen Ausländern bestehen, und sich vor andern an Waffen und Tapferkeit auszeichnen *).

Kap. 10.

Indem der erste Sturm des feindlichen Angriffes diese unerwarteten Unglücksfälle über uns führte, nahm der König mit seinen Persern und andern unter ihm stehenden Völkern von dem kleinen Orte Bebase seinen Marsch, wie Antonin gerathen hatte, rechter Hand abwärts durch Horre, Mejakarire und Charcha, als wolle er Amida vorbeigehen, erfuhr aber bei seiner Ankunft in der Nähe der Römischen Kastelle Reman und Busan durch Ueberläufer, daß man in diese der hohen Lage wegen für sicher gehaltenen Bergfesten vieles Geld und Güter geschaft habe, auch außer anderem kostbaren Geräthe sich eine schöne Frau mit einer kleinen Tochter daselbst befände, die Gemahlin nämlich des Craugasius, eines Nisibeners, der in seiner Stadt Senatsfähig, durch Geburt, guten Namen und Ansehen einer der Ersten wäre. Der König, gierig auf fremdes Gut, griff also diese Schlösser in Zuversicht auf seine Uebermacht an: die Besatzung, über den uner-

*) Von den hier genannten Legionen nur Einiges. Parthische waren überhaupt sechs. — Die dreißigste heißt mit einem andern Namen auch Ulpia — Anstatt Fortenses findet man auch in Inschriften: Fretenses. — Präventoren und Superventoren waren nach der Beschreibung der Notitia Imperii (S. 1742. Gråv leichte Reiterei; jene schwärmten vor der Armee her, diese wurden zum Einhauen gebraucht. — Die Sagittarien beschreibt Ammian selbst. S. auch Note zu B. 15. K. 4.

Constantius u. Julian. J. 359.

un rwarteten. Anblick mehrerer, auf verschiedene Art bewaffneter Nationen bestürzt, ward an sich selbst, und den zu ihnen Geflohenen zur Verrätherin, und übergab nach bewilligtem freien Abzuge sogleich die Schlüssel zu den Thoren: worauf man dann einrückte, alle daselbst verwahrte Habe aufsuchte, auch die vor Furcht bebenden Weibspersonen, und an ihre Mütter sich schmiegende Kinder, die bei so zartem Alter schon ein so trauriges Schicksal erlebten, vor den König führte. Sobald dieser durch Erkundigung des Craugasius Gemahlin ausgefunden hatte *), und ihre Furcht, sich ihm zu nähern, bemerkte, bat er sie, nur getrost zu kommen: Sie erschien bis an das Kinn mit einem schwarzen Schleier bedeckt, und Er — sicherte ihr mit freundlicher Güte vom neuen die Hoffnung zu, ihren Gemahl, ohne für ihre weibliche Ehre etwas fürchten zu dürfen, wieder zu erhalten. Dazu wirkte freilich die Nachricht mit, daß ihr Gemahl sie außerordentlich liebe, und die darauf gegründete Hoffnung, daß er durch ihre Entlassung vielleicht die Uebergabe von Nisibis selbst erkaufen könnte. Indessen befahl er doch auch andere nach der Christen Sitte Gott geweihte Jungfrauen **) ungekränkt zu lassen, und sie in ihrem Gottesdienst nach ihrer Weise nicht zu stören, — eine Gelindig-

keit,

---

*) Um einen bessern Zusammenhang herzustellen, glaubte ich anstatt: cuiusnam coniux esset, Craugasii, comperisset — (aber das wußte er schon) lieber so zu lesen und interpungiren zu dürfen: quaenam (oder ubinam) c. e. Craugasii, &c.

**) Schon im zweiten Jahrhundert finden sich Spuren vom gesellschaftlichen Leben Gott gewidmeter Jungfrauen.

keit, die in der That nur liſtige Verſtellung war, und blos darauf abzwekte, daß alle, die vorher ſeine unmenſchliche Grauſamkeit ſchreckte, jetzt ſich ihm ohne Furcht freiwillig in die Arme würfen, wenn er ihnen durch dieſe neuen Beiſpiele bewieſe,- daß er durch Menſchengefühl und Sanftheit einen gemäßigten Gebrauch von ſeinem großen Glück zu machen wiſſe.

Neunzehntes Buch.

Inhalt.

Kap. 1. Sapors Aufforderung an die Stadt Amida, sich zu ergeben, wird von der Besatzung durch Pfeile und Dachziegel erwiedert. König Grumbates thut ein gleiches, wobei sein Sohn ums Leben kommt. — Kap. 2. Die Stadt wird nun eingeschlossen, und in zwei Tagen zweimal bestürmt. — Kap. 3. Ursicin ist bereit, die Belagerer bei Nacht zu überfallen, welches doch General Sabinian nicht zugiebt. — Kap. 4. Die in der Stadt entstandene Pest hört am zehnten Tage mit einem gelinden Regen auf. Ursachen und verschiedene Arten der Pest. — Kap. 5. Die Belagerung dauert fort, auch ersteigen die Feinde unter Führung eines Ueberläufers einen unserer Thürme durch einen Gang unter der Erde — Kap. 6. Ausfall der gallicanischen Legionen, wobei die Perser viel einbüßen. — Kap. 7. Die Perser rücken mit Streitthürmen näher an die Stadt, die Römer setzen sie aber in Brand — Kap. 8. Nun versuchen die Perser einen muthigen Angriff über die nah an der Mauer angelegten Dämme, und erobern die Stadt. Ammian entkommt bei Nacht, und flieht nach Antiochien. — Kap. 9. Die Römischen Feldherren werden entweder niedergemacht, oder mit Fesseln belegt. Craugasius, der Nisibener, geht aus Sehnsucht nach seiner Gemahlin zu den Persern über. — Kap. 10. In Rom Aufruhr aus Besorgnis einer Hungersnoth. — Kap. 11. Die Limigantischen Sarmaten täuschen den Kaiser durch verstellte Bitte um Frieden, greifen ihn an, büßen aber ihren Frevel mit großem Verluste. — Kap. 12. Am kaiserlichen Hofe werden viele des Verbrechens beleidigter Majestät beschuldigt, und hingerichtet. — Kap. 13. Lauricius, Statthalter in Isaurien hemmt den überhand nehmenden Straßenraub.

Kap. 1.

Sahen sich unsere Gefangenen in trauriger Lage, so war der König desto fröhlicher: und mehrere dem ähnliche glückliche Vorfälle erwartend, brach er

mit

mit seinem Heere wieder auf, rückte dann allmählich näher, und erschien am dritten Tage vor den Thoren Amida's. Beim ersten Aufglanz der Morgenröthe sahen wir, so weit das Auge reichte, überall blinkende Waffen strahlen, und geharnischte Reiter füllten Ebenen und Hügel. Der König selbst ritt vor andern ausgezeichnet, vor der Fronte der Armee her, sein Diadem war ein von Gold nachgebildeter Widderkopf mit edlen Steinen besetzt, und noch mehr Würde gab ihm die ihn begleitende Schaar Magnaten aller Art, und das übrige Gefolge aus mehreren Nationen zusammengesetzt. Leicht ließ sich nun zwar voraussehen, daß er einen Versuch machen würde, der Besatzung den Antrag freiwilliger Ergebung zu machen, zumal, da er sich nach Antonins Plane eigentlich hier nicht lange aufzuhalten gedachte: aber die himmlische Gottheit schien, um die Leiden des ganzen Römerstaates in dem geringen Umfang Einer Gegend zusammenzudrängen, dem hochaufbrausenden Manne den stolzen Gedanken selbst eingegeben zu haben, er dürfe sich nur zeigen, so würden die Belagerten insgesammt, von Furcht entseelt, demüthig zu seinen Füßen um Gnade bitten. Er erschien also, von seinen Trabanten begleitet, vor dem Thore: weil er sich aber zu keck so nahe heran wagte, daß man jeden Zug seines Gesichtes deutlich bemerken konnte, so warf man Pfeile und anderes Geschoß auf den vorzüglich prächtig gekleideten Mann herab, unter denen er gewiß erliegen mußte, wenn nicht der gewaltige Staub den Schützen auf der Mauer die freie Aussicht benommen hätte. Blos ein Stück seines

Talars

Talars ward ihm durch einen Dachziegel durchlöchert, und er rettete sein Leben, um bald das Leben unzählicher Menschen aufzuopfern. Nun schmähte er wütend, als hätten wir uns an einem Göttern geweihten Tempel vergriffen, lärmte gewaltig, daß man nach ihm, so vieler Könige und Nationen Gebieter geschossen hätte, und traf die eifrigsten Anstalten, die Stadt dem Erdboden gleich zu machen: weil ihm aber seine vornehmsten Generale vorstellten, daß diese Hitze ihn von der rühmlichsten Laufbahn anderwärts auszuführender Thaten ableiten würde, so ließ er sich durch diese Vorstellung, verbunden mit der bescheidenen Bitte anderer Magnaten, besänftigen, und beschloß, den folgenden Tag die Besatzung noch einmal zur Uebergabe auffordern zu lassen.

Sogleich mit Anbruch des Tages erschien also der Chioniten König Grumbates, des stolzen Zutrauens voll, seine Absicht glücklich zu erreichen, von einer Schaar rüstiger Trabanten umgeben, vor dem Thore: aber ein geschickter Schütze faßte seinen Mann, sobald er ihn durch einen Schuß erreichbar fand, so richtig ins Auge, daß er mit einem von der gespannten Wurfmaschine geschossenen Pfeil dem zur Seite des Vaters reitenden Sohne, einem Prinzen, der in den ersten Jünglingsjahren stand, und sich vor allen seines Alters durch trefflichen Wuchs und Schönheit ausnahm, Panzer und Brust durchbohrte. So wie er stürzte, nahmen seine Landsleute schnell die Flucht, glaubten sich aber bald, um den Leichnam nicht in unsere Hände kommen zu lassen, zur Rückkehr verpflichtet, und boten zahlreiche Schaarer in fürchterlichen Dissonanzen zu den Waffen auf, deren Ankunft ein hartes Gefecht veranlaßte, bei dem die Pfeile dicht wie Hagel umherflogen. Der Kampf dauerte mit beiderseitigem großem Verluste bis an den Abend fort, und schon brach die Nacht ein, als man über Schichten der Erschlagenen und über Ströme von Blut mit vieler Mühe und durch die Finsterniß begünstiget, den Leichnam davon brachte. So begann ehemals vor Troja über des Thessalischen Feldherrn (Achill) entseelten Freund (Patroklus) ein harter Kampf. Das königliche Haus war über diesen Vorfall sehr betrübt, Vater und Magnaten über einem so unerwarteten Verlust so betroffen, daß man alle gerichtliche Handlungen und militarische Unternehmungen aussetzte, um den jungen Mann, durch seine Geburt verehrlich und von jedermann geliebt, nach Landessitte zu beklagen. Er ward in seiner gewöhnlichen Rüstung einhergetragen, und dann auf einen geräumigen und hohen Paradebett aufgestellt: um dieses standen zehen andere kleinere, mit Nachbildungen von Leichen, durch Kunst so natürlich zubereitet, daß man wirklich Verstorbene vor sich zu sehen glaubte. Sieben Tage lang hielten die Männer zelt- und rottenweise den Todtenschmaus, und tanzten bei kläglichen Trauergesängen, um den Sohn ihres Königes zu beklagen: die Weiber schlugen sich an die Brust, und jammerten laut auf, die Hoffnung der Nation in ihrer ersten Blüte abgemähet zu sehen; so wie man der Venus Priesterinnen bei dem Feste des

Ado-

Adonis *) weinen sieht, welches nach geheimer Deutung ein Sinnbild der reifenden Feldfrüchte seyn soll.

Kap. 2.

Nach Verbrennung des Leichnams, und Sammlung der Gebeine in eine Urne **), welche der Vater in seinem Lande beisetzen zu lassen beschloß, ward man in einem großen Kriegsrath einig, den Steinhaufen der niedergebrannten Stadt ein Sühnopfer für des erlegten Prinzen Manen werden zu lassen, denn Grumbates bestand darauf, nicht eher von der Stelle zu gehen, als bis er den Schatten seines Sohnes gerächt hätte. Noch zwei Tage ließ man den Soldaten ausruhen, sandte nur überall hin streifende Parteien aus, um die fetten und wohlangebauten Felder umher zu verwüsten, und dann zog man eine Linie beschildeten Fußvolkes fünf Mann hoch um die Stadt: mit Anbruch des dritten Tages wimmelte alles rund umher, so weit man sehen konnte, von Reitern mit blanken Panzern, allmählig rückten sie näher, und stellten sich auf die ihnen durchs Loos

anges=

---

*) S. auch B. 22. K. 9. Die Idee, die zeugende Kraft der Natur im Pflanzenreiche, besonders die Zeit des Aufkeimens des in der Erde so lange verborgenen Getreidesaamens zu e..n, leitet sich ursprünglich aus dem Orient her; hernach hat man in andern Ländern unter verschiedenen Namen (beim Ezechiel das Weinen über den Thammuz) dieses Fest, das mit Klagen begann, und in Frölichkeit endigte, begangen. Heyne über Apollodor S. 826.

**) Valesius bemerkt mit Recht, daß dies von den Chioniten, nicht von den Persern überhaupt zu verstehen sey, welche damals wenigstens ihre Todten nicht verbrannt hätten.

angewiesenen Posten. Die Perser schlossen nun die Stadt in ihrem ganzen Umfange ein. Die Morgenseite, wo der Prinz zu unserm Unglücke geblieben war, fiel den Chioniten zu. Die Vertä*) bekamen die Mittagsseite zu besetzen, in der Gegend nach Mitternacht standen die Albaner, und vor dem Thore nach Abend nahmen die Segestaner, vor allen als muthige Krieger bekannt, ihren Standposten: mit ihnen zogen hochstämmige Elephanten in ganzen Schaaren, schon durch ihre runzlichte Haut widrig anzusehen, noch gefährlicher durch die auf ihren Rücken sitzenden Krieger, langsam einher — ein über alle Beschreibung gräßlicher und furchtbarer Anblick, wie ich schon oft erzählt habe.

Eine so unermeßliche Volksmenge, längst schon zum Ruin des Römerstaats aufgeboten, und jetzt bereit, unsere Stadt zu vertilgen, vor unsern Augen sehend, gaben wir alle Hoffnung, unser Leben zu retten auf: nur es auf eine rühmliche Art zu endigen, war unsre einzige Sorge, unser allgemeiner Wunsch. Von Aufgang der Sonne bis zum sinkenden Tage standen die Feinde unbeweglich, als wären sie eingewurzelt, da, keiner wechselte nur den Fuß, nirgends hörte man Menschenlaut, oder Wiehern der Pferde: in eben der Ordnung, in der sie anrückten, zogen sie am Abend wieder ab, um sich durch Speise und

---

*) Aus dem in der Colbertinischen Handschrift stehenden Cuius ist Valesius fast geneigt Cuni, oder Chuni, d. i. Hunnen für das bessere zu halten. Ein Vorschlag, der sich immer empfehlen müßte, wenn nicht unten Kap. 5. die Vertä noch einmal vorkämen. Ueber die übrigen hier genannten Völker verweise ich der Kürze wegen auf Gibbon B. 4. S. 315.

und Schlaf zu erquicken, und noch war die Nacht nicht völlig vorüber, als sie, Trompeter vor sich her, mit einer fürchterlichen Heerschaar die Stadt, die sie bald in ihren Händen zu sehen hofften, umstellten. Kaum hatte Grumbates eine mit Blut gefärbte Lanze nach seines Landes und unserer Fecialen Sitte *) nach uns herübergeworfen, als das feindliche Heer die Schilde gegen einander schlug, und dann auf unsere Mauer pfeilschnell anlief: dies war der Augenblick, von dem sich der traurige Sturm des Krieges in seiner ganzen Stärke erhob, indem die Feinde in eiligstem Anzuge hitzig zum Gefecht hereilten, die Unsrigen hingegen alle ihre Kraft und Muth zur Gegenwehr anstrengten.

Ungeheure Steine aus Skorpionen **) geschleudert, zerschmetterten vieler Feinde Köpfe, andere wurden in so großer Menge von Pfeilen durchbohrt, oder auch durch Dachziegel verwundet, daß ihre Leichname den Weg verdämmten, noch andre eilten, vom Geschoß getroffen, in schneller Flucht zu den Ihrigen zurück. Nicht geringer war der Jammer, und der Todten Zahl in der Stadt: eine Pfeilwolke auf die andere verfinsterte durch ihre gedrängte Menge die Luft, und die von den Persern in Singara eroberten Wurfmaschinen verwundeten viele tödtlich. Die Belagerten boten alle ihre Kräfte auf, waren immer die ersten, die den ausgesetzten Kampf vom neuen begannen, und in hitziger Gegenwehr verwundet, machten sie im Fallen das Uebel nur ärger,

rissen,

*) Livius B. 1. K. 32. wo auch ihr Griechischer Name Onagri vorkommt.
**) S. Buch 23. Kap. 4.

riſſen, zerfleiſcht zur Erde geſtreckt, die nächſtſtehenden mit ſich nieder, oder ſchrien, wenn ſie noch lebten, nach Wundärzten, ihnen die im Körper ſteckenden Pfeile herauszunehmen. Das Metzeln dauerte, Schlag auf Schlag, ſolange es Tag war, fort, und ſelbſt des ſpätern Abends Dunkel konnte die Wuth nicht abſtumpfen, weil man von beiden Seiten mit der hartnäckigſten Erbitterung focht. Die während der Nacht ausgeſtellten Poſten ſeufzten unter der Laſt ihrer Waffen, und die Hügel umher ertönten von gegenſeitigem wildem Geſchrei: die Unſrigen erhoben die Verdienſte eines Kaiſers Conſtantius, als des ganzen Erdkreiſes Gebieters, die Perſer nannten ihren König Sapor Saanſaan und Pyroſen, welche Wörter einen König der Könige und einen Sieger in ihrer Sprache bedeuten.

Noch bei des folgenden Tages Dämmerung bot die feindliche Trompete zu Fortſetzung hitziger Geſechte unzählbare Schaaren auf, ſchnell, wie Raubvögel, kamen die Feinde angeflogen, und der weiteſte Blick in die Breite und in die Länge traf in Ebenen und Thälern überall auf blinkende Waffen wilder Völker. Das Kriegsgeſchrei erhob ſich, und nun ſtürzten alle in wildem Gewühl heran: unzählige Pfeile flogen von der Mauer, und, wie man hoffte, keiner ohne Wirkung, weil jeder auf dichtgedrängte Schaaren traf. Indeß waren die Leiden, die auch auf uns andrängten, ſo groß, daß wir, wie geſagt, nicht aus Liebe zum Leben ſo hitzig kämpften, vielmehr vor Begierde, eines Heldentodes zu ſterben, glühten: und ſo wich auch dieſer ganzen Tag bis an den Abend kein Theil dem andern; von beiden Seiten focht man mit mehr Wut als Bedachtsamkeit. Hoch schrie auf, wer Wunden empfing, und Wunden schlug, und in der Hitze dachte keiner an einen Standort, der ihn vor Wunden sichern könnte. Endlich machte die Nacht dem Morden ein Ende, und beide Theile, der Leiden müde, gewährten einander einen etwas längern Stillstand. Aber selbst bei dieser uns zur Ruhe vergönnten Zeit erschöpften dennoch fortgehende Arbeiten, mit Schlaflosigkeit verbunden, die uns noch übrigen Kräfte, und einen schrecklichen Anblick hatten wir doch immer an den Blutströmen und den bleichen Gesichtern der Sterbenden, denen sogar den letzten Trost, den Trost des Begräbnisses zu geben der Mangel an Raum uns hinderte, weil in dem Umfange einer nicht allzugroßen Stadt sieben Legionen, ein gemischter Haufe von Fremden und Bürgern beiderlei Geschlechtes, auch noch einige andere, doch wenige Bewaffnete, im Ganzen eine auf zwanzigtausend starke Menschenzahl, dicht zusammengedrängt waren. Jeder sorgte demnach für seine Wunden, so gut er selbst konnte, oder ließ sich, wenn das Glück gut war, durch andere verbinden: durch schweres Geschoß Verwundete kämpften mit dem Tode, solange sie konnten, und starben endlich an Verblutung: andere, von Pfeilen getroffen, hauchten sterbend den letzten Athem in die Luft: noch andern, von zu vielen Wunden durchbohrt, versagten Aerzte selbst alle Hülfe, um durch vergebliche Aushebung der Pfeile ihre Schmerzen nicht zu vermehren: einige zogen sich die Pfeile selbst heraus, und verursachten sich

sich durch eine so gefährliche Kur Qualen, trauriger
als der Tod selbst.

Kap. 3.

Indem man bei Amida von beiden Theilen mit solcher Erbitterung focht, fühlte Ursicin mehr als jemals kummervoll das Unangenehme seiner Lage, von einem andern abhängig zu seyn, suchte zwar den Sabinian, der jetzt den Oberbefehl bei der Armee hatte, aber noch immer auf Gräbern (B. 18. K. 7.) umherkroch, mehr als einmal zu ermuntern, die sämmtlichen leichten Truppen in ein Korps zu vereinigen, am Fuße des Gebirges unbemerkt hinzueilen, mit denselben dann, wenn das Glück günstig wäre, die Vorposten aufzuheben, die ausgestellten Pikets, welche die Stadt rings umher eingeschlossen hielten, anzugreifen, oder wenigstens durch wiederholte Angriffe den hitzigen Belagerern auf mehr als einer Seite zu thun zu geben. Alles dies verwarf Sabinian als gefährlich, schützte zwar öffentlich die kaiserlichen Befehle vor, welche ausdrücklich dahin lauteten, daß man alles, was man unternähme, mit äußerster Schonung der Armee unternehmen müsse; aber als tiefes Geheimniß verwahrte er in seiner Seele den eigentlichen Grund seines Verfahrens, daß man ihm nämlich vom Hofe aus fest eingebunden hatte, seinem von Ruhmbegierde glühenden Vorgänger alle Gelegenheit, Ehre einzulegen, abzuschneiden, wenn sie auch wahrscheinlich für den Staat vortheilhaft schiene. So betriebsam war man zu
offen-

offenbarem Schaden der Provinzen, nur um die Nachricht nicht hören zu dörfen, daß der tapfere Kriegsheld einer denkwürdigen That erster Angeber oder Theilnehmer gewesen sey. Von so schmerzhaftem Gefühl betroffen, schickte er zwar oft Kundschafter zu uns herüber, (wiewohl es der zu dicht stehenden Feinde wegen sich in die Stadt selbst einzuschleichen sehr schwer war,) traf auch andere sehr nützliche, nur immer vergebliche Vorkehrungen, und sah sich überhaupt in der Lage eines durch Größe des Körpers und wilden Blick furchtbaren Löwen, der, weil man ihm Klauen und Zähne ausbrach, die im Netz verstrickten Jungen der Gefahr zu entreißen nicht wagen darf.

Kap. 4.

In der Stadt, wo die umherliegenden Leichen zahlreicher waren, als daß man ihnen die letzte Pflicht des Begräbnisses hätte erweisen können, kam zu so vielem Elend noch die Pest hinzu, welche durch faule Ausdünstungen modernder Körper, durch drükkende Sonnenhitze, und entkräftende Arbeiten entstand. Woher diese Krankheit in ihren verschiedenen Arten entspringt, will ich doch bei dieser Gelegenheit kurz angeben. Daß zu großer Frost oder Hitze, zu große Feuchtigkeit oder Dürre pestartige Krankheiten erzeugen, darüber sind berühmte Philosophen und Aerzte einig. Daher kommt es, daß die Anwohner an Sümpfen und feuchten Orten mit Husten und andern Zufällen, besonders an den Augen behaftet sind,

sind, diejenigen hingegen, die an heißen Orten wohnen, schleichende Fieberhitze empfinden. Aber je mehr das Feuer andere Elemente an Wirksamkeit übertrifft, desto schneller wird durch anhaltende Dürre der Tod beschleuniget. Wir finden daher, daß in dem zehnjährigen Kriege, den Griechenland, um dem Fremdling die Verführung einer königlichen Gemahlin nicht ungestraft hingehen zu lassen, unter vielen Beschwerden führte, auch eine Seuche unter das Heer kam, und viele durch Apolls Pfeile, (denn Apoll und Sonne sind Eins) erlegt wurden. Auch jene Pest, welche nach Thucydides (B. 2. K. 47). Erzählung im Anfange des Peloponnesischen Krieges die Athener so hart angriff, entstand ursprünglich im heißen Erdstriche Aethiopiens, von da sie allmählich sich bis in das Attische Gebiet verbreitete. Einige behaupten, daß am gewöhnlichsten die Luft, zuweilen doch auch das Wasser, von faulenden Leichnamen oder ähnlichen Ursachen verdorben, die Gesundheit angreife, oder auch ein zu schneller Wechsel der Witterung leichtere Krankheiten verursache. Andere versichern, daß die von schweren Dünsten verdickte Luft durch Unterdrückung körperlicher Ausdünstung für einige tödtlich werde: dies war die Ursache, daß außer Menschen auch andere Thiere nach Homers Zeugniß plötzlich hinfielen, welches auch durch viele nachherige Erfahrungen, wenn eine ähnliche Luftmischung eintrat, bestätigt wird. Die erste Gattung der Seuche nennt man Pandemus, wann nämlich die Bewohner zu trockener Gegenden vor zu großer Hitze ersticken; die zweite heißt Epidemus, die zu gewissen Jahreszeiten eintritt, sich auf die Augen setzt, und die Säfte des Körpers verdirbt *): die dritte Loemodes, die auch gewisse Jahreszeiten hält, aber durch schnelle Tödtlichkeit hinreißt. Eine solche Pest griff auch uns jetzt hart an, doch starben nur wenige von unmäßiger Sonnenhitze, und wo die Volksmenge zu sehr auf einander gedrängt war: nach zehen Tagen fiel endlich in der Nacht ein sanfter Regen, der die dicken Dünste zerstreute, und den Körpern Gesundheit und Schnellkraft wiedergab.

Kap. 5.

Indeß hatte der rastlose Perser die Stadt mit Brustwehren, aus Weiden geflochten, umstellt, und Dämme aufzuführen angefangen: auch errichtete man hohe Thürme, oben mit Eisen beschlagen, und jeden mit einer Wurfmaschine besetzt, um die Besatzung von der Mauer zurückzutreiben: wobei doch das kleine Gefecht zwischen Schleuderern und Bogenschützen keinen Augenblick unterbrochen ward. Wir hatten nämlich zwei Magnentianische Legionen bei uns in der Stadt, die, wie ich oben erzählte, vor kurzem aus Gallien angekommen waren, — in der That tapfere, rüstige Leute, vortrefflich zu Gefechten auf offenem Felde: nur zu der Art, Krieg zu führen, zu der wir uns jetzt gedrungen sahen, hatten

---

*) Concitat periculosos humores. Vielleicht tumores, Pestbeulen. Ueberhaupt weiß ich nicht, ob die Aerzte diese Beschreibung der Pestarten ganz schulgerecht finden werden: wenigstens etymologisch richtig sind sie nicht.

ten sie so wenig Geschick, daß sie uns vielmehr der
Unruhen noch mehr machten. Maschinen, oder andere Vertheidigungswerke aufführen zu helfen, war
ihre Sache nicht, sie wagten lieber die tollkühnsten
Ausfälle, suchten auch in der That auf das beherz-
teste, kamen doch aber auch nie anders als mit ver-
ringerter Zahl zurück: halfen uns überhaupt um
nichts mehr, als eine Hand voll Wasser hilft, die
der einzelne Mann bei einem allgemeinen Brande
herbeiträgt. Durch Verschließung der Thore, und
durch bittende Vorstellungen der Officiere unterließen
sie nun zwar die Ausfälle, knirschten aber vor Wut,
wie wilde Thiere, bis sich einige Tage darauf, wie
ich weiterhin erzählen will (K. 6.) ihre Thätigkeit
zu zeigen neue Gelegenheit fand.

(Jetzt fiel ein anderer Auftritt vor). Auf der
Mittagsseite der Mauer, wo man die Aussicht auf
den daran hinfließenden Tigris hat, stand etwas
auswärts gerückt ein hoher Thurm, und unter demselben war eine tiefe Felsenkluft, in die man nicht
ohne schwindelndes Grausen hinabsehen konnte: aus
dieser Kluft führten unter der Erde hin in gewölbten
Schwibbogen Treppen, in den Felsen eingehauen,
bis in die Mitte der Stadt hinauf; dieser Treppen
bediente man sich, um heimlich aus dem Strome
Wasser zu schöpfen: in allen festen Orten derselben
Gegend, die nah an Strömen liegen, habe ich dergleichen angetroffen, und sie sind mit vieler Kunst
angelegt. Durch diese finstern Gänge, die man der
tiefen Felsenkluft wegen nicht verwahren zu dürfen
geglaubt hatte, waren unter Anführung eines Ueberläufers

läufers aus der Stadt, siebzig Persische Bögenschützen von des Königs Leibregiment, alles gewandte und kühne Männer, wegen Entlegenheit des Ortes ganz unbemerkt, mitten in der Nacht einzeln auf das dritte Stockwerk des Thurmes heraufgeeilt: hier hielten sie sich still, aber mit Unbruch des Tages schwenkten sie zum Zeichen des anzuhebenden Gefechtes einen purpurfarbenen Kriegsmantel, und da sie, wie sie bemerkten, daß ihre Streitgenossen rings um die Stadt in Schaaren angeströmt wären, warfen sie die ausgeleerten Köcher zu ihren Füßen, schrien in gräßlichem Kriegsgeschrei hoch auf, und warfen ihre Pfeile mit vieler Geschicklichkeit nach allen Seiten hin. Zugleich drängte die feindliche Heerschaar hitziger als nie vorher, gegen die Stadt an. Und wir — anfangs in schwankender Unentschlossenheit, ob wir zuerst den auf dem Thurme stehenden Feinden, oder der größern Menge, die auf angelegten Leitern heransteigend bereits nach den Zinnen unserer Mauern griff, wehren sollten, entschlossen uns endlich zu beidem: Fünf leichte Wurfmaschinen wurden sogleich dem Thurme entgegen gerichtet, aus denen wir in der Geschwindigkeit hölzerne Pfeile so glücklich spielen ließen, daß oft zwei Mann auf einmal durchbohrt wurden, und die Feinde, theils schwer verwundet hinfielen, zum Theil auch, wenn sie den rauschenden Pfeilen ausbeugen wollten, in die Tiefe stürzten, und mit zerstückten Gliedern auf Klippen hangend starben. Diese Arbeit war in der Geschwindigkeit glücklich abgethan, wir brachten unsere Maschinen an ihren gewöhnlichen Ort zurück, und konnten nun

mit

mit unserer gesammten Mannschaft die Mauern besto
sicherer vertheidigen. Vorzüglich erbitterte die schändliche Treulosigkeit des Ueberläufers unsere Soldaten
so sehr, daß sie, als hätten sie freien Spielraum
auf offenem Felde vor sich hin, die Wurfgeschosse
aller Art mit tapferer Faust so kräftig bedienten, daß
die auf der Mittagsseite stehenden Werken, durch
schwere Wunden zurückgetrieben, den Verlust vieler
ihrer Brüder beweinend nach ihren Zelten furchtvoll
zurückeilten.

Kap. 6.

Ein günstiges Lüftchen guter Hoffnung wehte uns
doch immer das Glück durch einen Tag zu, den wir,
ohne Verlust auf unserer Seite, aber zu desto größe-
rem Nachtheil für die Feinde zurücklegten: den Rest
desselben verwandten wir auf Ruhe und körperliche
Pflege, sahen aber am folgenden Morgen von der
Burg aus einen Zug unzähliger Menschen vor uns,
die aus dem eroberten Kastell Ziata nach dem feindlichen Lager herkamen. In diese Festung, die so ge-
räumig war, daß sie zehn Stadien im Umfange begriff, hatte sich eine große Menge Menschen von
allen Orten her zusammengefunden. Auch andere
feste Plätze hatte man die letzten Tage daher geplündert, und in Brand gesetzt, aus denen man jetzt
mehrere Tausende als künftige Sklaven herbeitrieb,
unter ihnen sogar viele von Alter entkräftete Männer
und bejahrte Weiber, die man, wenn sie aus verschiedenen Ursachen nicht mehr fort konnten, und
über

über den weiten Weg alle Luſt zum Leben verloren, mit ausgeſchnittenen Waden und Fußknöcheln liegen ließ.

Sobald unſere Galliſchen Krieger dieſen kläglichen Zug bemerkten, verlangten ſie mit lobenswürdigem, aber unzeitigem Eifer, ihnen zu einem Gefecht mit den Feinden Erlaubniß zu geben, und bedrohten ihre wehrenden Oberſten und Officiere mit dem Tode, wenn man ſie noch länger zurückhielte. Wie wilde Thiere ſcharfen Gebiſſes in Käfichte geſperrt, und vom Aasgeruch noch wütender gemacht, ſich in Hoffnung durchzubrechen, an dem ſich drehenden Käficht *), die Köpfe zerſtoßen; ſo ſuchten auch unſere Gallier die, wie ich oben ſagte, verriegelten Thore mit Gewalt aufzuhauen. Was ſie am meiſten beunruhigte, war der Gedanke, ſie würden, wenn die Stadt überginge, ohne eine glänzende That gethan zu haben, auch ſelbſt ihren Tod finden: oder, hielte ſich die Stadt, die Nachrede, nichts, das Galliſchem Muthe entſpräche, unternommen zu haben, zurücklaſſen: aber ſie hätten bedenken ſollen, daß ſie aus ihren vorherigen Ausfällen, wenn ſie die feindlichen Schanzarbeiten, wiewohl immer mit einigem Verluſt der Ihrigen überfielen, ſchon beides, Tod und Ruhm zurückgebracht hatten **).

Wir

*) In dieſen großen Käfichten war oben ein beweglicher Cylinder angebracht, der die Thiere, wenn ſie aufſprangen, nicht feſten Fuß faſſen ließ. Saumaiſe über die Hiſt. Auguſta B. 1. S. 6-6. und über Solin S. 167.

**) So paraphraſire ich, der Deutlichkeit wegen Ammians paria pertulerunt.

Wir waren indeß mit uns selbst nicht einig, was wir thun, oder ihrer Wut entgegenstellen sollten. Endlich fiel unser Entschluß, der doch auch von ihrer Seite nicht ohne Widerspruch blieb, dahin aus, daß man, weil sie sich nun einmal nicht wollten halten lassen, ihnen nach einigen Stunden erlauben wolle, die feindlichen Vorposten, die nicht weit über einen Pfeilschuß entfernt standen, anzugreifen, und dann allenfalls weiter vorzudringen. So viel war gewiß, daß sie, wenn das Glück sie begünstigte, eine große Niederlage unter den Feinden anrichten konnten. Während daß sie ihre Anstalten zu dieser Unternehmung trafen, setzten auch wir alles zu muthiger Vertheidigung der Mauern in Bereitschaft, vertheilten Geschäfte, Posten und Maschinen, um von allen Seiten Steine und Pfeile werfen zu können. Gegen die zwei hohen Erdwälle, von der Perser Fußvolk aufgeführt, und andere zur Eroberung der Stadt angelegten Werke, die doch nur langsam betrieben wurden, hatten wir desto eifriger sehr hohe Bollwerke, den feindlichen an Höhe gleich, und so fest, daß sie auch die zahlreichste Bemannung faßten, aufgeworfen.

Unsere Gallier ließen sich indeß nun nicht länger halten, versahen sich mit Aerten und Schwertern, und zogen durch ein Seitenpförtchen unter Begünstigung einer trüben, mondlosen Nacht, und unter Gebeten an die Gottheit, ihnen Schutz und Glück zu geben, aus. Mit zurückgehaltenem Athem schlichen sie dann vorwärts, drängten sich, wie sie den Feinden näher kamen, zusammen, griffen in einem muthi-

muthigen Anlaufe an, machten einige Vorposten nieder, drangen dann in die erste Linie des Lagers ein, ermordeten die ganz sorglos schlafenden Feinde, und der geheime Wunsch ihres Herzens war, dem König selbst, wenn ihnen das Glück wohlwollte, in seinem Zelte einen Besuch zu machen. Aber ihre noch so leisen Fußtritte, noch mehr das Seufzen der Verwundeten weckten die Feinde bald: eilends sprangen sie auf, jeder schrie zu den Waffen, und so stellten sich unsere Krieger, ohne sich weiter vorwärts zu wagen, in einen geschlossenen Haufen zusammen: denn rathsam war es nun doch nicht, weil einmal diejenigen, die der Ueberfall galt, munter waren, einer offenbaren Gefahr entgegen zu eilen, zumal da bereits ganze Schaaren Perser von allen Seiten wütend angezogen kamen. Indessen blieben die Gallier, in Zuversicht auf körperliche Stärke und innern Muth unerschüttert stehen, so lange sie konnten, und hieben nieder, was ihnen zu Leibe kam; weil aber auch sie durch das Schwert, oder durch die von allen Seiten auf sie anfliegenden Pfeile Verlust erlitten, sich in einer sehr gefährlichen Lage in einen schmalen Raum eingeengt, und der Feinde Zahl mit jedem Augenblick zunehmen sahen, so eilten sie, doch ohne den Rücken zu kehren, der Gefahr zu entkommen, zogen sich in der größten Ordnung, wie nach dem Takte zurück, wurden freilich nach und nach aus dem Lager hinausgedrängt, und suchten sich dann, je dichter die Feinde auf sie anstürmten, und je lauter der Trompeten Klang um sie her ward, so gut sie konnten, zu retten. Aber auch aus der Stadt tönte ihnen ermunternmunternder Trompeten Klang entgegen, man öffnete die Thore, um sie sogleich aufzunehmen, wenn sie sich bis dahin hielten; auch rauschten die Wurfmaschinen, ohne daß man Pfeile schoß, um die feindlichen Vorposten, die den entblößten Mauern entgegen standen, aber von dem Schicksal ihrer erlegten Streitgenossen nichts wußten, zurückzuhalten, und unsere tapfern Männer von dieser Seite vor Gefahr zu sichern °). Durch Hülfe dieses Kunstgriffes rückten die Gallier in der Morgendämmerung wieder durch das Thor ein, freilich mit verminderter Zahl, einige gefährlich, andere leicht verwundet, und mit einem Verlust von vierhundert Mann, und doch immer mit dem Ruhme, daß sie nicht etwa einen Rhesus, oder vor Troja's Mauern gelagerte Thracier, sondern der Perser König, von hunderttausend Mann bewacht in seinem Zelte ermordet hätten, wenn ihnen das Glück nicht abhold gewesen wäre. Ihren Befehlshabern, als Anführern bei dieser Heldenthat ließ der Kaiser nach Zerstörung der Stadt (Amida) auf dem Markte von Edessa Standbilder in völliger Rüstung aufrichten, welche noch jetzt uns versehrt zu sehen sind.

Als der helle Tag die Aussicht über die Todten, unter denen sich auch Magnaten und Satrapen fanden, öffnete, und wildes Geschrei, von Thränen begleitet, Ausbruch des Gefühls über Verlust manscherlei

°) Ich hoffe, durch meine Uebersetzung in diese verdorbene, wenigstens verschobene Stelle Licht genug gebracht zu haben, ohne dem Texte eben Gewalt zu thun, ob ich gleich gern gestehe, daß mir selbst noch einige kleine Zweifel vorschweben.

cherlei Art ward, hörte man die Könige selbst Schmerz und Unwillen über die Vorposten äußern, daß sie die Römer hätten eindringen lassen. Man ward deshalb über einen Waffenstillstand auf drei Tage von beiden Seiten einig, der auch uns einmal frei aufzuathmen Gelegenheit gab.

Kap. 7.

Der ganze Vorfall hatte indeß bei den Feinden so viel Staunen und Erbitterung erregt, daß sie, weil Gewalt nichts vermochte, durch Schanzen und Maschinen den Streit fortzusetzen beschlossen, und voll Muthes, wie ihn nur das hitzigste Gefecht erzeugen kann, herbeieilten, um eines rühmlichen Todes zu sterben, oder durch Zerstörung der Stadt den Schatten ihrer erschlagenen Brüder ein Todtenopfer zu bringen.

Bei einem so allgemeinen Eifer, die nöthigen Zurüstungen zu machen, zeigten sie sich schon am frühesten Morgen mit Maschinen und mit Eisen beschlagenen Thürmen in der Nähe, auf deren Oberfläche Ballisten standen, um die tiefer stehenden Vertheidiger der Mauer von ihren Posten zu vertreiben. Der grauende Tag zeigte dem Auge ein Gewebe eiserner Rüstungen, vor denen man keinen Himmel sah, und dichtgedrängte Schaaren zogen nicht ohne Ordnung, wie vorher, sondern unter gemäßigtem Trompetenklang, ohne daß einer vorsprang, einher, von oben durch Sturmdächer gedeckt, vor sich geflochtene Schanzkörbe. Nachdem sie in der Nähe eines Pfeilschusses angekommen waren, konnte das Persische Fußvolk mit den Schilden den auf unsern Maschinen geschossenen Pfeilen nur mit Mühe ausweichen, und man stellte die Mannschaft weiter aus einander, weil keine Art von Geschoß ohne Wirkung blieb: auch der geharnischten Reiter Hitze kühlte sich sehr ab, und ihr Rückzug gab den Unsrigen neuen Muth. Weil dennoch die feindlichen, auf den mit Eisen beschlagenen Thürmen stehenden Maschinen unsere Mauern von der Höhe herab nur zu glücklich bestrichen, so kostete uns diese Lage, der wir unserer Seits nicht abzuhelfen vermochten, nicht wenig Blut, bis endlich bei einbrechendem Abend beide Theile sich Rast gaben, und wir den größten Theil der Nacht mit Erfindung eines Mittels zubrachten, wodurch wir jene Lage für uns weniger gefährlich machen könnten.

Nach mancherlei Ueberlegungen bestimmten wir uns zu einem Entschluß, wie ihn uns die dringende Noth in der Eil nehmen ließ, den vier feindlichen Wallisten eben so viel Skorpionen entgegen zu stellen. Schon hatten wir sie behutsam, welches nicht ohne viele Geschicklichkeit geschehen kann, von ihrem Standorte weggenommen, und standen im Begriff, sie aufzustellen, als ein trauriger Morgen für uns anbrach, der uns furchtbare Rotten von Persern zeigte, begleitet von einem Elephantenzuge, deren gräßlicher Ton und gräßliche Maschinen das schreckhafteste sind, was Menschenseelen sich denken können. Indem man uns so von allen Seiten durch Waffen und Dämme und ungeheure Thiere gewaltig

zusetz=

zusetzte, ließen die eisernen Schleudern der Skorpionen von unsern Mauern runde Steine spielen, welche die Fugen der Thürme aus einander trieben, und Ballisten und Arbeiter niederstürzten, daß einige ohne weitere Verwundung im Fallen ihr Leben verloren, andere unter der Last der Thürme todt blieben. Die Elephanten trieben wir aufs kräftigste dadurch zurück, daß wir ihnen überall mit Feuerballen zusetzten: denn sobald ihnen diese auf die Haut kamen, kehrten sie um, ohne sich von ihren Reitern halten zu lassen: auch setzten wir die übrigen Werke der Feinde in Brand, und das Gefecht ward durch dies alles nur desto lebhafter. Der Persische König selbst, der sonst persönlich sich in das Gefecht zu mischen nicht verbunden ist, sah sich doch durch das über sein Heer einbrechende Ungewitter aufgefordert, ein ganz neues und bisher ungewöhnliches Beispiel der Tapferkeit dadurch zu geben, daß er sich in die dichten Schaaren gemeiner Krieger hineindrängte. Weil aber die ihn umgebende Schaar seiner Begleiter seine Person auch in der Ferne nicht verkennen ließ, so schoß man Pfeile in Menge auf ihn ab; viele seiner Trabanten wurden erlegt, er aber entkam, und eilte von einem Trupp zum andern, um Anordnungen zu treffen, bis er, ohne durch den traurigen Anblick so vieler Todten und Verwundeten etwas von seinem Muthe zu verlieren, endlich am Abend seinem Heere eine kurze Ruhe zu genießen erlaubte.

Kap. 8.

Kap. 8.

Aber auch nur die Nacht konnte das Gefecht unterbrechen, und kaum hatten wir uns durch kurzen Schlaf erquickt, als der König beim Anbruch der Morgenröthe, vor Zorn und Erbitterung schäumend, mit dem festen Vorsatze, seine Absicht auf Kosten der Gesetze der Menschlichkeit durchzusetzen, seine Völker vom neuen gegen uns aufbot. Seine Thürme waren, wie wir vorher bemerkten, in Brand gesetzt; man versuchte also, durch hohe Dämme nah an der Mauer seinen Endzweck zu erreichen, aber auch die Unsrigen dämmten und thürmten ihrer Seits auf, was sie konnten, um auf Werken von gleicher Höhe und mit gleichem Muthe die wirksamste Gegenwehr zu thun.

Lange blieb das blutige Gefecht unentschieden, Furcht eines augenblicklichen Todes belebte jedermann zu der herzhaftesten Vertheidigung, und der Streit war von beiden Seiten zur höchsten Anstrengung gediehen, als der unveränderliche Schluß des Schicksals endlich zwischen den kämpfenden Parteien entschied, und der von uns so mühsam aufgeführte Damm, wie durch ein Erdbeben erschüttert, einstürzte, den Raum zwischen der Mauer und dem feindlichen Damme wie eine breite Heerstraße oder Brücke den Feinden ebnete, ihnen das Eindringen in die Stadt ohne alle Hinderniß erleichterte, der größere Theil der unsrigen hingegen verschüttet, oder vor Entkräftung unthätig gemacht ward. Zwar eilte man von allen Seiten herbei, um eine so unerwartet ein-

brechen-

brechende Gefahr abzuwenden: aber gerade durch diese Eilfertigkeit hinderte einer den andern, und eine so glückliche Aussicht befeuerte die Feinde zu desto größerer Kühnheit. Alles, was Waffen trug, zog sich auf Befehl des Königs in diese Gegend her, man griff zu dem Schwert, Blut strömte von beiden Seiten, Leichname füllten des Grabens Zwischenraum, gaben aber dadurch dem eindringenden Feinde nur freiere Bahn, bis ihre hitzigen Schaaren in überwiegender Menge die Stadt erfüllten, die Unsrigen hingegen, aller Hoffnung sich zu wehren oder zu fliehen beraubt, die wehrlosen nicht minder als die bewaffneten wie das Vieh niedergesäbelt wurden.

Schon war es mehr Nacht als Abend, und noch kämpfte eine Menge der Unsrigen mehr muthig als glücklich mit den Feinden, als Ich in einem entlegenen Theile der Stadt nebst zwei andern durch Dunkelheit der Nacht begünstigt, mich verbarg, durch ein Pförtchen, das man nicht beobachten zu dürfen glaubte, mich davon machte, und der rauhen Wege kundig, und durch Gewandtheit meiner Gefährten unterstützt, beim zehnten Meilensteine ankam. Hier ruhten wir ein wenig aus, standen im Begriff, unsern Weg fortzusetzen, und ich wenigstens fühlte mich durch einen so weiten Weg zu Fuß, zu dem ich als Freigebohrner durch mehr zärtliche Erziehung nicht gewöhnt war, fast zu Boden gedrückt, als mir plötzlich ein schauderhafter Anblick aufstieß, der mir aber bei meiner großen Ermüdung eine sehr willkommene Erleichterung ward. Ein Mann vom Troß ritt ein flüchtiges, wildes Pferd ohne Sattel, hatte

aber,

aber, um sich einigermaßen Haltung zu geben, wie gewöhnlich, den Zügel, der zum Führen des Pferdes diente, fest um den linken Arm gewunden: das Thier setzte ihn aber bald ab, und weil er sich vom Zügel nicht losmachen konnte, ward er über Stock und Stein geschleift, hielt aber doch durch die Schwere des zerstückten Leichnams das ermüdete Thier selbst auf. Ich benutzte also diesen günstigen Umstand, schwang mich auf das Packpferd, und kam mit meinen Begleitern bei den warmen Schwefelbädern nach einem beschwerlichen Ritte an. Brennenden Durst litten wir vor Sonnenhitze, krochen lange umher, um Wasser zu finden, entdeckten endlich einen ziemlich tiefen Brunnen, zu tief wenigstens, um hinabzusteigen: Seile hatten wir auch nicht, aber die Nothwendigkeit, die beste Lehrerin im Nothdrange, brachte uns auf den Einfall, die linnenen Kleider, die wir trugen, in längliche Stücken zu zerschneiden: aus diesen drehten wir ein langes Seil zusammen, und knüpften die Unterlage *) des Helmes eines unserer Begleiter unten an, ließen sie dann in den Brunnen hinabfallen; sie zog Wasser wie ein Schwamm, und löschte den uns quälenden Durst reichlich. Von hier aus eilten wir, so schnell wir konnten, nach dem Euphrat hin, um auf der Fähre, die seit langer Zeit zur Ueberfahrt von Menschen und Vieh diente, das jenseitige Ufer zu erreichen. Aber plötzlich wurden wir einen in größter Unordnung fliehenden Zug Römischer

---

*) Cento. War eine Kappe von Filz, die man unter dem Helme trug, um das Reiben desselben zu verhindern.

mischer Reiter gewahr, hinter ihnen eine noch gröſ-
sere Schaar nachsetzender Perser, von denen wir uns
nicht zu erklären wußten, wie sie uns so geschwind
auf den Nacken gekommen seyn könnten. Dieses Beispiel machte uns indeß begreiflich, wie jene Erdensöhne nicht aus der Erde Schooß gewachsen, sondern
ihre Existenz ihrer außerordentlichen Schnelligkeit zu
verdanken hatten: — jene Erdensöhne meine ich,
die, weil sie an mehreren Orten ganz unvermuthet
zum Vorschein kamen, den Namen Sparten*) erhielten, und nach der Erzählung der alten Welt, die
gern alles durch Fabeln vergrößerte, aus der Erde
gewachsen seyn sollten. Bestürzt über die gemachte
Entdeckung, sahen wir schnelle Flucht als das einzige Mittel uns zu retten an, suchten durch Gebüsch
und Wald die steileren Berge zu erklimmen, gelang-
ten dann nach Melitina**) einer Stadt in Klein-
Armenien, wo wir uns an einen reisefertigen Gefährten anschlossen, und endlich in Antiochien ankamen.

Kap. 9.

Indeß beschlossen Sapor und seine Perser, weil
weiter landeinwärts zu dringen der zu Ende gehende
Herbst, und der Aufgang des Gestirnes der Böcklein
nicht erlaubte, unsere Gefängenen und Beute vor sich
her,

---

*) D. i. die aus den ge-
säeten Zähnen des von Kad-
mus erlegten Drachen aus
der Erd hervorgewachsenen
Menschen, über die ich auf
Apollodor B. 3. K. 4. und Hey-
nens Noten S. 554 verweise.

**) Eine in spätern Zeiten
unter dem Namen Malatia
sehr bekannte Stadt, und
Vaterland des berühmten
Abulfaradsch.

her, in ihr Land zurückzukehren. Doch bemerke ich noch, daß außer d m Morden und Plündern in der zerstörten Stadt der Comes Aelian (B. 18. K. 9.) und die Tribunen, durch deren Thätigkeit sich die Stadt so lange gehalten, und die Perser so vielfachen Verlust erlitten hatten, auf eine uneble Art ans Kreuz geschlagen, Jacobus und Cäsius, Kriegszahlmeister des Generals der Reiterei *) und andere Officiere der Garde mit auf den Rücken gebundenen Händen fortgeführt, gebohrne Perser aber, die jenseit des Tigris her waren, denen man vorzüglich nachspürte, ohne Unterschied des Standes bis auf den letzten Mann niedergemacht wurden.

Aber für Craugasius Gemahlin, (B. 18. K. 10.) der man ohne die geringste uneble Zumuthung, als edler Dame alle Achtung erwies, war es doch immer ein trauriger Gedanke, ohne ihren Gemahl in eine neue Welt versetzt zu werden, so wahrscheinlich sie auch aus ihrer gegenwärtigen Behandlung schließen konnte, ihre Lage nichts weniger als verschlimmert zu sehen. Zärtlichkeit gegen ihren Gemahl, und Hinsicht auf die Zukunft füllten ihre Seele mit gleichem Kummer: Wittwenstand war für sie ein eben so trauriger Gedanke, als neue Vermählung. Sie sandte also einen ihrer zuverlässigsten Vertrauten ab, um sich über das Gebirge von Jzala, zwischen den Bergfesten Maride und Lorne heimlich bis Nisibis durchzuschleichen, und ihrem Gemahl die mitgegebenen mündlichen Aufträge, und zugleich kleine Erinnerungen an geheime Scenen ihres

---

*) Numerarii adparitionis magistri equitum.

res ehelichen Lebens zu überbringen, um ihn durch
diese Nachricht von ihrem Schicksal geneigt zu ma=
chen, ein glückliches Leben noch ferner mit ihr zu
theilen. Mehr bedurfte es bei dem willigen Boten
nicht, den Auftrag zu übernehmen; durch Wälder
und Gebüsche kam er mit eilenden Schritten vor
Nisibis an, wollte von seiner Dame nichts gesehen
haben, äußerte vielmehr, sie sey wahrscheinlich
todt — er sey froh, daß er für seine Person aus
dem feindlichen Lager habe entrinnen können. Man
nahm weiter keine Notiz von ihm, aber nun richtete
er seinen Auftrag bei Craugasius aus: Und auf er=
haltene Versicherung, daß er, wenn es sich ohne
Gefahr thun ließe, jedes Schicksal mit der Gemahlin
zu theilen mit Vergnügen bereit wäre, machte sich
der Bote wieder auf den Weg, um seiner Gebieterin
eine so erwünschte Nachricht zurückzubringen. Diese
ließ dann sogleich durch den Feldherrn Tamsapor
demüthig beim König anfragen, ob er wohl, wenn
es die Umstände erlaubten, vor seinem Abzuge aus
dem Römischen Gebiete die Unterwerfung ihres Ge=
mahls anzunehmen die Gnade haben würde.

Die eben so plötzliche Erscheinung als Abreise je=
nes Menschen, der als vorgeblich entronnener Ge=
fangener, dennoch noch einmal kam, und eben so
geschwind verschwand, erweckte bei dem General Cas=
sian und andern obrigkeitlichen Personen in Nisibis
Verdacht, und man suchte dem Craugasius durch
die heftigsten Drohungen das Geständniß abzunöthi=
gen, daß er um die Her= und Hinreise des Menschen
wissen müsse. Aus Furcht, sich der Verrätherei be=

schuldigt zu sehen, und ängstlicher Besorgniß voll, man möchte etwa durch einen Ueberläufer erfahren, daß seine Gemahlin noch lebe, und mit vorzüglicher Achtung behandelt würde, bewarb er sich zum Schein um eine andere Gemahlin von vornehmer Geburt. Unter dem Vorwande, die Bedürfnisse des Schmauses beim Beilager zu besorgen, begab er sich auf ein achttausend Schritt von der Stadt entferntes Landgut, setzte sich aber auf erhaltene Nachricht von der Ankunft einer Persischen Streifpartei auf sein flüchtiges Pferd, entkam glücklich, ward auch, sobald er sich zu erkennen gab, mit Freuden aufgenommen, und am fünften Tage darauf an Tamsapor eingeliefert. Dieser stellte ihn dem König vor, er bekam Vermögen, seine gefangenen Anverwandten und Gemahlin wieder, die er doch einige Monate nachher verlor, und bekleidete nach Antonin die nächste Stelle am Hofe, wiewohl nach dem Ausdrucke eines vortreflichen Dichters: in einem weiten Abstande *). Antonin besaß mehr Genie; lange Erfahrung hatte seinem Charakter mehr Festigkeit gegeben, und was er unternahm, wußte er durch die zweckmäßigsten Mittel auszuführen: Craugasius hingegen war von Natur mehr zu edler Offenheit gestimmt, ob er gleich nicht weniger für verdienstvollen Mann galt. Doch dies gehört in die Geschichte der Folgezeit.

Der

---

*) Longo proximus intervallo. Aus Virgils Aen. B. 5. V. 320.

Der König selbst, aus dessen ruhigem Blicke man auch auf Gemüthsruhe hätte schließen sollen, zum Schein auch höchst vergnügt über Amidas Zerstörung, fühlte doch tiefen Aerger im Innern seines Herzens kochen, daß er bei Belagerungen schon oft so traurigen Verlust erlitten, und immer weit mehr Volk eingebüßt habe, als er von uns entweder gefangen bekommen, oder wenigstens in verschiedenen Schlachten erlegt hätte.

Dies war der Fall bei Nisibis und Singara gewesen: nicht glücklicher war er vor Amida, wo er nach einer mit seiner ganzen Heeresmacht unternommenen Belagerung in drei und siebzig Tagen dreißig tausend Mann verloren hatte: — eine Zahl, die sich durch Berechnung des Tribuns und Staatssekretärs Discenes sehr leicht ergab, weil bei den Todten sich der Unterschied zeigte, daß die Unsrigen bald nach ihrem Hinsterben verfallen und in Verwesung gehen, so daß man nach vier Tagen keine Gesichtszüge mehr unterscheiden kann: die Leichname der Perser hingegen wie dürre Klötze eintrocknen, ohne daß ihre Glieder modern, oder ihre Säfte aufgelöst werden — eine Folge ihrer mäßigen Lebensart, und des sehr trockenen Himmelsstriches, unter dem sie gebohren sind *).

Kap. 10.

---

*) Daß auch zwischen den Hirnschedeln eine Verschiedenheit Statt gefunden, und z. B. die der Perser sehr dünn, die der Aegypter hingegen dicht gewesen, erzählt Herodotus B. 3. K. 12.

Kap. 10.

Während daß so vielerlei Unglücksstürme im äussersten Orient, einer dem andern folgten, sah die ewige Stadt (Rom) den Leiden einer nahen Hungersnoth entgegen, und der wild drohende Pöbel, der sich im Hunger das höchste aller Uebel denkt, schmähte den damaligen Stadtpräfect Tertull mehr als einmal, doch ganz ohne Grund: denn an ihm lag es nicht, daß die Schiffe nicht zur bestimmten Zeit mit den Lebensmitteln ankamen; vielmehr hatten ganz ungewöhnlich heftige Seestürme, und die widrigsten Winde dieselben in den nächsten Meerbusen einzulaufen genöthigt, aus denen sie sich ohne die augenscheinlichste Gefahr nicht heraus wagen durften, um den Hafen des Augusts *) zu erreichen. Der Präfect, durch wiederholten Auflauf bedrängt, sah, da einmal das Volk vom neuen weit heftiger wütete, als der drohende Mangel wirklich heischte, seiner Meinung nach kein Mittel, sein Leben zu retten, weiter vor sich, kam also auf den glücklichen Einfall, dem Pöbel, der, so wild er auch aufbraust, doch oft einen kleinen zufälligen Umstand zu beachten pflegt, seine kleinen Söhne preis zu geben. „Sehet, sagte „er, mit thränenden Augen, sehet da eure Mitbür„ger, die, was doch die Götter verhüten wollen, „einerlei Schicksal mit euch dulden müssen, wenn „nicht bald ein günstiger Glücksstern uns anstrahlt. „Glaubt ihr aber durch ihre Ermordung eure trau„rige Lage abzuwenden, nun so sind sie eurer Gewalt „über-

---

*) Heißt auch in den Itinerarien der Stadthafen.

,, überlassen. " Durch einen das Mitleiden so sehr erregenden Auftritt ward das Volk, das seiner Natur nach sich leicht zu sanftern Empfindungen stimmen läßt, ruhig und still, und sah seinem kommenden Schicksale gelassen entgegen. Und kurz darauf ward durch die Güte der Gottheit, die Rom von ihrem Ursprunge an zu Glück erhob, und ihr eine ewige Dauer sicherte, in dem Augenblicke, da Tertull in Ostia im Tempel der Castorum *) Castor und Pollux) opferte, das Meer ruhig: der Sturm setzte sich in einen sanften Südwind um, die Schiffe segelten mit vollem Winde in den Hafen ein, und füllten die Speicher mit Korn im Ueberfluß.

Kap. II.

Bei diesen traurigen Vorfällen ward Constantius, dessen einzige Sorge nur auf den ruhigen Genuß seines Winteraufenthaltes in Sirmium ging, doch in seiner Ruhe durch eine schreckhafte Nachricht, der er längst mit Bangigkeit entgegen gesehen hatte, gestört, daß die Sarmatische Völkerschaft der Limiganten, die, wie wir vorher erzählten, (B. 17. K. 12. 13.) ihre Herren aus ihren väterlichen Besitzungen

---

*) Der Stadtpräfect, oder auch der Consul zogen jährlich einmal mit dem ganzen Volke hinaus auf eine von der Tiber gebildete Insel, und nach einem dem Castor und Pollux gebrachten Opfer machte man sich unter Zelten und Lauben sehr lustig. Die Hauptstelle davon steht bei Aethikus Kosmographie S. 20. und das Fest heißt auch Majuma, wovon sich eine eigene Abhandlung von Andr. Rivinus in Graevii Syntagm. Variar. Diss. S. 537. nebst einer Abbildung S. 598. befindet.

zungen vertrieben hatten, sich an die ihnen das Jahr vorher aus weisen Absichten angewiesenen Wohnplätze nicht gebunden, zwar ihrer veränderlichen Sinnesart nach nicht gerade Feindseligkeiten ausgeübt, aber doch die angränzenden Gegenden in Besitz genommen hätten, nach ihrer Gewohnheit wild umherschwärmten, und, wenn man ihnen nicht bald wehrte, alles in Verwirrung setzen würden.

Der Kaiser, überzeugt, daß die geringste Verzögerung ihren Frevel nur mehr bestärken müßte, zog von allen Seiten die rüstigsten Krieger an sich, und trat kurz nach Eintritt des Frühlings den Feldzug an, von dem er sich einen glücklichen Erfolg in doppelter Betrachtung versprach: einmal, weil das durch fette Beute des verwichenen Sommers bereicherte Heer sich in Hoffnung ähnlicher Vortheile zu glücklicher Thätigkeit beseelt fühlen würde; und dann, weil der damalige Präfect von Illyricum, Anatolius, für die nöthigen Bedürfnisse im Voraus gesorgt hatte, so daß der Armee alles ohne gewaltsame Beitreibung zugeführt werden konnte. In der That hatte noch kein Präfect, wie jedermann überzeugt ist, bis jetzt so glückliche Einrichtungen zu dem blühendsten Wohlstande der nördlichen Provinzen getroffen, als er: durch Güte des Herzens, mit großen Geistesfähigkeiten verbunden, wußte er jedem sinkenden Theile neue Haltung zu geben, erleichterte ihnen die drückende Last des Postwesens, wobei viele Haushaltungen zu Grunde gegangen waren, machte ihnen auch die beste Hoffnung, ihnen Erlaß an der bisherigen Kopf- und Grundsteuer auszuwirken: und gewiß

wiß würden die Einwohner dieser Provinzen nach Entfernung alles Anlasses zu Klagen auch ferner glücklich und ohne Bedrückung geblieben seyn, wenn nicht in der Folge die gehässigsten Namen künstlich ersonnener Abgaben, wobei Censiten sowohl als Einnehmer in gegenseitiger Chikane zu weit gingen, und die einen sich um den Schutz der Statthalter gegen Gewaltthätigkeit bewarben, die andern ihren höchsten Reichthum in der höchsten Armuth aller andern setzten, den Erfolg gehabt hätten, daß diese Unglücklichen entweder aus dem Lande vertrieben wurden, oder den Entschluß nahmen, ihren Leiden durch den Strick ein Ende machen.

Doch, um auf den Kaiser zurückzukommen, so brach er, von dringender Gefahr aufgefordert, und mit den glänzendsten Hülfsmitteln versehen, mit der Armee auf, und kam in Valeria, einer ehemals zu Pannonien gehörigen, nachher aber zu Ehren Valeriens, Diocletians Tochter eingerichteten und benannten Provinz an, ließ die Truppen am Ufer der Donau unter Zelten kampiren, um die Barbaren zu beobachten, welche vor seiner Ankunft unter der Hülle der Freundschaft, eigentlich aber in der Absicht zu plündern im strengsten Winter in Pannonien einzurücken willens waren, wo Schnee und Eis, von Frühlingswärme noch ungeschmolzen, den Fluß überall zu ebener Bahn machten, und unserer Armee, bei Frost und Reif unter freiem Himmel auszuhalten gar sehr beschwerlich fiel.

Der Kaiser sandte sogleich zwei Tribunen und zwei Dolmetscher an die Limiganten ab, um sie bescheiden zu zu befragen, warum sie nach Verlassung der ihnen durch einen Friedensbund, und auf ihre eigene Bitte angewiesenen Wohnungen in der Irre unstät umherzögen, und ihnen untersagte Gränzen beunruhigten? Ihre Antwort bestand in leeren und ungegründeten Beschuldigungen, und mit jeder Lüge, die ihnen die Noth eingab, suchten sie den Kaiser zur Verzeihung zu bewegen, erlaubten sich sogar die Bitte, er möchte seinen Groll gegen sie schwinden lassen, und ihnen über den Fluß zu gehen gestatten, um ihm persönlich ihre bisherige unbequeme Lage vorzustellen, mit dem beigefügten Erbieten, daß sie jede Gegend im Römischen Reiche, wäre sie auch noch so weit entlegen, sich anweisen zu lassen, und in eine dauernde friedliche Hütte gehüllt, unter dem Schutze der wohlthätigen Göttin Ruhe, Last und Namen eines zinsbaren Volkes zu übernehmen gern bereit wären.

Im Taumel der Freude über diese von den Tribunen zurückgebrachte Nachricht, die den Kaiser, ohne einen Schweistropfen zu vergießen, einer so wichtigen Unternehmung zu überheben schien, erlaubte er sogleich allen herüberzukommen. Habsucht, von schmeichelnden Höflingen genährt, wirkte freilich zu diesem Entschlusse mit: mit vieler Wärme suchten sie ihn zu überreden, daß ihm nach Beilegung auswärtiger Kriege und überall hergestellten Frieden gemeine Soldaten gnug zulaufen würden, daß er überall Rekruten zum Auslesen bekommen könnte, und daß die Provinzialen weit lieber den Dienst abkaufen würden*) —
eine

*) Mit andern Worten: Er ließ sich von den Höflingen zu dem Grundsatze verleiten, daß eine Armee nur ihre

eine Hoffnung, die freilich für den Römischen Staat mehr als einmal die unglücklichsten Folgen gehabt hat. Man schlug also bei Acimincum *) eine Art von Lager auf, und errichtete in der Mitte desselben eine Erhöhung in Form eines Tribunals, doch postirte man auch einige Schiffe mit rüstigem Fußvolke bemannt, auf den Strom nahe am Ufer unter Anführung eines Feldmessers Innocentius, der dieses Vorsichtsmittel in der Absicht angegeben hatte, um den Barbaren, wenn sie sich etwa einen Auflauf gelüsten ließen, unvermuthet in den Rücken fallen zu können. Eine so schleunig getroffene Anstalt machte zwar die Limiganten selbst einigermaßen aufmerksam, indeß standen sie mit demüthiger Miene und gesenktem Nacken da, obgleich die innern Gedanken ihres Herzens mit ihren Aeußerungen in Geberden und Worten in wahrem Widerspruche standen.

Kaum war nämlich der Kaiser auf der Tribune erschienen, um den freundlichsten Vortrag zu thun, und die Versammlung als künftig gehorsame Unterthanen zu behandeln, als ein Barbar, von wilder Wut ergriffen, seinen Schuh nach dem Tribunal schleuderte, und den bei diesen Völkern gewöhnlichen Kriegszuruf: Marha, mehr als einmal wiederholte. Und sogleich folgte ihm die ganze Schaar wild durch einander, hob das fürchterliche Panier, und drang unter gräßlichem Geheul auf den Fürsten selbst an.

ihre volle Zahl haben dürfe, ohne auf Tüchtigkeit oder Tapferkeit zu sehen. Wie viel der Staat dabei litt, sagt Ammian B. 31. K. 4. Vegez. B. 1. K. 7.
* Soll Salankemen nicht weit von Peterwardein seyn.

an. Dieser sah von seiner Erhöhung die ganze Fläche mit einer durch einander rasenden Schaar von Tausenden bedeckt, und in den blanken Schwertern und Lanzen den nahen Tod vor sich: blieb dennoch mitten im Gewühl von Barbaren und Römern, weil kein Ehrenzeichen den Feldherrn vom gemeinen Soldaten auszeichnete, unerkannt; bestieg, weil er keinen Augenblick zu verlieren hatte, ein flüchtiges Pferd, und ritt in vollem Jagen davon. Einige Trabanten, die um den Feind zurückzutreiben, wie Feuerströme heranwogten, fielen tödtlich verwundet, oder wurden im Gedränge zu Boden getreten; auch kam der kaiserliche Prachtsessel mit Gold ausgelegt, in der Feinde Hände.

Doch, sobald sich die Nachricht verbreitete, daß der Kaiser sich in der äußersten Gefahr befunden, und noch jetzt sein Leben nicht gesichert sey, hielten es unsere Soldaten für ihre erste Pflicht, ihn zu unterstützen, (denn daß er glücklich entkommen wäre, wußte man noch nicht) und durch den herzerhebenden Gedanken seiner Rettung noch muthiger gemacht, stürzten sie, in der Eil nur halb gerüstet, unter lautem Feldgeschrei in die Schaaren bis zur Verzweiflung hartnäckig kämpfender Barbaren hin. Eben so hitzig, durch Tapferkeit ihre eigene Schande [den Fürsten nicht geschützt zu haben] zu tilgen, als an einem so hämischen Feinde Rache zu nehmen, machten sie alles, was ihnen in den Weg kam, ohne Schonung nieder, traten Lebendige und Halbtodte und Leichname unter die Füße, und kaum war die mordende Faust des feindlichen Blutes halb satt, als

schon

schon ganze Schaaren Erschlagener um sie her ge-
thürmt da lagen. Glücklich wurden die Rebellen zurückgetrieben, und entweder niedergemacht, oder vor
Schrecken aus einander gesprengt: wenige setzten die
Hoffnung ihrer Lebensrettung auf vergebliche Bitten,
mußten vielmehr unter desto häufigern Wunden des
Todes Bitterkeit fühlen. Alle waren bis auf den
letzten Mann niedergehauen, als endlich die Trompete zum Rückzug blies. Einige der Unsrigen fand
man freilich auch unter den Todten, doch nur die
wenigen, die im stürmischen Angriff niedergetreten,
oder im Gefecht gegen den wütenden Feind mit wehrloser Brust Opfer des Todes wurden. Am meisten
verdient doch unter den Todten Cella, Tribun der
beschildeten Gardisten (Scutarier) bemerkt zu werden, der gleich beim Anfange des Gefechtes vor allen
voraus auf einen dichten Trupp Sarmater ansprengte.

Nach diesem mörderischen Kampfe traf Constantius die unter den gegenwärtigen Umständen dienlich-
sten Anordnungen zur Sicherheit der Gränze, und
ging mit dem fröhlichen Gefühl, Rache an einer trü-
gerischen Nation genommen zu haben, nach Sirmium
zurück, beschleunigte auch hier die nöthigsten Anstalten, so gut er konnte, und begab sich nach Constantinopel, um dem Orient näher, den bei Amida erlittenen Verlust zu ersetzen, die Armee durch Rekruten zu ergänzen, und gleich starke Macht dem vor-
bringenden Könige der Perser entgegen zu stellen,
der ganz gewiß, (wenn nicht Götter und vereinigte
Sorgfalt mehrerer Menschen seinen Vorschritten ein
Ziel setzten), sich nicht an Mesopotamien begnügen,

viel-

vielmehr seinen siegenden Waffen einen weitern Spielraum zu geben suchen würde.

Kap. 12.

So groß auch diese Bekümmernisse waren, so blieb man doch der im Staat schon so lange hergebrachten Sitte treu, und wenn man nicht gerade einen Bürgerkrieg erhob, so verkündigte doch die Trompete erdichtete Verbrechen beleidigter Majestät. Als thätiger Inquisitor ward ein Mann angestellt, der mir so oft in den Weg kommt, der Staatssekretär Paulus, der, Meister in jeder blutigen Kunst, wie der Vorfechter, der von jedem bei Beerdigungsgefechten *) oder im Amphitheater bleibenden Gladiator Gewinn hatte, auch mit Folterbank und Henker zu mäkeln wußte. Wenn ihm eine unwidersteblich Neigung, andern zu schaden, zur Gewohnheit geworden war, so ließ er sich auch zu geheimen Ränken herab, und verwickelte die unschuldigsten Personen in die gefährlichsten Criminalprocesse, und zog aus fremden Leiden den schändlichsten Vortheil.

Veranlassung zu diesen ins Unendliche gehenden Untersuchungen gab ein sehr geringer und unbedeutender Umstand. An der äußersten Gränze von Thebais liegt eine kleine Stadt Abydum *), wo das Orakel eines dieser Stadt geeigneten Gottes, Besa *) genannt,

---

*) Nach allen Erklärungen, die ich über diese Stelle finde, wußte ich sie nicht besser zu übertragen. Wahrscheinlich, dachte ich, haben diese Laniften für jeden Abgang eines ihrer Gladiatoren Ersatz erhalten, und von dieser Idee geleitet sah Ich wenigstens keine Schwierigkeit weiter.

Nach d'Anville Memoires S. 185. jetzt Madfune, nach

genannt, die Zukunft enthüllte, und von alten Zeiten her von den Bewohnern der umliegenden Gegenden als heilige Stätte verehrt ward. Weil nun einige persönlich oder durch andere das Verzeichniß ihrer Anfragen und Wünsche eingereicht, oder auf ihre im bestimmtesten Ausdrucke vorgetragenen Bitten die Antworten der Gottheit zu wissen verlangt hatten, so waren die Papiere oder Pergamentzettel, mit dergleichen Bitten beschrieben, bisweilen auch nach ertheilter Antwort im Tempel liegen geblieben. Von diesen machte man den hämischen Gebrauch, sie dem Kaiser in die Hände zu spielen, der, überhaupt engherzig, und sonst in weit ernsthaftern Fällen taub, doch auf diesen Punkt, wie man im Sprichwort sagt, weicher als ein Ohrläppchen, von dem klein-

---

nach Savary Aegypten Th. 2. S. 58. ein Derwisch-Kloster Scheik Abadeh. Nahe dabei lag eine andere Stadt Antinoe, oder Antinoupolis B. 22. K. 16. (jetzt nach d'Anville S. 178. Eusene; nach Abulfeda Ensineh, Zauberstadt), oder auch Besantinoe, aus Besa und Antinous zusammengesetzt, wie Casaubonus über Spartians Hadrian K. 14. aus Helladius beim Photius Cod. 279. anführt. Vielleicht, sagt Jablonsky, Pantheon B. 3. S. 201. ist die Verehrung des Besa aus Abydos in die neue Stadt Antinoe übergegangen. — Der Gott Besa selbst gehört unter die kleinen Localgottheiten, von denen Reinesius de Deo Endovellico, in Crenii Museo Philol. II. p. 333. ein Verzeichniß giebt, das sich aber jetzt vermehren läßt. Ja blonsky a. a. O. weiß auch keine weitere Nachricht von diesem Gotte zu geben, und bemerkt nur, daß sein Name sich in verschiedenen Menschennamen wieder finde. Außer andern von ihm genannten Männern hat er noch in seinem Handexemplare, das ich besitze, beigeschrieben: Forte *Embes Propheta*, cuius in Thes. Gruteri p. CCCXIV. Inscr. 2. mentio occurrit, a *Besa* etiam nomen habuit. Nam Εμ-βης significat *Besacum* vel consecratum *Besae*.

kleinlichsten Argwohne gepeinigt in bitterer Galle aufbrauste, und sogleich dem Paulus in den Orient hinzureisen befahl, mit dem Auftrage, als ein durch Erfahrung erprobter Held, die Untersuchung nach seinem Gutbefinden einzuleiten. Er wählte also zum Criminalrichter den Modestus, damals Comes im Orient, der in der That zu dergleichen Geschäften ungemeine Talente besaß, mit Uebergehung des prätorischen Präfects Hermogenes Poeticus, dessen sanftere Gemüthsart diese Absicht nicht zu erfüllen schien.

Paulus, mörderischen Grimm schnaubend, schritt nun sogleich zu Vollziehung seiner Instruction; tükkische Kläger durften angeben, wen sie wollten, und fast aus dem ganzen Römischen Reiche wurden ganze Schaaren, Vornehme und Geringe herbeigeführt, deren einige unter lastenden Fesseln seufzten, andere im Gefängniß starben. Zur nächsten Zuschauerin dieser Mordscenen wählte man die Stadt Scythopolis (Baisan) in Palästina, die zu dieser Absicht sich aus einem doppelten Grunde empfahl, einmal, weil sie mehr abgelegen *), und dann, weil sie in der Mitte zwischen Antiochien und Alexandrien lag, welche Städte die meisten Schuldigen lieferten.

Einer der ersten Inquisiten war Simplicius, des Erpräfecten und Consularen Philipps Sohn, dessen Anklage man darauf begründete, daß er das Orakel befragt hätte, ob er sich wohl auf künftige Fürstenwürde Hoffnung machen dürfe: auf Befehl
des

---

*) Wo diese Schändlichkeiten weniger Aufsehen machten, als in einer größern, mehr volkreichen Stadt.

des Kaisers, der in solchen Fällen auch dem treuesten Diener keinen Fehler, geschweige ein Vergehen verzieh, ward er peinlich befragt, und war zwar so glücklich mit ganzer Haut abzukommen, doch ward ihm ein bestimmter Verbannungsort angewiesen. Auf ihn folgte Parnasius, Expräfect von Aegypten, ein Mann von geradem Charakter, der, so nah er auch der Gefahr kam, den Kopf zu verlieren, doch am Ende auch nur mit dem Exil bestraft ward: lange vorher hatte man ihn oft erzählen hören, daß er ehemals, kurz vorher, ehe er aus Paträ, einer Stadt in Achaja, wo er gebohren und ansäßig war, weggegangen, um sich nach einem Amte umzusehen, einen Traum gehabt, worinn viele Schattengestalten in tragischer Kleidung ihn in ihre Mitte genommen zu haben geschienen hätten. Dann ward Andronikus *) als schöner Geist und Dichter berühmt, vor den Richterstuhl gebracht; aber er mußte, seiner Unschuld sich bewußt, jeden ungegründeten Verdacht, den man auf ihn bringen wollte, mit so fester Zuversichtlichkeit abzulehnen, daß man ihn für wirklich schuldlos erklärte. Auch ein Philosoph Demetrius **), mit dem Beinahmen Chytras, ein bejahrter, aber an Geist und Körper rüstiger Mann, ward wirklich überführt, (dem Gott Besa) einigemal geopfert zu haben: dies gestand er selbst ein, versicherte aber, er habe das von jungen Jahren

---

*) Kommt beim Libonius und Themistius als Dichter vor.
**) Ein cynischer Philosoph, welches ohne Zweifel das im Texte stehende et corpore durus et animo ausdrücken soll. Julian nennt ihn doch Chytres.

ren an gethan, um sich in der Gnade des Gottes zu erhalten, nicht durch vorwitzige Fragen sich zu hohen Gedanken verleiten zu lassen, wie er denn überhaupt glaube, daß Niemand in der Absicht den Gott befragt habe. Lange auf die Folter gespannt, blieb er doch, von seinem guten Gewissen unterstützt, ohne sich zu widersprechen, immer unerschrocken bei einerlei Aussage, und erhielt ohne weitere Strafe die Erlaubniß, nach Alexandrien, woher er gebürtig war, zurückzugehen.

Diese und einige andere rettete die gerechte Göttin des Schicksals, die doch immer die Unschuld begünstiget, von naher Gefahr des Todes. Weil aber falsche Anklagen sich wie Pest verbreiteten, und ihren Fallstricken eine unendliche Ausdehnung gaben, so starben einige an den Folgen der Folter, andere eines noch schmerzhaftern Todes, und ihr Vermögen ward eingezogen. Den Ton zu diesen traurigen Auftritten gab Paulus an, dessen Herz eine unerschöpfliche Fundgrube von Ränken und Methoden, andere unglücklich zu machen war, von dessen Wink, wenn ich so sagen darf, Leben und Glück eines jeden Menschen, der auf Gottes Erdboden wandelte, abzuhangen schien. Es durfte nur jemand ein Amulet für das viertägige Fieber, oder eine andere Krankheit am Halse tragen, oder von übelgesinnten Menschen angegeben werden, Abends über ein Grab gegangen zu seyn, so ward er für Giftmischer oder für Zauberer gehalten, der unter schauernden Gräbern nach luftigen Truggestalten umherschwebender Seelen haschte, und hatte gewisse Todesstrafe zu erwarten.

Ueberhaupt erfuhr man bei dem ganzen Geschäft mit so ernstem Eifer, als ob eine ganze Menge Menschen den Apoll in) Clarus, die Eichen zu Dodona, oder das ehemals berühmte Delphi bestürmt hätten, um dem Kaiser Unglück zu prophezeien. Und die Rotte der Höflinge — bot alle ihre Talente auf, die schändlichsten Schmeicheleien aufzufinden, sicherte ihrem Gebieter Verschonung von jedem Leiden der Menschheit zu, und pries sein Glück, von je her so schnell und so thätig jeden Versuch auf sein Leben vereitelt zu haben, mit lauter Stimme.

Daß man über dergleichen Dinge strenge Untersuchung anstellte, wird im Ganzen kein vernünftiger Mann tadeln. Wir läugnen ja nicht, daß das Leben eines rechtmäßigen Fürsten, der doch Beschützer und Vertheidiger guter Bürger seyn soll — ein Leben, von dem so viele andere abhangen, durch vereinigte Kraft Aller gesichert seyn müsse, und um es desto kräftiger zu sichern, haben in dem Falle, wo die Ehre beleidigter Majestät aufrecht zu erhalten war, schon die Cornelischen Gesetze keinen auch noch so vornehmen Stand von Untersuchung oder auch Tod frei sprechen wollen. Aber bei so traurigen Auftritten in zügelloser Uebertreibung sich selbst gefallen, ist doch auch unanständig, man müßte denn Despot, nicht Regent der Unterthanen seyn wollen. Billig sollte man hierin den Tullius (Cicero) zum Muster nehmen, der, wenn es in seiner Willkühr stand, gelind oder strenge zu verfahren, dennoch immer, wie er selbst sagt, lieber Gründe zur Verzeihung, als

Ammian. Marcell. 1ster B.

Gelegenheit zu Strafen suchte, worin ihm gewiß jeder bedächtige und überlegsame Richter folgen wird.

Um diese Zeit kam auch in Daphne, jener angenehmen und reizenden Vorstadt Antiochiens eine Mißgeburt zur Welt, eben so schrecklich anzusehen, als zu beschreiben, ein Kind nämlich mit zwei Köpfen, jeder Kopf mit zwei Zähnen und Einem Barte, mit vier Augen und zwei sehr kurzen Ohrlappen versehen: eine Mißgestalt, die ohne Zweifel ein Vorzeichen der Verschlimmerung des Staats war. Dergleichen Mißgeburten sind eben nicht selten, und können allerhand vorbedeuten: weil man aber nicht mehr, wie ehemals, den dadurch geäußerten Zorn der Götter zu versöhnen sucht, bleiben sie unbekannt, kommen wenigstens nicht ins große Publicum.

Kap. 13.

Jetzt war es auch, wo die Isaurier, die nach den vorher erzählten Vorfällen, und nach dem Versuche, die Stadt Seleucien zu belagern*), sich ruhig verhalten hatten, nach und nach, wie Schlangen zur Frühlingszeit aus ihren Löchern muthig aufspringen, wieder auflebten, ihre felsichten und ungebahnten Wälder verließen, sich in dichte Schaaren rotteten, und durch Raub und Mord ihre Gränznachbarn beunruhigten, auch als Bergbewohner, und in flüchtigem Laufen über Klippen und in Gebüschen geübt, unsre Kordons umgingen. Um sie mit Gewalt

---

*) S. Buch 14. K. 2. §. einmal B. 27. K. 9. jum auch kommen sie unten noch Vorschein.

alt oder Güte zur Vernunft zurückzubringen, ward auricius, mit dem Titel eines Comes abgesandt, n Mann von großer politischer Einsicht, der auch ehr durch Drohungen, als wirklichen Ernst dem lebel größtentheils abhalf, so daß, so lange er auch Statthalter blieb, doch nichts in derselben Gegend orfiel, das geahndet zu werden verdient hätte.

Zwanzigstes Buch.

Inhalt.

Kap. 1. Lupicin wird mit einer Armee nach Britannien gesandt, um den Streifereien der Scoten und Picten zu wehren. — Kap 2. Ursicin, General des Fußvolkes wird nach Hofe entboten, und bekommt den Abschied. — Kap. 3. Sonnenfinsterniß — Nebensonne — Ursachen der Sonnen- und Mondfinsterniße — Phasen des Mondes — Kap. 4. Julian wird von den Gallicanischen Legionen, die ihm Constantius abzugeben, und in den Orient wider die Perser folgen zu lassen befiehlt, in den Winterquartieren zu Paris wider seinen Willen zum August ausgerufen. — Kap. 5. Rede Julians an seine Soldaten. — Kap. 6 Sapor belagert und erobert Singara: die Einwohner werden nebst den berittenen Hülfsvölkern und zwei Römischen Legionen nach Persien abgeführt, und endlich die Stadt zerstört. — Kap. 7. Sapor erobert Bezabde, worinn drei Legionen zur Besatzung lagen, bessert dann ihre Mauern wieder aus, und versieht sie mit neuer Besatzung und Proviant: hingegen thut er einen vergeblichen Angriff auf die Feste Virta. — Kap. 8. Julians Brief an Constantius über den Vorfall in Paris. — Kap. 9. Constantius verlangt, Julian solle sich an dem Namen eines Cäsars begnügen lassen, welchem Begehren doch die Gallicanischen Legionen sich mit einmüthiger Standhaftigkeit widersetzen. — Kap. 10. Julian geht über den Rhein, überfällt die fränkische Völkerschaft der Attuarier unvermuthet, viele werden gefangen oder erlegt, den übrigen wird auf ihre Bitte Friede zugestanden. Kap. 11. Constantius geht mit seiner ganzen Macht von Bezabde, muß aber die Belagerung aufheben. — Regenbogen.

Kap. I.

n. C. Geb. 360. Dies waren die Begebenheiten, die in Illyricum und im Orient vorfielen. Aber in dem Jahre, da Constantius sein zehntes

und

und Julian sein drittes Consulat verwalteten, waren in Britannien die wilden Nationen der Scoten und Picten *) nach gebrochenem Frieden über die Gränzen gestreift, neue Furcht befiel unsere von einer ganzen Reihe vorhergegangener Bedrängnisse sich kaum erholenden Provinzen, und Julian, der seine Winterquartiere in Paris hielt, fand, von andern Sorgen gedrückt, nach dem Beispiele des Constans, wie ich vorher in meiner Geschichte erzählt habe, Bedenken, den jenseits der See liegenden Provinzen in Person zu Hülfe zu eilen, um Gallien nicht ohne Statthalter zu lassen, zu einer Zeit, wo die Wildheit der Alamannen einen neuen Krieg befürchten ließ. Er beschloß also die Wiederherstellung der Ruhe in Britannien, sey's durch Waffengewalt oder gütlichen Vergleich, dem kommandirenden General Lupicin (B. 18. K. 2.) zu übertragen, einem Manne, der zwar persönlichen Muth genug, und die Kenntnisse eines Feldherrn vollkommen besaß, aber auch den Kopf gewaltig hoch trug, und immer in tragischem Kothurn einherprunkte: — ein Mann, von dem sich kaum bestimmen ließ, ob er mehr geizig als grausam wäre. Mit Ausgang des Winters kam er mit leichten Hülfstruppen der Aeruler und Bataver **), und zwei Mösischen Legionen in

Z 3 Bon-

*) Ammian ist der erste, bei dem diese Völker vorkommen.
**) Kommen zusammen auch K. 4. und B. 27. K. 1. 8. vor, und gehören unter die Hülfstruppen. Notitia Imperii S. 1819. (Gräv.) Bataver sind ursprünglich deutsche, Katten nämlich, wurden aber schon vor Cäsar von ihren Landsleuten verdrängt, und ließen sich an der Waal nieder. Aeruler, (auch Eruler) sind Scythen.

Bononien*) (Boulogne) an, brachte Schiffe zusammen, schiffte sich mit seiner ganzen Mannschaft ein, langte unter günstigem Winde am jenseitigen Ufer bei Rutupiä (Richborough) an, und zog dann auf Lundinium (London) zu, um daselbst nach Beschaffenheit der Umstände einen bestimmten Plan zu entwerfen, und dann ungesäumt den Feldzug anzutreten**).

Kap. 2.

Indessen war noch während Amida's Belagerung der Feldherr des Fußvolkes, Ursicin als Barbations (B. 18, K. 3.) Nachfolger in diesem Amte an Constantius Hoflager zurückgegangen, fand aber hier bald seine Verläumder wieder, die anfangs nur unter der Hand kränkende Nachrichten verbreiteten, bald aber erdichtete Beschuldigen öffentlich gegen ihn schmiedeten. Der Kaiser, ohnedem immer Sklav seiner Vorurtheile, und jeden hämischen Kläger zu hören geneigt, verordnete den Arberio***) und den Hofmarschall Florentius (B. 15, K. 5.) zu Commissarien, die Ursachen des Verlustes von Amida in förmliche Untersuchung zu ziehen. Von augenscheinlich wahren Ursachen wollten diese Männer nichts hören, und aus Furcht, den Oberkammerherrn Eusebius zu beleidigen, wenn sie ganz offenbare Beweise,

---

*) Auch Gessoriacum unten Kap. 9. Bononien ist ein neuerer Name.

**) Ueberhaupt bitte ich mit dem ganzen Kapitel B. 27, K. 8. zu vergleichen.

***) General der Reiterei, von je der Ursicin Feind. B. 14, K. 11. bes. B. 15, K. 2.

weise, daß der ganze Vorfall der hartnäckigen Unthä‐
tigkeit Sabinians beizumessen sey, zu Protokoll
nähmen, ließen sie die Hauptsache liegen, und such‐
ten die Untersuchung auf Kleinigkeiten, die mit ihrem
Geschäft in keiner Verbindung standen, zu lenken.

Der Beklagte, über diese Winkelzüge aufgebracht,
appellirte an die höhere Instanz mit der Erklärung:
„Mag mir doch der Kaiser verächtlich begegnen,
„so ist doch die Sache in der That zu wichtig, als
„daß sie von einem andern als ihm selbst untersucht
„und abgeurtheilt werden könnte: indeß kann ich
„ihm mein Vorgefühl nicht bergen, daß bei allen
„Klagen, die ihm der wahre Bericht über Amida's
„Schicksal abbringen wird, und so lange er sich nur
„immer von Verschnittenen gängeln läßt, dennoch
„die im nächsten Frühjahre zu befürchtende Zerstü‐
„kelung Mesopotamiens auch durch seine persönliche
„Gegenwart, und durch seine ganze Heeresmacht
„nicht zu hindern vermögen wird." Ueber diese
Aeußerung, mit Zusätzen und boshaften Deutungen
bereichert, war der Kaiser gewaltig aufgebracht,
ließ die Untersuchung eben so wenig fortsetzen, als
die ihm bisher unbekannt gebliebenen Umstände laut
werden, entsetzte nur Ursicinen seines Amtes, und
an seine Stelle ward Agilo durch einen ungeheu‐
ren Sprung von einem Tribun der ausländischen
Haustruppen General des Fußvolkes.

Kap. 3.

Zu eben derselben Zeit sah man im Orient den Himmel in dunkele Finsterniß gehüllet, und vom ersten Anbruch der Morgenröthe bis zum Mittage funkelten die Sterne in vollem Glanze: das Schauerliche dieser Scene ward noch durch die Aengstlichkeit der Menschen erhöhet, die, weil alles Tageslicht verdunkelt, und dem Auge des Erdbewohners entrückt zu seyn schien, eine mehr als gewöhnlich lange Verfinsterung der Sonne vermutheten. Doch sie kam wieder zum Vorschein, anfangs nur in der Gestalt des sichelförmigen Mondes, dann ward sie bis zur Hälfte sichtbar, bis sie endlich wieder in voller Rundung da stand. Diese Erscheinung ist nicht immer so deutlich sichtbar, und tritt nur dann ein, wenn der Mond in seiner monathlichen, veränderlichen Bahn *) nach einer bestimmten Tagzahl auf denselben Punkt wieder zu stehen kommt: das ist **), wenn in eben demselben Himmelszeichen der Mond in völlig gerader Linie unter die Sonne tritt, und eine kurze Zeit in den Punkten (Minutis) inne steht, welche man in der Sprache der Erdmeßkunst Theile von Theilen nennt. Ob nun gleich die Bewegungen beider Himmelskörper nach der Beobachtung der Naturforscher,

so

---

*) Cum post inaequales cursus intermenstruum Lunae ad idem revocatur initium certis temporum intervallis. Weil intermenstruum hier nicht, wie am Ende des Kapitels, die Bedeutung des Vollmondes haben kann, so bin ich Valesius gefolgt, und habe iter menstruum gelesen.

**) Scheint sich vom Rande in den Text geschlichen zu haben. Die nachfolgende Erklärung ist doch um nichts deutlicher — ist ja gelehrter.

so oft der Mond seine Laufbahn einmal vollendet hat, allemal gleich weiten Abstand halten, so wird doch die Sonne deswegen nicht allemal in diesen Tagen verfinstert, sondern nur dann, wenn der Mond in gleichsam schnurgerader Richtung zwischen der Sonne und unserem Auge in die Mitte zu stehen kommt. Kurz, die Sonne erscheint dann in vermindertem Glanze, wenn sie und der Mond, der niedrigste unter den Himmelskörpern, einander begleitend, beide ihre eigene Laufbahn halten, und ungeachtet des weiten Abstandes, doch gegen einander, und wie Ptolemäus es treffend und schön ausdrückt, in die Dimensionen zu stehen kommen, welche die Griechen in ihrer Sprache auf- und absteigende elliptische Knoten *) nennen. Wenn sie nun in dieser Richtung die nächstliegenden Flächen in Streifschatten treffen, so wird die Verfinsterung nur schwächer ausfallen: hingegen, wenn sie in dem Knoten selbst inne stehen, und die auf- und absteigende Bahn im scharfen Mittelpunkt durchschneiden, so verbreitet sich über den Himmel weit dichtere Finsterniß, und die Luft wird so dunkel, daß man auch die nächsten Gegenstände nicht mehr erkennen kann.

Zwei Sonnen glaubt man dann zu sehen, wann eine höher als gewöhnlich stehende Wolke, von dem ewigen Feuer der Sonne näher erleuchtet, den Glanz der Sonnenscheibe wie in einem reinen Spiegel nachbildet.

---

*) ἀναβιβάζοντας καί καταβιβάζοντας ἐκλειπτικὸς συνδέσμους. Lat. cogmenta defectiva.

Nun von den Mondfinsternissen. — Der Mond wird wirklich und sichtbar nur alsdann verfinstert, wenn er in völliger Rundung der Sonne gegen über, und von ihrer Bahn hundert und achtzig Grade, das ist, im siebenten Zeichen des Himmels absteht. Dies ist nun zwar der Fall bei jedem Vollmonde, aber deswegen entsteht nicht allemal eine Verfinsterung. Weil aber der Mond der Erdbahn am nächsten, und unter den prachtvollen Himmelskörpern der unterste ist, so kommt er bisweilen gegen das auf ihn fallende Sonnenlicht so zu stehen, daß er durch den in keilförmiger Gestalt auf ihn fallenden Erdschatten *) auf kurze Zeit und nur zum Theil verdunkelt wird: oder seine Scheibe wird ganz verfinstert, wenn beim Kreislauf der Sonne um die untere Sphäre, die Erde, als dichter Körper mit ihrer Rundung vor die Sonne tritt, und also diese den Mond mit ihren Strahlen nicht erleuchten kann, der, wie sich aus mehreren Gründen schließen läßt, gar kein eigenes Licht hat. Wenn er also unter den gegebenen Umständen der Sonne gegen über zu stehen kommt, wird er, wie gesagt, ganz verfinstert, und diesen Stand gegen die Sonne nennen die Griechen Synodus Menes, (Synodalrevolution).

---

*) Obiectu metæ noctis in conum desinentis. Cicero von der Divination B. 2. Kap. 6. Incurrit in umbram terrae, quae est meta noctis. Auch von der Natur der Götter B. 2. K. 40. beschreibt er die Finsternissen so: (Luna) tum subjecta atque opposita soli radios eius et lumen obscurat: tum ipsa incidens in umbram terrae, cum est e regione solis, interpositu interiectuque terrae repente deficit.

Neu heißt der Mond, wenn er mit einer geringen Declination die Sonne gleichsam schnurgerade gegen sich über hat. In den ersten Tagen seiner Erscheinung bemerken wir von ihm nur ein sehr schmales Lichtstreifchen, wenn er nämlich von der Sonne weg, schon in das zweite Himmelszeichen eintritt. Rückt er in seiner Bahn weiter fort, und zeigt nun völlig seine glänzenden Hörner, so nennt man ihn **Menoeides**. Entfernt er sich dann noch weiter von der Sonne, und erreicht das vierte *) Zeichen, so wird durch die mehr auf ihn fallenden Sonnenstrahlen sein Glanz noch heller, und er erscheint in halber Rundung, weßhalb ihn die Griechen **Dichomenus** (oder **Dichotomus**) nennen. In noch weiterem Abstande, nämlich im fünften Zeichen, sieht man ihn von beiden Seiten in höckrichter Gestalt, welches die Griechen durch **Amphikyrtus** ausdrücken. Steht er dann winkelrecht der Sonne gegen über im siebenten Zeichen, so erscheint er nun in vollem Lichte. Wenn er aus diesem siebenten Zeichen wieder heraustritt, welchen Stand man **Aposkrusis** nennt, so nimmt er in gleichen Gestalten wieder ab, und die Astronomen beweisen aus mehreren Gründen, daß eine Mondfinsterniß nie anders als im Vollmonde **) eintreten könne.

Wenn

---

*) Nicht das fünfte, wie im Texte steht: Wenn er nämlich in dem neunzigsten Grad von der Sonne absteht, und also die Hälfte seines Umlaufes von 180 Graden zurück gelegt hat, weßwegen er eben von den Griechen Dichotomus, von den Lateinern dividua oder dimidia luna genannt wird. Dalesius.

**) tempore intermenstrui.

Wenn ich vorhin sagte, daß die Sonne bald im Aether, bald in niedern Regionen ihre Laufbahn halte, so muß man wissen, daß die Himmelkörper in Rücksicht auf das Universum eigentlich weder auf- noch untergehen, daß es uns vielmehr nur in unserem Gesichtspunkte von der Erde aus so vorkomme, welche durch eine innere Kraft in schwebender Bewegung erhalten wird, und gegen das große Weltall nur einen kleinen Punkt ausmacht: und daß beim Aufblick in den Himmelsraum die an ihm befestigten Sterne, deren Standpunkt doch ewig derselbe bleibt, unserem kurzsichtigen Auge es scheint, als ob sie ihren Standort verrückten. Doch es ist Zeit, wieder einzulenken.

Kap. 4.

Zwar eilte Constantius in den Orient hin, wo nach einstimmiger Aussage der Ueberläufer und Kundschafter neue Einfälle der Perser neue Unruhen befürchten ließen, aber auf der Seele brannten ihm Julians Verdienste, deren wachsender Ruhm sich über mehrere Nationen verbreitete, und seinen durch keine Schwierigkeit geminderten Heldenmuth laut erhob, mit dem er mehr als einen Alamannischen König vom Throne gestürzt, die vorher von den Barbaren ausgeplünderten oder zerstörten Städte Galliens wieder erobert, und die Barbaren selbst Tribut zu geben gezwungen hatte. Alles dies beunruhigte den Kaiser nicht wenig, und weil er diesen Ruhm immer mehr wachsen zu sehen befürchten mußte, so sandte er, er, wie man sagte, vorzüglich auf Anstiften des Präfects in Gallien*). Florentius, den Tribun und Staatssekretär Decentius ab, um die Hülfsvölker der Aeruler und Bataver (Kap. 2.) nebst den Petulanten**) und Celten, und einem Aushub von dreihundert Mann aus jeder Legion von Julians Armee sich abgeben zu lassen, und ihren Abmarsch unter dem Vorgeben zu beschleunigen, weil sie zu der im kommenden Frühjahre gegen die Perser aufbrechenden Armee stoßen sollten.

Der Befehl, diese Hülfstruppen und ausgehobenen dreihundert Mann zu schleunigem Aufbruch anzuhalten, war an Lupicin allein gerichtet, weil man seinen Uebergang nach Britannien bei Hofe noch nicht wußte: aber überdies noch aus den Haustruppen (Scutariern und Gentilen) die besten Leute auszuheben, und dem Kaiser zuzuführen, war dem Sintula, damals Oberstallmeister (Tribunus Stabuli) Julians aufgetragen.

Julian sagte zu dem allen kein Wort, und beruhigte sich bei den Befehlen des Mächtigern: nur Eine Bemerkung glaubte er ohne Zurückhaltung sich erlauben zu müssen, daß man wenigstens Leuten keinen Zwang anthun dürfe, die Haus und Hof jenseit des Rheines verlassen, und blos auf die Bedingung

---

*) Ist vom Hofmarschall K. 2. zu unterscheiden, und bereits B. 17, 3. als prätorischer Präfect in Gallien da gewesen.

**) Hatten diesen Namen, weil sie sich etwa einmal vor andern muthwillig betragen hatten, (s. B. 22. K. 12.) wie denn die Benennung der Legionen nach ihren Sitten, oder nach ihrer Tapferkeit nichts ungewöhnliches ist. z. B. Pia, Fidelis, Fulminatrix u. s. w. S. Naß Kriegsalterthümer S. 444. f.

dingung, daß man sie nie in Gegenden, über den Alpen gelegen, brauchen wolle, zu uns übergegangen wären: außerdem wäre zu befürchten, daß die von den wilden Völkern freiwillig zu unseren Fahnen übergehenden Soldaten, deren Zahl in Rücksicht auf jene Bedingung bisher nichts weniger als unbeträchtlich gewesen wäre, gar sehr zurückgeschreckt werden möchten. Doch diese Vorstellung blieb ohne Wirkung. Der Tribun fand nicht für gut, auf des Thronfolgers Klagen Bedacht zu nehmen, hielt sich vielmehr an die Befehle des regierenden Kaisers, hob die besten, durch Muth und Gewandtheit ausgezeichneten Leute aus, und marschierte mit ihnen ab, in der Hoffnung, bald noch weiter zu gehen.

Julian, bekümmert in Ansehung der übrigen vom Kaiser verlangten Truppen, war mit sich selbst über die ganze Sache nicht einig, glaubte aber doch, mit der größten Behutsamkeit dabei verfahren zu müssen: der Gedanke von der einen Seite an die Wildheit der Barbaren, von der andern an die Befehle des Mächtigern preßten seine Seele gleich stark, und die Abwesenheit des Feldherrn der Reiterei (Lupicins) machte seine Verlegenheit noch größer. Er entbot also vor der Hand den (prätorischen) Präfect (Florentius) zurück, der vorlängst unter dem Vorwande, Proviant herbeizuschaffen *) nach Vienne gegangen war,

---

*) Das gehörte allerdings zu seinem Amte mit. Bekanntlich hatten die prätorischen Präfecte nach Constantins Einrichtung mit dem eigentlichen Kommando der Armee nichts zu schaffen, wohl aber für Lebensmittel der Armee zu sorgen (s. auch oben B. 14, K. 10.)

war, im Grunde aber sich der im Lager zu fürchtenden Unruhe entziehen wollte. Die Vermuthung dieser Unruhen gründete sich darauf, weil er, wie ich vorhin erzählte, wahrscheinlich einen Bericht an den Hof hatte abgehen lassen, wodurch der Gedanke, die tapfersten Streiter, längst ein Schrecken der Barbaren, von der Gallischen Gränze zurück zu entbieten, veranlaßt worden war. Jetzt bekam er Julians Brief, worinn er den Befehl und die Bitte fand, so bald als möglich zurückzukommen, um durch seinen guten Rath das Beste des Staats befördern zu helfen, weigerte sich aber hartnäckig, Folge zu leisten, so sehr ihn auch die deutliche Erinnerung in Julians Briefe, daß der prätorische Präfect sich in dringenden Umständen nie von der Person des regierenden Herrn entfernen dürfe, auf bedenkliche Folgen in der Zukunft aufmerksam machen mußte. Noch hatte Julian beigefügt, daß wenn der Präfect sich seiner Pflicht entzöge, auch er die Ehrenzeichen der Cäsarwürde ablegen würde: denn rühmlicher sey es doch immer, einem ihm zugedachten Tode muthig entgegen zu gehen, als sich den Ruin der Provinzen beimessen zu lassen. Doch der Präfect blieb auf seinem Starrsinn, und widersetzte sich jedem auch noch so billigen Befehle mit der äußersten Hartnäckigkeit.

Julian, sich selbst überlassen, weil der Feldherr Lupicin abwesend seyn mußte, und der Präfect aus Furcht vor einem Tumult abwesend seyn wollte, hielt

die Einkünfte der Provinzen zu verwalten — waren überhaupt nach dem regierenden Herren die ersten Civilbeamten.

hielt endlich nach mancherlei Ueberlegungen fürs Beste, die Heerstraßen zu geschwinderem Fortkommen der aus ihrem Winterlager ausgehobenen Soldaten aufs schleunigste in guten Stand setzen zu lassen. Kaum war diese Nachricht ruchtbar geworden, als man im Lager der Petulanten eine Schmähschrift an der Erde liegen fand, worin unter andern auch dies stand: „Uns treibt man an der Erde äußerste Grän-
„zen als schuldige Missethäter hin, und unsere Wei-
„ber und Kinder sollen in der Alamannen Sklave-
„rei zurückkehren, aus der wir sie mit unserem
„Blute in mehr als einer Schlacht loskaufen muß-
„ten." Diese Schrift ward im Hauptquartier abgegeben, Julian las sie, fand die darin geäußerten Beschwerden wahr genug, befahl aber doch, die Soldaten sollten nur immer in den Orient hinmarschieren, wozu er ihnen die Erlaubniß, sich der stationsweise angestellten **größern Postwagen** *) zu bedienen mit Vergnügen ertheilen wolle: und weil man über die Marschroute lange nicht einig werden konnte, so beschloß man endlich auf den Vorschlag des Staatssekretärs Decentius, sie über Paris gehen zu lassen, wo Julian bisher seinen beständigen Aufenthalt gehabt hätte, und noch hatte. Dies that man, der Fürst ging ihnen, wie gewöhnlich, bis in die Vorstadt entgegen, lobte jeden, den er persönlich kannte, erinnerte sie an ihre tapfere Thaten, und ermunterte alle durch die freundlichsten

Vor-

*) Clavularis (clabularis) cursus. Kommt im Theodos. Codex mehrmal vor, und Saumaise über die Historia Augusta B. 1. S. 279. hat vorzüglich eine gute Nachricht davon gegeben.

Vorstellungen, getrost zu dem Kaiser hinzugehen, der bei mehr ausgebreiteter, uneingeschränkter Gewalt im Stande wäre, ihnen die verdienten Belohnungen ihrer Tapferkeit zu geben. Auch ließ er, ihre Officiere, um ihnen vor ihrem so weiten Zuge in ferne Lande noch eine Ehre zu erweisen, zu einem Gastmahl einladen, bei dem er jedem Erlaubniß gab, sich von ihm auszubitten, was er wollte. Von einer so edelmüthigen Bewirthung brachten sie die doppelt schmerzhafte Empfindung zurück, daß ihr ungünstiges Schicksal sie von einem so sanften Feldherrn sowohl als von ihrem Vaterlande trennen sollte. Dieses Kummers voll kamen sie in ihr Standquartier zurück. Aber bei Eintritt der Nacht brach die Rebellion offenbar aus, man verhetzte jeden, dem der unverhoffte Befehl des Kaisers zur Last fiel, alles griff zu den Waffen, und alles zog dann, unter wildem Lärmen nach dem Palaste hin, besetzte denselben rund umher, um keine Seele daraus entkommen zu lassen, und nun rufft man unter fürchterlichem Geschrei den Julian zum August aus, verlangte auch mit Ungestüm, ihn sogleich zu sehen: man blieb in dieser Erwartung bis an den Morgen stehen, wo er dann endlich zu erscheinen sich genöthigt fand. Kaum erblickte man ihn, als der einstimmige Zuruf: August! vom neuen laut erscholl.

Er selbst widersetzte sich festen Sinnes, gab bald sein Mißvergnügen in Worten zu erkennen, bat bald mit ausgestreckten Armen aufs bringendste, man möchte ihn doch nach so vielen und so glücklichen Siegen nicht zwingen, eine Ungereimtheit zu begehen,

Ammian. Marcell. 1ster B. U.a. oder

oder durch eine so unzeitige, unbesonnene Hitze nicht Gelegenheit zu Störung des Friedens geben. Die Versammlung ward etwas ruhiger, und nun that er ihr noch die sanfte Vorstellung: „Mäßiget doch, „Freunde, eure Hitze: ihr könnt ja ohne Zwist, „und ohne für Rebellen zu gelten, eure Wünsche „erfüllt sehen: süß ist euch der Gedanke an Vater= „land, schreckhaft der Gedanke an unbekannte und „weite Länder hinzuziehen; — nun so kehre dann „jeder zu Haus und Hof zurück — ihr sollt, weil „ihr es nicht gern thätet, keinen Schritt über die „Alpen thun. Dies getraue ich mir bei dem ein= „sichtsvollen Kaiser, der billige Vorstellung gern „annimmt, hinlänglich zu verantworten." Auch dies half nichts, von allen Seiten schrie man vom neuen auf. Eine Hitze beseelte die ganze Versamm=lung, und Julian sah sich dem lautesten Getümmel, selbst mit Drohungen und Schmähreden vermischt, endlich nachzugeben gezwungen. Man stellte ihn auf ein Schild, wie es das Fußvolk zu führen pfleget, hob ihn dann in die Höhe *), aller Mund **) er=tönte von dem Aufruf: August, alle verlangten, er sollte

*) Ueber diesen Gebrauch hat man eine kleine Schrift von C. G. Schwarz: de antiquo ritu elevandi principes inaugurandos &c. Altorf. 730. bei der man eine neuere unter Klotzens Vor=sitz von Wohlfahrt verthei=digte: de inauguratione principum super clypeo Hal. 770. füglich entbehren kann.

**) Nullo silente. Artig ist die Lesart der besten Hand=schriften, pullo silente, zu der Zeit, da die Hähne zu krähen aufhörten. Ich bin doch aber der im Valesian=schen Texte aufgenommenen auch deswegen lieber gefolgt, weil sie eben das sagt, was bei Julians Ernennung zum Cäsar B. 15. K. 8. vor=kommt: Nemo post haec finita reticuit.

sollte das Diadem anlegen." — „Ein Diadem? — „dergleichen habe ich nie gehabt." — Nun so laß einen Hals- oder Hauptschmuk von deiner Gemahlin herbringen. — „Aber weiblicher Puz möchte wohl „nicht die günstigste Vorbedeutung für den antre- „tenden Regenten seyn." †) Man suchte nach ei- nem Pferdeschmuck, um wenigstens durch irgend eine Art von Krone, wäre die Aehnlichkeit auch noch so entfernt, seine höhere Gewalt anzuzeigen: auch dies hielt er für unanständig, und so faßte ein gewisser Maurus, der nachher als Comes sich bei dem en- gen Passe von Succi (B. 31. K. 10.) nicht zum besten hielt, jezt Unterofficier (Hastat) unter den Petulanten, den Muth, das Halsgehänge, das er als Fahnenträger *) trug, dem Julian um das Haupt zu legen: der dann aufs äußerste getrieben, und überzeugt, bei fernerem Widerstande sich au- genscheinlicher Lebensgefahr auszusetzen, endlich nach- gab, und jedem Soldaten fünf Goldstücke und ein Pfund Silber zu geben versprach.

Sein persönlicher Kummer ward indeß dadurch nichts weniger als gemindert, mit schneller Einsicht sah er die Folgen voraus, trug also kein Diadem, wagte es nicht, sich öffentlich sehen zu lassen, oder auch die dringendsten Geschäfte zu besorgen. Aber

indem

---

†) Ich nahm mir hier die Freiheit, ein wenig zu dra- matisiren — um die Mode mitzumachen.

*) Daß er Hastat und Fähnrich zugleich seyn kön- nen, läugnet Saumaise, und will deswegen anstatt Dra- conarius lieber Decuria- lius lesen. Gewöhnlicher ist das freilich, Valois bringt aber doch eine Analogie von einem Primipilen, der auch zugleich Fahnenträger gewe- sen, bei, und so habe ich nichts ändern wollen.

indem er, in Betrachtung, wie schnell sich oft das Glück ändere, sich im Innern seines Palastes verborgen hielt, kam ein Decurio Palatii, welches eine Art von Hofbedienten *) ist, mit eilenden Schritten in das Lager der Petulanten und Celten, und setzte alles durch den lärmenden Aufruf in Bewegung, man habe den Frevel begangen, den von ihnen den Tag vorher ernannten August heimlich aus der Welt zu schaffen. Diese Nachricht machte, daß die Soldaten, auf die jedes Gerücht, wahr oder unwahr, gleich stark wirkt, ihre Pfeile schwenkten, andere drohend mit bloßen Schwertern auf verschiedenen Wegen, und ohne Reihe und Glied zu halten, nach dem Palast hinstürmten. Die Trabanten wurden durch den gräßlichen Lärmen in Furcht gesetzt, ihre Tribunen, und selbst der General der Haustruppen, Excubitor genannt, **) glaubten der Treulosigkeit wankelmüthiger Soldaten und einem augenscheinlichen Tode nur durch die Flucht entgehen zu können. Jene blieben, weil überall Stille herrschte, eine Zeitlang unter den Waffen stehen: auf die Frage, was denn die Ursache ihres unbesonnenen

*) Man hatte im Palaste 30 Mann, Silentiarii genannt, deren Geschäft darin bestand, daß sie vor dem Zimmer des Kaisers standen, wenn er Staatsrath hielt, fremden Gesandten Audienz gab, und dergleichen überhaupt für Stille im Palast sorgten. Jedes Sehend von ihnen hatte einen Officier, Decurio deshalb benannt, und diese besorgten die Ordnung und Ruhe im Palast überhaupt, wurden als Adjutanten zu Verschickungen in der Stadt gebraucht, und ordneten den Zug an, wann der Kaiser oder die Kaiserin ausfuhren. Haubold de Consistorio Principum Spec. 2 p. 51.
**) Domesticorum Comes Excubitor nomine.

nenen und plötzlichen Aufruhres wäre, gaben sie, noch immer zweifelhaft über Leben oder Tod des Fürsten lange keine Antwort, und gingen nicht eher aus einander, als bis sie in das Audienzzimmer eingelassen, den Julian in vollem Staate gesehen hatten.

Kap. 5.

Auf die Nachricht von Julians Erhebung kamen auch die unter Sintula's Anführung vorausgegangenen Truppen, mit ihm jetzt ganz fröhlich und sorgenlos nach Paris zurück, alle wurden auf den folgenden Tag zu einer Versammlung entboten, und der Fürst erschien in mehr als gewöhnlichem Glanze, bestieg dann das Tribunal, von Fahnen aller Art umgeben, und durch bewaffnete Krieger um sich her gesichert. Nach einer kurzen Pause, die er zu tiefem Studium der Gesichter umher anwandte, und nach Bemerkung allgemeiner Munterkeit und Freude, suchte er sie, wie durch eine Trompete und dennoch durch ganz schmucklosen Ausdruck, um allen verständlich zu werden, in so guter Stimmung zu erhalten.

„ Die Wichtigkeit der Sache, sagte er, macht
„ mir es zur dringendsten Angelegenheit, euch,
„ meiner Person und des Staates tapfere und treue
„ Vertheidiger, die ihr nebst mir für das Wohl der
„ Provinzen euer Leben so oft preis gabet, jetzt, da ihr
„ euren Cäsar mit so fester Beharrlichkeit auf die
„ höchste Stufe der Macht erheben zu müssen glaub,
„ tet, auf einige Hauptpunkte nur überhaupt und

„ in möglicher Kürze aufmerksam zu machen, um
„ bei der gegenwärtigen Veränderung uns zu gründ-
„ lichen und behutsamen Maaßregeln bestimmen zu
„ können. Kaum noch Jüngling, noch, wie ihr
„ wißt, im jugendlichen Purpurgewand, durch himm-
„ lische Fügung eurem Schutze vertraut, wich ich
„ nie von der Bahn eines rechtschaffenen Lebens ab;
„ mit euch und unter euch unterzog ich mich jeder
„ Beschwerlichkeit, zu einer Zeit, da durch Keckheit
„ der Völker um uns her, nach Zerstörung der Städ-
„ te, nach Ermordung unzähliger Tausende von
„ Menschen, selbst die wenigen, nur halb verschon-
„ ten Provinzen unbeschreiblicher Jammer durch-
„ tönte. Ueberfluß wäre es, euch ins Gedächtniß
„ zurückzubringen, wie oft wir im rauhen Winter
„ und bei der strengsten Witterung, in Jahreszei-
„ ten, wo Mars zu Land und See von seiner Arbeit
„ ruht, vorher nie bezwungene Alamannen entkräf-
„ teten und zurücktrieben. Aber ohne Unbilligkeit
„ darf ich ihn nicht mit Stillschweigen übergehen —
„ jenen bei Strasburg für uns so glücklich aufge-
„ henden Tag, der Galliens Provinzen ihre Freiheit
„ einigermaßen auf immer sicherte, — den Tag, an
„ dem Ich von dem dichtesten Pfeilregen mich nicht
„ schrecken ließ, und Ihr, von eurem Muth und
„ langer Erfahrung unterstützt, die wie brausende
„ Waldströme unaufhaltbar heranflutenden Feinde
„ mit dem Schwerte erlegtet, oder in des Stromes
„ Tiefen sprengtet, und eurer Streitgenossen nur
„ wenige verloret, deren Todtenfeier wir mehr durch
„ lautes Lob, als durch laute Klagen ehren zu müs-
„ sen

„sen glaubten. So große, so glänzende Thaten
„berechtigen mich zu glauben, daß selbst die Nach-
„welt eure Verdienste um den Staat bei allen Na-
„tionen laut verkündigen wird, wenn ihr an dem
„Manne, den ihr auf die ehrenvolle Stufe höherer
„Majestät hinstellet, eure Zuneigung dadurch vol-
„lendet, daß ihr ihn mit männlicher Standhaftig-
„keit gegen jeden Unfall vertheidiget. Um aber eine
„gleichmäßige Ordnung einzuführen, um die Rechte
„tapferer Männer auf Belohnungen ungekränkt zu
„erhalten, um zu verhüten, daß heimliche Erschlei-
„chung Ehrenstellen nicht an sich reiße, setze ich
„im Angesicht einer mir so ehrwürdigen Versamm-
„lung fest: daß kein Civilbeamter, kein
„Befehlshaber der Armee, für dessen
„Wahl nicht eigenes Verdienst spricht, zu
„keiner höhern Ehrenstufe aufsteigen,
„und daß jeder, der für eines andern
„Beförderung sich durch Bitten verwen-
„det, seiner Ehre verlustig seyn soll."

Durch diese Zusicherung fühlte sich der geringere
Krieger, schon längst von Belohnungen und Würden
ausgeschlossen, zu neuen Hoffnungen belebt, alle
schlugen mit den Lanzen an die Schilde, wurden vor
Freude sehr laut, und priesen fast einmüthig des
neuen Kaisers Reden und Thaten. Um auch den
Versuchen, eine so wohl überlegte Einrichtung zu hin-
tertreiben, keinen Augenblick Zeit zu lassen, traten
sogleich die Petulanten und Celten mit der Bitte auf,

einige

einige Actuarten*) als Statthalter in selbstbeliebigen Provinzen anzustellen: aber sie waren auch über die Nichtgewährung ihrer Bitte weder unwillig, noch traurig.

Noch will ich dieß bemerken, daß der Kaiser seinen näheren Vertrauten erzählt habe, daß die Nacht vorher, ehe man ihn zum August erhoben, ihm eine Traumgestalt, wie der Schutzgeist des Staats gebildet, diesen Verweis gegeben habe: „Schon längst, „Julian, lauerte ich an dem Eingange deines Hau„ses, des besten Willens voll, dein Ansehen zu er„höhen, und mehr als einmal fand ich mich abge„wiesen; nimmst du mich auch jetzt nicht auf, wo „so viele für deine Ehre einstimmig sind, nun so „gehe ich freilich niedergeschlagen und traurig von „dannen: aber, merke dir das! vor deine Thüre „komme ich dann nie wieder."

Kap. 6.

Während so eifriger Betriebsamkeit in Gallien war Persiens König, der Wütrich Sapor, bereits vorher durch Antonin, jetzt durch den neuerlichen Ueberläufer Craugasius noch mehr aufgereizt, und vor Begierde glühend, sich, ehe Constantius mit seiner Armee näher rückte, Mesopotamiens zu versichern, mit verdoppelter Macht in feierlichem Pompe über den Tigris gegangen, um die Belagerung von Singara zu unternehmen, einer Stadt, die, nach dem

Urtheil-

---

*) Hatten die Beschreibung und Ausgabe der Lebensmittel bei der Armee zu besorgen, und Rechnung darüber zu führen.

Artheile der Beamten der Provinz, mit wehrhaften Männern und allen Bedürfnissen des Lebens reichlich versehen war. Die Belagerten schlossen, sobald sie nur die Vortruppen der Feinde von weiten sahen, sogleich die Thore, liefen muthvoll auf Thürmen und Zinnen umher, schleppten große Steine und Kriegsmaschinen zusammen, und standen nach getroffenen Voranstalten alle bewaffnet, alle bereit da, die andringenden Schaaren der Feinde zu empfangen, wenn sie sich den Mauern näher zu kommen erkühnen sollten.

Der König hatte bei seiner Ankunft durch einige Magnaten, die man auch näher kommen ließ, die Besatzung durch freundliche Unterhandlung, seinem Wunsche gemäß, zur Uebergabe nicht bewegen können, er ruhte also den ersten Tag mit der Armee aus, aber beim Anbruch des folgenden Tages ließ er zum Zeichen des Angriffes das feuerfarbige Panier wehen, sein Heer zog sich rund um die Stadt, die einen trugen Leitern auf der Schulter, die andern richteten die Maschinen zum Angriffe, die meisten suchten, durch Schanzkörbe und Sturmdächer gedeckt, der Mauer näher zu kommen, um sie in ihren Grundfesten zu erschüttern. Die Belagerten, durch höhere Brustwehren gedeckt, unterließen dagegen nicht, Steine und alle Arten von Geschoß in die Ferne auf diejenigen zu werfen, die kühn genug waren, sich an die Mauer heranzudrängen.

Einige Tage stritt man mit abwechselndem Glück, und beide Theile hatten viel Todte und Verwundete; der Kampf ward hitziger, und schon fing es an Abend zu werden, als man außer mehreren Maschinen auch einen außerordentlich starken Mauerbrecher spielen ließ, der durch wiederholte Stöße den runden Thurm erschütterte, der bei einer vorhergehenden Belagerung (den Römern) den Eingang in die Stadt verschafft hatte. Alles drängte sich nun auf diesen Ort zusammen. Fackeln brennende Kienstöcke und Brandpfeile flogen umher, um die gefährlichen Maschinen niederzubrennen, und an Pfeilen und Steinen, aus Schleudern geworfen, ließ man es auch gegen einander nicht fehlen. Aber jede Erfindung, dem Uebel zu wehren, vereitelte die Schärfe des Mauerbrechers, welcher die Fugen der vor kurzem erst aufgemauerten und ihrer Feuchtigkeit wegen noch nicht haltbaren Steine aus einander sprengte. Noch stritt man mit Schwert und Feuer, als der einstürzende Thurm einen breiten Eingang öffnete. Die Besatzung verließ ihren Posten, und zerstreute sich bei so augenscheinlicher Gefahr: die Perser drangen von allen Seiten unter fürchterlichem Geheul ein, verbreiteten sich bald ohne Widerstand in allen Theilen der Stadt, und hieben hin und wieder einige nieder, alle übrigen aber nahm man auf Sapors Befehl lebendig gefangen, und schaffte sie in die entlegensten Provinzen Persiens.

Die Besatzung der Stadt hatte aus zwei Legionen bestanden, der ersten Flavischen, und der ersten Partischen, wozu noch viele Eingebohrne des Landes kamen, die sich nebst einiger Reiterei beim ersten Schrecken hineingeworfen hatten: und alle wurden, wie gesagt, die Hände auf den Rücken

gefes-

gefesselt, fortgeführt, ohne daß ihnen von unserer
Seite zu helfen war. Der größere Theil unserer Armee kampirte nämlich unter Zelten vor Nisibis,
welches in ziemlicher Entfernung davon lag: überdies hatte man auch in frühern Zeiten bei ähnlichen
Unglücksfällen die Stadt Singara immer ihrem Schicksale überlassen müssen, weil die ganze Gegend umher dürr und wasserarm war. Zwar hatte man in
der Vorzeit bei Anlegung dieser Stadt auf ihre bequeme Lage gesehen, um plötzliche Einfälle der Feinde
bald zu erfahren, aber die Römer hatten in der
That nichts weniger als Vortheil von derselben,
denn bei mehrmaligen Eroberungen büßten sie auch
die Besatzung darin mehr als einmal ein.

Kap. 7.

Nach Singara's Zerstörung war der König klug
genug, der Stadt Nisibis, wo er schon oft Verlust erlitten zu haben sich erinnerte, auszuweichen,
er zog also seitwärts rechter Hand ab, um Bezabde *), von ihren ehemaligen Erbauern auch Phönike genannt, durch Gewalt oder süße Versprechungen in seine Gewalt zu bekommen. Dieser Ort
war eine sehr starke Festung, lag am Abhang eines
mäßigen Hügels nach den Ufern des Tigris herab,
war da, wo die Lage weniger fest, oder zu niedrig
war, mit einer doppelten Mauer verwahrt, und
ihre Besatzung bestand aus drei Legionen, der zweiten

---

*) Der Syrische Name ist auch Bakerda. Bruns
Gazatta Zabbáa, der Handbuch S. 135.
Arabische Dschesive, oder

ten Flavischen, der zweiten Armenischen, und der zweiten Parthischen, wozu noch die Bogenschützen von Zabbicene kamen, welches damals unsern Befehlen gehorchte, und auf deren Grund und Boden die Municipalstadt (Bezabbe lag.

Beim ersten Anrücken recognoscierte der König, von einer Schaar mit blinkenden Panzern bewaffneter Reiter begleitet, doch vor allen leicht kennbar, die Festungswerke, und war so kühn, bis an den Rand unserer Graben heranzukommen: unsere Ballisten und Pfeile würden ihn auch gewiß nicht verfehlt haben, wenn er nicht hinter Schilden, wie ein Sturmdach zusammengeschoben, Schutz gefunden hätte. Doch er unterdrückte für jetzt die Aufwallung seines Zornes, sandte vielmehr, wie gewöhnlich, Herolde ab, um den Belagerten freundlich zuzureden, in Hinsicht auf ihr Leben und künftiges Schicksal die Belagerung durch Benutzung des günstigen Zeitpunktes abzuwenden, nach geöffneten Thoren zu ihm herauszukommen, und sich demüthig der Gnade des Siegers der Nationen zu überlassen. So nah auch diese Herolde der Mauer kamen, so schoß man doch deßhalb nicht auf sie, weil sie einige der Unsrigen bekannte, in Singara gefangen genommene Freigebohrne gefesselt mit sich führten: blos aus Schonung gegen diese warf man zwar keine Pfeile, gab aber auch wegen freiwilliger Uebergabe keine Antwort.

Einen ganzen Tag und eine Nacht blieb man dann von beiden Seiten ruhig, aber nach Anbruch des folgen=

folgenden Tages thaten die Perser einen hitzigen Angriff mit ihrer ganzen Macht auf den Wall, drohten schon von weiten mit wildem Geschrei, rückten dann noch näher, und begannen dann den förmlichen Kampf mit der eben so muthig sich wehrenden Besatzung. Viele Verwundete bekamen freilich die Perser, weil sie theils mit Leitern auf der Schulter, theils hinter Schanzkörben blind vorwärts rückten: doch ging es auch nicht ohne Verlust für die Unsrigen ab. Pfeile wollten flogen von allen Seiten, und trafen um so sicherer, je dichter man stand; nach Sonnen-Untergang ging man von beiden Theilen mit gleichem Verlust aus einander, aber am folgenden Morgen ward das Gefecht unter Trompetenklang noch hitziger, und die Zahl der Todten war auf beiden Seiten nicht geringe, weil die einen sowohl als die andern mit der entschlossensten Hartnäckigkeit fochten.

Am dritten Tage, den man nach vielfacher Ermattung zu einem Rasttage machte, weil große Schrecknisse den Belagerten vor Augen standen, und für die Perser die Gefahr nicht weniger groß war, gab der Bischof der Christen durch Zeichen und Winke zu verstehen, daß er aus der Stadt ins Lager heraus zu kommen bereit sey; nach erhaltener Versicherung, daß ihm kein Leid widerfahren solle, ging er in des Königs Zelt hin. Hier erhielt er Erlaubniß, freimüthig sein Anbringen vorzutragen, und sein bescheidener Rath ging dahin, die Perser sollten in ihr Land zurückgehen; dann so beträchtlich auch der Verlust von beiden Seiten wäre, so wären doch noch größere Leiden zu befürchten, die der Zufall gar bald herbei-

herbeiführen könnte. So andringend er auch diesen und ähnliche Vorschläge zu machen suchte, so thaten sie doch auf die wilde Wut des Königes keine Wirkung, denn er bestand unter den theuersten Schwüren darauf, nicht eher als nach Zerstörung der Stadt von dannen zu gehen. Doch kam der Bischof dabei in den, wie ich glaube, ungegründeten Verdacht, der doch bei vielen für gewisse Wahrheit galt, daß er dem König Sapor in einer geheimen Unterredung Anweisung gegeben habe, auf welche Theile der Mauer, als mürbe und weniger fest, er vorzüglich den Angriff richten sollte. Diese Vermuthung schien dadurch in der Folge Wahrscheinlichkeit zu erhalten, weil die feindlichen Maschinen gerade die unsichersten und am meisten verwitterten Seiten der Mauer mit so sicherem Vorgefühl eines glücklichen Erfolges angriffen, als würden sie von einem des Innern der Stadt völlig kundigen Manne geleitet.

Ob nun gleich enge Fußsteige die Zugänge zu der Mauer ohnedem sehr beschwerlich machten, und die Mauerbrecher nur mit Mühe vorwärts rücken konnten, weil sie den Steinwürfen aus freier Hand und den Pfeilen zu sehr ausgesetzt waren: so ließen doch die Belagerten auch überdem ihre Ballisten und Scorpionen nicht unthätig bleiben, warfen aus jenen große Pfeile, aus diesen Steine, und zugleich Brandkörbe mit Pech und Harz bestrichen: alle diese Arten von Geschoß, in so gehäufter Menge bergab fliegend, machten, daß die feindlichen Maschinen nicht nur wie eingewurzelt, sondern auch jeden Augenblick neuen Brandpfeilen und Feuerbränden ausgesetzt da standen.

Bei

Bei einer so gefährlichen Lage, die auf beiden Theilen viele Leute hinriß, waren doch vorzüglich die Perser sehr hitzig, diese durch natürliche Lage und starke Mauer befestigte Stadt noch vor Winters Anfang dem Erdboden gleich zu machen, überzeugt, daß nur auf diese Weise des Königs Erbitterung zu versöhnen sey. Nicht vieles Blutvergießen, nicht der Anblick so vieler tödtlich Verwundeten war im Stande, seine Soldaten von ihrer bisherigen Kühnheit zurückzuhalten. Lange kämpften sie mit äußerster Lebensgefahr, setzten sich dem augenscheinlichsten Tode aus, und sahen sich, wenn sie mit Mauerbrechern näher rücken wollten, durch herabgeworfene Felsenstücke und brennende Materialien mit jedem Schritte gehindert, bis endlich ein Widderkopf, höher als die andern, mit angefeuchteten Thierhäuten belegt, und deswegen der Entzündung und anderem Geschoß weniger ausgesetzt, vor allen andern voraus durch äußerste Anstrengung helfender Hände sich näher an die Mauer heran wand, mit seiner ungeheuren Spitze die Fugen der Quadersteine durchbohrte, einen Thurm aus seinem Gleichgewicht hob, und zum Stürzen brachte. Indem der Thurm mit großem Krachen fiel, stürzten auch seine Vertheidiger, ohne sich in der Geschwindigkeit retten zu können, herab, starben Theils zerschmettert, theils verschüttet, eines ihnen so unverhofften, als verschiedenen Todes, und die bewaffneten Schaaren der Feinde drangen auf freier und sicherer Bahn in die Stadt ein.

So

So laut auch die Donnerstimme heut so des Jubels der Perser von allen Seiten in das bebende Ohr der Besiegten drang, so begann doch der Kampf innerhalb der Stadt nun desto hitziger. Ganze Schaaren der Feinde und der Unsrigen maßen nun ihre Kräfte in der Nähe gegen einander, und drängten sich dicht zusammen, und das gezogne Schwert stieß jeden nieder, der ihm in den Weg kam. Lange hatten die Belagerten mit äußerster Kraft gegen den entscheidenden Augenblick angekämpft, als sie endlich durch die nachdringende zu große Menge der Feinde in großer Zerstreuung flohen. Und nun hieb das Schwert erbitterter Sieger alles vor sich her nieder. Kinder riß man den Müttern aus den Armen, die Mütter selbst wurden niedergemacht, und keiner wußte in der Wut, was er that. Eine so klägliche Mordlust konnte nichts hemmen, als eine noch größere Raubsucht; und mit aller Art von Beute beladen, und einen unübersehlichen Zug Gefangener vor sich her, zogen die Sieger frohlockend in ihre Zelte zurück.

Der König, so groß auch seine Freude war, den längst gehegten Wunsch, eine ihrer Lage nach so wichtige Festung, als Phönika war, zu erobern, jetzt erfüllt zu sehen, verließ doch die Gegend nicht eher, als bis er die beschädigten Theile der Mauer wieder in vollkommenen Vertheidigungsstand gesetzt, Proviant in Ueberfluß angeschafft, und Krieger, eben so wohl durch Geburt als Heldenmuth ausgezeichnet, als Besatzung zurückgelassen hatte — alles aus Besorgniß, die sich auch in der Folge bestätigte, die

Römer

Römer würden, über den Verlust einer so wichtigen Festung nichts weniger als gleichgültig, gewiß alle Kräfte aufbieten, sie vom neuen zu belagern.

Indessen brüstete er sich für jetzt nicht wenig, fühlte sich zu der Hoffnung, jede Stadt, die auf seinem Wege läge, zu erobern berechtigt, nahm einige unbedeutende Festen in Besitz, und legte nun seinen Plan auf Birta (Tekrit) an, eine so alte Stadt, daß man ihre Erbauung dem Macedonischen Alexander zuschreibt, und an Mesopotamiens äußerster Gränze gelegen, übrigens mit bald eingerückten, bald vorspringenden Festungswerken versehen, und in mehr als einer Betrachtung fast unzugänglich. Nun ob er zwar jeden Kunstgriff auf, suchte die Besatzung bald durch Versprechungen zu locken, bald durch Drohungen der grausamsten Martern zu schrekken, fing auch einigemal an, Dämme aufzuwerfen, und Maschinen herbeizuführen, gab aber endlich, weil der Verlust von seiner Seite bei weitem der größere war, ein so eitles Unternehmen auf.

Kap. 8.

Dies waren die Begebenheiten dieses Jahres am Tigris und Euphrat. Constantius bekam von jedem Vorfalle bald Nachricht, brachte, weil er nicht Muth genug zu einem Parthischen Feldzuge fühlte, den Winter in Constantinopel zu, ließ aber doch es seine angelegenste Sorge seyn, die Gränzen durch die besten Anstalten zu sichern. Er sorgte für Waffen und Rekruten, und verstärkte die Legionen mit jungen muthigen Kriegern, die sich bisher im Orient bei förmlichen Schlachten schon mehrmals ausgezeichnet hatten: auch suchte er bei den Scythen für Geld oder bittweise um Hülfstruppen an, um bei künftigem Eintritte des Frühlings die der Gefahr vorzüglich ausgesetzten Plätze sichern zu können.

Indeß hielt Julian seine Winterquartiere in Paris, nicht ohne Besorgniß der Folgen, welche der von ihm gethane Schritt etwa haben könnte; und sein größter Kummer war der, daß er bei allem Nachdenken doch immer fand, Constantius, der ihn von je her wie den niedrigsten Menschen verächtlich behandelt hatte, würde auf keine Weise seine Beistimmung zu seiner Erhebung geben. Nach vorsichtiger Ueberlegung, wie sie die bedenkliche Lage eines anscheinenden Empörers rieth, beschloß er endlich Gesandte an denselben zu schicken, um ihn mündlich über den Vorfall belehren zu lassen; diesen gab er einen Brief gleichen Inhaltes mit, worin er mit gleich offener Freimüthigkeit das Geschehene erzählte, und was etwa künftig zu thun wäre, vorstellte. Er konnte vermuthen, daß der Kaiser die Sache längst schon aus der Erzählung des bereits vor einiger Zeit an den Hof zurückgegangenen Decentius, und der vor kurzem durchgereißten Hofkammerbedienten, die an ihn (Julian) einige Jahrgelder von Galliens Einkünften abgegeben hatten, wissen werde. Der Ton seines Briefes war eben so wenig trotzig, als anmaßend, um nicht den Schein zu geben, als ob seine Entziehung von der bisherigen Unterwürfigkeit

ein

ein Werk der Uebereilung wäre, und der Inhalt war
ohngefähr dieser:

„Ich bin meinen Grundsätzen in meinem ganzen
„Betragen sowohl, als in Erfüllung jeder Verbind-
„lichkeit, so lange dergleichen statt fand, mit un-
„verrückter Denkart treu geblieben, wie sich aus
„unzähligen Thatsachen augenscheinlich beweisen
„läßt. Von jenem Tage an, da du mich zwar
„zum Cäsar ernanntest, aber auch zugleich dem
„fürchterlichsten Schlachtgewühl preis gabest, blieb
„ich mit der mir übertragenen Gewalt zufrieden,
„suchte durch häufig eingesandte Nachrichten von
„glücklichen Vorfällen als ein treuer Diener deinem
„Ohr eine Freude zu machen, ohne dir meine Ge-
„fahren mit in Rechnung zu bringen, so leicht sich
„auch durch mehrere Beweise darthun ließe, daß ich
„in den Kriegen gegen die Germanen, in deren
„weitumfassendem Lande mehrere Nationen durch-
„einander wohnen, bei Gefahren immer der erste,
„bei Erholungen immer der letzte war.

„Wenn aber jetzt, wie du glaubst, eine Ab-
„weichung von meinem bisherigen Betragen einge-
„treten ist; so nehme ich mir die Freiheit, zu be-
„merken, daß der Soldat, der in so vielen, so ge-
„fährlichen Kriegen seine Jahre unbelohnt hinlebte,
„einen längst gefaßten Entschluß jetzt nur ausführte
„und mit Ungestüm sich weigerte, einem Anführer
„vom zweiten Range länger untergeordnet zu seyn,
„überzeugt, daß ein bloßer Cäsar ihnen für so
„reichlich vergossenen Schweiß, für so viele Siege
„Vergeltung zu geben nicht vermöge. Diese Er-

„bitte-

„ bitterung meiner Krieger, die sich weder das Auf-
„ rücken zu höheren Stellen, noch eine Erhöhung
„ des jährlichen Soldes hatten verdienen können,
„ ward noch durch den ganz unerwarteten Befehl er-
„ höhet, daß sie, an Eis und Schnee nordlicher Ge-
„ genden gewöhnt, in die entlegensten Länder des
„ Orients aufbrechen, und von ihren Weibern und
„ Kindern getrennt, einen so weiten Marsch ohne
„ Geld und ohne Kleidung sich hinschleppen sollten.
„ Mehr als gewöhnlich zu wilder Wut aufgereizt,
„ rotteten sie sich bei Nacht zusammen, umstellten
„ meinen Palast, und der laute Aufruf: Julian
„ August! ward allgemein. Ich bebte zurück, ich
„ gestehe es, entfernte mich, und glaubte durch diese
„ Entfernung, so lange man mir sie gönnte, in einen
„ Winkel des Palastes wenigstens Frist für mein Le-
„ ben zu gewinnen *). Weil man mir aber keinen
„ Aufschub verstattete, so trat ich hinter der Ver-
„ schanzung eines guten Gewissens, wenn ich so sa-
„ gen darf, vor der ganzen Versammlung auf, noch
„ immer der guten Hoffnung, den Tumult durch
„ mein Ansehen, oder durch freundliche Vorstellung
„ stillen zu können. Aber die einmal erhitzte Wut
„ ging   daß mein Versuch, ihren Hartsinn
„ durch   erweichen, blos die Wirkung hatte,
                                           „ daß

*) Salutem simulatione quaeritabam et latebris. Simulatione kann unmöglich hier stehen bleiben, wo Julian seine völlige Unschuld bewähren will. Ohne andern Vorschlägen ihren Werth zu benehmen, glaubte ich am besten mit simul dilatione auszukommen. Simul-et für et-et ist Ammianisch. S. B. 26. K. 10. Simul atque B. 29. K. 5. u. s. w.

„ daß man gegen mich selbst mit mordendem Gewehr
„ mehr als einmal andrang. Besiegt endlich durch
„ Gewalt, und geleitet durch die Ueberlegung, daß
„ nach meiner Ermordung doch immer ein an-
„ derer die ihm angebotene Fürstenwürde mit beiden
„ Händen ergreifen würde, gab ich meine Bei-
„ stimmung, in der Hoffnung, dadurch den er-
„ hitzten Köpfen die Waffen aus den Händen zu
„ winden.

„ Dieß ist der wahre Verlauf der Sache, den
„ ich mit ruhiger Seele zu überdenken bitte. Sey
„ versichert, daß ich die reine Wahrheit schreibe, und
„ gieb verderblichen Ohrenbläsern kein Gehör, die
„ von je her gewohnt waren, in Entzweiung der
„ Fürsten ihren Vortheil zu suchen: weise jede
„ Schmeichelei, die doch nur Nährerin unserer Feh-
„ ler ist, von dir, laß vielmehr die vortrefflichste
„ aller Tugenden, die Gerechtigkeit vorwalten: nimm
„ die billigen Bedingungen, die ich dir vorlege,
„ mit Geneigtheit auf, und du wirst sie bei ge-
„ nauerer Ueberlegung den Vortheilen des Rö-
„ mischen Reiches eben so angemessen finden, als
„ den Vortheilen unserer selbst, die Blutsfreund-
„ schaft und gemeinschaftliche Regentenwürde näher
„ an einander knüpfen sollten. Du wirst meiner
„ Freimüthigkeit um so eher verzeihen, wenn ich die
„ Erklärung beifüge, daß ich auf meinen wohl über-
„ dachten Vorschlägen nicht deswegen bestehe, weil
„ sie die meinigen sind, vielmehr nichts so sehr wün-
„ sche, als daß auch du sie nützlich und gut finden

„ mögest,

„ mögest, und daß ich dann auch Vorschlägen von
„ deiner Seite mit großem Verlangen entgegen sehe.

„ Was demnach etwa künftig zu thun seyn
„ möchte, will ich ganz kurz angeben. Ich erbiete
„ mich, Spanische Zugpferde, und zu Ergänzung
„ der Hoftruppen (Gentilen und Scutarier) entweder
„ eine gewisse Anzahl junger Läter *), aus einem
„ ausländischen (deutschen) Völkerstamme diesseit
„ des Rheines, oder wenigstens freiwillige Ueber-
„ läufer zu liefern. Dies verspreche ich, so lange
„ ich lebe, mir nicht nur zur angenehmsten, sondern
„ auch zur leidenschaftlichsten Pflicht zu machen.
„ Die Ernennung prätorischer Präfecten, wenn sie
„ billigdenkende und verdienstvolle Männer sind,
„ hänge lediglich von deiner Gnade ab: die Stellen
„ der übrigen gewöhnlichen Beamten und Officiere
„ bei der Armee zu besetzen bleibt billig meiner Wahl
„ überlassen, so wie die Annahme meiner Leibtra-
„ banten. Unbesonnen wäre es doch, wenn man
„ mit Behutsamkeit zu wählen im Stande wäre,
„ und wollte dennoch als Fürst Leute so nahe um
„ sich haben, deren Sitten und Gesinnungen man
„ nicht kennt.

„ Uebrigens muß ich ohne die geringste Zurück-
„ haltung versichern, daß die Gallier durch lang-
„ wierige Unruhen und durch die traurigsten Un-
„ glücksfälle sehr zurückgesetzt, in fremde und so
„ weit entlegene Länder hin Rekruten zu liefern sich
„ weder freiwillig noch gezwungen bequemen
„ werden, um nicht, durch traurige Erinnerung
„ des

*) S. Note z. B. 16, K. 11.

„ des Vergangenen bereits niedergeschlagen, jetzt
„ durch Aufopferung des Restes ihrer Söhne, ihr
„ gänzliches Verderben in naher Zukunft vollendet
„ zu sehen. Und Hülfsvölker von hier aus gegen
„ die Parther zu entbieten möchte um so weniger
„ gut gethan seyn, da wir gegen die Einfälle der
„ Barbaren (Alamannen) noch immer nicht gesi
„ chert, und, wenn ich die Wahrheit sagen darf,
„ diese Provinzen, von so anhaltenden Unglücksfäl
„ len erschüttert, vielmehr fremde und starke Unter
„ stützung selbst bedürfen.

„ Dies sind meine, wie ich hoffe, gemeinnützi
„ gen Vorschläge meine Forderungen, meine Bitten.
„ Ich weiß es, und mehr sage ich nicht, um mir
„ nicht etwa die stolze Miene eines Regenten zu ge
„ ben, ich weiß es, wie oft schon in den traurig
„ sten Lagen des Staates, wo alles verloren zu
„ seyn schien, dennoch die Einigkeit gegenseitig sich
„ nachgebender Fürsten Ruhe und Glück wiederher
„ stellte: und ich darf mich nur auf das Beispiel un
„ serer Ahnherren berufen, die, weil sie mit mir
„ von einerlei Grundsätzen ausgingen, doch immer
„ den sichern Weg zu einem glücklichen Leben fanden,
„ und bei der spätesten Nachwelt noch im ehrenvoll
„ sten Andenken bleiben werden."

Diesem Briefe hatte Julian noch ingeheim ein
anderes, dem Constantius gelegentlich zuzustellendes Schreiben beigefügt, dessen Ton aber nachdrüklicher und mehr beißend war: den völligen Ideengang habe ich aber nicht aufspüren können, und
hätte

hätte ich es, so würde ich ihn doch nicht ins Publicum bringen können.

Diese Aufträge auszurichten wählte Julian die würdigsten Männer, den Hofmarschalk Pentadius, und den Oberkammerherrn Eutherius, mit dem Befehle, nach Ueberreichung der Briefe, ohne Rückhalt, was sie wüßten, zu erzählen, und über künftig etwa zu treffende Einrichtungen mit treuem Rathe an die Hand zu gehen.

Indeß war freilich der ganze Vorfall dem Kaiser durch den entflohenen Präfect Florentius in einem gehässigen Lichte vorgestellt worden. Dieser Mann, der eine Empörung der Soldaten wegen des laut gewordenen Befehles ihres Hinzuges in die Morgenländer ahnete, war wohlbedächtig nach Vienne gegangen, wie er vorgab, in Proviantangelegenheiten, im Grunde aus Furcht vor Julian, den er oft sehr unhöflich behandelt hatte. Kurz nachher erfuhr er, Julian sey als August ausgerufen; sein Leben zu retten, glaubte er kaum oder wohl gar nicht hoffen zu dürfen, die Entfernung von der Hauptscene beförderte seinen Entschluß, sich den zu fürchtenden Gefahren zu entziehen, nur noch mehr; er machte sich also mit Zurücklassung aller der Seinigen auf, kam in langsamen Tagereisen beim Constantius an, und glaubte seine Unschuld nicht besser bewähren zu können, als wenn er wider den Rebellen Julian die gehäuftesten Beschuldigungen vorbrächte. Kaum hatte dieser den Abzug des Mannes erfahren, als er nach seiner eben so edeln als weisen Denkart, und um jedermann zu überzeugen, daß Florentius, auch

wenn

wenn er im Lande geblieben wäre, nichts zu befürchten gehabt hätte, seine Familie und Habe sicher und unberührt in den Orient abgehen zu lassen befahl, und selbst den Gebrauch öffentlicher Vorspann bewilligte.

Kap. 9.

Nicht weniger eifrig waren Julians Gesandte, mit den vorher angegebenen Aufträgen ihre Reise anzutreten und fortzusetzen, fanden sich aber durch allerhand Ränke höherer Staatsbeamten in den Städten, wo sie durchreisten, oft behindert: nach langem und beschwerlichem Aufenthalt, den sie sich in Italien und Illyricum hatten gefallen lassen müssen, schifften sie sich auf dem Bosporus ein, setzten dann ihren Weg in langsamen Tagereisen fort, und trafen endlich den Constantius noch immer in Cäsarea, einer Stadt in Cappadocien, vorher Mazaca (jetzt Kaiserich) genannt, welche eine eben so wohl gewählte Lage, als zahlreiche Volksmenge hat, und am Fuße des Berges Argäus liegt. Zur Audienz gelassen, überreichten sie auf erhaltene Erlaubniß ihre Briefe: aber beim Verlesen derselben brauste der ohnedem hitzige Kaiser im zornigsten Unwillen auf, so daß die Gesandten in seinem tückisch schielenden Auge ihren gewissen Tod lasen: dann befahl er ihnen abzutreten, ohne weiter eine Frage an sie zu thun, oder ihnen einigen Bescheid zu geben.

So aufgebracht er war, konnte er doch über einen festen Entschluß mit sich selbst nicht einig werden,

den, ob er die Truppen, auf deren Treue er sich verlassen zu können glaubte, gegen die Perser, oder gegen Julian gebrauchen sollte: nach genauer abgewogenen Gründen ließ er sich doch endlich durch den Rath einiger wohlmeinender Männer zu dem Feldzuge im Orient bestimmen. Eiligst entließ er nun die Gesandten, befahl aber zugleich seinem Quästor (Hofkanzler) Leonas mit Briefen an Julian nach Gallien hinzueilen, und der Inhalt dieser Briefe war theils Erklärung, daß er in die vorgegangenen Neuerungen nicht willige, theils Befehl, daß Julian, wenn ihm sein und seiner Vertrauten Leben lieb wäre, seinen hohen Sinn ablegen, und sich mit der Macht eines Cäsar begnügen solle. Um die Furcht vor seinen Drohungen desto eindringlicher, und sein Uebergewicht geltend zu machen, hatte er an Florentius Stelle den Nebridius, damals Quästor bei Julian zum Prätorischen Präfect, den Staatssekretär (Notar) Felix zum Hofmarschall, und einige andere zu andern Aemtern ernannt, unter ihnen auch Guhomar, den er doch, noch ehe die Revolution bekannt ward, an Lupicins Stelle zum kommandirenden General (Magister Armorum) erhoben hatte.

Leonas ward bei seiner Ankunft in Paris als ein eben so angesehener als einsichtsvoller Mann mit Achtung aufgenommen, und nachdem der Fürst den folgenden Tag, umgeben von Schaaren seiner Soldaten und einer großen Anzahl Einwohner, die er absichtlich zu dieser Versammlung mit beschieden hatte, auf dem Tribunal, um desto mehr ins Auge

zu fallen, erschienen war, bekam jener nun Befehl, seine Briefschaften zu überreichen. Man eröffnete sie, und fing an von vorn herein zu lesen, aber sobald man auf die Stelle kam, wo Constantius sein Mißfallen über die Vorfallenheit bezeugte, und dem Julian mit der Gewalt eines Cäsar sich zu begnügen gebot, schrie man von allen Seiten in fürchterlichem Tone auf: „Julian August! — denn dafür haben
„ ihn Provinzialen und Soldaten und Staat er-
„ kannt — der Staat, der sich unter ihm zwar be-
„ reits erholt, aber doch immer noch die wieder auf-
„ lebende Wut räuberischer Barbaren zu fürch-
„ ten hat."

Mehr brauchte Leonas nicht zu hören, er trat also mit Julians Briefen, die mit der Erklärung der Armee ganz gleichförmig lauteten, seine Rückreise unter sicherem Geleite an, und Nebridius war der einzige, dessen Ernennung zur Präfectur Julian genehmigte, weil er selbst in seinem vorherigen Briefe an den Kaiser deutlich geäußert hatte, daß die Wahl dieses Mannes ihm vor andern angenehm seyn würde. Zum Hofmarschall hatte er schon vorher den Anatolius ernannt, der vorher die Beantwortung der eingegangenen Bittschriften auszufertigen gehabt hatte, auch stellte er andere Beamte an, wie er es seinem Vortheile oder Sicherheit gemäß fand.

Weil man auch bei dem ganzen Vorfalle dem Lupicin, obgleich als Britanniens Statthalter abwesend, einem bis zum Uebermuth stolzen Manne nicht trauen zu dürfen glaubte, und zu besorgen stand, er möchte, wenn er diese Nachricht in seiner

Insel

Insel erführe, sich zum Empörer aufwerfen, so sandte man einen Staatssekretär nach Boulogne, mit dem Auftrage, sorgfältig zu verhüten, daß kein Schiff nach Britannien übersegelte. Diese Vorsicht war auch von so glücklicher Wirkung, daß Lupicin, noch ehe er ein Wort erfuhr, zurück kam, und dann eine Empörung zu beginnen sich außer Stand sah.

Kap. 10.

Julian, über seine Standeserhöhung, und über das gute Zutrauen seiner Soldaten mehr als jemals fröhlich, that, um seinen Eifer nicht erkalten, oder sich geringerer Thätigkeit als bisher zeihen zu lassen, während daß seine Gesandten mit Constantius verhandelten, einen Feldzug in die Gränzen des zweiten Germaniens, und nachdem er sich mit allen zu seiner Absicht erforderlichen Hülfsmitteln versehen, näherte er sich der Stadt Tricensima. (Kölln) *). Nachher ging er über den Rhein, und fiel den so genannten Attuarischen **) Franken ins Land, einer sehr unruhigen Völkerschaft, die noch immer so frech war, in die Vorländer Galliens herüberzustreifen. Sein Ueberfall kam für diese Leute, die nichts weniger als einen feindlichen Angriff befürchteten, und um so sorgloser waren, weil sie ihr Land durch die überall steinichten Zugänge gesichert glaubten, und sich nicht erinnern konnten, daß je ein Fürst bis in ihre Gauen vorgedrungen wäre,

---

*) S. Note zu 18, 2.   Gegend von Lüttich.
**) Wahrscheinlich in der

wäre, so plötzlich und unvermuthet, daß ihm ihre Besiegung nur wenig Mühe machte: der größere Theil ward gefangen genommen oder niedergemacht, und den übrigen gestand er den erbetenen Frieden auf Bedingungen, wie er selbst sie gut fand, zu, wobei er doch vorzüglich auf die Sicherheit ihrer Gränznachbarn Rücksicht nahm. Mit gleicher Schnelligkeit ging er über den Fluß zurück, besah überall die Gränzfesten, ließ sie, wenn es nöthig war, in bessern Vertheidigungsstand setzen, und langte in Rauräci (Augst) an, nahm dann die von den Barbaren ehemals eroberten, und bis jetzt als eigenthümlich besessenen Plätze wieder ein, sicherte auch diese durch stärkere Befestigung, und ging dann über Besantio (Besançon) nach Vienne zurück, um seinen Winteraufenthalt daselbst zu nehmen.

Kap. 11.

Dies war die Reihe der Begebenheiten in Gallien. Während daß Julian hier so glückliche und so vorsichtige Maaßregeln traf, hatte Constantius den Arsaces, König von Armenien zu sich einladen lassen, empfing ihn mit der größten Höflichkeit, und ließ es an keiner Ermunterung ermangeln, ihm die Beharrlichkeit in Treue und Freundschaft gegen die Römer zu empfehlen. Er wußte, daß der König der Perser mehr als einmal Ränke, Drohungen und List aufgeboten hatte, ihn von dem Bündnisse mit den Römern abzuziehen, und in sein Interesse zu verflechten. Arsaces betheuerte, eher wolle er seinem

Leben,

Leben, als seiner Denkart entsagen, ging dann, nebst seinem Gefolge reichlich beschenkt, in sein Land zurück, und hielt in der Folge sein Versprechen redlich. In der That hatte er gegen Constantius große Verbindlichkeiten für so viele Wohlthaten, unter denen die wichtigste die war, daß er ihm die Olympias, des ehemaligen Prätorischen Präfects Ablabius Tochter, und bereits seines Bruders Constans Braut zur Gemahlin gegeben hatte.

Nach Entlassung des Königes verließ Constantius Cappadocien, ging durch Melitina *), eine Stadt in Klein-Armenien, durch Lacotena, und Samosata, dann über den Euphrat und kam in Edessa an, wo er sich, um von allen Orten her Verstärkung der Armee, und hinlängliche Vorräthe an Lebensmitteln zu erwarten, längere Zeit aufhielt, und endlich nach dem Herbstäquinoctium nach Amida vorrückte.

Bei Annäherung an die Stadt, und beim Anblick der Aschenhaufen drang ihm die Erinnerung an das traurige Schicksal der armen Stadt Seufzer und Thränen ab. Ursulus *), Schatzmeister der Staatskasse, der neben ihm ritt, ließ sich beim geheimen Gefühl des Schmerzes doch auch die laute Klage

---

*) Melitina, späterhin Malatia, f. Note z. B 19. K. 8. — Lacotena, auch Lacabena, bei Assemani, jetzt unbekannt. — Samosata jetzt Shemisat. — Edessa, auch Callirhoe von welchem letztern Namen die Syrische Benennung Orrhoa, und die Arabische Orfa entstanden zu seyn scheint. Ist noch jetzt in blühendem Zustande nach Niebuhrs Zeugniß. — Amida, jetzt Diarbekr.

**) Ist als Comes Largitionum B. 16. K. 8. da gewesen, und sein Tod wird B. 22. K. 3. erzählt.

Klage entgehen: „Sieh nur, mit welchem Muth
„der Soldat die Städte vertheidiget, dessen reich-
„licher Sold, sollte auch die Schatzkammer dabei
„erschöpft werden, immer bereit seyn muß." Eine
so bittere Bemerkung vergaß ihm die Armee so wenig, daß sie vielmehr in der Folge bei Chalcedon seinen Tod verlangte.

Von Amida aus zog nun der Kaiser in gedrängten Schaaren fort, schlug bei seiner Ankunft vor
Bezabde Zelter auf, umzog sie mit Wall und
tiefem Graben, besah dann die Festung rund umher,
erfuhr aber aus mehr als Einem Munde, daß die
vorher aus Sorglosigkeit vernachläßigten Werke jetzt
weit mehr befestiget wären. Um keine nöthige Vor-
anstalt zu unterlassen, die ihn vielleicht des hitzigen
Kampfes ganz überheben könnte, sandte er einige
verständige Männer ab, um die Besatzung durch einen doppelten Vorschlag zu freiwilliger Ergebung zu
bewegen: entweder die Stadt, die sie doch nur als
fremdes Gut besäßen, zu räumen und zu den Ihrigen zurückzukehren, oder sich den Römern zu unter-
werfen, und dafür Würden und Belohnungen zu gewärtigen. Weil aber jene, ihrem nationellen Starrsinn gemäß, als Leute von edlen Familien, und gegen Gefahren und Beschwerden abgehärtet, dieses
Begehren von der Hand wiesen, so machte man nun
Anstalten zu einer förmlichen Belagerung.

In geschlossenen Gliedern, von tönender Trompete ermuntert, rückte der muthige Krieger von allen
Seiten gegen die Stadt an, die Legionen theilten sich
in verschiedene Haufen, unter Schirmdächern von
ver-

verschränkten Schilden gesichert, um sich der Mauer allmählig zu nähern, und ihre Thürme zu erschüttern: weil aber alle Arten von Geschoß, je näher sie kamen, auf sie herabflogen, und selbst die fest in einander geschobenen Schilde trennten, so mußte die Trompete zum Rückzug blasen. Den folgenden Tag ruhte man, aber am dritten gab man den Schirmdächern eine festere Haltung, und strebte unter muthigem Feldgeschrei von allen Seiten gegen die Mauer an. Die Belagerten hatten sich, um von den Unsrigen nicht gesehen zu werden, hinter vorgespannte grobe Tücher verborgen; indeß kamen doch, so oft es Noth that, ihre tapferen Arme zum Vorschein, mit denen sie Steine und Pfeile auf die Belagerer warfen. Wenn dann unsere geflochtenen Schanzkörbe so muthig vorwärts rückten, daß sie die Mauer fast berührten, so warf man Tonnen, Mühlsteine und Säulenschafte herab, gegen deren überwiegende Schwere die Unsrigen auszuhalten nicht vermochten, vielmehr gewaltsame Oeffnungen in ihre Schirmdächer gemacht sahen, und nur mit äußerster Lebensgefahr entrinnen konnten.

Zehen Tage hatte man die Belagerung fortgesetzt: die Hoffnung der Unsrigen nahm in eben dem Grade, als ängstlicher Kummer bei den Belagerten zu, als man einen ungeheuer großen Mauerbrecher herbeibrachte, den die Perser ehmals zum Umsturz der Mauern Antiochiens gebraucht, zwar mit fort genommen, aber in Carrä zurückgelassen hatten. Der Anblick dieser Maschine in ihrer ganzen künstlichen Zusammensetzung stumpfte den Muth der Belagerten

gerten nicht wenig ab, und fast waren sie geneigt,
auf Kapitulation anzutragen: doch ermannten sie
sich bald, und trafen desto kräftigere Vorkehrungs-
mittel, die Kraft der Maschine zu schwächen. Der
Streit ward nun von beiden Seiten mit eben so viel
Verwegenheit als Vorsicht fortgesetzt. Indem man
den alten, und des leichteren Transports wegen aus-
einander genommenen Mauerbrecher aufstellte, mußten die Unsrigen jeden Kunstgriff, jede Kraft, Muth
und Geschicklichkeit aufbieten, ihn zu schützen: gröss-
sere Geschosse, Steine und Schleudern rafften viele
von beiden Seiten hin: die von aussen aufgeführten
Erdwälle wuchsen zu immer mehr sichtbarer Höhe
an: die Hitze der Belagerung nahm mit jedem Tage
zu, und viele der Unsrigen verloren ihr Leben dadurch, daß sie, vor den Augen des Feldherrn strei-
tend, in Hoffnung künftiger Belohnung, ihre Helme,
um ihm von Angesicht bekannt zu werden, abnah-
men, aber eben dadurch ein Opfer der Geschicklichkeit feindlicher Bogenschützen wurden. Tag und
Nacht blieb man gegen einander wachsam, nur daß
man nach und nach behutsamer zu werden anfing.
Die Perser sahen die Erddämme zu immer größerer
Höhe anwachsen, kalter Schauer überfiel sie bei jedem Hinblick auf den großen Mauerbrecher, dem
mehrere kleine folgten. Zwar boten sie alle ihre
Kräfte auf, dieselben zu verbrennen, doch ihre
Bemühung ward dadurch vereitelt, daß man das
Holzwerk der Maschinen größtentheils mit Binsen
und benetzten Lumpen belegte, oder auch mit

Alaun*) bestrichen hatte, um das darauf fallende Feuer unwirksam zu machen. Die Römer strengten ihren ganzen Muth an, mit den Maschinen vorwärts zu rücken, und so schwer ihnen ihre Vertheidigung ward, so war doch die Begierde, die Stadt zu erobern, zu groß, als daß sie auch der augenscheinlichsten Lebensgefahr sich hätten entziehen sollen. Die Belagerten, die den großen Widderkopf nun näher rücken sahen, um den entgegenstehenden Thurm zu zertrümmern, wußten um das vorspringende eiserne Beschläge, das wirklich wie ein Widderkopf gebildet ist, mit einem so feinen Handgriffe von beiden Seiten Schlingen zu werfen, und durch sehr lange Seile seine Kraft so zu schwächen, daß er weder zu Verstärkung seiner Kraft zurückgezogen werden, noch durch oft wiederholte Stöße die Mauer merklich erschüttern konnte. Auch gossen sie siedendes Pech herab, und unsere vorgerückten Maschinen blieben lange den Stein- und Pfeilwürfen ausgesetzt.

Weil aber die Erdwälle immer höher zu werden anfingen, und die Belagerten nur durch die äußerste Wachsamkeit ihrem gänzlichen Untergange entrinnen zu können glaubten, so schritten sie nun zu dem kühnen Entschlusse, aus offenem Thoren einen plötzlichen Ausfall zu thun, unsere Vorposten anzugreifen, und Fackeln und eiserne Töpfe, mit brennenden Materialien

---

*) Einen ähnlichen Fall von der Feuer abhaltenden Kraft des Alauns findet man beim Gellius B. 15. K. 1. Bekmann in den Beiträgen zur Geschichte der Erfindungen B. 2. S. 108. glaubt aber, daß nicht sowohl Alaun, als vielleicht ein Anstrich von einer stark gesättigten Vitriollauge diese Wirkung einigermaßen habe hervorbringen können.

lien gefüllt, auf unsere Mauerbrecher mit aller Macht zu werfen. Nach langem tapferem Kampfe mußten sie sich dennoch, ohne ihre Absicht erreicht zu haben, in die Stadt zurückziehen, erschienen nun zwar bald wieder auf ihren Zinnen, wurden aber auch hier von den Erddämmen der Römer aus durch Pfeile, Schleudern und zündende Lanzen beunruhigt, die doch in dem Holzwerke ihrer Thürme, weil man sogleich das Feuer zu löschen herbeieilte, gemeiniglich wenig oder gar keinen Schaden thaten.

Weil die Zahl der Streiter sich von beiden Seiten immer mehr zu vermindern anfing, und die Perser ohne einen entscheidenden Streich sich bald im äußersten Drange zu sehen befürchten mußten, so versuchten sie einen zweiten, mehr planmäßigen Ausfall: auf einmal stürzten sie in ganzen Schaaren aus den Thoren, ihre tapfersten Krieger hatten sich unter die mit Feuer bewaffneten Arbeiter vertheilt, und man warf mit Eisen beschlagene Körbe mit brennbaren Materialien gefüllt, und dürre Reiser, und was nur irgend leicht Feuer fängt, auf das Holzwerk unserer Maschinen. Schwarze Wolken des dichtesten Rauches hemmten alle Aussicht in die Ferne, man blies also unsere Legionen zum Gefecht herbei, mit schnellen Schritten rückten sie an, der Streit ward hitzig, und man war in völligem Handgemenge, als plötzlich alle Maschinen in lichten Flammen standen, den größern Mauerbrecher ausgenommen, von dem man zum Glück noch in der Geschwindigkeit die Seile, mit denen er von der Mauer aus umschlungen war, wegriß, und ihn ungeachtet der angestrengsten Tapferkeit nur kümmerlich und halbverbrannt aus den Flammen rettete.

Die einbrechende finstere Nacht brachte nun zwar die Streiter aus einander, doch genossen die Unsrigen die Ruhe nicht lange: kaum hatten sie sich durch Speise und kurzen Schlaf erquickt, als sie von ihren Anführern aufgeboten wurden, alles Belagerungsgeräthe von der Mauer wegzuschaffen, und auf einem kürzern Wege über die Erdwälle, die, nun vollendet, gleiche Höhe mit den Mauern hatten, die Stadt zu bestürmen. Um die Vertheidiger der Mauer desto kräftiger zurückzutreiben, stellte man auf der Oberfläche der Wälle zwei Ballisten hin; vor deren fürchterlicher Wirkung sich, wie man wähnte, kein Feind blicken lassen würde. Nach diesen vorgängigen Anstalten rückten mit Anbruch des Tages die Unsrigen in drei verschiedenen Korps an, ihre Wut war selbst in dem wallenden Helmbusche sichtbar, viele trugen Leitern, und die Ersteigung der Mauer war ihr einziger Gedanke. Jetzt ertönte Waffengeklirr und Trompetenklang, das Gefecht ward von beiden Seiten eben so kühn als hitzig: die Römer benutzten die Bemerkung, daß die Perser sich aus Furcht vor den auf die Dämme gestellten Ballisten nicht sehen ließen, dazu, ihrem Angriffe weitere Ausdehnung zu geben: sie ließen den Widderkopf vom neuen gegen die Mauer spielen und alles eilte mit Hacken und Bohrern und Brechstangen und Leitern herbei, ohne sich von der umherfliegenden Pfeilmenge irren zu lassen. Bei weitem am meisten setzten doch den Persern die Ballisten durch Steinwürfe zu, die auf

Ein

Ein Tempo *) von den Erdwällen flogen. Der Gedanke, doch nun bald sterben zu müssen, wirkte in ihnen die trotzige Entschlossenheit, dem Tode selbst entgegen zu gehen: sie theilten die Geschäfte der Gegenwehr, so gut es sich in der dringendsten Noth thun ließ: ein Theil blieb zurück, um die Mauern zu schützen, der größere Theil that aus einem Nebenthore, den Degen in der Faust, einen wütenden Ausfall, und ihnen folgten andere mit brennenden, doch versteckten Materialien bewaffnet. Indem nun die Römer bald die einen zum Weichen brachten, bald den hitzigen Angriff der andern abwehren mußten, schlichen sich die mit Feuertöpfen bewaffneten gebückt an der Erde hin, und steckten glühende Kohlen in die Fugen des einen mit verschiedenen Baumästen, Binsen und Schilf beflochtenen Erdwalles, worauf dann so leicht fangende und so trockene Materialien gar bald in Brand geriethen, so daß die Unsrigen, doch mit Rettung der Ballisten, nicht ohne Gefahr entrinnen konnten.

Nachdem endlich der anbrechende Abend dem Kampfe ein Ende machte, und beide Theile sich trennten, um kurze Ruhe zu genießen, befand sich der Kaiser in nicht geringer Verlegenheit: die Eroberung von Phönika zu vollenden, war nun einmal ein Haupttheil seines Planes, weil er diese Festung

---

*) Tanquam per transennam. Ammian versieht hier, so wie in einer andern Stelle B. 25. K. 6. unter transenna das Seil, welches beim Wettfahren im Circus vor den Hallen, in denen die Wagen standen, vorgespannt war, und auf ein gegebenes Zeichen herabfiel, worauf dann die Wagen auf einmal heraussuhren.

stung für den sichersten Riegel gegen feindliche Streifereien hielt; gleichwohl erlaube ihm die späte Jahreszeit auch keinen längern Aufenthalt. Er beschloß also zwar noch einige Zeit zu harren, sich aber nur in kleinere Gefechte einzulassen, in der Hoffnung, die Belagerten doch vielleicht durch Hungersnoth zur Uebergabe zu nöthigen: aber der Erfolg entsprach seiner Erwartung nicht. Man hatte den kleinen Krieg noch einige Zeit fortgesetzt, als feuchte Witterung eintrat, und regenschwangere Wolken den Himmel mit fürchterlichem Dunkel überzogen: durch unaufhörliche Regengüsse war der Boden so durchweicht, daß die zähe Weichheit des in der Gegend außerordentlich fetten Grundes alles weit umher zu Einer Kothmaße bildete: auch setzten feurige Blitze und krachende Donner die Menschen in banges Schrecken.

Hierzu kam noch, daß sich öfter als sonst gewöhnlich Regenbogen sehen ließen, von deren bogenartiger Form ich den Grund durch eine kurze Beschreibung deutlich zu machen hoffe.

Wärmere Erddämpfe und feuchte Dünste drängen sich in Wolken zusammen, und lösen sich dann in dünnen Staubregen auf, der bei seiner weitern Ausbreitung einen Glanz erhält. So ziehen sich diese Dünste flüchtig in die Höhe, bis sie der Sonne in gerader Richtung entgegen zu stehen kommen, und nun den Regenbogen bilden, dessen weitgespannte Krümmung sich daraus erklären läßt, weil er sich über unsere Erde ausbreitet, deren Horizont nach Grundsätzen der Naturlehre eine Halbkugel bildet.

Der

Der erste Kreis erscheint dem menschlichen Auge blaß-
gelb, der zweite hochgelb, der dritte purpurfarben,
der vierte violet, der letzte blau ins Grüne spielend.
Diese schöne Mischung bunter Farben entsteht, wie
die Menschen durch Nachdenken gefunden haben, dadurch, daß der erste Streif eine der ihn umgebenden
Luft gleiche, mithin matte Farbe behalte: der zweite,
goldgelbe, schon in höherer Farben als der erste er-
scheine: der dritte purpurfarben, weil er dem Glanze
der Sonne ausgesetzt sey, und durch geraden Gegen-
schein derselben die reinsten Strahlen aufzufassen am
meisten empfänglich werde: der vierte violet, weil
durch den dazwischen fallenden dichten Staubregen
der Glanz der Sonnenstrahlen gleichsam hinsterbe,
und dem Zuschauer von der Erde aus in matterem
Roth in die Augen falle, welche Farbe endlich, je
mehr sie sich verdünne, in Blau und Grün übergehe.

Andere glauben, ein Regenbogen werde dann von
unserer Erde aus sichtbar, wenn die Sonnenstrahlen
in eine hoch stehende dichte Wolke ein helles Licht
werfen: weil nun dieses Licht nicht durch die Wolke
durchgehen könne, so concentriere es sich, bis es
durch zu schnelle Reibung einen Glanz erhalte, und
daß die zunächst ins Weiße spielende Farbe von der
höher stehenden Sonne, die grünliche aber von der
darüber hangenden Wolke entstehe: so wie man es
auch am Meere bemerke, daß die ans Ufer anspie-
lenden Wellen weiß, weiter auf die hohe See hin
rein blau erscheinen.

Weil auch der Regenbogen ein Vorzeichen des
sich ändernden Wetters ist, er mag nun Wolken in
feuchten Dünsten zusammenziehen, oder im Gegentheil den trüben Himmel in einen heitern umwandeln,
so finden wir nachher auch oft bei den Dichtern, daß
sie die Iris*), als Gesandtin vom Himmel vorstellen, wenn eine politische Veränderung bevor-
steht

---

*) Nur für eine gewisse Gattung von Lesern bemerke ich, daß dies der Griechische Name des Regenbogens, und

steht *). „Ich könnte noch mehrere Meinungen darüber beibringen, die doch hier um so weniger an ihrem Platze stehen würden, weil meine Geschichte nach ihrem Hauptzweck zurückeilt.

Alle vorher erzählte Begebenheiten theilten des Kaisers Gemüth zwischen Furcht und Hoffnung: der strenge Winter rückte näher, und in einer so bergichten Gegend mußte er überall auf einen Hinterhalt zu stoßen befürchten, und selbst vor einer Rebellion seiner erbitterten Krieger war er nicht ganz sicher. Mehr als dies alles brannte ihm der Gedanke auf der Seele, daß er gleichsam die offene Thüre eines reichen Hauses vor sich gesehen, und dennoch mit leeren Händen hätte davon gehen müssen. Er gab also sein eitles Unternehmen ganz auf, und ging nach Antiochien, der Hauptstadt des bedrängten Syriens zurück, mit vollem Gefühl der ihm geschlagenen Wunden, die noch lange eine schmerzhafte Empfindung zurücklassen sollten. Es schien nun einmal die unglückliche Constellation über Constantius Unternehmungen zu walten, daß ihn, bei jedem persönlichen Feldzuge gegen die Perser ein ungünstiges Schicksal verfolgte: lieber wünschte er durch seine Feldherrn zu siegen, und einigemal finden wir, daß ihm dies wirklich gelungen sey.

zugleich nach alter Sitte, die Naturbegebenheiten zu personificiren, eine Griechische Göttin war.

*) Der Uebersetzer muß die Vorstellungsart der Alten, mag sie doch wahr oder falsch seyn, geben, wie er sie findet. Ohne also neuere Ideen unterzulegen, ohne meinen Ammian zu verbessern, oder auch dem Leser durch eine Note vorzugreifen, glaubte ich meine Pflicht durch eine ganz wörtliche Uebersetzung, so weit es der, wie ich vermuthe, an einigen Stellen verdorbene Text verstattete, am besten zu erfüllen.

Ende des ersten Bandes.

www.ingramcontent.com/pod-product-compliance
Lightning Source LLC
Chambersburg PA
CBHW030550300426
44111CB00009B/926